라이어스 포커

월스트리트 천재들의 투자 게임, 〈빅 쇼트〉 작가의 대표작!

라이어스 포커

Liar's Poker

마이클 루이스 지음

장진영 옮김

이레미디어

이 책을 다이앤에게 바칩니다.

익살스럽고 짓궂다. 《국부론 The Wealth of Nations》과 영화 〈애니멀 하우스 National Lampoon's Animal House 〉의 중간 어디쯤에 있다.

– 〈뉴스위크Newsweek 〉

대단히 재미있다. 월가가 궁금한가? 1970년대 중반 애덤 스미스 Adam Smith의 《머니 게임 The Money Game》이 있었다면, 이 책은 1980년대 월가를 낱낱이 고발한다.

– 〈뉴욕타임스The New York Times〉

잊히지 않고 살아 있다. 한 시대를 압축하고 정의하는 보기 드문 책이다. 격동의 1980년대가 어땠는지 알고 싶다면 주저하지 말고 이 책을 펼쳐라.

– 〈포춘Fortune〉

영화 〈애니멀 하우스〉와 보드게임 '탐욕 주식회사 Greed Incorporated'를 적당히 버무려 채권 트레이딩업계의 실상을 보여준다. 저자 마이클 루이스 Michael Lewis의 이야기를 듣고 있노라면, 돈을 투자은행에 맡기는 대신 간이침대 매트리스에 쑤셔 넣어야겠다는 생각이 들 것이다.

– 〈워싱턴포스트Washington Post〉

월가에서 무슨 일이 벌어졌는지 알고 싶은가? 눈물 쏙 빠지게 웃고 싶은가? 그러면 이 책을 읽어라. 통찰력이 돋보이며 잘 쓰인, 훌륭하고 재미있는 책이다. 이 책은 증권 중개사에게 전화를 받기 전, 우리가 반드시 알고 있어야 하는 것들을 알려준다.

– 〈뉴스데이Newsday〉

아주 웃기다. 이번 시즌 최고의 금융서다. – 〈포브스Forbes〉

미친 듯이 재미있는 소설처럼 이야기가 몰아친다. 투자은행 특유의 마초 문화를 내부자의 시선으로 바라본다.

– 〈로스앤젤레스타임스Los Angeles Times〉

마이클 루이스는 트레이더들이 진땀 흘리는 모습을 직접 보는 것처럼 느껴질 정도로 생생하게 전달한다. 내부자의 시선에서 볼 때 위대한 살로먼 브러더스는 마치 애니멀 하우스처럼 느껴진다. 시장이 미친 듯이 날뛰던 야만적이고 다채로웠던 시기를 담아낸《허영의 불꽃 Bonfire of the Vanities 》에 버금가는 책이다. – 〈비즈니스위크BusinessWeek〉

맛깔스럽다!

— 〈워싱턴 먼슬리Washington Monthly〉

생동감 있고 우스꽝스럽다. 읽을 만한 가치가 있는 책이다.

— 〈USA투데이USA Today〉

마이클 루이스는 유능한 채권 세일즈맨이자 훌륭한 작가다. 두 직업 모두 이야기를 잘하는 능력을 필요로 하는 분야다.

— 〈뉴욕타임스 북 리뷰New York Times Book Review〉

최첨단 기술 기업의 주식보다 더 핫하다.

— 〈애틀랜타 저널 컨스티튜션Atlanta Journal Constitution〉

보배 같은 책이다!

— 〈커커스 리뷰Kirkus Reviews〉

젠체하는 자들에 대한 배꼽 잡는 유머가 담겨 있다. — 〈타임Time〉

톰 울프Tom Wolfe의 《허영의 불꽃》에 등장하는 셔먼 맥코이를 아는
가? 이 책을 읽는 것은 셔먼보다 더 똑똑하고 더 교활하고 더 어린
사촌놈과 일주일을 함께 보내는 것과 같다. 이자율 스와프와 정크본
드를 이해하지 못하더라도 마이클 루이스의 뻔뻔하고 음흉한 유머
를 즐길 수 있을 것이다.　　　　　　　　　　　　　 - 〈글래머Glamour〉

대부분의 작가들이 무시하는 분야에 관한, 쉽게 들을 수 없는 이야
기를 들려준다. 이 책은 훌륭한 역사책이자 훌륭한 이야기책이다.

　　　　　　　　　　　　　　　　- 〈내셔널 리뷰National Review〉

나는 미국 월가와 런던에서 활동하는 채권 세일즈맨으로서 살로먼 브러더스Salomon Brothers에서 채권 트레이더들과 함께 일하던 나는 우연한 기회에 한 시대를 대표할 만한 대단한 사건들의 진원지에 서게 됐다. 채권 트레이더들은 순식간에 일을 해치우는 데 선수로, 지난 10여 년 동안 이들의 손에서 엄청나게 많은 일이 번갯불에 콩 볶듯 처리됐다. 살로먼 브러더스는 그런 트레이더들의 왕국이었다. 이에 반박할 사람은 없을 것이다.

나는 이 책에서 한 시대를 특징지을 만한 사건들과 당시를 풍미했던 사고방식을 설명하고자 한다. 때론 내가 주인공이 아닌 이야기가 전개되기도 하겠지만, 전체적으로 나의 이야기라고 할 수 있다. 나는 내가 벌지 않은 돈과 하지 않은 거짓말을 내 나름대로 해석하고 이해하고 있다. 그 일들은 현대판 골드러시의 한복판에서 일어났다. 미숙하기 짝이 없는 24살 청년들이 그렇게 짧은 시간에 그렇게 많은 돈을 번 경우는 찾아보기 힘들 것이다. 투자한 것보다 더 많이 가져갈 수 없다는 시장 원리의 예외가 적용된 환상적인 시절은 그 이전까지 단 한 번도 없었다.

지금 나는 돈을 좇지 않는다. 살로먼 브러더스에 남아 있었더라면 지금보다 더 많은 돈을 벌었을 테지만, 나는 또 다른 일확천금을 기대하며 그곳에서 계속 숨죽이고 기다릴 수 없었다. 경제는 '돈을 벌고 쓴다'는 불 보듯 뻔한 역사를 쓰면서 굴러가는 게 보통이지만, 당시에는 이례적이고 놀라운 사건들이 연달아 일어났다.

성공의 기준이 돈을 많이 버는 것이라면 나는 꽤 성공한 축에 들 것이다. 회사 고위층 인사들은 내가 언젠가 정상의 자리에 서서 자신들과 어깨를 나란히 하게 될 것이라고 말하곤 했다. 그런데 이런 말을 너무 일찍 듣지 않았더라면 더욱 좋았을 것이다. 이전 상사들에게 원한을 품고 있다거나 그들과의 사이가 소원해질 만한 일이 있었던 것은 아니다. 나는 그저 내가 살로먼 브러더스에서 겪은 일들을 마음속에 묻어두고 살기보다는 여러 사람에게 들려주는 것이 더 좋을 거라고 판단했다. 그래서 이 책을 쓰기로 마음먹었다.

저자는 마이클 킨슬리Michael Kinsley, 뉴 리퍼블릭The New Republic의
스티븐 프라이Stephen Fay, 비즈니스Business의 스털링 로런스Starling
Lawrence, W. W. 노튼 출판사W. W. Norton의 이온 트레윈Ion Trewin, 그
리고 호더 앤 스토턴 출판사Hodder & Stoughton에 감사의 마음을 전했
다. 지적인 조언을 해준 로버트 두카스Robert Ducas와 데이비드 소스
킨David Soskin에게도 고맙게 생각했다. 마지막으로 저자는 부모님 디
아나Diana와 톰 루이스Tom Lewis에게 고마운 마음을 표했다.

12

목차

1장

라이어스 포커

"월가는 한쪽 끝에 강이 흐르고 다른 한쪽 끝에 묘지가 있는 거리"라는 사악

한 유머가 있다. 촌철살인에 가까운 말이지만 여기에는 오점이 있다. 이 말

에는 강과 묘지의 중간쯤에 있는 유치원에 대한 언급이 누락되어 있다.

– 프레드 슈웨드 주니어Frederick Schwed, Jr., 『고객의 요트는 어디에 있나?Where Are the
   Customers' Yachts?』의 저자

───────────────────── 1980년 초, 잘나가던 살로먼 브러더스가 흔들리기 시작했다. 당시 살로먼 브러더스 회장이었던 존 굿프렌드John Gutfreund는 여느 때처럼 트레이딩룸 안쪽의 자기 자리에서 일어나 여기저기 서성대고 있었다. 살로먼 브러더스에서 채권 트레이더들은 매일 수십억 달러어치의 채권을 거래하며 위험한 도박을 벌였다. 굿프렌드는 채권 트레이더들에게 이것저것 물어보면서 그날의 분위기를 읽곤 했다. 그는 일이 잘 풀리지 않거나 돈을 잃고 있는 채권 트레이더를 육감적으로 찾아내는 등 돈이 줄줄 새는 냄새를 기가 막히게 잘 맡았다.

항상 긴장 속에서 사는 채권 트레이더들 중 그 누구도 굿프렌드를 반기지 않았다. 굿프렌드는 뒤에서 슬그머니 다가가 사람들을 깜짝 놀라게 하는 장난을 즐겼다. (아이러니하게도 그의 이름은 '좋은 친구'를 의미하는 '굿 프렌드Good friend'와 발음이 같다.) 그는 이것을 재미있는 장난이라고 생각했지만, 당하는 사람에게는 전혀 유쾌한 장난이 아니었다. 전화기 두 대를 붙잡고 언제 닥칠지 모를 재앙을 막아내느라 정신없는 사람에게 인기척을 느끼고 누군지 확인하려고 뒤를 돌아볼 여유

따위는 없었다. 그리고 굳이 누군지 확인하려고 뒤를 돌아볼 필요도 없었다. 뒤에 서 있는 사람이 굿프렌드라는 것을 누구나 느낌으로 알 수 있었다. 트레이딩룸 사람들은 갑자기 간질 발작을 일으키기라도 한 것처럼 바쁘게 움직이는 동안에도 신경은 누군가의 뒤통수에 쏠려 있었다. 조용히 다가오는 거대한 회색 곰의 존재를 온몸으로 느끼며 부르르 떠는 작은 털북숭이 동물처럼, 굿프렌드의 간택을 받은 주인공은 뼛속 깊이 한기를 느꼈다. 그의 머릿속에 날카롭게 경고음이 울렸다. '회장 출몰! 회장 출몰! 회장 출몰!'

자주 있는 일은 아니지만, 굿프렌드는 슬며시 다가왔다가 조용히 떠나기도 했다. 한기를 느끼고 뒤돌아보면 그가 이미 떠나고 없는 경우도 종종 있었다. 나도 그런 경험을 두어 번 했다. 섬뜩한 기운에 뒤를 돌아보면 그는 온데간데없고, 의자 옆에 굵직한 시가 재만 떨어져 있었다. 굿프렌드가 피우는 시가는 다른 임원들의 시가보다 훨씬 길고 형태가 또렷한 재를 남겼기에, 시가 재는 그의 명함과도 같았다. 그는 다른 임원들보다 더 비싼 시가를 피우는 게 분명했다. 1981년 살로먼 브러더스에 대주주를 영입할 때 그가 벌어들인 4,000만 달러 중 극히 일부만으로도 고급 시가를 사서 피우기에 충분했을 것이다. 1986년 그의 연봉은 310만 달러로, 월가 최고경영자 CEO 중 몸값이 가장 비쌌다. 그러니 그가 고급 시가를 피우는 것은 당연한 일이었다.

그런데 1986년 어느 날, 그는 이상하게도 채권 트레이더들을 놀라게 하는 대신에 존 메리웨더 John Meriwether 이사에게 곧장 걸어갔다. 그는 살로먼 브러더스에서 최고의 채권 트레이더로 손꼽히는 메리웨더에게 나직한 목소리로 몇 마디 속삭였고, 메리웨더 근처에 있던 채권 트레이더들은 두 사람이 무슨 이야기를 하는지 들으려고 귀를 쫑긋 세웠다. 이날 굿프렌드가 메리웨더에게 한 말은 살로먼 브러더스가 어떤 곳인지를 단적으로 보여준다. 이 말은 살로먼 브러더스에서 전설이 됐다.

"단판 승부. 판돈 100만 달러. 군말 없이 승복하기."

메리웨더는 굿프렌드의 뜻을 단번에 알아차렸다. 〈비즈니스위크 Businessweek〉에서 '월가의 제왕'이라 추켜세우는 굿프렌드가 100만 달러를 판돈으로 걸고 단판 승부로 '라이어스 포커'(카드 게임의 일종. 에이스와 킹을 놓고 베팅을 하는 게임이다-역주)를 하자고 제안한 것이다. 트레이딩이 마무리되는 오후, 굿프렌드는 메리웨더와 그의 밑에서 일하는 젊은 채권 차익거래 트레이더 6명과 이 게임을 했다. 이 게임의 패자는 대개 굿프렌드였다. 몇몇 트레이더들이 굿프렌드가 게임에서 처참하게 패배했다는 소식을 사방팔방 전했다. 그가 전지전능하다고 믿는 사람들은 뭔가 의도가 있어서 일부러 져준 거라고 생각했지만, 그 누구도 그의 의도가 무엇인지는 알지 못했다. 어느 날 굿프렌드는 엄청나게 큰 판돈을 불렀다. 지금까지는 돈을 걸더라도 수백 달러가 넘지 않았다. 100만 달러는 들어본 적 없는 액수의 판돈이었다. '군말 없이 승복하기'는 패자는 엄청난 고통을 느끼겠지만 돈을 잃었다고 징징대거나 욕하거나 불평해선 안 된다는 뜻에서 한 말이었다. 패자는 그저 쭈그리고 앉아 돈을 잃어 쓰라린 속을 홀로 삭여야 할 것이다.

그런데 그는 왜 이런 게임을 제안한 것일까? 월가의 제왕이 아닌 사람들은 이런 의문을 품을 수밖에 없었다. 애당초 이런 게임을 왜 한 것일까? 무엇보다 굿프렌드는 왜 다른 손쉬운 상대들을 놔두고 메리웨더에게 도전한 것일까? 메리웨더와 라이어스 포커를 하는 것은 정말이지 아주 멍청한 짓이었다. 메리웨더는 살로먼 브러더스 트레이딩룸에서 게임의 제왕이자 라이어스 포커의 챔피언이었기 때문이다.

트레이딩룸에서 일하면서 내가 배운 것이 있다면 굿프렌드 같은 승자는 아무런 이유 없이 어떤 행동을 하지 않는다는 것이다. 그 이유가 명확하지 않더라도 최소한 마음속에는 어떤 윤곽이 잡혀 있게 마련이다. 물론 나는 굿프렌드의 속마음을 꿰뚫어 볼 정도로 그와 가까운 사이는 아니지만 거의 모든 채권 트레이더가 도박을 즐겼고, 이는 굿프렌드도 마찬가지란 사실을 알았다. 굿프렌드는 안전장치 없이 높은 절벽에서 뛰어내리는 소년처럼 자신의 용기를 과시하고 싶어서 이 게임을 제안했는지도 모른다. 그렇다면 메리웨더 말고 더 좋은 상대가 누가 있겠는가? 게다가 그렇게 큰 판돈이 걸린 머니 게임을 할 정도의 현금과 배짱을 지닌 사람은 메리웨더밖에 없었다.

월가의 제왕 vs. 게임의 제왕

이 예기치 못한 상황을 이해하려면 전후 사정을 좀 더 따져볼 필요가 있다. 메리웨더는 살로먼 브러더스에서 채권 트레이더로 경력을 쌓으면서 수억 달러를 벌어온 인물이다. 메리웨더는 표정 관리를 잘해서 어떤 상황에도 표정 변화가 거의 없었다. 많은 트레이더가 이런 능력을 갖추고 싶어 하지만, 쉽게 얻을 수 있는 능력이 아니다. 트레이더들은 대부분 말이나 행동을 통해 자신이 돈을 벌고 있는지 아니면 잃고 있는지 드러낸다. 돈이 오갈 때 그들은 지나치게 풀어지거나 과하게 긴장한다. 하지만 메리웨더는 말이나 행동만 봐서는 그 속을 알 수 없는 인물로, 돈을 따든 잃든 한결같이 약간 긴장감이 느껴지는 무표정을 유지했다. 나는 메리웨더가 트레이더를 무너뜨리는 2가지 감정인 공포와 욕심을 기가 막히게 조절할 수 있는 인물이라고 생각한다. 그리고 바로 이 능력이 메리웨더가 치열하게 사리사욕을 추구했는데도 다른 트레이더들의 존경을 받는 인물이 될 수 있었던 비결이라고 생각한다. 살로먼 브러더스의 많은 이들이 메리웨더를 월가 최고의 채권 트레이더라고 말하며 그에게 경외심을 드러냈다. 사람들은 그를 두고 "메리웨더는 최고의 사업가야"라거나 "위험을 두려워하지 않는, 내가 본 최고의 승부사야"라거나 "무시무시한 라이어스 포커꾼이야"라고 평했다.

메리웨더는 특히 25살에서 32살 사이의 팀원들을 매료시켰다. (메리웨더는 40살이었다.) 팀원들은 대부분 수학, 경제학, 물리학 박사 학위를 가진, 난다 긴다 하는 사람들이었는데도 일단 메리웨더 팀에 들어가면 어찌 된 일인지 자신이 독립적인 지성인이란 사실을 까맣게 잊고 그의 제자가 됐다. 그들은 라이어스 포커를 자신을 위한 게임이라고 여겼고, 아주 진지하게 게임에 임하며 라이어스 포커에 점점 집착하게 됐다.

그들의 게임에서 굿프렌드는 늘 외부인이었다. 그들은 굿프렌드의 사진이 〈비즈니스위크〉 표지에 실렸고, 그가 '월가의 제왕'이라고 불린다는 것에 신경 쓰지 않았다. 어찌 보면 이것이 핵심이다. 굿프렌드는 월가의 제왕이지만, 메리웨더는 게임의 제왕이었다. 점잖은 언론인들이 굿프렌드에게 월가의 제왕이란 왕관을 씌워줬을 때, 트레이더들은 이렇게 속닥거렸을지도 모른다. "웃기는 이름과 얼굴은 언론의 관심을 받는 법이지." 그도 그럴 것이 굿프렌드도 한때 잘나가는 트레이더였지만, 그런 얘기를 해봤자 지금은 소싯적에 한 미모 했다고 말하는 할망구 취급을 받을 뿐이었다.

가끔 굿프렌드 본인도 이에 동의하는 것처럼 보였다. 그는 트레이 딩을 무척이나 좋아했는데, 경영과 비교했을 때 직접적이고 곧바로 성과가 나타나기 때문이었다. 트레이딩에서 베팅을 하면 돈을 벌거나 잃거나 둘 중 하나다. 돈을 벌면 회사 최고위층까지 모두가 승자를 존경하고 부러워하고 경외했다. 이는 승자에게 주어지는 당연한 전리품이었다. 물론 경영을 하면서도 사람들에게 존경과 부러움과 경외심의 대상이 될 수 있다. 그러나 살로먼 브러더스에서는 경영자가 이런 대접을 받을 만한 정당한 이유가 없었다. 경영자는 살로먼 브러더스를 위해서 돈을 벌지도 않고 위험을 감수하지도 않는다. 경영자는 회사에 돈을 벌어주는 트레이더들의 볼모에 불과했다. 반면 트레이더들은 늘 위험을 무릅써야만 했다. 이들은 매일 위험을 감수해야 하는 세계에서 위험을 관리해서 그 누구보다 우월하다는 것을 스스로 증명했다.

어쨌든 돈은 메리웨더 같은 위험을 무릅쓰는 트레이더들에게서 나왔다. 트레이더들이 돈을 버느냐 잃느냐는 굿프렌드가 통제할 수 있는 일이 아니었다. 트레이더들은 차익거래의 대가에게 100만 달러라는 엄청난 돈을 걸고 단판 승부를 제안하는 무모한 행위가 자신 역시 위험에 도전하는 '꾼'임을 보여주는 굿프렌드만의 방식이라고 생각했다. 그리고 위험을 무릅쓰는 '꾼'임을 보여주는 데 라이어스 포커만한 건 없었다. 라이어스 포커는 트레이더들에게 단순한 게임이 아니었다. 메리웨더 같은 채권 트레이더들은 라이어스 포커가 채권 트레이딩과 여러 면에서 닮았다고 생각했다. 라이어스 포커는 트레이더들의 성격을 시험했으며, 트레이더들의 본능을 날카롭게 연마했다. 이 게임을 잘하는 사람은 좋은 트레이더가 됐고, 좋은 트레이더는 이 게임을 잘했다. 우리 모두가 잘 아는 사실이었다.

라이어스 포커는 적게는 2명, 많게는 10명이 할 수 있는 게임이다. 게임 참가자들은 둥그렇게 원을 그리며 선 뒤 남들이 볼 수 없도록 1달러짜리 지폐를 가슴에 바짝 대고 든다. 라이어스 포커는 카드 게임 '다우트I Doubt It'와 비슷하다. 참가자들은 자신이 들고 있는 1달러짜리 지폐의 일련번호를 속여야 한다. 참가자 중 한 명이 값을 외치면 게임이 시작된다. 예를 들어서 누군가가 "숫자 6이 셋"이라고 말한다. 이것은 자신을 포함해서 모든 게임 참가자가 들고 있는 1달러짜리 지폐의 일련번호에 숫자 6이 최소한 3개 들어간다는 뜻이다. 이렇게 시계 방향으로 돌아가면서 게임이 진행된다. 누군가가 숫자 6이 3개라고 외쳤다면, 그 사람의 왼쪽에 선 참가자가 할 수 있는 행동은 2가지다. "숫자 7이 셋" 또는 "숫자 9가 셋"이라는 식으로 더 큰 값을 부르거나, 다우트처럼 "너 뻥카지. 까봐"라고 외치는 것이다. 모두가 "너 뻥카지. 까보자"라고 말할 때까지 값은 커진다. 모든 참가자가 패를 공개하는 데 동의하면 각자 들고 있던 1달러짜리 지폐의 일련번호를 공개해 누가 일련번호를 속였는지 밝혀진다.

게임이 진행되는 동안에 참가자는 머릿속으로 확률을 계산한다. 무작위로 만든 일련번호 40개에 숫자 6이 셋이나 포함되어 있을 확률은 얼마나 될까? 라이어스 포커를 잘하는 사람에게 이런 확률을 계산하는 것은 아주 쉬운 일이다. 게임에서 어려운 부분은 다른 참가자의 얼굴을 보면서 그의 속마음을 읽어내는 것이다. 모두가 어떻게 허세를 부리고, 허세에 허세로 대응해야 하는지 그 방법을 알기 때문에 게임이 진행될수록 상황은 더 복잡해진다.

참가자들은 라이어스 포커를 하면서 트레이딩할 때의 기분을 그대로 느낀다. 기사들이 마상 창시합을 하면서 전쟁터에서 싸우는 듯한 기분을 느끼는 것과 비슷하다. 게임을 하면서 참가자가 자신에게 던지는 질문은 트레이더가 트레이딩을 하면서 부딪히는 문제와 거의 비슷하다. 이 위험을 감수하는 것이 현명할까? 오늘은 운이 좋은 날인가? 상대는 얼마나 교활하지? 그는 자신이 어떤 행동을 하는지 알고 있나? 모르고 있다면 그의 무지를 어떻게 이용해야 할까? 상대가 큰 값을 부르는데 저 사람은 지금 허세를 부리는 것일까, 아니면 진짜 좋은 패를 갖고 있는 것일까? 저 사람은 내가 멍청한 짓을 하도록 유도하려는 것일까, 아니면 그는 정말 좋은 패를 가지고 있나? 참가자는 다른 참가자들의 약점을 파악하고, 확률을 계산하고, 패턴을 읽어내려고 애쓴다. 그리고 다른 참가자가 자신에게 똑같은 일을 하지 못하도록 하려고 노력한다. 골드만삭스 Goldman Sachs, 퍼스트보스턴 First Boston, 모건스탠리 Morgan Stanley, 메릴린치 Merrill Lynch 등 월가 금융회사에서 채권 트레이더들은 매일 일종의 라이어스 포커를 하고 있는 셈이다. 메리웨더 덕분에 가장 큰 판돈이 걸린 게임은 살로먼 브러더스 뉴욕 지사에서 벌어지게 되었다.

라이어스 포커의 법칙은 높은 수익을 기대하면서 위험이 큰 주식이나 채권에 투자하는 투자자의 법칙과 비슷하다. 트레이더는 모든 도전을 수락해야 했다. 이 법칙 때문에, 정확히는 메리웨더 스스로 만든 이 법칙 때문에 그는 굿프렌드의 도전을 받아들여야 한다는 의무감을 느꼈다. 동시에 그는 이것이 어리석은 짓임을 알았다. 그의 입장에서 굿프렌드의 도전을 받아들여서 얻을 수 있는 이득은 없었다. 메리웨더가 게임에서 이기면 굿프렌드의 기분이 상할 것이고, 그의 기분을 상하게 해서 메리웨더에게 좋을 것은 없었다. 반대로 게임에서 지면 100만 달러를 잃게 될 것이다. 메리웨더에게는 돈을 잃는 것이 상사의 기분을 상하게 하는 것보다 나쁜 일이었다. 비록 메리웨더는 라이어스 포커를 아주 잘했지만, 단판 승부라면 무슨 일이든 일어날 수 있는 게 포커판이다. 운이 결과를 좌지우지할 가능성이 컸다. 메리웨더는 이 바보 같은 게임을 하지 않기 위해 온종일 피해 다녔다. 그는 게임에 응할 생각이 없었다. "하지 않겠습니다, 회장님. 정말로 그 정도 규모의 게임을 할 거라면, 거액을 걸고 진짜 게임을 해보고 싶어요. 판돈은 1,000만 달러. 군말 없이 승복하기."

"판돈은 1,000만 달러"라는 말에 모든 꾼이 군침을 흘렸다. 메리웨더는 게임이 시작되기도 전에 라이어스 포커를 하고 있었던 것이다. 굿프렌드는 허세를 부리는 게 분명한 메리웨더의 역제안에 곰곰이 생각해봤다. 예전의 그였다면 망설임 없이 그 제안을 수락했을 것이다. 거액이 걸린 게임을 한다는 생각만으로도 굿프렌드는 즐거워야 했다. 부자가 된다는 것은 즐거운 일 아닌가.

1,000만 달러는 예나 지금이나 큰돈이다. 게임에서 진다면 굿프렌드에게 남는 돈은 겨우 3,000만 달러가 될 터였다. 당시 그의 아내 수전은 1,500만 달러를 들여서 맨해튼 아파트를 리모델링하느라 정신없었다. (메리웨더는 이 사실을 알고 있었다). 굿프렌드가 상사였기 때문에 그는 메리웨더가 세워놓은 법칙에 얽매일 필요가 없었다. 알게 뭔가? 굿프렌드는 메리웨더가 어떤 법칙을 세웠는지도 몰랐을 것이다. 굿프렌드가 게임을 제안한 것은 메리웨더가 어떻게 반응할지 보기 위함이었는지도 모른다. (굿프렌드는 게임의 제왕이 보인 반응에 감탄하는

듯한 모습을 보였다). 굿프렌드는 메리웨더의 역제안을 거절하고는 특유의 억지 미소를 지으며 말했다. "자네는 미쳤어."

메리웨더는 속으로 생각했다. '아니요. 제가 게임을 아주 잘하는 것뿐이죠.'

2장

돈은 입에 올리지 마라

나는 투자은행가가 되고 싶다. 당신에게 1만 주가 있다면, 내가 그 주식을 팔아주겠다. 나는 돈을 많이 벌 것이고, 내 직업을 아주 많이 좋아할 것이다. 그리고 나는 사람들을 도울 것이다. 나는 백만장자가 될 것이고, 큰 집도 갖게 될 것이다. 그래서 나는 참 재밌게 살 것이다.

– 미네소타에 사는 7살 초등학생이 쓴 〈나는 커서 무엇이 되고 싶나〉(1985년 3월)에서 발췌

——————————————————— 1984년 겨울, 나는 여왕이 참석하는 저녁 식사에 초대받았다. 이 무렵 나는 런던경제대학원에서 경제학 석사 과정을 밟고 있었다. 믿기 어렵겠지만 내게는 오래전 독일 남작과 결혼한 먼 친척이 있다. 그 친척이 내게 초대장을 보냈다. 세인트 제임스 궁전에서 열리는 저녁 식사 자리에 초대받을 만한 신분이 아니었던 나와 달리 남작과 결혼해서 남작 부인이 된 나의 먼 친척은 그런 자리에 자주 초대받았다. 나는 빌린 검은색 타이로 복장을 갖춘 뒤 지하철을 타고 저녁 식사가 준비돼 있는 장소로 갔다. 그곳에서 나는 평소에 만나기 어려운 사람들을 많이 만났고, 무슨 조화인지 살로먼 브러더스 관계자에게 일자리를 제의받았다.

영국 왕족을 가까이서 볼 기회라고만 여겼던 자리는 알고 보니 보험설계사 700~800명이 함께하는 모금 행사였다. 그들과 나는 벽에 왕족들의 초상화가 걸려 있고 와인색 카펫이 깔려 있는 대강의실에 죽 놓여 있는 어두운색 원목 의자에 앉았다. 우리는 마치 블록버스터에 출연하려고 오디션장에서 대기 중인 단역 배우 같았다. 살로먼 브러더스의 임원 2명이 우연히도 그 자리에 있었다. 운 좋게도 그날 행사에 참석한 그들의 아내들 사이에 앉게 되어서 이 사실을 알게 됐다.

둘 중 직급이 높은 임원의 아내인 듯한 미국 여성은 영국 왕족을 구경하려고 목을 길게 빼고 두리번거리는 우리를 자제시켰다. 졸업을 앞둔 내가 투자은행에서 일하고 싶어 한다는 사실을 듣고 난 그녀는 내게 이것저것 묻기 시작했다. 그렇게 나는 영국 왕족을 구경하러 간 자리에서 면접을 보게 됐다. 그녀는 거의 한 시간 동안 자신이 만족할 때까지 나를 쿡 찔러보고 시험하고 심문하고 달달 볶으며 꼬치꼬치 캐물었다. 내가 지난 24년 동안 어떻게 살았는지 알 만큼 알았다고 생각한 그녀는 내게 살로먼 브러더스에서 일해보는 것이 어떻겠냐고 물었다.

나는 침착하려고 무진장 애썼다. 내가 너무 흥분해서 그 제안을 덥석 물어버리면, 그녀가 자신이 실수한 건 아닐까 하고 생각할까 봐 두려웠다. 얼마 전에 읽은 인터뷰 기사에서 굿프렌드는 살로먼 브러더스에서 성공하려면 매일 아침 "곰의 엉덩짝을 물어뜯을 준비를 해야 한다"는, 지금은 전설이 되어버린 유명한 말을 했다. 나는 그런 삶이 그다지 즐거울 것 같지 않다는 식으로 말했다. 그리고 투자은행가의 삶에 대한 내 나름의 생각을 그녀에게 들려줬다.

(나는 사면이 투명유리로 된 넓은 사무실에 앉아서, 비서의 도움을 받아 고액 계좌를 관리하고 산업계 거물들과의 미팅에 수없이 많이 참석하는 삶에 관해 이야기했다. 그러나 이 삶은, 살로먼 브러더스에서는 도무지 존경받기 어려운 삶이다. 굿프렌드의 트레이딩팀은 주식과 채권을 사고팔면서 수익을 내는 핵심 팀으로 많은 위험을 감수해야 하는 곳이다. 그곳에 소속된 트레이더들에게는 비서도, 사무실도, 산업계 거물과 미팅도 없다. '클라이언트'라 부르는 기업과 정부에 자금을 조달해 주며 돈을 벌기

위해 위험을 감수하지도 않는 기업금융팀은 트레이딩팀과 비교하면 세련되고 고상하다. 그래서 트레이더들은 기업금융인들을 겁쟁이라고 생각하지만, 월가 사람들은 기업금융을 피가 들끓는 수컷들이 치열하게 경쟁하는 정글이라고 생각한다.)

내 말을 묵묵히 듣던 그녀는 번지르르하게 차려입은 유약한 사람들만이 쥐꼬리만 한 돈을 받으며 기업금융을 한다고 조소하듯이 말했다. 당돌했던 내 모습은 어디로 갔는지, 그녀의 말을 들으면서 나는 얼굴이 화끈거려서 참을 수 없었다. 나는 투자은행에 대해 아무것도 모르고 있었다. 그녀는 온종일 사무실에 틀어박혀서 일하고 싶냐며, 바보 멍청이 아니냐고 내게 퍼부어댔다. 내 대답은 전혀 중요하지 않다는 듯, 그녀는 내 반응에도 아랑곳하지 않고 계속 질문을 던져댔다. 나는 마음을 가라앉히고 그녀에게 일자리를 제의할 권한이 있느냐고 물었다. 그제야 그녀는 나의 남성다움에 대해 이야기하는 것을 그만두고 집으로 돌아가서 남편에게 말해보겠다고 했다.

저녁 식사가 마무리될 무렵, 84세의 여왕이 비틀거리면서 자리에서 일어났다. 그때까지 뒷문인 줄 알았던 문 쪽으로 여왕이 천천히 걸어가는 동안 보험설계사 800여 명, 살로먼 브러더스 임원 2명과 그들의 아내, 그리고 나는 조용히 자리를 지켰다. 알고 보니 그 문이 앞문이었고 모금 행사 참가자들이 이용했던 문이 뒷문이었다. 우리는 신문 배달부처럼 뒷문으로 대강의실을 드나들었던 것이다. 어쨌든 여왕은 계속 문 쪽으로 걸어갔다. 빗자루처럼 몸을 꼿꼿이 세우고 하얀 타이를 맨 집사들이 은 쟁반을 들고 그녀의 뒤에서 걸어갔다. 집사들 뒤를 작은 튜브처럼 생긴 웰시코기 한 무리가 따랐다. 개들은 마치 커다란 쥐처럼 보였다. 영국인들은 웰시코기가 귀엽다고 생각한다. 나중에 들은 이야기이지만, 영국 왕족은 어디든지 웰시코기를 데리고 다닌다고 한다.

세인트 제임스 궁전 대강의실은 완전히 고요해졌다. 여왕이 다가오자 보험설계사들은 살짝 고개를 숙이며 인사했다. 웰시코기들은 뒷다리를 교차시키고 배를 바닥에 붙여서 인사하는 훈련을 받았는지 15초마다 예를 갖췄다. 행렬은 마침내 목적지인 앞문에 거의 이르렀다. 여왕이 우리 앞을 지나갔다. 살로먼 브러더스 임원 아내의 얼굴이 밝게 빛났다. 여왕이 자신을 알아봐줬으면 하는 눈치였다. 조용히 여왕의 행렬을 지켜보는 푸르덴셜 Prudential 보험설계사 800여 명이 모인 자리에서 여왕의 관심을 끌 만한 방법은 여러 가지가 있었다. 그중 가장 확실한 것은 고함치는 방법일 것이다. 그런데 거짓말 안 하고 그녀가 그렇게 했다. 구체적으로 뭐라고 했냐면 그녀는 "아이고, 여왕 폐하, 정말 멋진 개로군요!"라고 외쳤다. 그녀의 외침을 들은 보험설계사들의 얼굴은 사색이 됐다. 솔직히 말하면 그녀가 외치기 전부터 그들의 낯빛은 창백했다. 과장하자면 그랬단 말이다. 다들 불안함을 감추지 못하고 헛기침하며 목청을 가다듬거나 자신들이 신고 있는 술 달린 로퍼만 뚫어져라 쳐다봤다. 그곳에서 불편한 기색을 보이지 않는 사람은 오직 여왕뿐이었다. 여왕은 발을 한 번도 헛디디지 않고 대강의실에서 나갔다.

살로먼 브러더스에 입성하다

세인트 제임스 궁전에 어색한 분위기가 흐르던 순간, 두 기관을 대표하는 두 사람의 본모습이 나란히 드러났다. 도도한 여왕은 당혹스러운 상황을 무시하며 능숙하게 대처했다. 살로먼 브러더스 임원의 아내는 꽁꽁 숨겨뒀던 신경질과 본능에 휘둘려 큰소리를 냄으로

써 그곳에서 존재감을 드러냈다. 나는 항상 왕족을 좋아했고, 특히 여왕에게 약했다. 하지만 바로 그 순간, 나는 세인트 제임스 궁전을 야구장 야외석 정도로 생각하는 살로먼 브러더스를 거부할 수 없는 매력적인 존재라고 느꼈다. 물론 살로먼 브러더스가 상스럽고, 무례하고, 사회적으로 용납할 수 없는 존재라는 인상을 받은 사람들도 있었다. 하지만 나에게는 살로먼 브러더스를 달리 평가할 방도가 없었다. 나의 동료인 투자은행가들은 대체로 그랬다. 나는 살로먼 브러더스의 문화가 이처럼 강력하니 그녀가 내게 일자리를 제의하라고 남편을 설득할 수 있으리라 확신했다.

그로부터 얼마 지나지 않아 그녀의 남편이 나를 살로먼 브러더스 뉴욕 지사로 초대했다. 그곳에서 나는 트레이더들과 세일즈맨들을 만났다. 나는 그들이 마음에 들었다. 그들이 뿜어내는 전문적인 분위기가 좋았다. 나는 여전히 공식적인 일자리를 제의받지 못했으며, 제대로 된 면접도 보지 않았다. 나에게 질문다운 질문이 던져지지 않았다는 점을 생각해보면, 세인트 제임스 궁전에서 만났던 그녀가 약속을 지켰고, 살로먼 브러더스가 나를 채용할 의도가 있는 건 확실해 보였다. 다만 그 누구도 내게 언제부터 사무실로 출근하라는 말을 하지 않았다.

며칠 뒤 전화 한 통이 걸려왔다. 수화기 너머의 사람이 아침 6시 30분 런던 버클리 호텔에서 뉴욕에서 온 살로먼 브러더스 인사책임자인 레오 코벳Leo Corbett과 아침 식사를 할 수 있느냐고 물었다. 나는 당연히 가능하다고 대답했다. 약속한 날, 나는 여느 때와 달리 아침 5시 30분에 힘겹게 일어나 코벳과 아침을 먹기 위해 파란색 정장을 차려입고 호텔로 갔다. 그런데 코벳도 내게 일자리를 제의하지 않고 그저 눅눅한 스크램블드에그만 권하는 게 아닌가. 유쾌한 대화가 이어졌지만, 사실 그 자리는 다소 당혹스러웠다. 살로먼 브러더스 인사 담당자들은 무례하기로 정평이 나 있었다. 코벳은 내가 살로먼 브러더스에서 함께 일했으면 하는 눈치였지만 내게 직접 일자리를 제의하지는 않았다. 나는 아무런 성과 없이 집으로 돌아와 정장을 벗고 침대에 누웠다.

계속 혼란스러웠던 나는 런던경영대학원 동문에게 그동안 있었던 이야기를 모두 해주었다. 살로먼 브러더스에서 일하는 게 꿈이었던 그는 내가 무엇을 해야 하는지 정확하게 알고 있었다. 그는 살로먼 브러더스는 절대로 일자리를 제안하지 않는다고 말했다. 살로먼 브러더스는 사람들에게 일자리를 제의하고 거절할 기회를 주는 것을 멍청한 행위라고 생각했다. 살로먼 브러더스는 단지 눈치만 줬다. 살로먼 브러더스가 나를 고용하고 싶어 하는 것처럼 느껴진다면 뉴욕에 있는 코벳에게 전화해서 살로먼 브러더스에서 일하고 싶다고 말하고 일자리를 얻어내야 했다.

그래서 나는 코벳에게 전화했고, 나를 다시 소개했으며, "전에 말씀하신 것을 받아들이겠습니다"라고 말했다. 코벳은 "함께 일하게 된 것을 축하해요"라고 말하며 웃었다.

좋다. 그렇다면 다음 단계는 뭘까? 코벳은 내게 우선 7월 말에 시작되는 연수 프로그램에 참여해야 한다고 말했다. 그때부터 살로먼 브러더스에서의 삶이 시작되는 것이다. 그는 대학과 경영대학원에서 모집한 120여 명의 학생들이 함께 연수 프로그램에 참여할 것이라며 통화를 마무리했다. 그는 내 연봉에 대해 말해주지 않았고, 나도 연봉이 얼마인지 묻지 않았다. 나는 투자은행가들이 돈에 관해 이야기하는 것을 좋아하지 않는다는 사실을 알고 있었다. 그 이유는 차차 이야기하겠다.

시간은 계속 흘러갔다. 트레이딩에 문외한이어던 나는 여전히 아는 것이 전혀 없었다. 살로먼 브러더스는 여느 월가 회사들과 달리 트레이더들이 운영하는 회사였다. 내가 살로먼 브러더스에 대해 아는 것은 신문에서 읽은 게 전부였다. 살로먼 브러더스는 세계에서 가장 많은 수익을 내는 투자은행이었는데, 그곳의 채용 과정은 미심쩍을 정도로 유쾌했다. 처음에 나는 살로먼 브러더스에 정규직으로 채용됐다는 사실에 아찔한 현기증을 느꼈다. 하지만 이내 트레이딩 룸에서 트레이더로 일하면서 인간다운 삶을 살 수 있을까 하는 회의감에 휩싸였다. 기업금융으로 옮길까 하는 생각도 들었다. 다른 선택지가 있었다면, 나는 레오에게 이직하겠다는 편지를 썼을지도 모른다. (이 무렵부터 우리는 서로를 이름으로 불렀다.) 그런데 애석하게도 나에게는 다른 선택지가 없었다.

나는 인맥으로 첫 직장을 구했다는 오명을 안고 살아가기로 결심했다. 실업자라는 오명보다는 그게 나을 것 같았다. 살로먼 브러더스에 입사하려면 높은 경쟁률을 뚫고 어렵고 복잡한 면접을 거쳐야 했다. 그해 살로먼 브러더스에 지원한 사람은 무려 6,000명에 달했는데, 내가 함께 일하게 될 사람들은 대부분 면접에서 별별 일을 당했다. 심지어 소름 끼치는 말을 듣기도 했다. 여왕 앞에서 무례해 보일 정도로 소리를 지르던 살로먼 브러더스 임원 아내에 대한 당혹스러운 기억을 제외하면 나는 아무런 상처도 입지 않았다. 낙하산으로 입사했다는 약간의 창피스러움만 이겨내면 그만이었다.

좋다. 솔직해지자. 상대팀 선수가 날름 공을 잡아서 골대에 집어

넣듯, 내가 줄을 대서라도 살로먼 브러더스에 입사하려고 했던 이유가 있다. 나는 이미 월가에서 구직 활동을 하는 것의 어두운 이면을 경험해봤기에 이를 또다시 겪고 싶지 않았다. 1981년, 그러니까 세인트 제임스 궁전에서의 저녁 식사에 초대되는 행운을 잡기 3년 전, 나는 대학 졸업반이었다. 당시 나는 은행에 지원했는데 월가 사람들이 무언가에 그토록 같은 의견을 내는 것을 본 적이 없다. 내 이력서에 대한 그들의 반응은 놀라울 정도로 똑같았다. 내 이력서를 보고 낄낄댄 사람도 있었다. 몇몇 대형 은행 관계자는 내게 상업적인 감각이 부족하다고도 했는데, 그 말인즉슨 내가 평생 가난하게 살 거라는 뜻이었다.

과도기에 적응하는 것은 내게 늘 어려운 문제였다. 그런데 당시는 내가 감당하기에 너무나도 급격한 과도기였다. 나는 월가에서 영영 직장을 구하지 못할까 봐 두려웠다. 나는 금발 은행가를 본 적이 단한 번도 없었다. 내가 본 금융인은 모두 머리칼이 검거나 대머리였다. 나는 검은 머리도, 대머리도 아니었으니 말하자면, 월가에서 금융인으로 일하기에는 약점이 있었다. 내가 살로먼 브러더스에서 함께 일하게 될 사람들 중 4분의 1은 대학을 갓 졸업한 이들로, 나와 달리 월가의 높은 벽을 넘어선 사람들이었다. 나는 그들이 어떻게 그토록 높은 벽을 뛰어넘을 수 있었는지 지금도 궁금할 따름이다.

당시 나는 트레이딩에 그다지 관심이 없었다. 그렇다고 해서 내가 특이한 경우는 아니었다. 대학 졸업생들은 트레이딩 세계를 야수를 가둬놓은 우리 같다고 생각했다. 그런데 1980년대 이런 생각이 변하기 시작했고, 특히나 미국과 영국에서 비싼 교육을 받은 젊은이들의 트레이딩 세계에 대한 생각이 크게 바뀌었지만, 1982년 프린스턴대학을 졸업한 젊은이들은 트레이딩 세계를 나와 마찬가지로 여전히 야수가 날뛰는 우리 같다고 생각했다. 우리는 트레이딩 부문에 지원하지 않은 대신 연봉이 조금 낮은 기업금융에 눈길을 돌렸다. 초봉은 2만 5,000달러 정도였고, 여기에 보너스가 지급됐다. 이것저것 계산하면, 시급이 6달러인 셈이었다. 정식 직함은 '투자은행 애널리스트'(대기업 재무팀이나 투자부서, 증권사, 경제연구소, 투자은행, 자산운용사 등에서 주식 종목, 경제 시황, 시장 및 경영 현황 등을 분석하는 직업인-역주)였다.

그런데 애널리스트들은 아무것도 분석하지 않았다. 그들은 기업금융가들의 노예였다. 그들은 그저 미국 기업들을 대신해서 각종 협상을 벌이고, 주식과 채권을 신규 발행할 때 필요한 서류 작업을 처리했다. 그들은 채권과 주식을 거래하거나 판매하지 않았다. 살로먼 브러더스에서 그들은 하층 중에서도 최하층이었다. 하지만 다른 은행에서는 상층 중에서 최하층이었다. 어떤 경우든 처지가 딱한 것은 마찬가지였다. 그들은 일주일에 90시간 이상 서류를 복사하고 교정하고 정리하는, 숨이 턱 막힐 정도로 지루한 작업을 했다. 그리고 이런 일을 특별히 잘 해내야 상사에게 인정을 받았다. 상사에게 인정받는다는 게 그다지 명예스러운 일도 아니었지만.

상사는 자신이 제일 좋아하는 애널리스트에게 호출기를 주면서 시도 때도 없이 호출해댔다. 그런 탓에 애널리스트가 된 지 몇 개월 안 된 유능한 인재들은 평범한 일상생활을 포기해야 했다. 그들은 자신의 고용주에게 완전히 헌신하면서 24시간 내내 일했다. 그들은 거의 잠을 못 잤고, 항상 어딘가 아파 보였다. 일을 잘할수록 그들은 죽음에 점점 가까워지는 것처럼 보였다.

내 친구는 1983년 딘 위터 Dean Witter 에서 아주 잘나가는 애널리스트가 됐고, 나는 잘나가는 그 녀석이 부러웠다. 그는 오후에 짬이 날 때면 슬그머니 화장실로 가서 변기에 앉아 쪽잠을 잤다. 그는 거의 매일 밤새워서 일했고, 주말에도 쉬는 법이 없었다. 그런데도 일을 더 많이 하지 못했다며 죄의식을 느꼈다. 누군가 자리를 오래 비웠다고 뭐라고 할까 봐 그는 심지어 변비가 있는 척했다. 월가에서는 애널리스트로 2년 이상 버틸 수 없다는 게 거의 정설이었다. 2년 차 애널리스트는 대체로 경영대학원으로 도망칠 궁리를 했다. 많은 애널리스트가 대학을 졸업하고 대학원에 가기까지의 2년이란 기간이 자기 인생에서 최악의 시기였다고 말하곤 했다.

애널리스트는 자신의 편협한 욕망이라는 감옥에 갇힌 수감자였다. 그들은 오직 돈만 원했다. 그래서 다른 길을 마다하고 그 길을 선택한 것이다. 그리고 그들은 다른 애널리스트들에게 성공했다고 인정받기를 원했다. 확실히 성공할 방법이 있긴 했다. 정확히 말하자면 그것은 유일한 방법으로, 1982년 우리 모두는 그게 무엇인지 알고 있었다. 우선 경제학을 전공한 뒤 학위를 활용해서 월가에서 애널리스트 자리를 얻는다. 애널리스트로 일한 경력을 바탕으로 하버드나 스탠퍼드 경영대학원에 들어간다. 일단 경영대학원에 들어가면, 삶에 대한 걱정은 나중으로 미뤄도 된다. (물론 나 역시 돈을 많이 벌어 부자가 되겠다는 욕망이란 감옥에 갇혀 있었다. 하지만 나는 그 감옥에서 가까스로 탈출할 수 있었다. 물론 자의는 아니었다. 내가 그 감옥에서 탈출하지 못했더라면, 지금 여기 있지 못했을 것이다. 분명 나의 수많은 동료들처럼 사다리를 오르기 위해 지금도 발버둥치고 있을 것이다.)

1981년 가을과 1982년 봄, 졸업을 앞둔 나와 대학 동기들은 같은 고민을 했다. 어떻게 하면 월가에서 애널리스트로 자리 잡을 수 있을까? 이 고민은 부작용을 낳았다.

첫째, 월가로 발을 내딛는 취업문 앞에서 정체 현상이 나타났다. 당시 월가에서 애널리스트가 되는 것이 얼마나 어려운 일인지 한눈에 보여주는 통계가 있다. 1986년 예일대학 졸업생은 1,300명이고, 그중 40퍼센트가 투자은행인 퍼스트 보스턴First Boston에 지원했다. 어떤 결과가 나타나는 데는 '안전 의식'이 크게 작용하는 것 같다. 함께 행동하는 사람이 많아질수록 사람들은 자신의 행동이 현명하다고 쉽게 착각하는 법이다. 트레이더가 처음 배우는 것은, 주식이든 채권이든 일자리든 많은 사람들이 같은 상품을 원하면 그 상품의 가치는 빠르게 과대평가된다는 것이다.

둘째, 경제학을 공부하려는 사람이 급증했는데, 나는 이것 역시 부작용이라고 생각한다. 1987년 하버드 경영대학의 경제원론은 40개의 강의로 구성되어 있었고 수강생만 1,000명이었다. 10년 만에 학생 수가 3배로 증가한 것이다. 내가 졸업을 앞둔 해, 프린스턴대학에서는 학교 역사상 최초로 경제학이 단일 교과목 중 최고 인기 과목으로 떠올랐다. 더 많은 사람들이 경제학을 공부할수록, 월가에서 자리를 잡는 데 경제학 학위는 더욱 절실해졌다. 물론 여기에는 그럴 만한 충분한 이유가 있었다.

경제학은 투자은행이 직원에게 요구하는 2가지 기본적인 요소를 충족시켰다. 첫째, 투자은행은 자기 학력을 경력보다 경시할 준비가 된 실용적인 인재를 원했다. 당시 경제학은 그 어느 때보다 난해해져서 어디에 쓰일지 알 수 없는 수학적 개념만 그득한 논문을 쏟아내고 있었다. 그런 것을 보면 경제학은 그저 월가에서 직원을 선택할 때 활용하는 수단으로 설계된 학문 같다는 생각이 들었다. 게다가 학자들이 경제학을 가르치는 방식은 학생들의 상상력을 전혀 자극하지 못했다. 경제학을 공부하는 것이 정말로 좋다고 말하는 학생은 소수에 불과했다. 경제학을 배우는 것은 의식적인 희생에 가까웠다. 물론 이를 증명할 순 없다. 이런 생각을 경제학자들이 형식적인 경험론이라고 부르는 이론에 근거한 억지 주장이라고 비난해도 반박할 뚜렷한 근거 같은 것은 없다.

그런데 나는 이를 직접 목격했다. 나는 친구들이 애널리스트가 되려고 경제학을 공부하면서 점차 생기를 잃어가는 모습을 지켜봤다. 투자은행에서 일하기를 꿈꾸는 똑똑한 친구들에게 경제학을 공부하는 이유를 자주 물어봤는데, 그들은 재미라곤 하나 없는 그래프를 그리는 데 청춘을 허비하면서 경제학이 가장 실용적인 학문이기 때문이라고 답했다. 물론 그들의 말이 옳다. 그래서 더 화가 났다. 경제학은 실용적이었다. 최소한 경제학은 그들에게 일자리를 제공했다. 경제학을 공부한다는 것은 그들이 경제적 삶이 최선의 가치라고 믿고 있다는 것을 보여주는 방식이었다.

투자은행가는 돈을 위해 일하지 않는다?

회원을 까다롭게 뽑는 폐쇄적인 클럽처럼 투자은행은 자신들의 채용 방식이 물 샐 틈 없이 완벽하다고 믿었다. 외부인의 출입은 절대로 허용되지 않았다. 이 같은 자만심은 자신의 운명을 스스로 통제할 수 있다는 믿음과 밀접하게 관련되어 있다. 그러나 다들 알다시피 그 누구도 자신의 운명을 통제할 순 없다. 투자은행 채용 담당자는 경제학 덕분에 지원자의 학교 성적을 직접적으로 비교할 수 있었다. 그런데 여기에는 이해할 수 없는 부분이 있다. 경제 이론은 투자은행에서 거의 활용되지 않는다. 경제학을 공부하는 학생들이 아는 것은 오직 경제 이론뿐이다. 한마디로 채용 담당자들은 일반적인 지성을 평가하는 표준 척도로만 경제학을 활용했다.

월가에서 애널리스트로 일하기 위해 병적으로 경제학을 공부하는 학생들을 보면서 나는 불안하고 혼란스러웠다. 프린스턴대학에 재학 중이던 나는 의식적으로 경제학을 공부하지 않겠다고 결심했다. 모두가 잘못된 이유로 경제학을 공부하고 있는 것 같았기 때문이다. 그렇다고 오해는 하지 마라. 언젠가는 먹고살기 위해서 돈벌이를 해야 한다는 것을 나 역시 알고 있었다. 그런데 진정 흥미를 느끼는 무언가를 공부하면서 지적 능력을 키울 수 있는 기회는 오직 대학에서만 잡을 수 있다. 이 소중한 기회를 놓칠 순 없었다. 그래서 나는 학교에서 가장 인기 없는 학과를 전공으로 선택했다. 미술사는 경제학과 정반대 학문이다. 그 누구도 자기 이력서에 미술사를 전공했다고 적고 싶어 하지 않는다. 경제학을 전공한 한 친구는 내게 미술사는 "코네티컷에서 온 부잣집 아가씨들을 위한 학문" 아니냐고 했다. 경제학을 공부하는 학생들에게 미술사는 평점을 높여주는 수단으로써만 경제적 가치를 발휘했다. 매 학기 많은 학생들이 교양과목으로 미술사를 들었다. 그들의 이력서에서 미술사는 평점을 높여주는 수많은 교양과목 중 하나일 뿐이었다. 미술사가 자기 계발에 도움이 되고, 자기 계발이야말로 교육의 정당한 목표라고 주장하는 것은 경력을 개발한다는 관점에서 순진하고 무모한 소리로 치부됐다. 졸업할 시기가 가까워질수록 그런 생각은 더욱 강해졌다. 내 친구들은 눈에 보일 정도로 나를 측은하게 여겼다. 나를 어딘가 부족한 사람으로 보거나 전공을 잘못 선택해서 평생 가난하게 살 거라고 생각하는 듯했다. 물론 미술사를 공부하는 것에도 나름대로 이점이 있었지만, 거기에 월가로 가는 티켓은 없었다.

솔직히 말하면 미술사를 전공한 것은 내 문제의 시작에 불과했다. 나는 '시인을 위한 물리학'이라는 과목에서 낙제했다. 내 이력서에는 보유 기술로 바텐딩과 스카이다이빙이 적혀 있을 뿐이었다. 미국 최남단에서 태어나고 자란 나는 첫 번째 면접을 보기 전까지 '투자은행'이란 말을 들어본 적도 없었다. 내 고향에는 투자은행이라는 것이 없었다. 그런데도 월가는 반드시 가야 할 곳처럼 보였다. 월가는 변호사를 필요로 하지 않았다. 게다가 나는 의사가 될 능력도 없고, 맨해튼 거리 아무 데나 배설하지 못하게 강아지 엉덩이에 매달 수 있는 똥 봉투를 제작해서 팔겠다는 내 사업 아이디어에 투자해줄 사람을 찾을 수도 없었다. '우리는 길에 퐁 하고 똥을 싸지 않아요'라는 광고 노래까지 준비해뒀는데 말이다.

진짜 문제는 내가 아는 모두가 좌석을 예약해놓은 고속버스를 나만 놓친 게 아닌가 하는 두려움과 나 혼자만 남겨지는 게 아닌가 하는 불안감이었다. 대학을 졸업할 때까지 나는 앞으로 무엇을 할지 정해둔 것이 없었다. 월가는 내가 하는 일에 크게 보상해주겠지만, 내가 그곳에서 무엇을 해야 할지 알 수 없었다. 월가를 향한 나의 동기는 피상적이었지만, 그렇다고 해서 그것이 문제가 되는 것은 아니었다. 내가 월가에서 일할 자격이 있다고 조금이라도 확신한다면 오히려 피상적인 동기가 이점이 될 수도 있었다. 하지만 나는 내가 월가에서 일할 수 있다는 확신이 들지 않았다. 내 친구들이 월가에서 일하기 위해 대학에 다니면서 많은 것을 희생한 것과 달리 나는 그 무엇도 희생하지 않았다. 이 점이 나를 딜레탕트(전문가적인 의식이 없고 단지 애호가의 입장에서 예술품을 제작하는 사람-역주)로 만들었다. 나는 흰 리넨으로 양복을 만들어 입고 미국 북동부 지역에서 비싼 돈을 주고 과외까지 받아가며 취업 전쟁을 준비한 사람들이 모인 전쟁터로 천진하게 전진하는 남부 촌놈이었다.

간단하게 말해 나는 곧장 투자은행에 입사하지는 못했다. 나는 1982년 취업 시즌에 월가의 투자은행 리먼 브러더스Lehman Brothers 에서 첫 면접을 봤다. 이것은 내게 심판의 순간이었다. 나는 면접 기회를 얻기 위해 16센티미터나 쌓인 눈을 헤치고 가서 50여 명의 학생들과 함께 프린스턴대학 취업센터의 문이 열릴 때까지 기다렸다. 그해 겨울 내내 취업센터는 마이클 잭슨 콘서트장 매표소를 방불케 했다. 많은 학생들이 면접 기회를 얻기 위해 취업센터 앞에서 밤을 지새우다시피 했다. 문이 열리자마자 우리는 모두 한꺼번에 뛰어가 리먼 브러더스 면접자 명단에 이름을 올렸다.

나는 투자은행가가 될 준비가 되어 있지 않았지만 그럼에도 면접 준비는 했다. 프린스턴대학 학생들 사이에 돌아다니는 투자은행 면접 족보를 달달 외웠다. 투자은행 취업준비생들은 시사 문제에 밝아야 했기에 관련 분야도 열심히 공부했다. 예를 들면 1982년 투자은행에 입사하길 바라는 취업준비생들은 상업은행, 투자은행, 야망, 고강도 업무, 주식, 채권, 사모증권, 파트너십, 글래스-스티걸 법 같은 용어를 설명할 수 있어야 했다. 글래스-스티걸 법은 미국 의회법이지만, 불가항력처럼 작동했고 인류를 둘로 쪼갰다. 1934년에 미국 국회의원들은 이 법을 근거로 투자은행과 상업은행을 분리했다. 투자은행은 주식이나 채권 같은 증권을 발행하는 업무를 대행했다. 씨티은행 같은 상업은행은 예금을 받고 대출을 해주는 업무를 처리했다. 사실상 이 법으로 투자은행가라는 전문 직종이 탄생한 것이다. 금융권 역사상 가장 중요한 단일 사건이라고 할 수 있다.

글래스-스티걸 법은 축출 과정을 통해 투자은행과 상업은행을 분리시켰다. 글래스-스티걸 법이 제정된 이후, 대부분의 금융인이 상업은행가가 됐다. 나는 상업은행가를 많이 알지 못했다. 상업은행가는 소위 평범한 야망을 지닌 평범한 사업가로 알려져 있었다. 상업은행가는 남미 국가들에 매일 수억 달러를 빌려주는 일을 했지만, 위에서 시키는 일만 하는 무해한 존재였다. 상업은행가에 비하면 만화 캐릭터인 대그우드 범스테드Dagwood Bumstead(신문 연재만화 〈블론디 Blondie〉의 등장인물-역주)는 엄청난 골칫덩이인 셈이다. 상업은행가라고 하면 대체로 아내와 2명 정도의 자녀가 있고, 스테이션 왜건을 타고 다니고, 오후 6시에 퇴근해서 집에 오면 슬리퍼를 물어다주는 개를 키우는 남성을 떠올렸다. 우리는 투자은행에 지원하려면 상업은행에 눈길을 준 것을 들켜서는 안 된다는 사실을 알고 있었다. 하지만 우리 중 대다수가 일종의 안전장치로 상업은행에도 입사원서를 냈다는 것 역시 분명한 사실이었다.

투자은행가는 상업은행가와 완전히 다른 종자로, 금융 거래를 만들고 성사시키는 핵심적인 역할을 했다. 투자은행가는 상상할 수 없을 만큼 엄청난 능력과 야심을 가지고 있었다. 투자은행가가 개를 키운다면, 그 개는 슬리퍼를 물어다주는 대신 이빨을 드러내며 으르렁거렸을 것이다. 투자은행가는 빨간 스포츠를 2대나 갖고 있으면서도 2대를 더 갖고 싶어 했고, 그러고자 물불을 가리지 않았다. 또한 투자은행가는 나처럼 졸업을 앞둔 대학 4학년생을 괴롭히면서 즐거워했다.

대학 졸업을 앞두고 리먼 브러더스 뉴욕 지사에 면접을 보러 갔다고 가정해보자. 면접관이 당신에게 대뜸 창문을 열어보라고 한다. 당신은 고층 건물 43층에 있고, 창문은 단단히 고정되어 있다. 바로 이것이 핵심이다. 면접관은 창문을 잡아당기거나 밀면서 진땀을 빼다가 결국 열리지 않는 창문 때문에 무너진 야망의 웅덩이에 나뒹구는 당신이 보고 싶을 뿐이다. 창문이 열리지 않자 절망에 빠진 한 지원자가 창문을 깨려고 의자를 집어 던졌다는 슬픈 소문도 있다.

면접 내내 침묵을 유지하는 경우도 있다. 당신은 면접장으로 들어간다. 당신이 들어왔는데도 의자에 앉아 있는 면접관은 아무런 말도 하지 않는다. "안녕하십니까?"라고 인사를 건네도 조용히 당신을 노려볼 뿐이다. 면접을 보러 왔다고 말해도 묵묵부답이다. 어색한 분위기를 바꿔보려고 농담을 던지지만, 아무 소용 없다. 면접관은 조용히 당신을 노려보며 고개를 가로젓는다. 당신은 조바심으로 속이 바짝 타들어간다. 면접관은 그런 당신을 보면서 갑자기 신문을 펼쳐서 읽기 시작한다. 심지어 당신을 눈앞에 두고 당신의 이력서를 읽기도 한다. 면접관은 왜 이런 행동을 하는 것일까? 당신에게 미팅의 흐름을 조절할 능력이 있는지 보려고 이런 행동을 하는 것이다. 이런 경우에는 의자를 들어서 창문으로 집어 던지는 재치가 필요할지도 모른다.

'나는 투자은행가가 되고 싶다. 리먼 브러더스는 최고다. 나는 부자가 되고 싶다.' 이런 생각을 머릿속에 새긴 채 지정된 날, 지정된 시간에 나는 면접을 보러 갔다. 면접장 밖에서 땀이 흥건해진 손바닥을 바지에 문지르면서 초조하게 순서를 기다렸다. 딴생각은 안 하고 오로지 면접에 집중하려고 애썼다. 발사를 앞두고 카운트다운에 들어가면 우주비행사가 신속하게 장비를 점검하듯, 나는 나의 강점과 약점을 정리했다. 나의 강점은 기대 이상의 성과를 낼 수 있는 잠재력을 지녔고, 협업을 중요시하며, 인간적이란 것이다. 반면에 나의 약점은 매사에 지나치게 열심이고, 내가 속한 조직을 위해 너무 빨리 행동한다는 것이다.

마침내 내 이름이 불렸다. 리먼 브러더스는 두 명을 짝지어서 면접관으로 보냈다. 나는 면접관 둘 중 한 명에게라도 좋은 인상을 남길 수 있을지 확신할 수 없었다. 그런데 이게 웬일인가. 면접관 두 명 중 한 명이 프린스턴대학 출신으로, 다시 보게 되리라 생각지도 못했던 나의 오랜 친구였다. 슬며시 면접에 합격할지도 모르겠다는 낙관적인 생각이 들었다.

그런데 내가 면접장으로 들어섰을 때, 그녀는 내게 미소를 지어 보이거나 나를 알고 있다는 내색조차 하지 않았다. 나중에 그녀는 그런 행동은 전문가답지 않은 것이라고 말해줬다. 그녀는 가볍게 악수를 나누면서 나를 뚫어지게 바라봤다. 그리고 나서 자기 자리로 돌아가는 그녀는 시합의 시작을 알리는 종이 울리기를 기다리는 권투 선수처럼 보였다. 파란색 정장을 입고 작은 나비넥타이를 맨 그녀는 조용히 의자에 앉았다. 다부진 몸매에 22살쯤 되어 보이는 그녀의 남자 동료가 나의 이력서 사본을 들고 있었다.

그 두 사람이 투자은행에서 일한 기간은 겨우 2년 남짓이었다. 졸업을 앞둔 대학 4학년생이 투자은행에서 면접을 볼 때, 가장 불합리한 것은 면접관이 대개 투자은행에서 일한 지 얼마 안 된 사람이라는 점이다. 월가에서 일한 지 겨우 1년이 넘는 사람들이 주로 그 대상이었다. 이들은 근무 기간이 그렇게 짧은데도 월가에서 활동하는 대단한 전문가인 양 굴었다. 이들은 '전문가다움'이라는 말을 즐겨 썼다. 이들이 말하는 전문가다움은 꼿꼿하게 앉아서 단호한 태도로 악수를 하고, 또박또박 말하고, 얼음물을 한 모금씩 홀짝이는 것이었다.

내 친구와 동료는 전문가다움이 무엇인지 몸소 보여줬다. 월가에서 1년 남짓 일하면서 그녀는 완전히 다른 사람이 되어 있었다. 불과 7개월 전만 해도 그녀는 전형적인 대학생처럼, 청바지에 멍청한 문구가 적혀 있는 티셔츠를 입고 캠퍼스를 누비며 건강이 걱정될 정도로 맥주를 퍼마셨다. 하지만 지금 내 눈앞에 앉아 있는 그녀는 조지 오웰의 소설에 등장하는 악몽 같은 인물의 모습을 하고 있었다. 그녀의 동료는 차가운 철제 책상 뒤에 앉아서 내게 질문을 퍼붓기 시작했다. 그와 내가 어떤 질문과 답을 주고받았는지 들으면 그날의 분위기가 쉽게 이해될 것이다. 내 기억에 따르면, 그와 나 사이에는 다음과 같은 이야기가 오갔다.

남자 면접관: 상업은행과 투자은행의 차이를 설명할 수 있습니까?

나: 투자은행은 증권 발행을 대행합니다. 잘 아시겠지만 주식, 채권 같은 거죠. 반면 상업은행에서는 대출만 취급합니다. (나는 여기서 첫 번째 실수를 했다. 투자은행가를 추켜세우고 상업은행가의 짧은 근무 시간과 소인배 같은 야심에 대해 비아냥댈 기회를 놓친 것이다.)

남자 면접관: 미술사를 전공하셨네요. 왜 이 전공을 선택하셨죠? 나중에 취업할 게 걱정되지 않았나요?

나: 미술사는 매우 흥미로운 학문입니다. 게다가 프린스턴대학의 미술사 학과는 아주 뛰어나지요. 프린스턴대학에서는 직업 교육 프로그램을 제공

하지 않습니다. 그러니 제 전공이 취업하는 데 큰 영향을 미치지 않을 거라 생각했습니다. (나는 프린스턴대학 미술사 학과의 자부심을 지키려고 애썼다.)

남자 면접관: 미국의 GNP 규모를 아시나요?

나: 정확히는 모르지만, 5,000억 달러 정도 되지 않나요?

남자 면접관: (내 친구인 여자 면접관에게 의미심장한 눈빛을 던지면서) 3조 달러에 가깝습니다. 우리는 직원 하나를 뽑기 위해서 수백 명을 대상으로 면접을 진행합니다. 당신은 자신의 능력을 알고 있는 수많은 경제학 전공자와 한 자리를 놓고 경쟁하고 있는 겁니다. 투자은행가가 되고 싶은 이유가 뭔가요?

나: (솔직한 답변은 투자은행가가 되고 싶은 이유를 모르겠다는 것이었다. 하지만 이렇게 대답할 순 없었다. 이런저런 말을 한 뒤 나는 그가 원한다고 생각되는 대답을 했다.) 글쎄요. 단도직입적으로 말하자면, 돈을 벌고 싶어서요.

남자 면접관: 그건 좋은 이유가 아니에요. 리먼 브러더스에 들어오면 장시간 근무해야 합니다. 그런 상황을 견뎌내려면 돈 이외에 더 강력한 동기가 필요하죠. 그리고 우리는 조직에 기여한 만큼 보수를 받습니다. 솔직히 돈에 관심 있는 사람에게 우리 일은 썩 흥미롭지 않을 거예요. 이상입니다.

이상입니다? 그의 마지막 말이 한참 동안 내 귓가에 맴돌았다. 미처 알아차리지 못했지만, 면접장을 나서는 나는 식은땀을 줄줄 흘리고 있었다. 등 뒤에서 다음 면접자가 쏟아지는 질문 공세에 쩔쩔매는 소리가 들렸다. 나는 단 한 번도 투자은행가가 돈을 사랑한다는 고백을 받아들이지 않을 거라고 생각해본 적이 없었다. 포드가 먹고살기 위해서 자동차를 만들었듯, 투자은행가도 생계를 위해서 돈을 번다고 생각했다. 애널리스트들은 늙은 투자은행가들보다 돈을 덜 벌지만, 그들도 아주 조금은 탐욕스러우리라 생각했다. 리먼 브러더스의 남자 면접관은 왜 돈을 벌고 싶어서 투자은행에 지원했다는 말에 기분이 상했을까? 나중에 리먼 브러더스에 입사한 친구가 그 이유를 설명해줬다. "그건 일종의 금기야. 왜 투자은행가가 되려고 하느냐는 질문을 받으면 도전 정신과 일하면서 느끼는 긴장감, 유능한 사람들과 함께 일하면서 느끼는 흥분에 대해서 말해야 돼. 절대 돈을 입에 올려선 안 돼."

새로운 거짓말을 배우는 것은 쉬운 일이지만, 이를 믿느냐 안 믿느냐는 전혀 다른 문제다. 이후 투자은행가들이 내게 지원 동기를 물을 때마다 나는 친구에게 들은 대로 충실하게 도전 정신과 유능한 동료와 일하는 데서 오는 흥분 같은 정답을 입에 올렸다. 이것이 그럴듯한 답과는 거리가 멀다는 것을 알기까지는 수년이 걸렸다. (살로먼 브러더스 임원의 아내에게는 친구에게서 들은 정답을 나름대로 변형해서 얘기했던 것 같다.) 돈은 구속력이 없다는 주장은 완전한 헛소리였다. 그러나 1982년 프린스턴대학 취업센터에서 이를 입 밖에 내는 순간, 취업은 요원해졌다. 나는 취업하기 위해 은행가들 앞에서 아양을 떨면서도 그들의 위선에 속이 부글부글 끓었다. 일반인과 이야기할 때 월가 출신이 돈의 중요성을 의심한다는 것이 말이나 되나?

그들의 위선에 부글부글 끓던 속은 가라앉았다. 정확히 말해서 가라앉혀야 했다. 나는 졸업했지만, 여전히 취업하지 못한 상태였다. 살로먼 브러더스는 나에게 면접 기회조차 주지 않았다. 이듬해 나는 세 곳의 일자리를 전전하면서 금융권에 들어가려고 계속 도전했지만, 면접에서 번번이 고배를 마셨다. 그래도 내가 투자은행에 입사하지 못할 것이라고는 생각하지 않았다. 나는 그저 월가에 입성하기 위해서 내가 걷고 있는 길이 싫었을 뿐이었다.

나는 월가 금융회사들이 보낸 불합격 통지서가 내 책상에 수북이 쌓여가는 것을 보면서도 특별한 깨달음을 얻지 못했다. 나는 투자은행가들은 나의 정직함이나 나의 능력을 판단하기 위해 시장에 존재하는 게 아니라는 교훈만 얻었다. 정직함과 나의 능력이 서로 관련되어 있음에도 불구하고 말이다. 그들이 내게 던지는 질문은 정해져 있었고, 그 질문에 정해진 예상 답변만 해야 했다. 투자은행에 성공적으로 입사한 대학 졸업생의 합격 후기는 마치 수도승이 읊조리는 기도문처럼 들렸다. 반면에 불합격 후기는 끔찍한 사고처럼 들렸다. 나의 리먼 브러더스 면접 후기는 나의 경험일 뿐만 아니라 1981년부터 수십 개의 대학에서 수십 개의 투자은행이 진행한 수천 건의 면접 후기이기도 했다.

어쨌든 이 이야기는 해피엔딩으로 끝난다. 리먼 브러더스는 파산했다. 트레이더와 기업금융가가 전쟁을 방불케 할 정도로 치열한 다툼을 벌이면서 1984년 초반에 리먼 브러더스는 무너졌다. 트레이더가 승리했지만, 위풍당당했던 리먼 브러더스는 온데간데없이 사라졌다. 리먼 브러더스 임원진은 경쟁업체인 시어슨Shearson을 찾아가 공손하게 머리를 조아려야 했다. 시어슨이 리먼 브러더스를 사 들이면서 '리먼 브러더스'라는 이름은 월가에서 영원히 사라졌다. 〈뉴욕타임스The New York Times〉에서 두 회사의 합병 소식을 읽으면서 나는 묵은 체증이 쑥 내려가는 것만 같았다. 물론 남의 불행을 보고 좋아하는 것을 옳은 행동이라고 할 수는 없다. 하지만 리먼 브러더스가 돈을 벌기 위해서 존재한다는 사실을 인정하지 않았기 때문에 월가에서 사라지는 불운을 맞게 된 것인지도 모른다는 내 생각에는 변함이 없다.

3장

기업문화를 사랑하는 법을 배워라

야수성을 드러내는 자는 인간으로서 고통에서 벗어날 수 있다.

– 새뮤얼 존슨(Samuel Johnson)

———————————— 살로먼 브러더스에 처음 출근한 날, 내가 어떤 느낌을 받았고 무엇을 봤는지 거의 정확하게 기억한다. 온몸에 오한이 느껴졌다. 취직할 생각은 하지 않고 공부만 하는 사람은 느껴보지 못했을 오한이 여전히 잠들어 있는 내 몸을 깨웠다. 사실 내가 그러는 것도 무리가 아니었다. 아침 7시까지 출근할 필요가 없는데도 나는 꼭두새벽에 일어났다. 사무실에 들어가기 전에 월가를 둘러보기 위해서였다. 전에는 한 번도 월가를 둘러본 적이 없었다.

월가 한쪽 끝에는 강이, 다른 쪽 끝에는 묘지가 있고, 그 사이에 유서 깊은 맨해튼이 자리하고 있었다. 맨해튼은 노란 택시가 솟아오른 맨홀 뚜껑과 움푹 팬 도로와 쓰레기 더미 위를 덜컹대며 달리는 깊고 좁은 협곡이었다. 렉싱턴역에서 쏟아져 나온 한 무리의 정장 부대가 인도를 진군했다. 하나같이 근심 걱정 가득한 얼굴에 자세는 구부정했다. 부자들에게 그들은 전혀 행복해 보이지 않았을 것이다. 내가 느끼기에도 그들은 심각해 보였다.

뭔가 새로운 일을 시작할 때마다 나는 약간의 초조함을 느끼는

데, 그날도 마찬가지였다. 내가 출근한다는 것이 믿기지 않았다. 그저 복권 당첨금을 받으러 가는 것만 같았다.

살로먼 브러더스는 MBA 소지자 수준의 연봉을 제공하겠다고 런던에 있는 내게 편지를 보냈다. 연봉 4만 2,000달러에 보너스는 별도고, 첫 6개월이 지나면 6,000달러를 더 지급하는 조건이었다. MBA 소지자가 아닌 내 학력 수준을 고려하면 4만 8,000달러는 결코 적은 연봉이 아니었다. (이것은 4만 5,000파운드에 맞먹는 액수다.) 불황으로 연봉 수준이 높지 않던 영국에서 이 소식을 접한 내게 살로먼 브러더스의 관대한 급여 수준은 놀라울 뿐이었다. 물질적인 면에 각별한 관심을 보이던 런던경제대학의 한 보직교수는 내가 살로먼 브러더스에서 얼마를 받는지 듣고는 놀란 토끼 눈으로 나를 쳐다보면서 꼴깍꼴깍 침을 삼켰다. 내 연봉은 그 교수 연봉의 2배에 달했다. 그는 40대 중반이고, 자기 분야에서 최고 위치에 오른 사람이었다. 반면에 나는 고작 24살이고 이제 막 사회생활을 시작한 사회초년생이었다. 세상에 정의는 없다. 그래서 정말 다행이다.

살로먼, 채권시장의 황금기를 타고 날아오르다

여기서 이 돈이 어디서 온 것인지 한번 살펴볼 필요가 있다. 솔직히 나는 당시 이 돈의 출처에 관심이 없었다. 살로먼 브러더스는 1985년 세계에서 돈을 가장 잘 버는 기업이었다. 적어도 나는 이런 말을 여러 번 들었다. 누가 들어도 그럴싸한 말이었기에 나는 이 말이 사실인지 확인할 생각을 단 한 번도 해보지 않았다. 월가는 누구나 주목하는 곳이었고, 살로먼 브러더스는 월가에서 돈을 가장 많이 버는 기업이었다.

월가에선 엄청난 양의 주식과 채권이 거래됐고, 1970년 말 미국은 정치와 금융 면에서 크게 성장했다. 이 무렵, 살로먼 브러더스는 월가의 그 누구보다 채권에 정통했다. 살로먼 브러더스는 채권 가격을 어떻게 평가해야 하는지, 채권을 어떻게 거래해야 하는지 빠삭하게 알고 있었다. 1979년 살로먼 브러더스는 채권 시장을 완전히 지배했다. 정크본드는 유일하게 취약한 부문이었다. 정크본드에 대해서는 나중에 다시 살펴보겠지만, 여러모로 살로먼 브러더스와 비슷한 드렉셀 번햄Drexel Burnham이 주로 정크본드를 취급했다. 1970년대 후반과 1980년대 초반에 정크본드는 사실상 살로먼 브러더스가 주름잡던 채권 시장에서 지극히 작은 부분을 차지하는 데 불과했다.

월가의 다른 기업들은 살로먼 브러더스가 최고의 채권 트레이더가 되든 말든 신경 쓰지 않았다. 당시에 채권 거래는 수익성이 높지도 명예롭지도 않았기 때문이다. 수익성은 기업들이 자금(자본)을 조달하는 데 기여하는 정도에 따라 좌우됐고, 명예는 CEO를 얼마나 많이 아는지에 따라 평가됐다. 이런 면에서 살로먼 브러더스는 사회적, 금융적 아웃사이더였다. 어쨌든 이것은 내가 들은 이야기로, 입에서 입으로 전해진 것일 뿐이라서 명백히 증명하기는 어렵다.

한편, 살로먼 브러더스의 시드니 호머Sidney Homer는 와튼 스쿨에서 연설했는데, 그의 연설을 들은 청중은 실소를 터트렸다. 호머는 1940년대 중반부터 1970년대 후반까지 월가에서 채권 애널리스트로 이름을 날린 사람이다. 자신의 직업에 대해 이야기하면서 호머는 "좌절감을 느끼기도 했습니다"라고 말했다. "칵테일 파티에 가면 사랑스러운 여인들이 저를 둘러싸고 요즘 금융 시장은 어떠냐고 물어봅니다. 그런데 슬프게도, 제가 채권 애널리스트라는 사실을 듣고 나면 그냥 조용히 자리를 떠나지요."

빈약한 증거라도 한번 살펴보자. 뉴욕공공도서관에서 '본드 bond'(채권, 화학에서 원소와 원소의 결합이라는 2가지 의미가 있다-역주)라는 단어를 검색하면 관련 서적이 287권이나 있는데, 대부분 화학과 관련된 책이다. 복잡한 화학기호가 나오지 않는 책도 《채권 전선 이상 없다 All Quiet on the Bond Front》, 《투자자를 위한 리스크가 낮은 투자 전략 Low-Risk Strategies for the Investor》 같은 지루한 제목이 달려 있을 뿐이다. 짐작하겠지만, 손에 땀을 쥐게 하거나 자리를 뜰 수 없을 정도로 내용에 몰입하게 되는 책은 아니다.

사회적으로 어느 정도 성과를 일군 사람들은 회고록과 일화의 형태로 흔적을 남기는 경향이 있다. 주식시장에도 수십 개의 일화와 여러 개의 회고록이 존재하지만, 채권 시장은 유독 침묵으로 일관했다. 문화인류학자들에게 채권 시장에서 활동하는 사람들은 깊숙한 아마존 밀림에 사는, 글을 읽을 줄도 쓸 줄도 모르는 미개한 종족이나 다름없을 것이다. 이는 채권 시장에 고등교육을 받은 사람이 거의 없기 때문이기도 하다. 그만큼 채권이 인기가 없다는 의미도 될 것이다. 살로먼 브러더스는 1968년 마지막으로 몇 명이나 학위를 갖고 있는지 조사했는데 그 결과, 28명의 파트너 중 13명이 대학을 나오지 않았고, 심지어 1명은 중학교 중퇴자였다. 그런 면에서 하버드대학에 도전했다가 실패하고 오벌린대학을 졸업한 굿프렌드는 그나마 지성인이라고 할 수 있다.

1980년대 월가에서 채권 트레이더들이 누린 전성기와 관련해서 크게 잘못 알려진 사실이 있다. 채권 트레이더들이 커다란 위험을 감수하면서 돈을 벌었다는 것이다. 물론 몇몇은 그랬을지도 모른다.

모든 채권 트레이더가 약간의 리스크를 감수하게 마련이다. 하지만 대부분 고속도로 톨게이트에서 통행료를 챙기는 직원과 비슷하게 행동했다. 커트 보니것Kurt Vonnegut은 채권 트레이더의 성공을 쉽고 명쾌하게 요약했다. 보니것은 흥미롭게도 변호사를 사례로 들었다. 그의 말을 들어보자.

"마법의 순간이 있다. 누군가가 보물을 넘겨주려 하고 다른 누군가가 그 보물을 넘겨받으려고 하는 순간, 기민한 변호사(우리는 이를 채권 트레이더라고 읽자)가 그 보물을 중간에서 가로챈다. 변호사는 찰나의 순간 보물을 소유했다가 자신의 몫으로 아주 조금만 챙기고 다른 사람에게 넘겨준다."

한마디로, 살로먼 브러더스는 각각의 금융 거래에서 아주 조금씩 수수료를 챙겼다. 이것이 쌓이고 쌓여서 큰돈이 된 것이다. 예를 들어, 살로먼 브러더스의 세일즈맨이 5,000만 달러 상당의 IBM 신규 채권을 연금펀드 X에 판다. 그에게 채권을 제공한 살로먼 브러더스 채권 트레이더는 채권 가격의 8분의 1인 6만 2,500달러를 수수료로 챙긴다. 물론 원한다면 더 많은 수수료를 챙길 수도 있다. 주식시장과 달리 채권 시장에서는 수수료가 공개되지 않기 때문이다. 재미있어지는 것은 지금부터다. 채권 트레이더는 IBM 채권을 누가 소유하고 있는지, 그의 성향이 어떤지 알고 있어서 머리를 굴리지 않아도 채권(보물)을 다시 움직일 수 있다. 한마디로, 채권 트레이더는 마법 같은 찰나의 순간을 만들어낼 수 있다.

예를 들어보자. 채권 트레이더는 보험회사 Y에 세일즈맨을 보내서 연금펀드 X가 사 들인 IBM 채권의 가치가 처음보다 높아졌다고 얘기한다. 이것이 사실이냐 아니냐는 중요하지 않다. 채권 트레이더는 연금펀드 X로부터 채권을 사서 보험회사 Y에 되팔면 그만이기 때문이다. 채권 트레이더는 채권을 되판 뒤 판매 금액의 8분의 1을 다시 수수료로 챙긴다. 이 짧은 기간에 약간의 수익을 얻었기 때문에 연금펀드 X 역시 이 거래를 만족스러워한다. 이 과정에서 연금펀드 X와 보험회사 Y가 채권의 가치를 모르는 것은 채권 트레이더에게 유리하게 작용한다.

채권 트레이더는 고등교육을 받지 않았을지는 몰라도 인간의 무지에 관한 한 박사나 마찬가지다. 어느 포커 게임에나 바보가 있는 것처럼 어느 시장에나 바보가 있게 마련이다. 영악한 투자자 워런 버핏Warren Buffett은 시장에서 바보가 누구인지 모르고 투자하는 사람이 있다면 바로 그 사람이 시장의 바보라고 말했다. 채권 시장이 긴 동면에서 깨어난 1980년, 많은 투자자들과 월가의 은행들은 이 새로운 게임에서 누가 바보인지 감을 잡지 못했다. 그러나 살로먼 브러더스의 채권 트레이더들은 시장에서 누가 바보인지 바로 알아차렸다. 그들의 직업은 바로 그것을 알아내는 것이다. 시장을 안다는 것은 다른 사람의 약점을 안다는 것이다. 그리고 바보는 원래 가치 이하로 채권을 기꺼이 팔거나 원래 가치 이상으로 채권을 사는 사람이다. 채권은 그 가치를 정확하게 따질 줄 아는 사람이 기꺼이 지불하겠다고 말하는 만큼만 가치를 지닌다. 결론적으로 살로먼 브러더스는 채권의 가치를 정확하게 평가할 줄 아는 기업이었다.

하지만 이것만으로는 1980년대 살로먼 브러더스가 그토록 잘나갔던 이유를 설명할 수 없다. 월가에서 돈을 버는 것은 맛있게 요리된 칠면조 구이의 속을 파먹는 것과 비슷하다. 우선 고위 당국이 칠면조 배 속에 다양한 재료를 채워 넣는데, 1980년대에는 그 어느 때보다 맛있는 재료가 넉넉히 채워졌다. 살로먼 브러더스는 특유의 전문성 덕분에 다른 기업이 갖은 재료로 배 속이 두둑하게 채워진 칠면조 구이가 만찬 요리로 나올 거라는 사실을 알기 전에 두 번, 세 번 칠면조 구이의 속을 파먹었다.

실로 아이러니한 점인데, 칠면조의 배 속을 맛있는 재료로 채운 주체 가운데는 연방준비제도이사회가 있다. 1980년대 연방준비제도이사회 의장인 폴 볼커 Paul Volcker는 돈이 넘쳐나는 월가를 곱지 않은 시선으로 바라봤다. 1979년 10월 6일 토요일, 느닷없이 열린 기자회견에서 볼커는 경기 순환에 따라 통화 공급량이 출렁이는 일은 없을 거라고 선언했다. 이것은 통화 공급량은 고정될 것이고 금리는 변동될 것이라는 의미였다. 이는 채권쟁이들의 황금기가 시작됐음을 알리는 사건이었다. 볼커가 통화 정책을 과격하게 바꾸지 않았더라면 세상에는 채권 트레이더가 넘쳐나고, 적어도 그들의 회고록이 한 권 정도 더 나왔을지도 모른다. 현실적으로 통화 정책의 초점이 바뀐다는 것은 금리가 크게 요동칠 것이라는 의미였고, 금리가 크게 요동친다는 것은 채권 가격도 크게 요동칠 것이라는 뜻이었다. 채권 가격은 금리와 반대로 움직인다.

볼커의 기자회견이 있기 전에 채권은 보수적인 투자상품이었다. 도박판 같은 주식시장에 끌리지 않는 투자자들은 안전한 채권 시장에 투자했다. 그런데 볼커의 기자회견 이후에 채권은 투기 상품이 됐다. 말하자면 채권은 돈을 안전하게 보관하는 수단이 아니라 큰 돈을 벌 수 있는 수단이 됐다. 하룻밤 사이에 채권 시장은 벽지에서 네온사인이 번쩍이는 카지노로 변신했다. 이런 분위기 속에서 살로먼 브러더스의 채권 거래량은 크게 늘어났다. 살로먼 브러더스는 급증하는 거래량을 소화하기 위해 많은 직원이 필요해졌다. 이들의 초봉은 4만 8,000달러였다.

볼커가 자유롭게 금리가 변동되는 정책을 펼치자 또 다른 손이 칠면조의 배 속을 채우기 위해 바삐 움직이기 시작했다. 바로 돈을 빌리는 주체인 미국 정부, 소비자, 그리고 기업이었다. 이들은 1980년대에 그 어느 때보다 빠르게 돈을 빌렸고, 그 결과 채권 발행량은 폭발적으로 증가했다. 이는 투자자들이 그 어느 때보다 더 자유롭게 돈을 빌려줬다는 뜻이기도 하다. 1977년 미국 정부, 소비자, 그리고 기업들의 부채는 3,230억 달러에 이르렀는데, 대부분 채권이 아닌 상업은행이 제공한 대출이었다. 1985년 미국 정부, 소비자와 기업은 7조 달러를 빌렸다. 살로먼 브러더스 같은 금융기업들이 굳건히 자리를 잡고 상업은행들은 불안정해지면서 부채는 눈덩이처럼 불어났다. 이들 부채는 대부분 채권 형태였다. 그 결과, 채권 가격의 변동성이 커졌을 뿐만 아니라 거래량도 급증했다.

그러나 살로먼 브러더스에는 변한 것이 없었다. 오히려 이런 상황은 살로먼 브러더스의 채권 트레이더들에게 더욱 유리했다. 채권 거래량과 빈도가 폭증하면서 매주 500만 달러 정도의 채권을 거래하던 채권 세일즈맨은 매일 3억 달러의 채권을 팔았고 그 결과, 채권 트레이더와 살로먼 브러더스는 엄청난 부를 축적했다. 그리고 그들만 아는 이유로 이렇게 축적한 돈을 투자해서 나 같은 사람을 고용하기로 결정했다.

채권시장의 지배자 살로먼에 첫 발을 딛다

살로먼 브러더스의 사원 연수는 맨해튼 남동쪽에 위치한 본사

건물 23층에서 진행됐다. 내 경력은 바로 그곳에서 시작됐는데 그곳에 발을 디딘 바로 그 순간부터 뭔가 잘못됐다는 생각이 들었다. 나의 앞길이 암담하게만 느껴졌다. 다른 연수생들은 이미 몇 시간 전에 사무실에 도착해 있었다. 실제로 대다수가 조금이라도 우위를 점하기 위해 몇 주 전부터 그곳을 드나들었던 모양이었다. 곧장 강의실로 걸어 들어가는 나와 달리, 그들은 복도나 강의실 뒷문에 삼삼오오 무리 지어 잡담을 나누고 있었다. 가족처럼 친근해 보이는 모습을 보며 그들이 서로에 대해 잘 알고 있다는 것을 짐작할 수 있었다. 이미 파벌이 형성되어 있었던 것이다. 가장 좋은 사물함은 그들 차지였다. 그들은 낯선 얼굴을 경계했다. 그들은 구석 자리에 모여 누가 '좋은' 사람이라는 식의 말을 은밀하게 속삭였다. 누가 채권 트레이딩팀으로 가고, 누가 실패자가 될 거라는 정보가 떠돌았다.

몇몇 사람은 동그랗게 모여 게임을 하고 있었다. 그때는 그들이 무슨 게임을 하는지 몰랐지만, 지금은 그게 라이어스 포커였다는 것을 안다. 그들은 깔깔거리며 웃고, 욕을 하고, 서로를 흘겨보면서 서로 엄청 친한 친구인 것처럼, 그리고 자신이 베테랑 채권 트레이더인 것처럼 행동했다. 허리띠를 단단히 매고 있는 그들을 보면서 나는 시간이 지나면 살로먼 브러더스가 집처럼 편안하게 느껴질 것이라는 생각을 버렸다. 하지만 투자은행가답게 행동해야겠다는 생각에 사람들이 볼 수 있도록 황금색 달러 표시가 크게 그려져 있는 밝은 빨간색 멜빵을 살짝 드러냈다. 그런데 이는 잘못된 생각이었다. 나중에 동료 연수생이 좋은 의도로 내게 충고를 하나 해줬다. "그런 멜빵은 매지 않는 게 좋아. 채권트레이딩팀에서는 오직 이사급이나 그런 멜빵을 하고 다닐 수 있거든. 자네가 그런 멜빵을 하고 있는 것을 보면, 그들은 '대체 저 녀석은 자기가 뭐라고 생각하는 거야'라고 욕할지도 몰라."

또 하나 기억나는 일이 있다. 처음 출근한 날 아침에 강의실을 들어섰을 때였다. 한 여자 연수생이 소리가 잘 안 들리는지 전화기에 대고 소리를 지르고 있었다. 무더위가 한창 기승을 부리던 7월, 땅딸막한 체구의 그 여자는 베이지색 트위드 스리피스 차림에 지나치게 커다란 흰 나비넥타이를 하고 있었다. 그녀가 그런 식으로 주변의 시선을 끌지 않았더라면 나 역시 그녀에게 눈길을 주지 않았을 것이다. 그녀는 한 손에 전화기를 든 채 그곳에 옹기종기 모여 있던 여자들에게 소리쳤다.

"이봐, 750달러에 정장 여섯 벌을 줄 수 있어. 이건 최상품이야. 가격이 정말 좋지 않아? 다른 데 가면 이런 가격에 못 구해."

순간, 모든 상황이 이해됐다. 그녀는 트위드 정장을 팔려고 그 더운 날씨에 그런 옷을 입고 있었던 것이다. 신입사원 연수장을 물건을 팔 시장으로 본 그녀의 생각은 옳았다. 그녀는 그들이 돈을 물 쓰듯 쓰면서도 싼 물건을 찾고, 정장이 거의 없다는 것을 금세 눈치챘다. 그래서 동양 어딘가에 있는 열악한 공장에 겨울옷을 대량 보내달라고 전화로 흥정하고 있었던 것이다. 나와 눈이 마주치자, 그녀는 "남자 옷도 있어요"라고 말했다. 결코 웃자고 하는 말이 아니었다. 내게 처음으로 말을 건넨 연수생 동기가 내게 옷을 팔려고 하다니, 과연 살로먼 브러더스에 어울리는 연수생 환영식이었다.

강의실 뒷문의 가장 어두운 구석에서 희미하게 희망의 빛이 비쳤다. 살로먼 브러더스에도 다양한 유형의 사람이 있다는 첫 번째 신호였다. 뚱뚱한 남자가 잠을 자는 것처럼 팔다리를 대 자로 벌린 채

바닥에 드러누워 있었다. 그는 한 번도 다려본 적 없는 것처럼 잔뜩 구겨진 셔츠를 입고 있었다. 그가 숨을 들이쉴 때마다 새하얀 배가 고래 등처럼 부풀어 단추 틈으로 보였다가 안 보였다가 했다. 게다가 그는 나무에서 포도가 떨어지길 기다리는 것처럼 입을 쩍 벌리고 있었다. 나중에 알게 된 사실이지만, 영국인인 그는 런던 사무소로 이미 발령을 받아서 자신의 경력에 대해 걱정할 필요가 없는 상태였다. 그는 회사가 자기를 어린애처럼 다룬다며 끊임없이 투덜댔다. 금융기관이 밀집해 있는 런던에서 꼬박 2년이나 일한 덕분에 그는 살로먼 브러더스의 연수 프로그램이 엉터리라는 것을 알고 있었다. 그가 맨해튼에서 밤새워 놀다가 출근해서 커피를 한 대접 마신 후 내내 강의실 바닥에 누워 잠만 잔 데는 이런 이유가 있었다. 그렇게 그는 새로운 동료들에게 결코 잊히지 않을 강한 첫인상을 남겼다.

1985년, 127명의 연수생 동기들은 당시 돈을 가장 많이 버는 것으로 알려져 있던 살로먼 브러더스 채권 트레이딩 사무소에서 일하게 됐다. 그 이후에도 살로먼 브러더스는 계속해서 대규모로 직원들을 채용했다. 우리 기수 연수단은 살로먼 브러더스 역사상 가장 큰 규모라는 이야기를 들었는데, 다음 기수는 우리의 2배에 이르렀다. 전문직 1명에게 딸린 지원팀 직원만 5명이었다. 믿든지 말든지 우리는 '전문직'이라고 불렸다. 연수생이 모두 127명이었으니, 지원팀 직원은 635명에 달했다. 3,000명이 약간 넘는 전체 직원 수를 따져볼 때, 놀라운 속도로 직원 수가 늘어나고 있었다. 이렇게 빠른 증가세는 살로먼 브러더스에 큰 부담이 됐고, 결국 회사는 절뚝대기 시작했다. 우리가 보기에도 식물에 비료를 마구 퍼붓는 것처럼 부자연스러워 보였다. 하지만 경영진은 말도 안 되는 이유로 이를 정당화했다.

돌이켜보면, 내가 살로먼 브러더스에 입사한 날부터 이 신성한 조직은 무너지기 시작했다. 어디를 가든지 살로먼 브러더스가 추락하고 있다는 게 느껴졌다. 물론 내가 살로먼 브러더스를 몰락으로 몰고 갈 정도로 영향력 있는 중요한 인물은 아니었다. 살로먼 브러더스가 나 같은 어중이떠중이들을 모두 받아들였다는 데 주목해야 한다. 이것은 조기 경보 신호나 다름없었다. 경고음이 울렸어야 했다. 채용 규모를 급속도로 늘리면서 살로먼 브러더스는 정체성을 잃어가고 있었다. 살로먼 브러더스는 한때 야생마처럼 달리는 기민한 채권 트레이더들로 가득 차 있었다. 하지만 지금 이곳에는 어울리지 않는 사람들이 넘쳐나고 있었다. 심지어 연수 첫날, 동기들에게 정장을 팔던 여자처럼 상업적인 사고방식을 지닌 연수생 동기들조차 살로먼 브러더스에 뼈를 묻겠다는 생각은 하지 않았다. 그것은 나도 마찬가지였다. 그 무엇도 우리와 살로먼 브러더스 사이에 유대감을 형성하지 못했다.

우리가 살로먼 브러더스에 지원한 이유는 무엇보다 돈과, 이상하지만 이 세상에 달리 일할 만한 곳이 없을 거라는 믿음이었다. 살로먼 브러더스에 대한 깊고 변치 않는 충성심 같은 것은 없었다. 연수생 동기의 75퍼센트가 입사한 뒤 3년 만에 퇴사했다. 우리 앞 기수의 경우, 입사 후 3년이 지났는데도 평균 85퍼센트가 회사에 남아 있다는 점을 생각하면 이는 매우 이례적인 일이었다. 조직과 거리를 두려는 이방인들이 대거 수혈된 뒤, 살로먼 브러더스에선 지각 변동이 일어났다. 이물질을 다량 흡입했을 때 사람의 몸이 경련을 일으키는 것과 비슷하다.

우리는 모순덩어리였다. 우리는 시장에서 거래하고, 옆에 앉아 있는 동료보다 더 기민하게 움직이기 위해서, 간단히 말해 채권 트레이더가 되기 위해서 살로먼 브러더스에 채용됐다. 영악한 트레이더에게 물으면, 자신이 가장 잘하는 것은 통념에 도전하는 것이라고 대답할 것이다. 훌륭한 트레이더는 예상하지 못한 일을 하지만, 우리는 애처롭게도 예측 가능한 일을 했다. 살로먼 브러더스에 입사하면서 우리는 정신이 온전하고 돈에 굶주린 사람이라면 누구나 할 만한 일을 했다. 이렇듯 일상에서도 통념을 넘어서지 못했는데, 시장에서 통념을 넘어설 수 있었겠는가? 어쨌든 취업 시장도 시장이다.

앞줄의 모범생과 뒷줄의 꼴통들, 그리고 이방인들

우리는 말이 많이 없었던 강사와 마찬가지로 강의실에 들어선 거구의 남자에게 공손하게 굴었다. 그는 긴 책상, 연단과 칠판이 있는 강의실 앞에 있는 9미터 길이의 좁은 공간에 3시간 동안 갇혀서 오후 내내 강의를 했다. 그는 경기장 밖의 코치처럼 연수생들의 책상 사이를 돌아다니면서 때때로 바닥을 뚫어지게 보거나 우리를 무섭게 노려봤다. 우리는 벤치처럼 하나로 연결된 의자에 앉아 있었다. 22열로 앉은 하얀 와이셔츠를 입은 백인 남자 연수생들 사이사이에 파란색 블레이저를 입은 여자 연수생들과 흑인 연수생 2명, 그리고 한 무리의 일본인 연수생들이 점점이 박혀 있었다. 강의실 벽과 바닥은 뉴잉글랜드의 클램차우더(북미 지역의 전통적인 조개 수프-역주) 같은 칙칙한 회색으로, 강의실 분위기를 가라앉히는 데 일조했다. 한쪽 벽에는 작은 창이 길게 나 있었는데, 그 너머로 뉴욕 항구와 자유의 여신상이 보였다. 하지만 우리는 창 너머로 보이는 광경을 즐길 처지가 아니었다. 우리는 잔뜩 긴장한 채 모두 바짝 붙어 앉아 있었다.

그곳은 강의실이라기보다는 감방처럼 보였다. 덥고 답답하고 의자 쿠션은 인조잔디 같은 싸구려 녹색이었다. 하루 종일 의자에 앉아서 강의를 듣다가 집으로 돌아가려고 일어설 때면 엉덩이와 의자 쿠션이 엉겨 붙어 있는 것 같았다. 강의에는 사회적 동물로서 최소한의 관심만 기울였다. 우리는 점심으로 욱여넣은 기름진 치즈 버거 때문에 쏟아지는 졸음을 참아내며 그 시간을 버텨냈다. 5개월에 달하는 연수 프로그램 과정 중 겨우 일주일이 지났을 뿐이지만, 나는 지칠 대로 지쳐버렸다. 나는 의자에 털썩 주저앉았다.

강사는 살로먼 브러더스에서 잘나가는 채권 세일즈맨이었다. 강의실 앞 테이블에는 전화기가 있었는데, 채권 시장이 미쳐 날뛸 때마다 전화벨이 울렸다. 덩치가 큰 강사는 연단에 서서 두 팔을 몸에 딱 붙인 괴상한 자세로 움직였다. 찌는 듯한 더위 때문에 다들 땀을 줄줄 흘리고 있었는데, 겨드랑이 땀냄새를 숨기려는 것 같았다. 그런데 정말 땀이 나서 그랬던 걸까, 아니면 신경과민에서 나온 행동이었을까? 아마도 신경과민 때문이었을 것이다. 설령 그렇더라도 그를 비웃을 순 없다. 그는 자신이 진심으로 믿는 것들에 대해 쉴 새 없이 떠들어댔다. 그런 그는 그 어떤 강사보다 믿음직해 보이지 않았다. 나는 그의 강의가 지루했다. 몇몇 연수생들은 그의 강의에 귀를 기울였지만, 대부분 〈뉴욕타임스〉에 실린 낱말 퍼즐을 풀거나 낙서를 끼적이며 시간을 보냈다. 강사는 우리에게 시장에서 살아남는 법에 대해서 이야기했다. 그는 "살로먼 브러더스를 정글이라고 생각해야 합니다"라고 말했다. 정확하게는 "느그들은 살로먼 브러더스를 정글이라고 생각해야 된데이"라고 말했다. 그는 사투리가 심했다.

그는 말했다. "트레이딩룸은 정글입니다. 그리고 여러분이 함께 일하게 될 사람은 그 정글의 리더이지요. 여러분이 성공하느냐 실패하느냐는 정글에서 살아남는 법을 아느냐 모르느냐에 달려 있습니다. 여러분은 상사에게 정글에서 살아남는 법을 배워야 합니다. 여러분의 상사가 성공의 열쇠인 셈이지요. 여기서 두 사람을 뽑아 정글 한가운데 데려다놓고 한 사람에게는 정글 안내서를 주고 다른 사람에게는 아무것도 주지 않았다고 칩시다. 정글에는 수많은 위험이 도사리고 있지요. 정글 밖에는 NCAA(미국대학체육협회가 주관하는 농구 대회-역주)가 중계 중인 TV와 시원한 버드와이저가 가득한 냉장고가 있고요."

연수 프로그램 셋째 날쯤 되자 뒷줄에 앉은 연수생들이 산만해지기 시작했다. 그들은 좋아하는 강사도, 싫어하는 강사도 없었다. 그저 뒤에 앉아서 졸거나 앞에 앉아 강의를 듣는 연수생들에게 종이를 뭉쳐 집어 던지곤 했다. 어떤 이유에서든 뒷줄에 앉아 있는 연수생들이 강사를 마음에 들지 않아 하면, 강사는 강의 시간 내내 지옥을 경험해야만 했다. 그런데 이번은 아니었다. 그 강사는 연수생들을 강의에 집중시키는 비결을 알고 있었다. 바로 뒷줄에 앉아 있는 이들의 마음을 사로잡는 것이었다. 원초적인 깨달음이 정글북 소리에 맞춰 강의실 뒤까지 다다랐다. 사냥을 나갔던 크로마뇽인이 우연히 새로운 무기를 발견한 것만 같았다. 뒷줄의 연수생들은 그날 처음 의자에 엉덩이를 바짝 붙이고 몸을 앞으로 기울이면서 강의에 집중했다. 우가우가 둥둥둥.

뒷줄의 문제아들이 조용해지자, 강사는 강의실을 효과적으로 통제할 수 있었다. 강의실 맨 앞자리를 차지한 소위 '범생이'들은 알아서 강의에 집중하고 있어서 굳이 신경 쓸 필요가 없었다. 대부분 하버드 경영대학원 출신인 '범생이'들은 어디서든 맨 앞자리를 차지하고 강의를 경청했다. 이들은 새로운 강사가 들어올 때마다 조직도를 통해 그를 파악했다. 살로먼 브러더스의 조직도는 크리스마스트리처럼 생겼다. 조직도의 맨 위에는 굿프렌드가 있고, 맨 아래에는 우리가 있었다. 그사이에 크리스마스트리 장식품처럼 수많은 상자가 그려져 있었다. 강의실 분위기를 어떻게 휘어잡는지 보면, 새로운 강사의 직급과 위치를 대충 파악할 수 있었다. 범생이들은 조직도에서 강사가 어디에 위치하는지 찾아보며 살로먼 브러더스에서 그의 영향력을 가늠했다.

사실 살로먼 브러더스에서 조직도는 의미가 없었다. 조직도는 직급 체계도라기보다는 흑마술이 적힌 문서 같았다. 트레이딩룸에서 직급은 전혀 중요하지 않다. 살로먼 브러더스에서 위계질서는 실없는 농담에 가까웠다. 무엇보다 중요한 것은 얼마나 많은 돈을 버는가였다. 그런데 범생이들은 뒷줄의 문제아들과 달리 이 사실을 인정하려 들지 않았다. 이들은 조직의 권력 관계와 관련해서 학교에서 배운 이론과 살로먼 브러더스에서 경험하는 것들을 비교해보며 일종의 헤지 hedge(가격 변동에 따른 투자위험을 회피하기 위해 시장의 움직임과 반대되는 포지션을 취하는 전략-역주)를 하고 있었다.

강사는 말했다. "시원한 버드와이저로 가득 채워진 냉장고를 떠올려보세요. 목구멍이 짜릿할 정도로 시원한 버드와이저 말이에요. 정글 안내서를 받은 사람은 아무런 어려움 없이, 마치 산책을 나갔던 사람처럼 금방 정글을 빠져나와서 맥주를 마시면서 TV에 중계되는 농구 경기를 즐길 겁니다. 아무것도 받지 못한 사람이 여전히 덥고 습한 정글을 헤매고 있을 때 말입니다." 그는 음흉한 시선으로 연수생들을 바라보더니 재빨리 말했다. "정글을 빠져나오지 못하고 헤매는 '그는' 저어어어어엉말 목이 탈 겁니다. 그러나 뒤늦게 정글을 빠져나오고 나면 맥주가 한 방울도 남아 있지 않을 겁니다."

이 말이 결정타였다. 뒷줄의 문제아들, 속된 말로 '꼴통'들은 맥주라면 환장했기에 이보다 효과적인 설명은 찾기 어려웠다. 문제아들은 한 방 얻어맞은 것처럼 멍한 표정을 지었다. 그 모습은 말쑥하게 정장을 차려입은 백인 남자들이 흑인인 척하는 것만큼이나 멍청해 보였다. 뒤이어 소위 '찐따'나 갖고 다니는 심이 가는 볼펜이 들어 있는 플라스틱 통을 셔츠 주머니에 꽂은 강사가 반기 채권 수익률을 연간 채권 수익률로 전환하는 방법을 설명했다. 뒷줄에 앉아 있던 꼴통들은 그 강의를 듣는 척도 하지 않았다. 이들은 수학 이론은 개나 줘버리라고 빈정거리며 우리가 듣고 싶은 것은 정글 같은 금융 세계에 대한 이야기라고 소리쳤다. 그런 모습은 월가에서 돈을 가장 잘 버는 투자은행을 이끌어갈 미래의 인재라기보다는 운동 경기가 끝난 뒤 술 파티를 벌이는 주정뱅이들처럼 보였다.

살로먼 브러더스 임원들이 그런 모습을 보며 곤혹스러워하는 것도 당연했다. 이들은 맨 앞줄에 앉아 강의에 집중하는 범생이들만큼이나 많은 시간과 노력을 들여 선발한 사람들이었다. 이론적으로라면 모든 연수생이 강의에 귀를 기울이고 세심하고 예의 바른 태도를 보여야 했지만, 이상하게도 이번 기수는 기강이 해이했다. 강의실 뒷줄의 꼴통들은 자기들끼리 몰려다니며 되는 대로 행동할 뿐, 외부와 소통하려고 하지 않았다. 그 누구도 이들을 통제할 수 없었다. 물론 하버드 경영대학원 졸업생들은 대부분 강의실 앞에 앉아 있는 범생이들에 속했지만, 뒷줄의 문제아도 몇몇 있었다. 그들 옆에는 예일대,

스탠퍼드대, 펜실베이니아 주립대 출신들이 앉아 있었다. 다시 한번 말하지만, 최고의 교육을 받은 이들 가운데도 문제아는 존재했다.

일류대학에 들어갈 만큼 뛰어난 인재였던 이들이 왜 이렇게 행동한 걸까? 왜 살로먼 브러더스는 이들이 제멋대로 행동하게 내버려뒀을까? 나는 지금도 그 이유가 이해되지 않는다. 살로먼 브러더스 경영진은 연수 프로그램을 만들고 프로그램에 참여할 사람을 선발한 뒤 인사관리에 더 이상 관여하지 않았다. 연수 프로그램이 엉망으로 운영되면서 악화가 양화를, 큰 것이 작은 것을, 힘이 머리를 쫓아냈다.

그런데 강의실 뒤의 꼴통들에게는 누구도 눈치채지 못한 하나의 공통점이 있었다. 그들은 살로먼 브러더스에 입사하기 전에 갈고닦은 고상한 성품과 지성을 벗어던져야 한다고 생각했다. 이것은 의식적이라기보다는 반사적인 행위에 가까웠다. 당시 살로먼 브러더스에는 트레이더는 야만적이고 위대한 트레이더는 더 야만적이라는 기업 문화가 형성되어 있었는데, 이들은 바로 이런 기업 문화의 희생자였다. 이런 기업 문화가 효과적일 수도 있지만, 이것이 반드시 옳다고 말하기는 어렵다. 트레이딩룸에선 야만적이고 거칠게 행동하는 게 효과적이라는 증거가 있지만, 정반대되는 증거도 있기 때문이다. 하지만 사람들은 무엇이든 자신이 원하는 대로 믿게 마련이다.

강의실 뒷자리를 장악한 연수생들이 축구장에서 난동을 부리는 관객처럼 제멋대로 행동하는 데는 또 다른 이유가 있었다. 살로먼 브러더스에서의 연수 생활은 매일 이웃과 싸워야 하는 상황 같았다. 연수생들은 갈수록 못되고 무례하게 행동했다. 살로먼 브러더스 연수 프로그램에 들어가려면 60 대 1이라는 무시무시한 경쟁률을 통과해야 했다. 나는 요행으로 살로먼 브러더스 연수생이 될 수 있었지만 말이다. 이렇듯 치열한 경쟁을 뚫고 살로먼 브러더스 연수생이 됐으니 조금 흐트러져도 괜찮다고 생각했을 수도 있다. 이때가 아니면 살로먼 브러더스에서 느긋하게 생활할 수 있는 시간이 없는 것도 사실이었다. 살로먼 브러더스는 스트레스를 잔뜩 받는 연수생을 한쪽으로 데려가 모든 일이 잘 풀릴 거라고 다독이는 법이 없었다. 오히려 그 반대였다. 살로먼 브러더스는 연수생들이 옴죽거려야 한다는 믿음으로 연수 프로그램을 구축했다. 살로먼 브러더스의 혹독한 면접을 통과한 사람들은 연수 프로그램에서 서로 치열하게 경쟁해야 했다. 쉽게 말해, 살로먼 브러더스에서는 악독한 놈들 중에서도 가장 악독한 놈이 원하는 자리를 얻을 수 있었다.

어느 팀에서 일하게 될지는 연수 마지막 날 알 수 있었다. 트레이딩룸 게시판에 팀 배정 결과가 나붙었는데, 연수 첫날 기대했던 것과 달리 모든 연수생이 살로먼 브러더스의 식구가 되는 것은 아니었다. 멍하니 게시물을 보는 연수생들 옆에서 강사들은 계속 이런 말을 해댔다. "왼쪽과 오른쪽을 번갈아 한번 보세요. 여러분이 지금 본 얼굴 중에서 일부는 1년 안에 살로먼 브러더스에서 쫓겨날 겁니다." 게시물 맨 윗줄 가로축에는 지방채, 회사채, 국채 등 트레이딩룸에 있는 각 팀명이, 세로축에는 애틀랜타, 댈러스, 뉴욕 등 지역본부 이름이 적혀 있었다. 최악의 지역본부에서 최악의 팀에 배치되거나 그 어디에도 배치되지 못할 수도 있다는 생각은 연수생들을 절망으로 몰고 갔다. 그 누구도 자신이 어느 지역본부의 어느 팀에 배치될지 예측할 수 없었다. 살로먼 브러더스에서 쫓겨날지도 모른다고 생각하는 이들도 있었다. 그런데 이런 생각을 하는 사람은 애초에 살로먼 브러더스에 발을 들이기 어려웠다. 살로먼 브러더스 연수생들에게는 실패와 성공의 극단적인 사례만 보였다. 애틀랜타에서 지방채를 파는 것은 생각만 해도 비참한 일이었다. 반면에 뉴욕에서 모기지채권(부동산을 담보로 발행하는 주택저당증권-역주)을 파는 것은 침을 질질 흘릴 만큼 구미가 당기는 일이었다.

연수 프로그램이 몇 주차에 접어들자 팀장들은 연수생들의 장단점을 비교 분석하기 시작했다. 이들은 트레이더가 될 재목을 찾고 있었다. 이들은 사람, 장소, 그밖에 거래할 수 있는 모든 것을 트레이더의 관점에서 바라보는, 겉모습부터 뼛속까지 철저히 트레이더였다. 이들은 마치 노예를 사고파는 것처럼 연수생들을 트레이딩하기 시작했다. 어떤 날에는 관리자 서너 명이 몸을 잔뜩 숙인 채 연수생들의 사진과 이력서를 정리해놓은 두툼한 파란색 바인더를 주의 깊게 살펴보는가 하면, 어떤 날에는 관리자들이 모여서 연수생 A와 연수생 B를 교환하겠다거나 다 포기하고 다음 연수생 기수에서 직원을 뽑겠다고 수군거렸다.

압박감은 갈수록 커졌다. 누가 누구에 관해 이야기하고 있나? 어떤 연수생이 탈락할까? 어디에 자리가 남아 있을까? 모든 선택 과정이 그렇듯, 여기에도 승자와 패자가 동시에 존재했다. 살로먼 브러더스의 직원 선발 과정은 굉장히 주관적이었다. 능력을 측정할 수 있는 객관적인 기준과 척도 같은 것은 없었다. 그래서 좋은 자리를 얻으려면 운과 '존재감'이 필요했고, 아첨해서라도 조직에서 영향력 있는 사람의 눈에 들어야 했다. 연수생들은 운과 존재감을 얻기 위해 할 수 있는 일이 그리 많지 않았기에 권력자의 눈에 들려고 애썼다. 쉽게 말해, 연수생들에게는 자신을 끌어당겨줄 줄이 필요했다. 이들에게는 살로먼 브러더스 실세들에게 언제 어떻게 눈도장을 찍을 것인지 알아내는 것이 무엇보다 중요했다. 112명에 달하는 팀장이나 임원 중 하나를 사귀는 것만으론 부족했다. 영향력 있는 팀장이나 임원을 친구로 만들어야 했다. 물론 여기에는 소소한 문제가 있었다. 조직에서 높은 자리에 있는 사람이 한낱 연수생과 친구가 되는 데 흥미를 가질 리 없었다. 연수생과 친하게 지내봤자 그들에게 좋을 게 뭐 있단 말인가.

팀장과 임원들은 너도나도 데려가려고 하는 연수생에게만 관심을 보였다. 인기 많은 연수생은 여러 가지 면에서 유용했다. 다른 팀장이나 임원들에게서 인기 있는 연수생을 가로채 오면 승점을 얻을 수 있었다. 팀장이나 임원이 자신에게 접근한다 싶으면, 연수생은 그의 눈에 들려고 무진장 애썼다. 팀장이나 임원이 어떤 연수생에게 관심을 두는 데 합당한 이유가 있는 건 아니었다. 그저 다른 사람이 그를 원하니 호기심이 생겼고, 그를 데려가고 싶어졌을 뿐이었다. 그 결과, 사람을 놓고 벌이는 폰지 사기(신규 투자자의 투자금을 받아 기존 투자자의 투자금을 돌려막는 다단계 금융 사기-역주)가 연수 기간 내내 벌어졌다. 그 여파는 실제 시장에서 일어난 폰지 사기와 별반 다르지 않았다. 팀장이나 임원의 호기심을 자극하려면, 대단한 자기 확신과 자신을 제외한 나머지 연수생들은 순진해 빠졌다는 확실한 신념을 갖고 움직여야 했다. 나 역시 내가 원하는 자리를 얻기 위해 그렇게 행동했다.

연수 프로그램이 몇 주차에 접어들 무렵, 트레이딩룸에서 친구를 사귀었다. 솔직히 말해서 트레이딩룸은 내가 일하고 싶은 곳이 아니었지만 그 친구는 나를 볼 때마다 자기와 같은 팀에서 일하자고 졸라댔다. 나는 다른 연수생들 사이에 트레이딩룸에서 나와 일하고 싶어 한다는 소문을 퍼트렸다. 그들은 트레이딩룸에 있는 자기 친구들에게 이 이야기를 전했고, 그들의 친구들은 나에게 점점 호기심을 보였다. 마침내 내가 함께 일하고 싶었던 팀장의 귀에 내 이야기가 들어갔고, 그는 내게 아침을 함께 먹자는 제안을 했다.

이게 계산적이고 정도를 벗어난 행동처럼 보인다면, 다른 방법도 있었다. 자신의 운명을 팀장이나 임원에게 전적으로 맡기거나, 자신이 일하고 싶은 팀을 찾아가 함께 일하고 싶다고 팀장에게 호소하는 것이다. 팀장과 임원은 누군가가 데려가주기를 기다리는 멍청한 연수생을 무가치하게 대한다는 것을 우리는 알고 있었다. 많은 연수생이 자신이 일하고 싶은 팀으로 가서 그 팀의 팀장이나 임원에게 함께 일하고 싶다고 적극적으로 호소했다. 그들은 위대한 군주 앞에 머리를 조아리는 신하처럼 자신들이 일하고 싶은 팀 팀장의 발아래 납작 엎드려 번지르르한 말을 늘어놨다. "나는 당신의 겸손하고 헌신적인 하인입니다. 그러니 위대한 분이시여, 제발 저를 데려가주세요. 당신이 하라는 것은 무엇이든지 하겠나이다." 그들은 팀장이 자신들의 말과 행동에 흡족해하며, "고개를 들라. 젊은이여, 두려워할 것 없다. 그대가 내게 진실하다면, 나는 그대를 악과 실직으로부터 보호해줄 것이다" 같은 말을 해주길 바랐다.

이런 전략은 가끔 먹혀들기도 했지만, 실패하면 본전은커녕 그대로 헐값에 팔리는 재고품으로 전락할 수도 있었다. 연수생들은 어떤 순간에 이런 비굴함이 먹히는지를 두고 토론을 벌이기도 했다. 살로먼 브러더스의 모든 시스템은 누가 압박감에 무너지는지, 그리고 그것을 어떻게 견뎌내는지를 보기 위해 설계된 것 같았다.

모든 것을 각자 스스로 결정해야 했던 연수생은 크게 두 부류로 나뉘었다. 연수가 시작됨과 동시에 팀장과 임원들에게 잘 보이겠다고 결심한 연수생들은 강의실 앞에 앉았다. 이들은 연수 기간인 5개월 내내 맨 앞줄에 앉아 입술을 꽉 다문 채 강의에 집중했다. 자신의 자존심을 소중히 여기거나 냉담한 태도를 유지하는 것이 최선이라고 생각한 연수생들은 맨 뒤에 앉아 강의에 관심 없는 척하며 강사에게 종이를 뭉쳐 던졌다. 물론 예외도 있었다. 일부는 두 부류 사이에 어중간하게 걸쳐 있었다. 그중 두세 명은 연수 초반에 특정 팀에서 일하기로 담당 임원과 이야기를 끝낸 상태였다. 이들은 노예들 사이에 끼어 있는 자유민처럼 종잡을 수 없이 떠돌아다니는 바람에 회사에서 보낸 스파이라는 의심을 받기도 했다. 강의실 뒤에 앉았지만 부양할 아내와 자녀가 있어서 무례하게 행동하지 못하는 이들도 있었다. 이들에게는 조직에 대한 충성심이 없었다. 이들은 무시하기 때문에 앞에 앉은 연수생들에게 냉담하게 대했고, 가족에 대한 책임감 때문에 뒤에 앉은 연수생들에게 냉담하게 대했다.

나는 스스로 예외에 속한다고 생각했다. 나는 하버드 경영대학원을 나온 사람 옆에 앉아서 그가 그린 조직도를 쳐다봤다는 이유로 앞줄의 범생이들에게 비난을 받았다. 나는 그저 그가 성공적으로 원하는 자리를 얻을 수 있을지 궁금했을 뿐이었다. (사족이지만 그는 살로먼 브러더스에서 정식으로 일할 기회를 얻지 못했다.) 나는 지나치게 많은 질문을 해서 뒤에 앉은 꼴통들에게 강사의 환심을 사려는 범생이 같다는 비난을 들었다. 이는 사실이 아니었기에 오해라고 뒷자리의 친구들에게 말하고 싶었다. 중요한 트레이더의 강연 시간에 어설프게 종이 뭉치를 던져 오해를 풀려고 시도해봤지만 소용없었다. 그러다가 트레이더가 강연하는데 뒤에서 신문을 읽다가 쫓겨나자 강의실 뒤쪽에서 내 주가가 치솟기 시작했다. 그러나 나는 끝끝내 뒷줄의 문제아들과는 좋은 관계가 되지 못했다.

모든 예외들 중 단연 최고는 일본 연수생들이었다. 그들은 우리 기수의 문화적 분석을 무력하게 만들었다. 우리 기수 중 일본 연수생은 모두 6명으로, 그들은 모두 맨 앞줄에 앉아서 강의가 진행되는 내내 졸기만 했다. 잠에 취해 머리를 가누지 못하고, 옆으로 꼬꾸라지거나 바닥에 얼굴을 처박기도 했다. 그들은 일본 사업가들이 으레 그렇듯 생각을 정리하느라 눈을 감은 채 강의를 듣고 있는 거라고 주장했으나 당연히 먹히지 않았다. 그들이 영어에 능숙하지 않았기에 강의 내내 졸고 있었다는 것이 가장 그럴듯한 변명이었다. 그들은 자기들끼리만 어울렸기 때문에 그들의 영어 실력이나 살로먼 브러더스에 입사한 동기를 알아내는 것은 불가능했다. 그들 무리의 우두머리는 '요시'라는 이름의 사내였다. 매일 아침과 오후, 뒷줄에 앉은 꼴통들은 요시가 몇 분 만에 잠드는지를 두고 내기를 벌이기도 했다. 그들이 보기에 요시는 완벽한 꼴통이자 완벽한 영웅이었다. 요시가 졸다가 바닥에 꼬꾸라지면 뒷줄에서 환호성이 터졌다. 요시를 두고 한 내기에서 이긴 누군가가 내지르는 환호성인 동시에 앞에 앉아 보란 듯이 졸아대는 요시의 대담함에 대한 환호성이기도 했다.

우리 강의실에서 일본 연수생들은 일종의 보호종이었다. 나는 그들 역시 이를 알고 있었을 거라고 생각한다. 일본은 무역 흑자 덕분에 엄청난 달러를 쌓아놓고 있었다. 미국 국채와 달러 표시 투자상품으로 일본에 쌓여 있는 달러를 끌어올 수 있다면 막대한 돈을 벌게 될 것이었다. 살로먼 브러더스는 현지 경험자를 채용해 도쿄까지 영업망을 확대하려고 했다. 일본 사람들은 평생 한 직장을 다니는 경향이 있고, 능력 있는 사람일수록 미국 기업에서 일할 생각을 하지 않았다. 살로먼 브러더스에 입사한 이들은 초밥과 고용 안정을 포기하고 치즈버거와 여피(도시 주변을 생활 기반으로 삼고 전문직에 종사하면서 신자유주의를 지향하는 젊은이들 - 역주) 병을 얻은 셈이었다. 살로먼 브러더스는 낚아챈 일본 사람들을 고급 도자기처럼 애지중지 대했다. 강연에 나선 트레이더들조차 우리는 거칠게 몰아붙였지만, 이들은 힐끗 바라볼 뿐 함부로 말을 걸지도 않았다. 살로먼 브러더스는 외국 문화에 다소 둔감한 편이었는데, 일본 문화에 대해서는 이상하리만치 다른 태도를 보였다. 사람들은 대체로 일본인들이 유별나다고 생각했다. 그들은 매일 아침 키와니스 클럽Kiwanis Club(실업가 및 지적 직업인 중심의 국제 민간 봉사 사교 단체 - 역주)에서 서로 코를 비비며 악수를 할 수도 있었다. 그렇더라도 그게 이상하다고 생각할 사람은 아무도 없었을 것이다. 어쨌든 일본 연수생들은 집중을 방해하는 이상한 존재들이었다.

강의실 분위기는 뒷자리의 꼴통들이 결정했다. 그들은 강의가 진행되는 내내 똘똘 뭉쳐서 소란을 일으켰다. 꼴통들은 무리 지어 다닐 때 안전감과 안락감을 느꼈다. 아침이나 이른 오후에는 강의실로, 하루를 마무리할 때쯤에는 트레이딩룸으로, 밤이 되면 서프 클럽으로 몰려다녔다. 그러다가 다음 날 아침이면 또 우르르 강의실로 몰려왔다. 꼴통들은 좋아하는 것과 싫어하는 것이 거의 비슷했다. 강사가 마음에 들 때면 줄줄이 일어나 파도타기를 하는 멍청한 짓을 벌이기도 했다.

지금 꼴통들은 강의실에 선 강사를 진심으로 지지하고 있었다.

강사는 마치 생각에라도 잠긴 듯 잠시 강의를 멈췄다가 말했다.

"여러분, 여러분은 지금 자신이 대단하다고 생각할 겁니다. 하지만 트레이딩룸에 발을 디딘 순간, 자신이 완전히 밑바닥에 있다는 것을 깨닫게 될 겁니다."

이런 말이 굳이 필요했을까? 그는 분위기를 흐리는 뒷줄의 꼴통들에게 그들이 듣고 싶어 하는 말을 들려주면서 강의실의 분위기를 능수능란하게 이끌어갔다. "살로먼 브러더스에서 승자가 되는 것은 근육질 전사가 되어 정글에서 사내답게 사는 것과 비슷합니다." 뒤이어 그는 강의 분위기가 흐트러질 위험을 무릅쓰고 그들이 싫어할 법한 소리를 했다. "그러나 정글에서 살아남기 위해 필요한 건 근육질 사내가 타고난 쪼그려 앉았다가 벌떡 일어날 수 있는 근력이 아니에요." 나는 꼴통들이 야유하며 종이 뭉치를 던져댈 것이라고 생각했다. 그런데 뜻밖에 아무것도 날아오지 않았다. 강사는 모두들이 정도 말은 충분히 귀 기울여 들을 정도로 강의실 분위기를 제압하고 있었다. 뒤에 앉은 꼴통들은 그저 고개를 주억거렸다. 문제아들이 그 말을 앞줄의 범생이들을 향한 경고라고 생각한 건 아닌가 하는 합리적인 의심이 들었다.

이 시점에 강사는 실수를 저질렀다. 연수생들은 두 달이 넘는 기간 동안 밑바닥에서 구를 필요가 없었다. 채권 트레이더와 세일즈맨은 개처럼 나이를 먹는다. 쉽게 말해, 트레이딩룸에서의 1년은 다른 기업에서 7년 일한 경력과 맞먹는다. 채권 트레이더와 세일즈맨으로 1년만 버텨도 대단한 경력을 쌓는 셈이다. 그러니 트레이딩룸에서 누가 '짬밥'을 두려워하겠는가. 짬밥을 완전히 무시해도 된다는 것이야말로 트레이딩룸의 미학이라 할 것이다.

트레이딩룸에 들어선 신입 직원에게는 전화기가 두 대 지급됐다. 신입 직원이 의자에 엉덩이를 붙이자마자 전화기가 울려대서 바로 응대에 나서야 했다. 그렇게 전화 통화를 하다가 수백만 달러 규모의 거래를 성사시키면, 그는 곧바로 트레이딩룸에서 숭배의 대상이 됐다. 소위 '거물', '대물'이 되는 것이다. 대규모 채권 거래를 성사시키거나 수십만 달러 규모의 계약을 따내면, 그게 누가 됐든지 담당 임원은 그 주인공에게 "어이, 대물. 한 건 했어"라고 말했다. 이 말을 떠올리면 지금까지도 머릿속에서 코끼리가 굵고 긴 코를 사방으로 휘두르는 모습이 떠오른다. 휙휙. 철퍼덕철퍼덕. 정글에서 코끼리의 앞길을 막을 수 있는 것은 아무것도 없다.

대물. 이것은 우리 모두가 진정 바라는 칭찬이었다. 물론 이 말이 나와 같은 방식으로 모두의 머릿속에 각인되어 있지 않을 수도 있다. 우리가 바라던 것보다 이 말이 갖는 의미가 훨씬 작을 수도 있다. 물론 그 누구도 드러내놓고 "트레이딩룸에 가면 나는 대물이 될 거야"라고 말하지 않았다. 이것은 아주 사적이고 내밀한 바람이었다. 하지만 모두가 트레이딩룸에서 대물이 되기를 원하는 것은 사실이었다. 여자든 남자든 마찬가지였다. 앞줄의 범생이들도 마찬가지였다. 문제가 있다면, 뒷줄의 꼴통들이 생각하는 것처럼 범생이들이 어떻게 해야 대물이 되는지 몰랐다는 것이다. 무엇보다 대물이 되려면 압박을 잘 견뎌내야 했지만, 범생이들은 꼴통들보다 압박에 쉽게 무너졌다.

그때 앞줄에서 갑자기 손 하나가 쑥 올라왔다. 강의 때마다 강사 바로 앞에 허리를 꼿꼿하게 세우고 앉아 있던 여자였다. 강의는 한창 탄력을 받은 상태였다. 강사는 강의를 중간에 끊고 싶지 않아 했지만, 손을 번쩍 들고 있는 그녀를 무시할 순 없었다. 강사는 그녀의 이름을 불렀다.

"셸리 핀들레이Sally Findlay, 말씀해보세요."

핀들레이는 말했다.

"질문 있습니다. 선배님이 성공하신 결정적인 이유를 말씀해주실 수 있나요?"

세상에나. 대체 내가 무슨 말을 들은 거지? 트레이딩 이론에 대한 무미건조한 질문을 했더라면, 그녀는 원하는 답을 들었을 것이다. 앞줄의 모범생인 그녀가 이런 질문을 던지리라고는 그 누구도 예상하지 못했다. 그녀의 질문을 들은 강사는 조용히 미소지었다. 그는 마음만 먹으면 앞줄의 범생이들을 얼마든지 골탕 먹일 수 있었다. 뒷줄의 꼴통들은 그의 미소에 감춰진 음흉함을 읽고는 안 그래도 높던 호감이 정점을 찍었다. 그는 시선을 뒷줄의 꼴통들에게 둔 채 더욱 환하게 미소지으며 말했다.

"흠, 강의실에 들어올 때부터 이런 아첨꾼이 있으리라는 것은 짐작하고 있었습니다. 나는 아첨꾼이 알랑거리게 내버려두는 강사들을 경멸합니다. 좋아요. 이 여성에게 원하는 만큼 알랑방귀를 뀔 시간을 줍시다."

뒤에서 폭소가 터졌다. 누군가 핀들레이를 흉내내며 짓궂게 "좋아요. 어떻게 서어어엉공하셨죠?"라고 말했다. 그러자 다른 누군가가 지나치게 흥분한 푸들을 꾸짖듯 "앉아!"라고 소리쳤다. 손나팔을 만들어 "저 여자를 댈러스 주식팀으로 보냅시다"라고 소리치는 사람도 있었다.

가엾은 셸리. 그녀는 좋지 않은 팀으로 발령받을 가능성이 컸는

데, 살로먼 브러더스에서 최악의 팀은 댈러스 주식팀이었다. 살로먼 브러더스에서 댈러스 주식팀 세일즈맨으로 일해서 성공하는 것은 하늘의 별 따기만큼 어려웠다. 댈러스 주식팀은 살로먼 브러더스에서 가장 힘없는 팀인 데다 댈러스는 뉴욕에서 이역만리나 떨어진 곳이어서 댈러스 주식팀으로 보내라는 것은 '이 인간쓰레기를 다시는 볼 수 없는 곳으로 보내 땅에 묻어버려라'와 같은 소리였다. 한마디로 꼴통들의 말은 '셸리를 묻어버려라'라는 뜻이었다.

강사는 그녀의 질문에 답하는 대신 자신이 선동한 폭도 무리가 통제 불가능한 상태가 되기 전에 서둘러 강의를 마무리하려고 했다.

"이 자리에 앉아 있는 여러분은 자신에게 많은 질문을 하면서 수많은 시간을 보냈을 겁니다. '나한테 지방채가 좋을까, 국채가 좋을까? 아니면 사채는 어떨까?' 이런 생각 말이지요. 당연히 그렇게 해야 합니다. 그런데 그전에 이걸 생각해보기 바랍니다. 어떤 채권을 거래할 것인가보다 정글 안내서를 잘 고르는 것이 무엇보다 중요합니다. 이상입니다."

강의실은 순식간에 부산스러워졌다. 다음 강의까지는 15분 정도 쉬는 시간이 있었다. 여느 때와 다름없이 두 무리가 강의실 앞문과 뒷문으로 쏟아져 나갔다. 앞줄에 앉은 범생이들은 앞문으로, 뒷줄에 앉은 꼴통들은 뒷문으로 강의실을 서둘러 빠져나갔다. 이들은 하나같이 무료 와츠 라인(매달 일정한 요금으로 장거리 전화를 제한 없이 걸 수 있는 전화선-역주)이 설치된 4대의 전화기를 향해 달려갔다.

'살로먼 사람'이 된다는 것

살로먼 브러더스의 힘은 연수 프로그램을 통해 우리 같은 어중이떠중이 연수생들을 '살로먼 사람'으로 재탄생시키는 데 있었다. '살로먼 사람'이 된다는 것은 무슨 뜻일까? '살로먼 사람'들은 큰 위험을 감수할 능력과 의지를 지녔다. 이것이 살로먼 브러더스와 허접한 채권 트레이딩 기업을 구분하는 가장 큰 차이점이다. 수익을 창출하기 위해 살로먼 브러더스는 기꺼이 위험을 감수했다. 살로먼 브러더스는 모건스탠리 같은 고상한 대기업으로부터 쉽게 수수료를 따먹을 수 없었다. 대중은 살로먼 브러더스를 배타적인 유대인다운, 사회적으로 보잘것없는, 기민하지만 정직한, 그리고 다른 월가 기업보다 채권 시장에 깊이 발을 들인 금융회사로 봤다. 대중의 머릿속에 스쳐 지나가는 이미지이지만, 이는 살로먼 브러더스가 금융 시장에서 어떤 자리를 차지하고 있는지 나름대로 특징을 잘 잡아낸 것이다.

그러나 이제 살로먼 브러더스는 변화를 도모하고 있었다. 우선 살로먼 브러더스의 회장이자 CEO인 굿프렌드의 생활에 변화가 있었다. 그는 자신보다 스무 살이나 어린 여성과 결혼하면서 사회적으로 뜨거운 관심을 받았다. 그의 아내는 명사들을 초청해 파티를 열었다. 그녀는 고용인을 써서 작은 리본이 달려 있는 파티 초대장을 각계각층의 명사들에게 직접 전달했는데, 살로먼 브러더스의 주가에 따라 초대장의 가치가 달라졌다. 그녀는 또한 언론에 노출될 때 긍정적인 이미지를 만들 수 있도록 자신과 남편에게 조언해줄 컨설턴트를 고용했다. 대외적인 이미지를 고려해 남편의 옷 입는 스타일을 완전히 바꾸기도 했다. 직원들에게까지 그녀의 남편에게 하는 것처럼 대외적인 이미지를 고려해서 행동하라고 요구하지는 않았지만 살로먼 브러더스의 그 누구도 그녀의 허례허식에서 완전히 자유로울 순 없었다. 살로먼 브러더스는 조직적으로 굿프렌드의 어린 아내처럼 대외적인 이미지에 신경 쓰기 시작했다.

회사가 변화의 소용돌이 속에 있었지만, 살로먼 브러더스 연수 프로그램은 월가에서 경력을 시작하기에 가장 좋은 출발선이었다. 연수 프로그램이 끝나자마자 연수생들은 월가의 다른 기업 트레이딩룸과 비교해서 2배나 많은 연봉을 받을 수 있었다. 월가에서 살로먼 브러더스 출신은 채권 트레이딩 분야에서 기술적으로 최고의 경지라는 평가를 받았다. 월가에서 얼마나 빨리 '전문가'가 되느냐는 교육에 달려 있었는데, 대부분의 투자은행은 연수 프로그램이 갖춰져 있지 않았다. 극단적인 사례이지만, 드렉셀 번햄은 한 지원자에게 어떻게든 살로먼 브러더스 연수 프로그램의 자료를 구해오라고 요구한 적도 있었다. 결국 자료를 손에 넣은 지원자는 드렉셀 번햄에서 일할 수 있었다.

하지만 자료는 살로먼 브러더스 연수 프로그램을 구성하는 극히 일부분에 불과했다. 2년이 지난 뒤에 돌이켜 생각해 보면, 정말 의미 있던 건 연수 기간 동안 살로먼 브러더스에 근무하는 선배들에게 직접 들은 실전 이야기였다. 3개월이 넘는 기간 동안 일류 세일즈맨, 트레이더, 금융가들이 자신의 경험담을 들려줬다. 이들은 시장에서만 얻을 수 있는, 정제되지 않은 날것의 지혜를 우리에게 은근슬쩍 전해줬다. 이들은 돈이 어떻게 세상을 돌아다니는지, 트레이더가 어떻게 느끼고 행동해야 하는지, 고객을 어떻게 후려야 하는지를 말해줬다. 3개월 뒤 연수생들은 2개월 동안 트레이딩룸을 진저리나게 돌아다녀야 했다. 그런 후에 현장에 투입됐다.

이 모든 과정에는 숨겨진 목적이 있었다. 바로 연수생을 '살로먼 사람'으로 만드는 것이었다. 첫째, 연수생은 살로먼 브러더스에서 트레이더로서 자신은 바다 밑바닥에 깔려 있는 고래 똥보다 보잘것없는 존재임을 받아들여야 했다. 둘째, 살로먼 브러더스에서는 고래 똥만도 못한 존재이지만 다른 투자은행과 비교하면 꽃밭에서 노는 것이나 다름없다고 여겼다. 이러한 세뇌는 단기적으론 꽤 유용했으나 장기적으로 보면 그 효과는 미지수였다. 심지어 연수 프로그램을 통해 시장 가치가 높아진 신입직원들은 코만 높아졌을 뿐, 살로먼 브러더스에 대한 충성심은 없었다.

골드만삭스 같은 예외를 제외하면, 살로먼 브러더스처럼 회사 문화를 대대적으로 선전하는 연수 프로그램은 단 하나도 없었다. 연수 프로그램이 3개월째에 접어들었을 때 〈뉴욕타임스〉 기자가 우리를 인터뷰하려고 살로먼 브러더스를 방문했다. 그녀는 살로먼 브러더스에 대한 연수생들의 태도가 한결같다는 데 깊은 인상을 받았다며, '최고 MBA 신병 훈련소'라는 제목의 후속 기사를 썼다. 살로먼 브러더스를 소재로 한 다른 신문 기사들과 마찬가지로, 그녀의 기사에도 봇물처럼 비난이 쏟아졌다. 뒷줄의 꼴통 하나가 "이 돼먹지 않은 기자는 자기가 무슨 말을 하는지 알고 있기는 한 거야?"라고 말하자 다른 꼴통들도 인정사정없이 그녀의 기사를 물어뜯기 시작했다. 그들은 "살로먼 브러더스가 우리를 격려해줄 필요는 없어. 우리는 알아서 스스로 거시기를 키울 테니까"라고도 했다. 근데 이건 좀 심한 말 같다.

그 기사는 살로먼 브러더스의 몇 가지 비밀을 폭로했다. "왜 그렇게 연봉이 높은가요?" 이 같은 노골적인 질문을 던진 사람은 그녀가 유일했다. 시카고대학에서 MBA를 취득한 한 연수생은 이 질문에 다음과 같이 대답했다. "수요와 공급의 법칙 때문이지요. 내 여동생은 학습 능력이 부진한 아이들을 가르치는 일을 합니다. 물론 저만큼 자기 일을 좋아하지요. 하지만 벌이는 시원치 않아요. 교사라는 직업을 그 누구도 하려고 들지 않는다면, 아마도 돈을 더 많이 벌 겁니다." 그런데 이것이 과연 제대로 된 분석일까? 한번 생각해보자. 같은 기사에 6,000명이 넘는 사람들이 살로먼 브러더스에 지원했지만 오직 127명만 선발됐다고 쓰여 있었다. 돈을 덜 받더라도 함께 일하고 싶다는 사람이 그렇게나 많이 존재했는데도 살로먼 브러더스의 연봉은 천정부지로 치솟았다. 이것만 봐도 투자은행에는 수요와 공급의 법칙에서 벗어나는 뭔가 수상한 구석이 있는 것 같다.

살로먼 브러더스의 연봉이 왜 그렇게 높은지 설명하려는 시카고대학 출신 동료의 시도에는 신선한 구석이 있다. 나는 수요와 공급의 법칙이라는 고전적인 경제원리로 이 질문의 답을 찾아낸 내 동기가 대단해 보인다. 그런 시도를 한 이는 아무도 없었기 때문이다. 투자은행은 왜 별다른 경험도 없는 사람들에게 이토록 많은 돈을 주는 것일까? 비록 경험 없는 풋내기이지만 전화기를 붙들고 고객을 공략하면, 그들에게 주는 것보다 훨씬 더 많은 돈을 벌어올 수도 있었다. 그렇다면 아무런 경험도 없는 이들이 어떻게 그렇게 많은 돈을 벌 수 있는 것일까? 사실 투자은행에서 돈을 버는 데 기술은 그다지 중요하지 않다. 그보다 재간, 집념, 운처럼 눈에 보이지 않는 것들이 더욱 중요하다. 돈을 많이 벌어다 줄 수 있는 자질을 갖춘 사람이 너무나도 희소해서 그렇게 많은 연봉을 줘서라도 데려오려고 한 것일까? 그럴 수도 있고, 아닐 수도 있다. 이것은 그저 질문을 위한 질문일 뿐이다. 우리는 처음부터 투자은행에 왜 돈이 흘러넘치고 그런 상황이 얼마나 오래 지속될 것으로 보이는지에 대해 묻지 않았다. 왜냐하면 이 질문의 답은 살로먼 브러더스 트레이딩룸에 가면 쉽게 찾을 수 있기 때문이다. 단지 우리 중 그 누구도 이를 궁금해하지 않았을 뿐이다.

매일 오후 3시나 4시 또는 5시에 강의가 끝나면, 우리는 23층에 있는 강의실에서 41층에 있는 트레이딩룸으로 이동했다. 며칠 정도는 강의가 끝난 뒤 트레이딩룸에 들르지 않아도 괜찮았지만, 얼굴을 비추지 않는 날이 계속되면 그 연수생은 영영 잊혔다. 살로먼 브러더스에서 잊힌다는 것은 곧 실업을 의미했다. 살로먼 브러더스에서 계속 일하려면 적극적으로 행동해야 했다. 임원이 뽑겠다고 나서야 살로먼 브러더스에서의 자리가 공고해졌기 때문이다. 연수 프로그램이 끝날 무렵, 연수생 3명이 해고됐다. 그중 1명은 댈러스 지사로 발령받았지만, 그곳에서 일하길 거부했다. 또 다른 1명은 쥐도 새도 모르게 사라졌다. 소문에 의하면 그가 살로먼 브러더스 여성 임원과 부적절한 관계를 가졌다고 했다. 살로먼 브러더스는 성희롱은 용인하지만 성적 일탈은 용서하지 않았다. 세 번째 연수생의 이야기는 단연코 가장 흥미로웠다. 그는 23층에서 엘리베이터를 타고 41층까지 갔지만 트레이딩룸에 도저히 들어갈 수 없었다고 했다. 그래서 매일 오후 엘리베이터를 타고 오르락내리락했다. 그가 엘리베이터에서 내리지 못한다는 소문이 회사 안에 파다하게 퍼졌고, 연수 프로그램을 담당하는 직원의 귀에까지 들어갔다. 그녀는 이 소문이 사실인지 직접 확인하기로 마음먹고는 41층 엘리베이터 앞에 떡하니 버티고 서 있었다. 그렇게 그녀는 장장 한 시간 동안 겁에 질린 연수생이 엘리베이터에서 내리지 못하고 돌덩이처럼 딱딱하게 굳어 있는 모습을 지켜봤다.

이들 외에 다른 연수생들은 여느 때와 달리 용기가 샘솟는 날이면 자신을 이끌어줄 임원, 즉 멘토를 찾아 트레이딩룸을 헤매고 다녔다. 우리는 멘토를 '랍비'라고 불렀다. 뭔가를 배우기 위해 트레이딩룸을 찾는 연수생들도 있었는데, 이들은 가르침을 달라며 그에게 자신을 소개했다. 다만 이것은 말처럼 쉽지 않았는데 첫째, 연수생은 자랑할 만한 장점이 없었고, 둘째, 트레이딩룸은 말 그대로 지뢰밭이었기 때문이다. 연수생이 다가오는 숨소리만 들려도 언제 폭발할지 모르는 거구의 트레이더로 가득한 곳이기에, 다가가서 인사하는 것조차 엄청난 용기가 필요했다. 트레이더들은 사적으로 예의 바른 사람들이었지만 연수생들이 다가와서 인사를 건네면 무시하거나 말을 걸다가 자칫 잘못해서 지뢰를 밟으면, 트레이더와 연수생의 대화는 이렇게 흘러가곤 했다.

연수생: 안녕하세요?

트레이더: 뭐야, 이놈은! 왜 여기서 어슬렁거리고 있어? 이봐, 조. 이봐, 밥. 이 녀석 좀 봐. 수상하지 않아?

연수생: (시뻘겋게 달아오른 얼굴로) 뭐 좀 물어봐도 될까요?

조: 자기가 뭐라도 되는 줄 아나 보지?

트레이더: 조, 내가 이 녀석을 한번 테스트해볼게! 금리가 올라가면 채권 가격은 어느 방향으로 움직이지?

연수생: 떨어지지요.

트레이더: 와, 굉장한걸! A다. 그럼 난 이제 일해야겠군.

연수생: 저, 잠시 시간 좀 내주시면……

트레이더: 내가 지금 자선사업 하려고 여기 나와 있는 줄 알아? 바쁜 거 안 보여? 저리 꺼져.

연수생: 제가 뭐든 도와드리고 싶은데요.

트레이더: 그럼 가서 햄버거나 사 와. 케첩도 잊지 말고.

트레이딩룸에 갈 때면 나는 조심, 또 조심했다. 그곳에는 반드시 지켜야 하는 사소한 규칙이 100만 가지는 있었지만, 불행히도 나는 그 규칙을 단 하나도 알지 못했다. 그곳에선 세일즈맨, 트레이더, 임원들이 떼 지어 다녔는데, 처음에 나는 누가 누구인지조차 구분하지 못했다. 물론 그들의 기본적인 차이 정도는 알고 있었다. 세일즈맨은 투자자에게 말하고, 트레이더는 베팅하고, 임원은 시가를 물고 다닌다. 그곳에서는 다들 전화기를 두세 대씩 붙들고 있었다. 그리고 대부분 숫자로 가득한 작은 초록색 화면을 뚫어지게 바라봤다. 그들은 종종 한 전화기에 대고 소리를 지르다가도, 갑자기 다른 전화기에 대고 흥정하곤 했다. 누군가 트레이딩룸을 가로질러 달려와서는 황급히 전화를 받고 화면을 가리키며 비명을 질러대는 것도 익숙한 광경이었다. 그곳에서 30초는 매우 긴 시간처럼 느껴졌다. 바닥에 뒹구는 고래 똥 밑에서 허우적대는 하찮은 존재로서 나는 모든 연수생이 하는 것을 했다. 쉽게 말해, 바쁘게 움직이는 사람들 틈에 '투명인간'처럼 멍청히 서 있었다.

이는 굉장히 굴욕적인 경험이었다. 누군가 내 존재를 알아채기만 기대하면서 한 시간 동안이나 아무 말도 하지 않은 채 기다린 적도 있다. 가끔 몇 분 만에 내 존재를 알아차리는 사람도 있었다. 그

몇 분이 영겁의 시간처럼 느껴졌다. 누군가 지금 나의 처참한 모습을 지켜보고 있는 것은 아닐까? 이런 완벽한 무시에서 벗어나는 순간이 올까? 누군가 나 같은 투명인간이 곁에 서 있다는 것을 눈치채기나 할까? 내가 꼼짝 않고 가만히 서 있는 동안, 트레이더들은 미친 듯이 움직였다. 가만히 서서 지켜보는 게 어지러울 정도였다. 내가 쓸모없는 존재 같다는 생각이 강하게 들었다. 그러다가 용기를 내서 정신없이 일하는 트레이더 곁에 슬쩍 다가서면, 그의 눈길을 받기 전에는 그 자리를 떠날 수 없었다. 아무 말도 안 하고 서 있다가 슬며시 자리를 뜨는 것은 자신의 존재감을 알려야 하는 이 특이한 의식에서 패배를 인정하는 것이나 다름없었기 때문이다. 사실 달리 갈 곳도 없었다.

축구장 3분의 1 크기인 트레이딩룸에는 책상과 책상이 다닥다닥 붙어 있었다. 트레이더들은 인간 사슬처럼 보일 정도로 서로 바짝 붙어 앉아 있었다. 책상 사이는 두 사람이 동시에 지나갈 수 없을 만큼 좁았다. 뚜렷한 목적 없이 헤매고 다니는 연수생들이 열심히 일하는 트레이더들에게 방해물 취급을 받는 데는 이런 이유도 있었다. 그렇게 복잡한 가운데 굿프렌드를 포함한 임원들은 구석구석 돌아다니며 스토커처럼 트레이더들을 지켜봤다. 이는 정상적인 회사의 모습이 아니었다. 정상적인 회사에서 중년 임원들은 자기 조직을 짊어질 미래의 기둥인 연수생과 마주치면 너그럽게 미소를 지었을 테지만, 살로먼 브러더스에서 연수생은 남에게 빌붙어 얻어먹기만 하는 기생충 같은 존재로 취급받았다. 자신의 능력을 증명하기 전까지 그 누구도 그들을 보며 미소 짓지 않았다. 연수생들에게는 선택의 여지가 없었다. 어디에나 상사가 있었다. 트레이더들 틈에 섞여 있어도 그들은 귀신처럼 우리를 알아봤다. 그들에게 우리는 버는 것은 없고 쓰기만 하는 쓸모없는 존재였다.

연수생들은 트레이딩룸의 리듬을 맞추지 못했다. 트레이딩룸은 밧줄로 묶여 있는 듯이 시장의 움직임에 따라 반응했다. 예를 들어, 미국 상무부가 중요한 경제 지표를 발표해서 미국 채권 시장이 휘청거리면 채권 트레이딩룸도 휘청거렸다. 시장은 무엇이 중요한 지표이고 무엇이 중요한 지표가 아닌지 결정했다. 어느 달에는 미국 무역적자가, 또 어느 달에는 소비자물가가 중요했다. 트레이더들은 그 달에 어떤 경제 지표가 중요한지 알았지만, 연수생들은 몰랐다. 이게 핵심이다.

예를 들어, 살로먼 브러더스 트레이딩룸은 오전 8시 30분에 발표되는 경제 지표 하나를 주시하고 있다. 트레이더들은 긴장감에 휩싸이거나 엄청난 희망을 품고 있다. 그들은 수십억 달러 규모의 채권을 팔 것인지 또는 살 것인지를 그 지표 하나를 보고 결정할 참이다. 그들의 결정에 수백만 달러가 오갈 것이다. 이 중차대한 순간에 연수생은 순진무구한 얼굴로 "실례합니다. 매점에 갈 건데, 뭐 사다 드릴까요?"라고 말한다. 한마디로 트레이딩룸에서 연수생은 그저 멍청이다.

마이론 새뮤얼스Myron Samuels는 이런 통과의례를 면제받은 운 좋은 연수생이었다. 그는 이미 지방채 트레이딩 책임자와 이야기를 끝낸 상태였다. 살로먼 브러더스에 도착했을 때, 나는 그가 2명의 임원과 1명의 수석 트레이더와 함께 차를 타고 출근하는 모습을 봤다. 연수생들 사이에는 그가 회사 고위직과 인척 관계라는 소문이 돌았다. 그가 불세출의 천재이기 때문에 빨리 자리를 보장받은 거라는 소문도 있었다. 어쨌든 그는 자신의 지위를 마음껏 이용했다. 그는 트레이딩룸에서 일하는 사람처럼 당당하게 그곳을 활보했고, 아빠 직장에 놀러 온 아이처럼 굴었다. 그는 지방채 트레이딩팀으로 가서 당당하게 비어 있는 책상에 앉아 구두닦이를 부르거나 친구에게 전화를 걸었다. 그의 입에는 시가가 붙어 있다시피 했고, 제대로 광이 나지 않은 구두를 책상 위에 벗어놓기도 했다. 오래 알고 지낸 친구인 양 지나가는 임원들을 큰소리로 부르기도 했다. 우리는 감히 엄두조차 낼 수 없는 행동이었다. 직급이 높을수록 그를 재미있는 사람이라고 생각했다. 그럴수록 그가 그렇게 행동하는 이유를 잘 알기 때문이었을 것이다. 물론 안하무인인 그의 태도에 화가 난 것처럼 보인 사람들도 있었지만, 적어도 지방채 트레이딩팀만큼은 그 누구도 그를 저지하지 않았다.

지방채 트레이딩팀 주변을 지나치던 나는 부사장 2명이 그에 대해 이야기하는 내용을 우연히 들었다. 그중 한 명이 "저놈을 도저히 참고 봐줄 수 없어"라고 말하자 다른 한 명이 "그러게 말이야. 무슨 좋은 생각 있어?"라고 물었다.

나는 트레이딩룸에서 박살 나지 않고자 구석에 처박혀 최대한 조용히 있었다. 잡지에서 본 굿프렌드를 제외하고는 모두가 낯설었다. 당시 내게 굿프렌드는 사업가보다는 유명인처럼 느껴졌다. 아는 얼굴이 단 하나도 없었기 때문에 누구를 피해 다녀야 할지조차 알 수 없었다. 대다수가 백인이고 남성인 데다 모두 와이셔츠를 입고 있었다. 한 일본 연수생이 내게 누가 누구인지 평생 구별하지 못할 거라고 말했는데, 그 말이 맞았다. 살로먼 브러더스 뉴욕 지사의 41층은 현직 경영진뿐만 아니라 미래 경영진까지 몰려 있는, 그야말로 권력의 산실이었다. 누구에게 다가가고 누구를 피해야 할지 구별하고자 우리는 그들 모두의 움직임을 예의주시해야만 했다.

회사에서 자리 잡은 뒤에도 나는 41층에 갈 때면 네 발로 기듯 느릿느릿 걸어 다녔다. 나는 살로먼 브러더스에서 지내면서 어느 정도는 성장했지만, 고래 똥의 온기를 느끼면서 나보다 하찮은 존재는 이 세상에 없을 거라고 생각했다.

어느 날 41층 트레이딩룸에서 기업금융팀 직원이 재킷을 입고 급하게 뛰어가는 게 보였다. 트레이딩룸에서는 아무도 재킷을 입지 않기 때문에, 그는 투명 유리로 된 사무실에서 나와 처음으로 트레이딩룸에 온 게 분명해 보였다. 그는 그 야단법석 속에서 이곳저곳 두리번거리다가 누군가와 부딪혔고, 상대에게 잘 보고 다니라는 날카롭게 쏘아붙이는 말을 들었다. 잘 보고 다니라고? 그는 그저 가만히 서 있었다. 모든 시선이 자신에게 꽂히는 것을 느낀 그는 대사를 잊어버린 연극배우처럼 공황 상태에 빠졌다. 그는 자신이 왜 트레이딩룸에 왔는지조차 까먹은 것 같았다. 그는 그대로 트레이딩룸을 떠났다. 나는 그때 추악하고 끔찍하며 진정 용서받지 못할 생각을 저절로 떠올렸다. '저런 머저리. 완전히 병신이잖아.'

4장

성인 교육

―――――――――――――――― 연수 프로그램이 시작되고 4주쯤 지나자 긴장이 조금씩 풀리기 시작했다. 긴장이 풀렸다는 것을 알 수 있는 첫 번째 신호는 매일 아침 강의실에 들어서면 곧장 자리에 앉지 않고 빈둥거리며 게으름 피우는 연수생들이 생겼다는 것이었다. 몇몇은 매점에서 사 온 베이글을 먹으며 커피를 홀짝였다. 〈뉴욕포스트 New York Post〉를 읽으면서 그날 저녁에 열릴 각종 스포츠 경기를 두고 내기를 하는 이들도 있었다. 우리는 〈뉴욕타임스〉 낱말 퍼즐을 126장이나 복사해서 한 장씩 나눠 가졌다. 한 연수생은 뉴욕의 포르노 가게 중 하나에 전화를 걸어서 강의실 앞 단상에 놓인 스피커폰에 연결하는 장난을 치기도 했다. 음란한 교성이 강의실을 가득 메워 하루 종일 아무것도 할 수 없었다. 나는 그런 시간에 주로 크니슈 knish(밀가루를 입힌 감자·쇠고기 등을 튀기거나 구운 유대 요리-역주)를 먹었다.

빡!

미국 해군 전투기 조종사 출신인 맥스 존슨 Max Johnson 이 종이 뭉치로 인디애나대학 MBA 출신인 안경잡이 레너드 불릭 Leonard Bublick

의 옆머리를 맞췄다. 이런 일이 자주 있었기 때문에 불릭은 크게 놀라지 않았지만 기분은 상한 것처럼 보였다. 그는 종이 뭉치를 던진 범인을 찾아 두리번거렸다. 그때 존슨 옆에 있는 빈 의자에 다리를 올린 꼴통이 소리쳤다.

"불릭, 머리 스타일 죽이는데!"

강의실 앞에 앉아 있던 불릭이 말했다.

"으으으으으, 철 좀 들어라. 제발."

그렇게 우리가 한창 〈기숙사 대소동〉 2편을 찍고 있는데, 수전 제임스Susan James가 불쑥 강의실로 들어왔다. 그녀는 보모와 연수 프로그램 기획자 사이를 왔다 갔다 했다. 일을 잘한다면 앞으로도 계속 연수 프로그램을 이끌어갈 수 있을 거였다. 다른 모든 사람들과 마찬가지로 그녀도 트레이딩룸에서 일하고 싶어 했다. 그녀는 우리보다 한 발짝 정도 앞서 있을 뿐, 처지가 크게 다르지 않았다. 그녀는 돈을 버는 트레이더와는 거리가 먼 군기반장이었기 때문에, 연수생들은 그녀를 선배로서 신뢰하지 않았다. 그녀는 우리의 행실을 임원에게 전달하는 정도의 권력만 갖고 있었는데, 그런 권력도 제대로 행사하지 못했다. 그녀는 미래에 자신의 상사가 될 우리와 친구가 되고 싶어 했다. 우리가 트레이딩룸에 배치되고 그녀가 계속 연수 프로그램을 맡는다면, 그녀는 자신의 일자리를 지키기 위해 우리에게 아쉬운 소리를 할 수밖에 없을 터였기 때문이다. 연수생들은 그녀가 대리교사 같은 처지라는 것을 알아서인지 그녀를 괴롭히지 않을 때는 철저히 무시했다. 어쨌든 지금 그녀는 중요한 메시지를 전달하기 위해서 강의실에 들어온 터였다.

그녀는 어버이날을 앞둔 캠프 지도자처럼 애원하면서 "장난 좀 그만 치세요"라고 말했다. "곧 짐 매시 Jim Massey 가 올 거예요. 이번 기수는 이미 평판이 바닥이라고요." 그녀의 말은 사실이었다. 불과 이틀 전 꼴통 하나가 종이 뭉치로 채권 시장 연구부 임원을 맞췄고, 그 임원은 얼굴이 시뻘겋게 달아올라 5분 동안이나 소리를 질러댔다. 그는 자신에게 종이 뭉치를 던진 범인을 찾지 못했지만, 자리를 뜨기 전에 우리 모두에게 반드시 복수하겠다고 맹세했다.

그녀는 강연하는 30분 동안 우리가 매시에게 준 인상이 우리의 경력에 (정확히 말하면 우리 연봉에) 지대한 영향을 미칠 거라고 10번은 말했다. 매시는 굿프렌드의 오른팔이자 미국 기업계의 해결사였다. 그가 잘난 체하는 연수생의 목을 치는 모습이 금방 머릿속에 그려졌다. 절대로 웃는 일 없는 냉혹한 이미지의 그는 공식적으로는 영업을 책임지는 살로먼 브러더스 이사회의 일원이었다. 우리의 미래가 그의 손에 달려 있다는 건 결코 빈말이 아니었다. 그는 누구의 이름을 어디에 적을지 결정해서 트레이딩룸 게시판에 올려놓을 수 있는 사람이었다. 그의 손짓 한 번에 뉴욕에서 저 멀리 애틀랜타까지 날아가버릴 수도 있었다. 연수생들이 하나같이 그를 두려워하는 것도 무리가 아니었다. 게다가 그는 연수생들이 자신을 두려운 시선으로 바라보는 것을 즐기는 것 같았다.

표면적으로 그는 우리가 살로먼 브러더스에 대해 가진 궁금증을 해소해주기 위해 오는 것이었지만, 제임스는 그냥 궁금한 채로 있는 편이 우리 신상에 더 이로울 거라고 말했다. 그녀는 우리를 생각 없이 나대는 철딱서니처럼 생각했다. "질문할 때도 생각을 해야 해요. 좋은 질문을 하세요. 여러분이 하는 질문이 여러분의 평판을 결정한다는 것을 꼭 기억하세요."

드디어 기업 문화의 지킴이자 회장의 수호자가 우리 질문에 답해주기 위해 나팔을 울리며 강의실에 행차했다.

연수 프로그램의 꽃, 성공한 선배에게 묻다

매시는 케이크 따위는 단번에 잘라버릴 것 같은 날카로운 턱선이 돋보이는 남자였다. 회색 정장을 입고 있었는데, 여느 이사들과 달리 가슴에 행커치프를 꽂지 않아 검소한 인상을 줬다. 그는 우리에게 폭탄을 던지기 위해서 에너지를 아끼고 있는 것처럼 보였다.

그는 살로먼 브러더스의 기업 문화가 독보적으로 뛰어나다는 것을 강조하는 내용으로 짧게 연설을 했다. 살로먼 브러더스는 세계 최고의 트레이딩 회사이며 팀워크를 중요하게 생각하지. (그런데 팀워크를 중요하게 생각하지 않는 회사가 있을까?) 살로먼 브러더스에서 가장 빨리 잘리는 길은 기자회견을 열어서 우리가 얼마나 받으며 일하는지를 만천하에 떠벌리는 것이지. 살로먼 브러더스는 돈에 관한 한 늘 겸손하고 신중하거든. (우리는 살로먼 브러더스 LA 지사에서 근무하던 한 친구가 수영장 옆에 느긋하게 앉아 〈뉴스위크Newsweek〉와 인터뷰를 하면서 자신이 얼마나 잘 버는지 자랑했다가 어떤 운명을 맞았는지 잘 알고 있었다. 예상하는 대로, 그는 해고됐다.) 30억 달러에 육박하는 자본금이야말로 살로먼 브러더스가 금융 시장에서 강력한 힘을 발휘할 수 있는 근거지. 우리가 이전에 얼마를 벌었든 트레이딩룸에서 일하는 선배들과 커피 한 잔 마실 자격조차 없는 존재지. 우리는 연수 프로그램이 끝나고 어느 팀에 배정될지 걱정할 자격조차 없지. 그저 회사(매시)가 일하라는 곳에서 감사하는 마음으로 일하면 그만이지.

1985년 매시는 다른 살로먼 브러더스 임원처럼 기록적인 분기 실적을 올리면서 승승장구하고 있었다. 살로먼 브러더스의 역대 최고 실적이 아니라 월가 전체를 통틀어서 최고 실적이었다. 그는 절대로 잘못될 수 없었다. 그가 질문 있느냐고 물었지만, 강의실에는 침묵만 흘렀다. 우리는 너무 두려워서 입을 뗄 수조차 없었다.

나는 아무 말도 하지 않을 생각이었다. 나는 질문이 있으면 해보라는 그의 말이 진심이 아님을 알 수 있었다. 나 혼자만 그렇게 느낀 게 아니다. 그 누구도 감히 입을 떼지 못했다. 굿프렌드는 미국에서 발행되는 거의 모든 잡지 표지에 천사 같은 얼굴을 공개했는데, 그를 제외한 살로먼 브러더스의 다른 사람들은 왜 언론과 인터뷰해선 안 되는지 따위의 질문을 던질 순 없었다. 우리 중 누구도 우리가 정말로 궁금해하는 것을 묻지 않았다. 우리는 앞으로 몇 년 동안이나 돈을 얼마나 벌 수 있을까? 연수생을 채용하는 것은 물론 살로먼 브러더스의 폭발적인 성장을 책임지는 장본인이면서 매시가 무분별하게 확장에 나선 회사를 걱정하지 않는 이유는 무엇일까? 연수생인 우리에게는 무분별하게 확장하는 살로먼 브러더스가 위태로워보이는데 말이다. 매시는 우리에게 뭐든 질문하라고 압박했다. 이것이 회사와 학교의 다른 점이다. 그는 호기심을 지닌 사람이 아니라 맹목적인 추종자를 찾고 있었다. 앞줄의 범생이들조차 매시에게 선뜻 질문하지 못했다. 뭔가 묻고 싶은 얼굴이었지만 그 욕구를 꾹 참는 것 같았다.

나는 강의실 앞에 앉아 있었고, 내 옆에는 제임스가 앉아 있었다. 그녀는 어딘가 불안한 보모처럼 보였다. 이봐, 무슨 질문이라도 해봐! 그녀의 표정은 그렇게 말하는 것 같았다. 마침내 내 오른쪽에 앉아 있던 범생이 하나가 손을 들었다. 나는 손을 든 사람이 난처해질까 봐 누구인지 보고도 눈을 질끈 감았다. 내 예상은 적중했다. 부자가 되고 싶었던 그 순진한 연수생은 "동유럽에 지사를 열 계획이 있나요? 예를 들면 프라하 같은 곳요"라고 물었다.

프라하에 지사를! 매시가 임원이 아니었다면 강의실에선 꾸깃꾸깃 뭉친 종이 뭉치가 이리저리 날아다니고 여기저기서 아우성이 쏟아졌을 것이다. 강의실 뒤에서는 억눌린 듯한 부자연스러운 소리가 들려왔다. 뒤에 앉아 있던 열두 명의 꼴통들이 터져 나오는 비웃음을 억지로 참고 있는 듯했다. 프라하 지사라니. 살로먼 브러더스의 75년 역사상 누구도 그곳에 지사를 열 생각을 해본 적 없었다. 뭐든지 물어보라는 임원의 압박에 겨우 생각해낸 질문이 고작 그런 것이라니.

매시는 그 질문을 상무부 대변인처럼 곧이곧대로 받아들였다. 그가 차라리 "살로먼 브러더스에서 성공하는 데 무엇이 도움이 될까요?" 같은 질문을 했으면 어땠을까. 어쨌든 그날은 다들 일진이 나빴다.

그날 이후로 한 달이 넘도록 임원들 중 그 누구도 강의실을 찾지 않았다. 아마도 매시가 다른 임원들에게 이번 기수에는 쓸 만한 녀석이 없다고 말했는지도 모른다. 그런데 어느 날 갑자기 임원인 데일 호로비츠Dale Horowitz와 회장 굿프렌드가 연이어서 강의실을 찾았다. 50대 중반인 호로비츠는 전통적인 투자은행가였다. 그는 세상 물정에 밝았다. 때가 되어서 살로먼 브러더스가 프라하에 지사를 연다면, 바로 그가 지사를 열고 운영할 적임자였다. 단발머리에 덩치가 큰 그를 볼 때면 요기 베어Yogi Bear(미국 애니메이션 캐릭터-역주)가 떠올랐다. 내가 그에 대해 아는 것이라고는 그가 굿프렌드처럼 지방채를 거래하면서 이름을 날렸고, 내 유대인 친구 몇 명이 그의 추종자라는 것뿐이었다. 전형적인 랍비인 그는 친절하고 현명했으며, 굵직한 시가를 즐겨 피웠다. 사람들은 그를 '데일 아저씨'라고 불렀다. 그는 강단에 서는 대신 강의실 앞에 놓인 책상에 앉아 두 팔을 넓게 벌리고는 경력을 쌓는 것보다는 가정을 이루는 것이 훨씬 더 중요하다고 말했다. 연수 프로그램에서 듣기에는 좀 이상한 소리였다. 그러고 나서 그는 중후한 목소리로 궁금한 게 있으면 뭐든지 물어보라고 말했다. 정말로 무엇이든 물어보라고?

몇몇이 손을 들었다. 그동안 학수고대하던 '살로먼 브러더스에 대해 알고 싶은 것은 무엇이든 물어볼 수 있지만, 정작 물어보기는 두려운 질문 시간'이 시작된 것이다. 강의실 중간쯤에서 기다리고 기다리던 첫 번째 좋은 질문이 나왔다. 한 연수생이 "살로먼 브러더스는 왜 아랍 국가들의 블랙리스트에 올랐죠?"라고 물었다. 데일 아저씨의 얼굴이 일그러졌다. 그는 "그게 왜 궁금한가요?"라고 쏘아붙였다. 잔뜩 인상을 찌푸린 그는 마치 화난 요기 베어 같았다. 나는 그 말을 해서 안 되는 이유를 알지 못했지만, '아랍 국가들의 블랙리스트'는 입 밖에 내선 안 되는 말이었다. 살로먼 브러더스가 아랍 국가들의 블랙리스트에 올라 있다는 것은 딕 트레이시 Dick Tracy(미국 만화영화의 주인공. 탐정이다-역주)가 아니어도 알 수 있는 사실이었다. 그 블랙리스트에서 살로먼 브러더스를 제외시키고자 한다면 제임스 본드 James Bond(007 시리즈의 주인공. 전 세계적으로 유명한 스파이 캐릭터다-역주)가 돼서 시리아의 수도 다마스쿠스에서 외교 임무를 수행해야 할 것이다. 살로먼 브러더스가 상품을 중개했던 필립스 브러더스 Phillips Brothers와 합병하자 아랍 국가들은 살로먼 브러더스와 관계를 끊었다. 내가 듣기로 필립스 브러더스는 이스라엘과 연관되어 있다고 했다. 하지만 국제 유가가 폭락하면서 이 블랙리스트는 의미 없어졌다. 아랍 국가들은 버는 것보다 쓰는 게 많았고, 살로먼 브러더스 입장에서 그들은 고객으로서 별 가치가 없었다. 그다지 비밀스러운 이야기는 아니었지만, 이 질문으로 그 연수생은 감점을 받았다.

데일 아저씨는 우리와 있는 게 즐겁지 않은 듯했다. 마음 놓고 무엇이든 물어보려던 우리의 생각은 지극히 어리석었다. 질문하려고 손을 들었던 연수생들은 재빨리 손을 내렸다. 마치 올가미가 조여들기 전 후다닥 발을 빼는 짐승 같았다. 그런데 손을 제때 내리지 못한 가엾은 연수생 하나가 올가미에 걸려버렸다. 호로비츠가 그를 지목했다. 가엾은 연수생은 "왜 남아프리카 회사가 살로먼 브러더스의 대주주로 있는 건가요? 회사는 사주들의 윤리의식에 대해선 생각하지 않나요?"라고 물었다. 호로비츠는 그를 죽일 듯이 노려보면서 쏘아붙였다. "연수생 주제에 입을 함부로 놀리는군!" 그는 굵직한 시가를 입에 물고 빙빙 돌리면서 실눈을 뜨고 그를 흘겨봤다.

남아프리카 광산업체인 미노코Minorco는 살로먼 브러더스의 지분을 12퍼센트 보유하고 있었다. 데일 아저씨는 물론 윤리도 고려 대상이라고 말할 뿐, 그 이상 그에 대해 이야기하려고 하지 않았다. 생각해보라. 어느 투자은행가가 우리는 윤리 따위는 고려하지 않는다고 당당하게 말하겠는가. 글라스노스트Glasnost('개방'이라는 뜻의 러시아어로, 소련의 지도자인 미하일 고르바초프가 1985년에 실시한 개방 정책-역주)가 너무 과했다.

며칠 뒤에 굿프렌드가 등장했다. 임원들과의 진심 어린 대화에 지쳐 있었던 터라 몇몇 연수생들은 아침부터 굿프렌드의 강연을 듣느니 차라리 자는 게 낫겠다고 생각했다. 굿프렌드가 강연하는 날에 강의실이 텅 비어 있을까 봐 걱정한 제임스는 비서들을 시켜서 제 시간에 출석하지 않으면 불이익이 있을 거라고 엄포를 놓았다. 물론 나에게는 그럴 필요가 없었다. 조안 콜린스Joan Collins(영국의 배우─역주)의 강연을 놓칠 생각이 전혀 없듯, 나는 굿프렌드의 강연을 놓칠 생각이 전혀 없었다. 그의 강연에서 뭔가 새로운 것을 알게 되리라고는 기대하지 않았지만, 간접적으로 뭔가를 배우게 될지도 모른다고 생각했다. 굿프렌드는 자신의 개성을 회사에 새겨 넣었다는 소리를 듣는 남자였다. 그의 장점이 회사의 장점이고 그의 약점이 회사의 약점이었다.

굿프렌드는 타인을 지칭할 때 '친구'라는 말을 즐겨 썼다. 예를 들면, "짐 매시는 아주 유능한 친구야"라고 말하는 식이었다. 그는 일부러 영국식 억양을 쓴다는 이유로 자주 비난받았는데, 사실 영국식 어투가 아니라 미국 북동부식 어투를 사용했다. 그뿐만 아니라 그는 어떤 상황에서도 정치인처럼 침착한 척했다. 너무 침착하고 신중한 나머지 주변 사람들을 초조하게 만들 정도였다. 게다가 그는 의심이 많았다. 우리가 그에게 질문을 하나 하면 대답하기까지 짜증날 정도로 오래 뜸을 들였다. 그는 우리가 무슨 생각을 하고 있는지 정말로 알고 싶어 하는 것 같았다.

한 연수생이 그에게 살로먼 브러더스의 자선 정책에 관해 물었다. 그는 얼굴을 살짝 찡그린 채 보는 이들이 불편할 정도로 뜸을 들이면서 가만히 서 있었다. 그러더니 자선은 매우 어려운 주제이니 우리 생각을 듣고 싶다고 말했다.

사람들은 입이 거친 트레이더들 사이에서 신중하고 침착한 정치인처럼 행동하는 굿프렌드를 좋아했다. 정치인처럼 말하는 그는 생긴 것도 정치인처럼 보였다. 두상은 윈스턴 처칠 Winston Churchill 처럼 둥글둥글했고, 머리칼은 해리 트루먼 Harry Truman 처럼 가늘고 하얬다. 키가 크지 않았지만 찰스 드골 Charles de Gaulle 처럼 위엄 있었다. 도대체 매일 아침 '곰의 엉덩짝을 물어뜯을' 준비를 하라고 말하던 사람에게 무슨 일이 있었던 걸까? 월가에서 무자비한 트레이더로 정평이 나 있던 사람은 어디로 간 걸까? 그의 이름을 듣기만 해도 임원들을 공포에 떨게 했던 남자는 어디에 있는 거지? 우리는 알 수 없었다. 나는 그 누구도 알고 싶지 않을 것이라고 확신한다.

고상한 태도를 취하고 심오한 침묵을 지켰지만, 그의 평판 앞에서 이 모든 시도는 아무런 소용도 없었다. 들리는 바에 의하면, 그의 사무실에서 차를 마시면서 자선단체 유나이티드 웨이 United Way 에 대해 이야기하는 것은 상상도 할 수 없는 일이었다. 그가 도대체 어디에서 현명한 정치인처럼 행동하는 법을 배웠는지 아무도 알지 못했지만, 그것이 그의 진짜 모습이라고는 아무도 생각하지 않았다. 아무리 온화하게 행동해도 코브라는 코브라다. 그는 거의 말이 없었지만, 세계적인 금융가가 어떤 사람인지 명백히 보여주고 강연장을 떠났다. 우리가 살로먼 브러더스의 임원들과 만난 마지막 날이었다.

나는 임원들의 괴상한 행동이 자신의 무릎 위에 수북하게 쌓인 전리품에 대한 이상반응이라고 생각했다. 그들은 폴 볼커와 미국 차입자들이 배 속을 가득 채워준 칠면조 요리를 즐기고 있었다. 다른 사람들이 떨어뜨린 부스러기로 간신히 연명하던 대단할 것 없는 사람들의 눈앞에 갑자기 배 속을 가득 채운 통통하게 살이 오른 칠면조 요리가 놓인 셈이었다. 그들은 항상 해오던 대로 했을 뿐인데, 하룻밤 사이에 부와 명예가 통째로 굴러들어왔다. 소득 수준이 바뀌자 삶 자체가 바뀌었다. 한번 상상해보라.

아무리 돈에 초연하고 침착한 사람이라도 누군가 갑자기 수천만 달러짜리 수표를 끊어준다면, 매번 밑천을 털리던 노름판에서 이겨 판돈을 모조리 쓸어왔다면 너무 기뻐서 이불을 발로 차며 밤새 웃느라 잠도 제대로 자지 못할 것이다. 금전적 성공을 자존감과 밀접하게 연결지어 생각하는 사람이라면 자신에게 이 모든 것을 가질 자격이 있다며 당연한 결과라고 생각할지도 모른다. 이런 사람은 자신이 소유한 것이 자신의 위대함을 보여준다고 생각한다. 그러다 보니 살로먼 브러더스의 기업 문화에 대해서 논할 때면, 자못 진지해면서 그런 태도가 향수처럼 배어나왔던 것이다.

월가의 거의 모든 사람들이 돈의 출처에 상관없이 돈 앞에서 진지해졌다. 살로먼 브러더스 임원들도 예외는 아니었는데, 살로먼 브러더스에서 오래 일한 몇몇 임원들은 돈 앞에서 좀 더 복잡한 태도를 보였다. 그들은 자신이 많은 돈을 가질 자격이 있는지에 대해서는 의심하지 않았지만 미국의 부채가 폭발적으로 증가하는 상황을 불안한 시선으로 바라봤다. 대공황에 대한 기억이 생생할수록 그런 경향은 더욱 강했다. 내가 살로먼 브러더스에 입사했을 무렵, 살로먼 브러더스 채권연구소장인 헨리 카우프만Henry Kaufman은 극심한 인지적 불협화음을 내고 있었다. 채권 시장 전문가이자 살로먼 브러더스의 양심이었던 그는 투자자들에게 채권 가격이 오를 것인지 아니면 떨어질 것인지 알려줬다. 그의 예측은 적중률이 높았고, 이런 이유로 영어권 국가 전체는 아니더라도 최소한 〈월스트리트저널The Wall Street Journal〉 구독자들 사이에선 대단한 인기를 누렸다. 예측이 적중할 때마다 그의 명성은 높아졌지만, 그는 자신의 명성이 끝나길 원했던

듯하다. 1987년 7월, 그는 〈인스티튜셔널 인베스터 Institutional Investor 〉
에 이렇게 썼다.

1980년대에 일어난 가장 놀라운 일 중 하나는 부채의 폭발적인 증가다.
부채 수준이 역대 최고치로 증가했다. 국민총생산 GNP 대비 부채 수준이
모두의 상상을 초월했다. 당시의 통화 팽창과 비교해도 부채 수준은 엄청
났다. 이는 금융 시스템의 자유화, 금융 기업가 정신의 발휘, 적절한 규제
와 안전장치 미비에 따른 결과였다. 그리하여 이 지경에 이르게 된 것이다.

이런 움직임의 한가운데 우리가 있었다. 사람들은 정신없이 무모
할 정도로 대출을 받았고, 결국 엄청난 빚더미에 깔리고 말았다. 살
로먼 브러더스는 주요 금융기업 중 하나로, 카우프만은 우리가 부채
문제에 일조했다고 지적했다.

월가라고 하면 대부분의 사람들이 주식시장을 떠올린다. 그러나
1980년대 월가의 기조와 속도를 좌우하는 것은 다름 아닌 채권 시
장이었다. 살로먼 브러더스는 변화의 갈림길에 서 있었다. 살로먼 브
러더스는 적시적소에서 활동했고, 탁월한 채권 트레이딩 실력 덕분
에 득의양양했다. 하지만 항상 그렇듯, 살로먼 브러더스는 주변을 살
피지 않았다. 살로먼 브러더스는 채권 시장의 폭발적인 성장세가 어
떤 결과를 초래할지 정확하게 예측하지 못했다. 채권 트레이딩으로
얻은 천문학적인 수익을 어떻게 활용해야 하는지에 대해 끝없는 논
쟁이 이어졌다. 트레이더라면 자신만의 식견을 갖고 있어야 하는데
당시에 채권 트레이더들은 독단적이고 제멋대로 굴었다. 미국 경제
는 1980년 이후 줄곧 가파르게 성장했고, 살로먼 브러더스는 이 성

장세를 타고 승승장구했다. 살로먼 브러더스가 자아도취에 빠지는 것도 당연했다.

기세등등 채권팀과 2등 시민 주식팀

연수 프로그램이 8주 차에 접어들자 강사들은 다 그 사람이 그 사람 같아 보였다. 하루는 브루클린 사투리를 쓰는 트레이더가 강의실에 들어왔다. 강의하는 내내 틈틈이 담배를 피우며 연신 마른기침을 해대는 그에게는 앞선 강사들과 뭔가 다른 구석이 있었다. 처음에는 그것이 무엇인지 알 수 없었다가 바로 주름이라는 것을 깨달았다. 그는 나이가 많았으며, 트레이더라는 직업에 지나치게 감상적인 태도를 보였다. 그는 애완 비둘기처럼 자신의 신조를 쏟아냈다. "트레이딩룸에 있을 때, 나는 나 자신을 끊임없이 격려합니다. 그러면 손해를 봤을 때 저 아래에서 올라오는 울컥하는 감정을 견딜 수 있어요. 그런 감정은 그다지 유쾌하지 않거든요." 그의 성공 비결을 묻자 "눈먼 자들의 세상에서는 외눈박이가 왕이죠"라고 답했다. 무엇보다 그는 우리에게 채권 시장에서 정보가 어떤 식으로 굴러가는지 간략하게나마 알려줬는데, 이는 나중에 꽤 유용한 지식이 되어줬다. 그가 알려준 것은 이렇다. "채권 시장에는 아무것도 모르는 사람과 알면서도 아무 말도 안 하는 사람들이 있다."

무시무시한 주식팀에 있었던 그는 주로 주식시장에 대해 이야기했다. 주식팀은 댈러스 지사의 주식팀처럼 채권 시장에서 경력을 쌓는 데 실패한 퇴물들이 모이는 곳으로, 그야말로 생기 없고 후미진 곳이었다. 댈러스 지사에서 주식 거래나 하면서 비참하게 살지 않으려면 주식팀 사람들을 피하는 것이 상책이었다. 자칫 그들의 눈에 들었다가는 트레이딩룸에서 일할 기회를 얻기도 전에 그곳으로 붙잡혀갈 수 있었다. 주식팀 사람들이 강의하는 내내 우리는 그들의 눈에 띄지 않으려고 최대한 의자 깊숙이 몸을 묻었다. 우리는 그 주가 지나면 다시는 그들과 마주칠 일이 없을 거라고 생각했다. 그렇다고 그들이 무능하다고 말하려는 것은 아니다. 살로먼 브러더스는 신주 발행과 관련해서 월가에서 주도적인 역할을 했고, 주식을 거래하는 몇 안 되는 금융회사 중 하나였다. 하지만 살로먼 브러더스 내부에서 주식팀 사람들은 소위 '2등 시민'으로 취급받았다. 채권과 비교하면 주식은 돈이 안 됐기 때문이다.

주식팀은 살로먼 브러더스의 핵심 인사들이 모여 있는 41층이 아닌 40층에 있었다. 40층은 천장이 낮고 창문이 없었으며, 41층 같은 매력도 없었다. 물론 주식 트레이더 외에 많은 채권 세일즈맨들이 40층에서 일했다. 오직 대물급 채권 세일즈맨들만이 41층에 발을 들이는 게 허락됐다. 깊은 밤 숲속에서 귀뚜라미 울음소리가 끊임없이 들리듯, 40층에서는 주식과 채권을 파는 단조로운 소리가 끊임없이 들렸다. 상품을 하나라도 더 팔려고 애원하는 소리와 정보를 공유하는 건조한 목소리가 그 공간을 가득 메웠다. 확성기를 통해 41층의 채권 트레이더가 40층의 채권 세일즈맨에게 채권을 더 팔라고 닦달하는 소리가 들려왔다. 살로먼 브러더스가 약국 체인인 레브코 Revco 회사채를 판매할 때였다. 확성기에서 누군가 "이봐, 우리가 파는 건 진실이 아니야!"라고 소리쳤다. 40층에서의 삶은 이처럼 암울했다. 참고로, 레브코는 곧 파산했고, 모든 회사채를 변제하지 못했다.

40층은 살로먼 브러더스의 모든 권력이 응축되어 있는 41층 바로 아래 있었지만, 체감적으로는 더 멀리 떨어져 있는 것 같았다. 40층으로 가는 엘리베이터가 별도로 운행되어서 41층 사람들과 업무이야기는 했지만, 그외에는 서로 눈조차 마주치지 않았다. 의사소통체계는 상당히 진보적이었지만, 인간관계는 상당히 원초적이었던 것이다. 댈러스 지사의 세일즈맨에게는 40층의 세일즈맨이나 41층 사람들이나 비슷하게 느껴졌을 것이다. 어떤 면에서는 댈러스 지사의세일즈맨들이 살로먼 브러더스의 권력 핵심부와 더 가까웠다. 그들은 멀리서 왔기 때문에 41층 임원들이 최소한 인사는 해줬다.

주식팀은 인생 역전의 장이었다. 주식시장은 월가의 최대 수익원이었다. 거래 수수료는 협상의 대상이 아니었다. 매달 두둑한 거래 수수료가 고정적으로 들어왔다. 덕분에 주식이 거래될 때마다 주식 브로커는 일을 많이 하지 않고도 거액의 수수료를 챙길 수 있었다. 주식 브로커가 주식 200주를 주문하면 주식 100주를 주문할때보다 수수료를 2배 벌었지만, 하는 일의 양은 비슷했다. 그러던 중1975년 5월 1일, 주식 중개 수수료가 유동적으로 변했다. 주식 브로커들은 살려달라고 아우성쳤다. 이날 이후, 주식 중개 수수료 체계는 무너져버렸다. 투자자들은 중개 수수료가 가장 낮은 주식 브로커로 재빨리 갈아탔고, 1976년 월가가 주식 중개로 벌어들인 수익은 6억 달러나 줄어들었다. 돈 잘 벌던 든든한 기계가 완전히 망가져버린 것이다.

이 무렵, 채권 시장은 폭발적으로 성장했다. 채권 시장이 부상하면서 주식 세일즈맨과 트레이더는 톨게이트 요금소의 직원처럼 푼돈을 버는 하찮은 존재로 전락했다. 물론 그들도 돈을 벌고 웃는 날이 있었지만, 채권 트레이더만큼은 아니었다. 100만 달러를 걸고 라이어스 포커를 할 수 있는 주식 트레이더는 아무도 없었다. 꿈에서라도라도 말이다. 주식 트레이더가 그렇게 큰돈을 어디서 구하겠는가?

주식팀은 우리를 끌어들이려고 호시탐탐 노렸지만, 연수생들은 가난하게 살 생각이 전혀 없었다. 당연히 주식팀에 들어가고 싶어 하는 사람은 없었다. 주식팀은 신입 직원을 뽑는 데 애를 먹었다. 채권팀 강사들은 자기 팀의 구린 이야기로 연수생들의 흥미를 끌었는데, 주식팀 강사들은 번지르르한 말을 늘어놓으며 연수생들의 환심을 사려고 애썼다. 그들이 강연하는 모습은 측은해 보일 정도였다. 그들은 자신이 유능한 주식 트레이더라는 것을 보여주려고 애썼지만, 이는 상황을 악화시킬 뿐이었다. 연수생들은 둔하기 짝이 없었지만, 회사에서 힘이 있는 팀을 찾아내는 데는 기막힌 재주를 보였다. 어느 팀에서 강의를 오느냐에 따라 우리에 대한 대우가 달라졌다. 우리는 최고의 자리를 차지하려면 최악의 학대를 견뎌내야 한다는 교훈을 배웠다.

이런 점에서 연수생은 고객과 별반 다르지 않았다. 주식팀 사람들이 연수생인 우리에게 잘 보이려고 애쓰듯, 이들은 계약을 따내기 위해 고객에게 알랑거렸다. 그렇게 하지 않고선 치열한 주식시장에서 살아남을 수 없었기 때문이다. 한 예로 IBM 주식은 살로먼 브러더스에서도 살 수 있지만, 살로먼 브러더스 외에도 월가에 주식거래소는 40여 개에 달했다. 채권팀 사람들은 연수생인 우리를 함부로 다루는 것처럼 고객도 함부로 대했다. 살로먼 브러더스가 채권 시장의 특정 부분에서 거의 독점적인 지위를 갖고 있었던 덕분이었다. 우리는 강의 시간에 어떤 대우를 받느냐를 기준으로 시장에서 어떻게 행동해야 하는지와 살로먼 브러더스가 그 시장에서 어느 정도 지배력을 지녔는지 추론할 수 있었다. 모든 연수생이 드러내놓고 말하지 않았지만, '주식팀에 들어가면 윌리 로먼 Willy Loman(《세일즈맨의 죽음 Death of a Salesman》의 주인공으로 일평생 외판원으로 고생하며 살다가 늙어서 자살한다 - 역주)처럼 비굴하게 살아야 하고, 채권팀에 들어가면 람보 Rambo 처럼 떵떵거리며 살 수 있다'는 것을 분명히 이해했다.

그래도 주식팀 사람들은 행복해 보였다. 그들과 시간을 보내기 전에는 그들이 행복해 보이는 이유를 알 수 없었다. 그들은 채권 트레이더와 외판원보다 압박감을 덜 느꼈고, 자신들의 운명을 받아들이며 드넓은 초원에서 농사짓는 소작농처럼 소소한 기쁨을 느끼며 지냈다. 그들은 햄튼에 별장을 짓는 대신 저지 해변에 별장을 짓고 사는 데 만족했다. 그들은 스위스 체르마트가 아닌 미국 버몬트에서 즐겁게 스키를 탔다. 나는 이해하기 어려웠지만, 주식팀 사람들도 경력을 쌓아가고 있었다. 그들은 상승장, 하락장, 그리고 침체장을 경험했다. 그들은 그들이 사랑하는 주식시장이 있는 한, 자신들의 처지가 채권팀 사람들과 비교했을 때 처량하다는 것에 그다지 신경쓰지 않았다. 그들은 주식시장에서 경력을 쌓는 것이 얼마나 안온하고 건전한지 우리에게 알려주고 싶어 했다. 이를 위해서 그들은 시, 수필, 그리고 자신들의 연수 매뉴얼에서 발췌한 문구로 만든 책자를 나눠줬다. 그 책자는 어떤 주식 트레이더가 쓴 《어느 트레이더의 회고록 Memoirs of a Trader》이란 책에 나오는 구절로 시작했다.

그는 시장이 바다 같고, 바다처럼 경외의 대상이라고 배웠다. 당신은 한여름에 잔잔한 물결을 따라 바다를 항해하고 있으며, 때마침 마음에 꼭 드는 미풍이 불어왔다. 당신은 바다에 뛰어들어 기분 좋게 수영을 하고, 배 위에서 부드러운 햇살을 받으며 몸을 말렸다. 그리고 잔잔한 파도 소리를 들으며 잠이 들었다. 그때 갑자기 차가운 광풍이 불어왔고, 먹구름이 몰려들면서 해가 사라졌다. 천둥과 번개도 내리쳤고, 성난 파도가 바다를 집어삼켰다. 당신의 허술한 배는 거센 파도에 이리저리 휩쓸렸고 한쪽으로 기울어졌다. 이내 배의 절반이 바닷물에 잠겼다. (중략) 배는 파도에 떠밀리다 해변에 도달했다. (중략) 녹초가 된 당신은 나체로 해변에 누웠고, 목숨을 보전한 것에 감사했다.

주식팀은 거친 바다뿐만 아니라 차디찬 거절도 이겨내야 했다. 그것을 지켜보는 것만으로도 가슴이 아팠다. 라즐로 비리니Laszlo Birinyi는 우리가 주식팀에 지원하게끔 하려고 단호하면서도 재치 있게 강연을 이어갔다. 그가 주식팀을 선전하는 방식은 대개 이랬다. "오후 6시 30분 TV를 켜는데 댄 래더Dan Rather(미국 CBS 앵커-역주)가 오늘 시장이 24포인트 상승했다고 말한다면, 그가 무슨 시장에 대해 말하고 있다고 생각해야 할까요? 뭐라고요! A등급 산업 채권이라고요? 하! 당연히 주식시장을 말하는 거지요. 주식팀에 들어오면 여러분의 부모님은 여러분이 무슨 일을 하면서 먹고사는지 이해할 수 있을 겁니다. 길게 설명할 필요도 없어요." 이게 우리에게 하려는 말의 핵심이었다.

비리니는 주식시장의 긴 역사와 문화에 대한 언급도 빼놓지 않았다. 윌 로저스Will Rogers(영화배우이자 칼럼니스트-역주)부터 존 케네스 갤브레이스John Kenneth Galbraith(캐나다 출신의 미국 경제학자. 《대공황The Great Crash OF 1929》, 《불확실성의 시대The Age of Uncertainty》 등의 저서가 있다-역주)까지 수많은 사람들이 주식시장에 몸을 담았다. 그는 주식팀에 들어가면 우리가 거대한 무언가의 일부가 될 수 있다고 강조했지만, 나는 우리가 자신보다 더 큰 존재를 마음속에 품을 수 있는지에 대한 확신이 서지 않았다. 설령 그렇더라도 그곳이 주식시장은 아닐 것이다. 비리니의 호소는 우리에게 전혀 먹혀들지 않았다. 우리는 역사와 문화 따위에 관심이 없었다. 누구나 이름만 들으면 알 만한 위대한 사람들이 주식시장을 만들었다고 해도 주식시장은 우리에게 매력적으로 보이지 않았다. 그들이 휘갈겨 쓴 글은 《어느 트레이더의 회고록》만큼이나 진실성이 없어 보였다. 월터 커트만 Walter Gutman(살로먼 브러더스 소속 트레이더-역주)은 이런 비유를 하기도 했다.

"매일 매시간 변화무쌍하고, 그렇게 자주 실망감을 안겨주지도 않고, 때로는 믿을 수 없을 정도로 대단한 열정을 이끌어내는 것은 여자를 제외하고 수신용 테이프만 한 것이 없다."

이 말을 들은 남자 연수생들은 뜨거운 성관계를 떠올리며 눈을 살포시 감고 얼굴을 붉혔다. 여자 연수생들은 과연 어떤 생각을 했을까?

주식팀 사람들은 책이나 학교보다는 날것의 경험을 중요하게 생각했다. 이들은 자신의 견해에 힘을 더하기 위해 주식시장에서 전설로 통하는 벤저민 그레이엄 Benjamin Graham(가치투자의 아버지로 불리며 워런 버핏의 스승이기도 하다-역주)의 말도 인용했다. "주식시장에 더 섬세하고 난해한 수학 이론이 적용될수록 우리는 더 불확실하고 추상적인 결론을 도출하게 된다. 미적분학이나 대수학을 들먹인다면 이를 경고 신호로 받아들여야 한다. 이는 운영자가 경험을 이론으로 대체하려는 시도이기 때문이다."

강의실에 모인 80명의 MBA 석사와 15명의 박사에게 이런 말은 너무도 터무니없게 들렸다. 법적으로 사냥터에서 활과 화살만 사용할 수 있다면, 바주카포를 갖고 있다고 한들 무슨 소용인가? 주식팀은 극단적으로 퇴보해버린 것 같았다. 이들 역시 강연 내용이 지나치게 부적절하다고 생각하는 듯했다.

주식팀은 먹히지도 않는 강연은 집어치우고 전도유망한 젊은 인재를 강의실로 보냈다. 주식팀이 아끼는 신입사원인 그는 뛰어난 재기로 우리를 황홀경에 빠뜨리고 과학적 지식으로 우리의 눈을 멀게 하라는 임무를 받고 강의실로 왔다. 그는 주식팀에서 새롭게 떠오르는 분야인 프로그램 트레이딩을 담당하고 있었다. (맞다. 프로그램 트레이딩은 1987년 주식시장 붕괴의 주범으로 거센 비난을 받았다.) 자신의 전문 분야에 대한 강연을 마친 그에게 시카고에서 온 MBA 출신인 프랭키 시몬 Franky Simon 은 다음의 질문을 던졌다

"주식옵션을 거래할 때, 감마(옵션 가격이 주식 가격의 변동에 얼마나 민감한지 나타내는 델타의 변화율-역주)와 세타(시간의 흐름에 따른 옵션 가격의 변화-역주)를 헤지하나요, 아니면 델타만 헤지하나요? 그리고 감마와 세타를 헤지하지 않는다면, 그 이유는 무엇인가요?"

주식옵션 전문가였던 강사는 시몬의 질문을 받고 10초 정도 고개를 끄덕였다. 나는 그가 시몬의 질문을 제대로 이해했는지 알 수 없었다. 왜냐하면 우리는 모두 시몬이 무슨 소리를 하는지 전혀 알아들을 수 없었기 때문이다. 그런 면에서 모두에게 몹시 불쾌한 질문이었다. 우리는 전문가라고 자처하는 그가 자존심 때문에라도 한낱 연수생에게 호락호락 당하지는 않을 거라고 생각했다. 그는 슬쩍 웃음으로 상황을 무마하며 함정에서 벗어나려고 했다. 그런 그의 모습은 더 없이 궁색해 보였다. 그는 말했다.

"그 질문의 답을 모르겠네요. 그래서 제가 트레이딩하는 데 애를

먹나 봐요. 한번 알아보고 내일 말해줄게요. 옵션 이론은 잘 모르거든요."

그러자 시몬이 뻐기듯 말했다.

"그래서 당신이 주식팀에 있는 거예요."

그 말이 직격탄이었다. 주식팀이 야심 차게 강의실로 파견한 이 젊은 인재는 아무런 대응도 하지 못했다. 그는 그저 작은 공처럼 몸을 움츠리며 고통에 몸부림쳤다. 연수생에게 저격당하다니 이 얼마나 굴욕적인 순간인가!

상황이 이렇다 보니 주식팀과 어울리는 모습을 누군가에게 들키는 것은 수치스러운 일이 됐다. 이런 상황에서 주식팀이 연수생 봉사 활동을 시작했으니 우리가 얼마나 경악했겠는가. 비리니는 연수생들과 돌아가면서 저녁을 먹겠다고 했다. 순식간에 우리 중 누군가가 댈러스 지사 주식팀에 발령받아도 이상하지 않은 상황이 되어버린 것이다. 우리는 거의 공황 상태에 빠졌다. 모두들 자신이 주식팀에 어울리는 인재가 아니라는 인상을 주기 위해 갖은 애를 썼다. 우리는 달아날 순 있었지만, 더 이상 숨을 수는 없었다. 그 누구도 안전하지 않았다.

주식팀이 '관심 있는' 연수생들을 뽑아 명단을 작성했다는 소문이 돌았다. 며칠 뒤 우리는 더욱 참담한 소식을 접했다. 주식팀이 후보자 명단에 오른 연수생들과 좀 더 친해지기 위해 보트 여행을 계획 중이라는 것이었다.

이게 사실일까? 사실이었다. 비리니는 연수생들 중 6명 정도를 눈여겨보고 있다고 했는데, 그 6명이 누구인지는 아무도 몰랐다. 며칠 뒤 6장의 초청장이 발송되며, 그들의 정체가 드러났다. 뒷줄의 꼴통 중 4명이 초청장을 받았다. 새뮤얼스도 보트 여행에 초대받았는데, 그는 이미 지방채 부서에서 일하기로 말이 다 끝난 상황이었기때문에 이런 상황을 그냥 웃어넘길 수 있었다. 마지막 초청장의 주인공은 나였다.

나는 첫 만남부터 소름 끼쳤던 상대와 원치 않는 정략결혼을 하게 된 여인처럼 절망했다. 나는 비명을 질렀다. 살로먼 브러더스에서의 미래가 눈앞에 생생하게 그려졌다. 이 상황을 타개하기 위해 다른 임원들의 도움을 이끌어내면서 나는 전면에 나서지 않는 작전을세웠다. 다시 말해, 주식팀과는 냉랭한 관계를 유지하면서 다른 부서 임원이 나를 원하도록 만들고자 했다. 물론 이렇게 하면 주식팀과 적대적 관계가 되기 쉬웠다. 주식팀이 온갖 수를 써서 나를 해고하려고 들 가능성도 있었다. 그런데 솔직히 말해서 주식팀은 힘이거의 없는 부서였다. 물론 연수생 하나를 해고하는 데 대단한 힘이필요한 것은 아니었지만 말이다.

보트는 맨해튼 남단에서 출발했다. 주식팀 사람들은 우리를 한구석에 몰아놓고는 주식시장에 대해 열광적으로 이야기했다. 우리는링 위의 권투 선수처럼 상대를 피하고자 보트 앞과 뒤, 그리고 엔진실로 도망쳤는데, 시간이 지날수록 우리가 도망칠 곳은 점점 줄어들었다. 보트가 출발한 지 한 시간쯤 됐을 무렵, 보트에서 우리가 도망칠 곳은 더 이상 남아 있지 않았다. 누군가가 《어느 트레이더의 회고록》을 암송했다. 우리가 탄 보트 옆으로 서클라인 크루즈가 바다를가르며 지나갔다.

주식팀의 짝짓기 의식은 잔인하리만치 직설적이었다. 일단 그들은 우리를 보트 구석에 가두고 자꾸 위스키를 따라주면서 월가의 고층 건물 위로 달이 솟아오를 때까지 기다렸다. 그리고 증권거래소가 보이는 곳에서 보트를 멈춘 뒤, 한 임원이 내 어깨에 팔을 두르며 "넌 정말 특별한 연수생이야"라고 속삭였다. 그러면서 특별한 재능을 활용해서 주식시장에서 성공적으로 경력을 쌓는다면 머지않아 성공할 거라고 덧붙였다. 주식시장의 기나긴 역사가 쌓여오는 동안 형성된 유구한 문화를 생각해보라! 월가에서 살아남기 위한 원칙 하나. 보트에서 받은 제안을 받아들이면 다음 날 아침에 반드시 후회하게 될 것이다.

새뮤얼스는 보트에서 맞이한 새로운 아침을 '코요테 아침'이라고 불렀다. 전날 밤 술을 진탕 마시고 머리가 깨질 듯한 숙취를 느끼며 깨어났는데 생전 처음 보는 여자가 옆에 누워 있다. 처음 보는 여자가 내 팔을 베고 침대에 누워 있는데, 그녀는 완전히 나체다. 덫에 걸린 코요테처럼 그 상황에서 벗어나기 위해서 팔을 물어뜯고 비명을 지르면서 도망친다. 새뮤얼스는 자신의 심정을 이런 상황에 빗대 표현했다.

잔인한 아침 햇살이 쏟아지는 가운데, 주식팀 사람들은 지긋지긋한 여드름처럼 또다시 모습을 드러냈다. 사냥꾼들은 지치지도 않고 먹잇감을 쫓았다. 우리는 살로먼 브러더스 주식팀과 대형 고객사 직원들의 소프트볼 시합에 초대됐다. 전날 밤, 내 귓가에 달콤한 말을 부드럽게 속삭여줬던 임원은 내 이름조차 기억하지 못했다. 그는 고객들의 비위를 맞추는 데 모든 것을 쏟아붓느라 다른 것에 신경 쓸 여유가 없었다. 살로먼 브러더스는 이 시합에서 반드시 져야 했다. 우리는 고객이 아무리 끔찍한 농담을 하더라도 그들의 기분이 상하지 않도록 멍청이처럼 웃어야 했기에, 나는 유격수 위치에서 땅

볼을 몇 개 놓치고 속도 없이 웃어댔다. 우리 고객들은 정말로 유머 감각이 탁월했다! 그날 밤 욕조에 몸을 담그기 전, 나는 그날 오후 내가 꽤 잘했다고 생각했다.

연수 프로그램이 끝나갈 무렵, 연수생들은 강의실 뒤에 모여 자주 라이어스 포커를 즐겼다. 연수생의 절반 이상이 채권 트레이딩에 마음을 빼앗긴 상태였다. '매도'와 '매수'를 외치는 대신에 그들은 '비드'와 '오퍼'를 외쳤다(매매할 때 주식시장에서는 매도sell와 매수buy를, 채권 시장에서는 비드bid와 오퍼offer를 주로 쓴다-역주). 채권 트레이더 지망생들은 수량화가 가능한 것이라면 그게 뭐든지 그것을 중심으로 시장을 만들어냈다. 뉴욕 자이언츠(미식축구팀-역주)가 얼마나 득점할지, 일본 연수생이 강의가 시작되고 몇 분 뒤 졸기 시작할지, 〈뉴욕포스트〉 마지막 페이지에 나오는 단어가 몇 개일지 등을 두고 내기를 했다. 매일 아침 강의실 앞에서 누군가가 "네가 가지고 있는 베이글, 비드 25센트"라고 외치는 모습을 볼 수 있을 정도였다.

채권, 채권, 채권! 채권 트레이더가 되고 싶지 않은 연수생은 채권 세일즈맨이 되길 원했다. 이 부류에는 여자 연수생들이 포함되어 있었다. 그녀들도 처음에는 채권 트레이더가 되길 바랐지만, 살로먼 브러더스에서 채권을 거래하는 것은 주로 남자였고 그 누구도 여기에 이의를 제기하지 않았다. 살로먼 브러더스에서 여자들의 채권 거래를 금지한 결과, 여자들은 권력에서 점점 멀어졌다. 트레이더들은 살로먼 브러더스를 대신해서 금융 시장에서 베팅했다. 살로먼 브러더스에서 세일즈맨은 트레이더들의 대변인이나 마찬가지였다. 이들은 연금기금, 보험사, 저축대부조합Savings and Loans Associations. S&Ls(우리나라의 상호신용금고와 같은 금융기관-역주) 같은 기관투자가들과 소통했다.

트레이더와 세일즈맨이 되는 데 필요한 것들은 달랐다. 트레이더는 금융 시장에 능통해야 했고, 세일즈맨은 대인관계에 능통해야 했다. 하지만 최고의 트레이더는 동시에 유능한 세일즈맨인 법이다. 트레이더는 세일즈맨을 설득해서 고객이 채권 X를 매도하거나 채권 Y를 매수하게 이끌도록 만들어야 했다. 고객들은 유능한 세일즈맨에게 자신의 포트폴리오 관리를 맡기기 마련이니까.

트레이더와 세일즈맨의 차이는 그들이 하는 일에만 있는 게 아니다. 트레이더는 전체를 통제했다. 세일즈맨의 연말 성과급도 당연히 트레이더가 결정했다. 트레이더의 연말 성과급은 채권 거래 수익에 따라 결정됐다. 다시 말해, 세일즈맨은 트레이더에게 영향력을 행사할 수 없었지만, 트레이더는 세일즈맨을 완전히 통제할 수 있었다. 그러니 새파랗게 젊은 트레이더가 느긋하게 시가를 피울 때 새파랗게 젊은 세일즈맨이 놀란 토끼 눈을 하고 주눅들어서 트레이딩룸을 이리저리 뛰어다니는 게 전혀 놀라운 일이 아니었다.

트레이더들은 트레이딩룸에서 독재자처럼 군림했다. 트레이더는 돈과 가장 가까운 곳에 있었다. 굿프렌드는 물론 살로먼 브러더스의 최고위 임원들도 트레이더였다. 세일즈맨들이 모조리 해고되고 살로먼 브러더스가 순수하게 채권만 거래하는 금융회사가 될 거라는 소문이 돌기도 했는데, 빌어먹을 고객 따위는 이들에게 신경 써야 할 대상이 아니었다.

훌륭한 채권 트레이더는 두뇌 회전이 빠르고 활기가 넘쳤다. 그들은 하루에 12시간, 가끔 16시간이 넘도록 시장을 예의주시했다. 그들이 주시하는 시장은 채권 시장뿐만이 아니었다. 그들은 주식, 원유, 천연가스, 통화 등 채권 시장에 어떤 식으로든 영향을 줄 수 있는 수십여 가지 금융 시장과 상품시장을 관찰했다. 그들은 오전 7시쯤 책상 앞에 앉아서 날이 저물 때까지 의자에 엉덩이를 붙이고 있었다. 업무에 대해 이야기를 나누는 일도 없었다. 마치 그 누구에게도 알려지지 않은 전쟁에 참전한 퇴역 군인처럼 말수가 적었다. 그들은 오로지 수익만을 중요하게 생각했다. 돈, 그리고 그 돈으로 살 수 있는 모든 것과 돈을 가장 많이 번 사람에게 주어지는 명성이 중요했다.

구체적인 계획 없이 살로먼 브러더스에 입사한 나는 모든 가능성을 열어뒀으나, 내가 수많은 채권 트레이더 중 한 사람이 되지 못할 것임을 금세 깨달았다. 그들과 나는 비슷한 구석이 거의 없었다. 내가 채권 트레이더가 되는 것은 미국인인 내가 중국인이 되는 것만큼이나 불가능해 보였다.

나는 세일즈맨에 더 어울렸다. 채권 세일즈맨이 된 내 모습을 상상하는 것은 채권 트레이더가 된 내 모습을 상상하는 것보다 훨씬 더 자연스러웠다. 살로먼 브러더스에 발을 들여놓기 전에 나는 학생에서 직장인으로 이동하는 서투른 전환기를 겪었는데, 채권 트레이더에서 채권 세일즈맨으로 목표를 변경하는 것 역시 그때처럼 서툴렀다. 하지만 트레이딩룸에서 일하는 것은 생각만 해도 스트레스가 쌓였다. 트레이딩룸에 있는 내 모습에 좀처럼 익숙해지지 않았다. 그로 인한 스트레스는 연수 프로그램이 진행되는 동안 점점 심해졌다.

채권 트레이딩룸의 괴짜들

41층에서 일하는 채권 세일즈맨들은 살로먼 브러더스를 이끄는 핵심 인사로, 나의 롤모델이었다. 이들 역시 강사로 나섰는데, 차가운 빛을 발하는 매끈한 금속으로 만든 것 같은 이들의 얼굴을 보면 도저히 조언을 구할 엄두가 나지 않았다. 이들의 생활은 41층에서 시작해서 41층에서 끝나는 것 같았다. 자신이 살로먼 브러더스 밖에서 어떤 삶을 사는지에 대해선 거의 입에 올리지 않았다. 나는 내가 일과 삶의 경계가 불분명한 그들의 세계에 들어선 것은 아닌지 불안해졌다.

트레이딩룸에선 나와 완전히 다른 유형의 사람들만 성공하는 것 같았다. 강사로 나선 사람 중에서 일부는 인간으로서 정말로 형편없었다. 그들은 다른 사람을 무자비하게 짓밟고 높은 자리에 올랐다. 그들은 여자들을 희롱했고, 연수생들을 능욕했으며, 고객들을 업신여겼다. 한마디로 늘 누군가를 희생자로 만드는 데 익숙했다. 물론 인격적으로 존경할 만한 사람들도 있었다. 이런 이들은 주변 사람들에게 영감을 줬고, 고객들을 평등하게 대했으며, 연수생들에게 친절했다. 트레이딩룸에서 '대물'로 통하는 사람이 모두 인간쓰레기는 아니었지만 회사에 큰 수익을 안겨주는 한, 그가 인격적으로 훌륭한 사람이냐 형편없는 사람이냐는 트레이딩룸에서 전혀 중요하지 않았다. 이들이 41층에서 그 어떤 부도덕한 행위를 해도 그 때문에 벌을 받기는커녕 오히려 승승장구했다. 나쁜 놈들이라서 성공한 것인지, 이 업계가 성인군자보다 인간쓰레기를 선호하기 때문인지 나로서는 알 수 없었다. 트레이딩룸에서 선의는 곧잘 무시됐다. 선의는 그저 선의일 뿐, 아무 의미가 없었다.

41층은 살로먼 브러더스에서도 야심가들이 선택하는 곳이었다. 수익과 영예를 추구하는 데 따라야 할 규칙은 없었다. 그들은 먹잇감을 맹렬히 쫓는 맹수였다. 내가 잡아먹지 않으면 잡아먹히는 곳이

41층이었다. 41층 사람들은 누군가 자신을 해하려는 것은 아닌지 항상 주변을 경계했다. 부하직원이라 해도 언제 무슨 짓을 해서 자리를 빼앗으려 들지 알 수 없었다. 실제로 살로먼 브러더스에서는 거의 모든 행위가 허용됐다. 자기 파괴적인 날것의 자본주의란 이런 것이었다.

물론 살로먼 브러더스 연수생이라면 윤리 따위에 그다지 신경 쓰지 않을 것이다. 이들은 그저 살아남으려고 애쓸 뿐이어서 학교에서 불량배와 친구가 된 아이처럼 살로먼 브러더스 연수생들은 그곳에서 보호받기 위해 41층 사람들이 잘못을 저질러도 못 본 척했다. 강의실에서 41층 사람들이 소설에서나 볼 법한 나쁜 행동을 하면, 나는 눈이 휘둥그레진 채 의자에 앉아서 그들을 주시했다.

강사로 나선 이들은 모두 대단히 성공한 사람들이었다. 그들의 강연을 들으면서 그들이 성공할 수밖에 없었던 이유를 찾아내려고 노력했다. 이런 생각으로 그들의 강연을 듣던 어느 날, '인간 피라냐'가 강의실에 들어섰다. 그는 우리에게 국채에 관해 이야기했다. 그는 돈을 다루는 법을 너무나 잘 알아서 무슨 소리든 할 수 있는, 채권 트레이더들을 긴장시키는 유일한 채권 세일즈맨이었다. 그는 채권 트레이더보다 채권 거래에 대해 더 해박한 지식을 갖고 있었다. 채권 트레이더들이 잘못된 가격을 제시해서 채권 거래를 망치면 그는 확성기에 대고 그들에게 굴욕감을 안겨주는 소리를 해댔다. 다른 채권 세일즈맨들은 이렇게 행동하는 그를 보면서 은근히 만족스러워했다.

럭비 선수처럼 땅딸막한 피라냐는 항상 굳은 표정을 하고 있었다. 블랙홀처럼 새카만 두 눈동자는 거의 움직이지 않았는데, 어쩌다가 움직일 때도 잠망경처럼 아주 천천히 움직였다. 입 모양도 거의 변화가 없었다. 말할 때만 오므렸다 펴졌다 할 뿐이었지만, 그의 입에선 핵심적인 분석과 욕설이 끊임없이 흘러나왔다.

그날 피라냐는 프랑스 정부를 마구 헤집어놓았다. 프랑스 정부는 '지스카르Giscard'라는 국채를 발행했다. (그렇다. 톰 울프Tom Wolfe가 저서 《허영의 불꽃The Bonfire of the Vanities》에서 언급한 바로 그것이다. 울프는 살로먼 브러더스 채권 트레이더를 통해 지스카르를 알게 됐다. 실제로 울프는 허구의 채권 세일즈맨을 만들기 위해서 41층을 방문했고, 피라냐를 아주 가까운 거리에서 관찰했다.) 피라냐는 지스카르 때문에 곤란한 처지에 빠졌다. 지스카르는 발레리 지스카르 데스탱Valéry Giscard d'Estaing 정부의 산물로, 1978년 지스카르를 발행해서 대략 10억 달러를 조달했다. 여기까지는 아무 문제가 없다. 문제는 지스카르가 특정 조건에서 금으로 교환될 수 있다는 것이었다. 당시 금 1온스당 32달러에 거래됐다. 3,200만 달러어치의 채권을 가지고 있는 사람은 현금 대신에 금 100만 온스를 요구할 수 있었던 셈이다.

피라냐는 "빌어먹을 개구리 새끼들이 제 발등을 찍은 셈이지"라고 말했다. 지스카르는 금으로 교환될 수 있었는데, 금 가격이 1온스당 500달러에 달하면서 프랑스 정부가 국채를 발행한 대가로 엄청난 손해를 보게 된 것을 빈정거린 것이다. 피라냐는 멍청한 프랑스 정부를 혐오했다. 그는 프랑스 사람들이 오후 5시가 되면 퇴근하는 습관을 들먹이며 유럽의 직업의식을 경멸해댔다. 이런 이유로 그는 살로먼 브러더스의 영국과 유럽 출신 직원들을 조롱하고, 초과 근무 때문에 불평을 늘어놓는 그들을 '유로 게이'라고 부르며 빈정거렸다.

프랑스 정부를 실컷 물어뜯은 뒤, 피라냐는 잽싸게 차트를 꺼내더니 국채 차익거래가 왜 효과적인지에 대해서 설명했다. 그의 설명이 이어지는 동안에 범생이들은 점점 초조해졌고, 꼴통들은 킬킬거렸다. 앞줄의 범생이들은 뒷줄의 꼴통들이 피라냐에게 자신들을 먹이로 던져줘 잔뜩 물어뜯길까 봐 점점 더 초조해했다. 피라냐는 절대로 곱게 말하는 법이 없었다. "여러분이 빌어먹을 시장에서 이 빌어먹을 채권을 매도한다면, 쫄딱 망할 겁니다. 여러분이 빌어먹을 2년 만기 채권에 빌어먹을 집중하지 않으면, 빌어먹을 여러분은 제 무덤을 스스로 파는 거죠." 그는 욕설의 명사, 동사, 그리고 형용사 형태를 사용하지 않고서는 말을 하지 못하는 사람처럼 보였다. 그의 입에서 나오는 문장 중 욕이 포함되지 않은 문장이 없을 정도였다. 입만 열면 욕설을 내뱉고, 얼굴 가죽을 벗긴다는 식의 과격한 표현을 즐겨 사용했다. 우리는 이런 식으로 말하는 강사를 한 번도 본 적 없었다. 그가 비속어를 사용할 때마다 꼴통들은 킬킬거렸지만, 하버드 출신인 피라냐는 우리가 웃든 말든 개의치 않았다.

수십 명의 세일즈맨과 트레이더가 연수 프로그램에 강사로 참여했다. 그들은 각각 국채, 회사채, 그리고 모기지를 취급하는 부서에서 왔는데, 나는 그중 몇 명만 기억할 뿐이다. 피라냐는 국채부서 소속이었다. 그가 일하는 살로먼 브러더스 트레이딩룸에서는 욕설을 심심치 않게 들을 수 있었다. 회사채팀에서 나온 강사는 좀 더 고급스러운 어휘를 사용했는데, 다른 강사들과 달리 위협적으로 강연을 이끌었다. 피라냐는 범생이들에게는 두려운 존재였지만, 꼴통들에게 그저 이상한 사람일 뿐이었다. 반면에 회사채팀에서 나온 강사는 모든 연수생을 불안과 긴장의 늪으로 빠뜨렸다.

연수 프로그램이 9주 차에 접어들었을 무렵, 그는 이른 아침에 느닷없이 강의실에 들어왔다. 이름이 잘 기억나지 않으니 '얼음 대마왕'이라고 부르자. 그는 말 그대로 혈관에 차가운 얼음물이 흐르는 것 같은 냉혈한이었다. 부드러운 영국식 억양을 사용했지만, 그가 입을 열 때마다 공기가 차갑게 얼어붙는 것만 같았다. 그는 강의실 전체를 굽어볼 수 있을 정도로 키가 컸다. 강의실에는 의자가 12개씩 15줄 정도 배열되어 있고 앞에서 뒤까지 긴 통로가 이어져 있었는데, 그가 가만히 내려다보면 모든 게 쪼그라드는 것만 같았다. 강의실에 들어오고 나서 그는 몇 분 동안 아무 말도 하지 않았다. 회색 양복을 입은, 키가 크고 차가운 인상의 남자가 잔뜩 긴장한 127명의 연수생들을 아무 말 없이 바라보던 그 몇 분이 너무나 길게 느껴졌다.

가만히 우리를 바라보던 얼음 대마왕은 의자 사이에 난 통로를 걷기 시작했다. 이런 돌발 행동은 꼴통들을 당황하게 했다. 꼴통들이 "왜 뒤로 걸어오는 거지? 앞에서 강연이나 하지 도대체 무슨 짓을 하려고 저러는 거야?"라고 속삭이는 소리가 들리는 듯했다. 그는 꼴통들이 앉아 있는 뒷줄에 이르기 직전에 멈춰 서더니 강의실 중간쯤 의자 끝에 엉덩이를 살짝 걸치고 앉아 있는 연수생을 지목하고는 물었다.

"이름이 뭐죠?"

"론 로젠버그Ron Rosenberg입니다."

"그래요, 론. 오늘 리보LIBOR가 얼마죠?"

"리보? 리보? 그게 대체 뭐야?" 뒤에 앉은 꼴통들이 웅성거리기 시작했다. 리보는 런던은행 간 금리의 약어로, 런던에서 은행끼리 단기 자금을 거래할 때 적용되는 금리다. 매일 런던 시각으로 오전 8시, 또는 뉴욕 시각으로 오전 3시에 공개된다. 연수 프로그램은 오전 7시에 시작됐다. 즉, 우리에게는 리보를 확인할 수 있는 시간이 네 시간이나 있었다는 뜻이다. 얼음 대마왕은 우리가 채권 시장에 관한 모든 상식을 갖추었을 뿐만 아니라 쿡 찌르기만 해도 리보에 대한 정보가 나올 것이라고 기대하는 것 같았다.

론은 "오늘 아침 리보는 7.25퍼센트입니다. 어제보다 25BP 상승했지요"라고 대답했다. 놀라웠다. 얼음 대마왕이 리보를 알고 있는 연수생을 정확히 지목한 것이다. 강의실에 모인 연수생 중 절반은 리보가 뭔지조차 몰랐다. 게다가 그게 어디서 거래되는지 모르는 이가 태반이었다. 그런 상황에서 얼음 대마왕은 원하는 답을 얻어낸 것이다. 하지만 그는 론을 칭찬하지 않았다. 그는 또다시 강의실 뒤로 걸어가기 시작했다. 그가 한 걸음 디딜 때마다 긴장감이 고조됐다.

"자네는 이름이 뭔가?"

뒤에 앉아 있던 한 연수생에게 얼음 대마왕이 물었다.

"빌 루이스Bill Lewis입니다."

얼음 대마왕이 물었다.

"빌, 오늘 아침 테드 스프레드가 어떻게 되지?"

강의실이 후끈 달아올랐다. 테드 스프레드는 리보와 3개월 만기 미국 국채 금리의 차이를 뜻한다. 국채 금리는 연수 프로그램이 시작되기 30분 전에 발표됐다. 당황한 나머지 얼굴이 빨갛게 달아오른 빌은 초조한 듯 입술을 깨물며 반항적인 눈빛으로 얼음 대마왕을 쏘아보며 말했다.

"모르겠습니다."

얼음 대마왕은 눈썹 하나 까딱하지 않고 되물었다.

"왜 모르지?"

"오늘 아침에 확인하지 못했습니다."

잡았다, 요놈! 그가 강의실 뒤로 걸어간 목적은 바로 이거였다. 무지, 나태, 그리고 살로먼 브러더스에서 일하기에는 한없이 부족한 자질. 그는 우리에게 이런 모습은 절대로 용납할 수 없다고 말했다. 굿프렌드는 살로먼 브러더스 연수생은 금융 시장이 어떻게 돌아가는지 항상 알고 있어야 하고, 유능해야 한다는 말을 입에 달고 살았다. 그런 면에서 볼 때, 트레이딩룸에서 이번 기수에 큰 기대를 하지 않는 것도 당연했다. 얼음 대마왕은 우리에게 가끔 들러 질문하겠다고 말한 후 강의실을 나섰다.

아이러니하게도 얼음 대마왕과 피라냐는 41층 사람들 중 내가 제일 좋아하는 사람이 됐다. 그들은 잔인했지만 정직했고, 내가 생각하기에 공평했다. 살로먼 브러더스 연수생으로서 당연히 알아야 하는 것들을 숙지하고 있으면 피라냐와 얼음 대마왕으로부터 안전할 수 있었다. 그 누구도 그들에 대해 허튼소리를 하지 않았다. 진짜 문제는 거칠고 공평하지 않은 41층 사람들이었다. 곁을 지나칠 때마다 아무 이유 없이 뒤통수에 전화기를 집어 던지는 트레이더는 어떻게 견뎌내야 한단 말인가? 여자 직원이 혼자 있을 때마다 수작을 거는 유부남 임원은 어떻게 처리해야 하지? 연수 프로그램은 생존 게임이 아니지만 때때로 41층에서 벌어지는 참상을 생생하게 보여주는 사람이 강사로 와서 우리에게 원론적인 질문을 던지게 했다. 내게는 겨우 1년 전에 연수 프로그램을 마치고 당시 41층에서 일하던 젊은 채권 세일즈맨 리처드 오그래디 Richard O'Grady 가 그런 사람이었다.

오그래디는 강의실에 들어와 제일 먼저 비디오 장치를 끈 후 강의실 문을 닫고 23층 창문 밖 난간에서 누군가가 엿듣고 있지는 않은지 확인했다. 그러고 나서야 그는 자리에 앉았다. 그는 자신이 살로먼 브러더스에 어떻게 오게 됐는지 먼저 이야기했다. 그는 살로먼 브러더스에 소속된 변호사였는데 그들 중 많은 이들이 유능한 트레이더가 얼마나 버는지를 보고는 트레이더로 전향했다. 그의 경우, 회사가 트레이더에 지원해보라고 먼저 제안했고, 그래서 금요일 오후에 면접을 봤는데, 당시 면접관은 임원인 리 킴멜Lee Kimmell이었다. (킴멜은 이 책을 쓸 당시 집행위원회 위원이었다.) 오그래디가 사무실에 들어갔을 때 킴멜은 그의 이력서를 읽고 있었고, 곧이어 오그래디를 보고 "암허스트 파이 베타 카파, 스포츠 스타, 하버드 법대 졸업. 여자들이랑 많이 잤겠어"라고 말했다. 그의 말을 듣고 오그래디는 웃었다. 그가 달리 무엇을 할 수 있었겠는가.

킴멜이 물었다.

"뭐가 그렇게 재미있나요?"

오그래디가 답했다.

"여자들이랑 많이 잤을 거라는 생각이요."

킴멜이 짓궂게 물었다.

"재미있지 않은데……. 몇 명의 여자들과 잤나요?"

"그 질문에 대답할 이유는 없는 것 같네요."

킴멜은 주먹으로 책상을 내리치며 말했다.

"그런 식으로 대답하지 마세요. 내가 질문하면, 당신은 거기에 대답해야 합니다. 알겠습니까?"

오그래디는 면접을 보는 내내 몹시 당황했다. 그는 마지막에 내게 일자리를 제안한 레오 코벳과 마주 보고 앉았다.

코벳이 물었다.

"내가 일자리를 제안한다면 자네는 내게 뭐라고 하겠나?"

"글쎄요. 저는 살로먼 브러더스에서 일하고 싶습니다만 집에 가서 하루이틀 정도 생각해보겠다고 말할 것 같습니다."

"트레이더라기보다 변호사의 말처럼 들리는군."

"저는 거래하지 않습니다. 저는 투자를 합니다."

코벳은 얼굴 표정 하나 변하지 않고 말했다.

"하버드 도련님이 할 법한 소린 듣고 싶지 않군. 자네를 선택한 게 실수가 아닌가 하는 생각이 들어. 10분 정도 생각할 시간을 주지. 내가 나갔다가 들어왔을 때는 원하는 대답을 들을 수 있길 바라네."

그 말을 듣고 오그래디는 '내가 어마어마한 실수를 저질렀구나' 하는 생각이 제일 먼저 떠올랐다고 회상했다. 그는 한 인간으로서 그 질문에 대해 생각해봤다. (오그래디는 41층 사람들과 비교하면 어딘가 신선한 구석이 있었다. 바로 그가 정말로 인간답게 보인다는 점이었다.) 살로먼 브러더스가 먼저 면접을 제안해놓고 그를 푸대접한 사실에 오그래디는 너무나 화가 났다. 약속한 시간이 한참 지나도록 코벳이 사무실로 돌아오지 않자 그는 참을 수 없을 정도로 화가 났다. 코벳은 한참 뒤에 돌아왔다. 오그래디는 그를 보고 차갑게 말했다.

"저는 여기서 돈 받고 일할 생각이 없습니다. 당신들처럼 무례한 사람은 본 적 없어요. 당신이나 실컷 채권 거래를 하시지요."

코벳은 그제야 만족스러운 얼굴을 했다.

"이제야 내 마음에 드는 소리를 하는군. 오늘 자네한테 들은 말 중 가장 똑똑한 말이야."

오그래디는 그 길로 문을 박차고 나갔다. 그리고 월가의 다른 금융회사에 입사했다. 하지만 이것은 오그래디와 살로먼 브러더스가 맺은 인연의 시작에 불과했다. 둘의 인연이 다시 이어진 건 그로부터 1년이 지나서였다. 살로먼 브러더스는 오그래디를 다시 불러들였고, 오그래디는 1년 전의 무례한 행동에 대해 사과했다. 오그래디는 유능한 채권 세일즈맨일 뿐만 아니라 트레이딩룸에서 보기 힘들지만 아주 필요한 선한 인물이었기 때문에 살로먼 브러더스가 그에게 다시 연락한 것은 전혀 놀라운 일이 아니었다. (심지어 나는 그가 거지에게 잔돈을 주는 것도 봤다.) 오히려 놀라운 건 오그래디가 그 제안을 받아들였다는 것이다.

그는 우리가 궁금해하는 것을 이야기해줬다. "이 쓰레기들을 어떻게 대해야 할지 알고 싶죠?" 연수생들이 고개를 끄덕이자 오그래디는 자신은 그 비결을 일찌감치 찾아냈다고 말했다. 그는 살로먼 브러더스에서 일을 막 시작했을 때 어떤 경험을 했고, 그 경험 덕분에 교훈을 얻었다고 했다.

오그래디는 선임 채권 세일즈맨인 대물 펜 킹Penn King 밑에서 일했는데, 어느 날 킹이 초대형 고객인 모건 개런티Morgan Guaranty의 채권 가격을 조사해 오라는 지시를 내렸다. 이에 오그래디는 해당 상품을 아는 트레이더에게 가격을 물으려고 했고, 그 트레이더는 "도대체 네가 원하는 게 뭐야, 이 빌어먹을 자식아?"라고 쏘아붙였다. 오그래디는 "그냥 채권 상품 가격을 물어보려고 했어요"라고 답했고, 그 트레이더는 "바빠. 꺼져"라고 핀잔을 줬다.

오그래디는 그냥 직접 쿼트론quotron에서 확인해봐야겠다고 생각하고는 PC처럼 생긴 쿼트론을 두들겼다. 그 모습을 본 킹은 고객에게 알려줘야 한다며 채권 가격을 빨리 알아오라고 오그래디를 닦달했다. "채권 가격이 얼마인지 알아보라고 했잖아, 빌어먹을." 킹이 재촉하자 오그래디는 다시 트레이더에게 달려갔고, 트레이더는 "빌어먹을. 여기 자료에 나와 있잖아"라고 말하면서 그에게 채권 가격이 적힌 종이를 건넸다. 거기에는 수많은 채권의 가격이 적혀 있었다. 오그래디는 그 종이를 들고 자기 책상으로 돌아왔다. 종이를 자세히 살펴봤지만, 킹이 알고 싶어 하는 채권의 가격은 적혀 있지 않았다.

킹은 "도대체 채권이 얼마야?"라고 소리쳤다.

오그래디는 자신과 트레이더 사이에 있었던 일을 킹에게 설명했다.

화가 머리끝까지 난 킹이 소리쳤다.

"잘 들어. 이게 네가 할 일이야. 그 빌어먹을 개자식에게 가서 이렇게 말해. '이 개자식아, 내가 처음 보자마자 물어봤는데도 도와줘서 더럽게 고마웠다. 그러니까 모건 개런티 채권 가격이 얼마인지 빨리 알려줘'라고 말이야."

오그래디는 다시 트레이더에게 갔다. 그는 킹이 시키는 곧이곧대로 말하지 않는 편이 나을 거라고 생각했다. 그는 '개자식'과 '더럽게 고마웠다' 같은 부분은 빼고 어떻게 말을 해야 할지 고민했다. 오그래디는 "이봐, 귀찮게 해서 정말 미안해. 그런데 모건 개런티는 우리에게 초대형 고객이야. 그래서 자네 도움이 필요해……"라고 말할 생각이었다. 하지만 그가 다가서자 트레이더가 벌떡 일어서더니 소리를 빽 질렀다. "왜 또다시 와서 지랄이야? 말했잖아. 나는 무지하게 바쁘다고!"

오그래디는 그동안 고민했던 것은 깡그리 잊어버리고, "이 개자식아, 처음 보자마자 물어봤는데도 도와줘서 더럽게 고마웠다. 지금 당장 그 빌어먹을 채권 가격을 알려주면 고마워서 눈물 콧물 줄줄 쏟을 거야"라고 말했다. 트레이더는 깜짝 놀라 의자에 털썩 주저앉았다. 그보다 체격이 2배는 족히 큰 오그래디는 족히 1분 동안 트레이더를 노려봤다. 그는 트레이더에게 겁을 주려고 한 번 더 "개자식"이라고 말했다. 트레이더는 잔뜩 겁을 먹고는 "페에에엔!"이라고 거의 비명을 질렀다. 그는 건너편에 앉아 있던 오그래디의 상사에게 거의 징징대며 "이 새끼는 뭐예요?"라고 말했다. 킹은 도대체 무슨 일인지 모르겠다는 듯이 어깨를 으쓱했다. 오그래디는 자기 자리로 돌아갔고, 상황을 지켜보던 채권 세일즈맨 서너 명이 기립박수를 쳤다. 킹은 만족스럽다는 듯이 빙그레 웃었다. 2분이 채 지나기도 전에 그 트레이더는 오그래디에게 채권 가격을 알려주었다.

넋을 잃고 그의 이야기를 듣고 있는 우리에게 오그래디는 "이후, 그 트레이더는 다시는 내게 지랄하지 않았죠"라고 말했다.

예상했던 대로, 이 이야기를 들은 꼴통들은 엄청나게 환호했다. 그들은 만루 홈런을 본 외야석에 앉은 관중처럼 발을 구르며 소리를 질렀다. 범생이들도 오그래디의 이야기에 감동을 받은 것 같았다. 오그래디는 훈련을 통해, 그리고 기질적으로 세련되고 느긋한 사람이었다. 그에게도 아일랜드 불한당 같은 면모가 있었지만 41층의 무례하고 거친 분위기에 휩쓸리지는 않았다. 이 이야기가 주는 교훈은 간단하다. 41층에 입성해서 자리를 잡으려면 누군가의 코를 납작하게 만들지 않고서는 불가능하다는 것이다. 설령 매사추세츠대학과 하버드 로스쿨을 우등생으로 졸업했더라도, 스포츠 스타였고 수많은 여자와 밤을 보냈더라도 말이다. 개자식들을 대하는 비결이 뭐냐고? 오그래디는 "역도를 하거나 가라테를 배우세요"라고 말했다.

오그래디 다음으로는 모기지팀 사람들이 강사로 나섰다. 존 메리웨더를 빼면, 모기지 트레이더들은 살로먼 브러더스의 대물 중 대물이었다. 모기지팀은 살로먼 브러더스에서 가장 많은 수익을 내는 부서이자 연수생들이 가장 일하고 싶어 하는 부서였다. 모기지팀은 아무리 고약하게 굴어도 괜찮았다.

모기지 트레이더들의 자리는 41층에서 엘리베이터와 내가 숨었던 구석 사이에 있었다. 나는 내가 숨을 구석을 신중하게 선택했는데, 거기에는 친절한 임원들과 대체로 유순한 팀원으로 구성된 소규모 팀이 자리하고 있었다. 그 임원은 나를 댈러스 지사 주식팀에서 구출해주기로 약속하고 내게 임시 피난처도 제공해줬다. 41층 엘리베이터에서 내리면 나는 매일 친절한 임원이 있는 쪽으로 재빨리 몸을 피했다. 그때마다 나는 모기지 트레이더들이 모여 있는 곳을 통해 그곳으로 갈지 말지 결정해야 했다. 나는 매번 그쪽을 통과하지 않는 편이 안전하다는 결론을 내렸다. 모기지 트레이더들은 지독하게 사악한 분위기를 풍겼기 때문에 나는 매일 오후 그들을 피해 큰 원을 그리면서 내가 좋아하는 임원에게로 갔다. 그렇게 하면서도 나는 늘 불안했다. 그들은 지나가는 연수생 뒤통수에 전화기를 던지는 것으로 유명했는데, 멀리 돌아가는 연수생을 맞히려고 일부러 전화선을 길게 만들어두었다는 소문이 돌았다. 나중에 알게 된 사실이지만, 그들은 노련한 전문가에게도 전화기를 던졌다. 수년 동안 살로먼 브러더스에서 일했고 온갖 학대를 견뎌낸 사람들조차 모기지 트레이더들이 모여 있는 곳을 지나가길 꺼려했다. 다른 금융사에도 회사 최악의 악당들이 있는데, 살로먼 브러더스에서는 모기지 트레이더들이 그 주인공이었다.

모기지 트레이더들을 나타나면 다들 기겁하며 달아나기 바빴지만, 나는 그들이 하는 일과 그들의 상사인 루이 라니에리Lewie Ranieri

가 어떤 인물인지 궁금했다. 살로먼 브러더스의 모든 연수생은 라니에리에게 호기심을 느꼈다. 라니에리는 우편실에서 트레이딩룸까지 올라온 살로먼 브러더스의 전설이었고, 미국에 모기지채권 시장을 만들어낸 주인공이었다. 그는 영국에서도 비슷한 금융 상품을 팔기 시작했다. 라니에리가 살로먼 브러더스였고, 살로먼 브러더스가 라니에리라 해도 과언이 아니었다. 그는 살로먼 브러더스가 특별하다는 것을 보여주는 사례로 여러 사람들에게 계속 언급됐다. 그는 트레이딩룸이 능력주의로 움직인다는 것을 보여주는 산증인이었다. 라니에리가 그동안 이뤄낸 성과 덕분에 살로먼 브러더스에서 위대한 거래가 가능하다는 인식이 생겨났다. 그가 없었다면 살로먼 브러더스가 손에 꼽히는 금융회사로 성장하지 못했을 수도 있다. 나는 이 위대한 인물을 직접 본 적은 없지만 그에 관한 책은 많이 읽은 터였다.

그러던 중 라니에리가 강연자로 연수 프로그램에 참여한다는 소식을 들었다. 하지만 그는 강의실에 직접 모습을 드러내지는 않았고, 대신 자신의 부서를 대표해서 수석 모기지 트레이더 3명을 강의실로 보냈다. 3명의 몸무게를 합치면, 400킬로그램은 족히 될 것 같았다. 그들은 대형을 갖춰서 강의실 앞에 섰다. 가운데 선 사람은 시가를 물고 있었는데, 그렇게 큰 시가는 한 번도 본 적 없었다.

그는 아무 말도 하지 않았다. 그저 연수생이 질문하면, 끙 앓는 듯한 소리를 내며 웃었다. 수십 명의 연수생이 모기지채권 트레이더가 되고 싶어 했다. 그래서 유난히 많은 질문이 쏟아졌지만 만족스러운 대답을 듣지는 못했다. 연수생 한 명이 멍청한 질문을 했는데, 시가를 입에 물고 있던 남자가 유일하게 그 질문에 대답해줬다. 그는 "그래서 모기지 트레이더가 되고 싶다는 거죠"라고 말했다. 강사로 나선 세 사람 모두 크게 웃었다. 예인선 선단이 동시에 경적을 울리는 것 같은 소리가 났다.

그 가엾은 연수생은 모기지 트레이더가 되고 싶어 했다. 다른 연수생들도 마찬가지였다. 하지만 모기지팀에서 일할 수 있는 이는 단 5명뿐이었다. 물론 나는 선택받지 못했지만, 괜찮았다. 나는 런던 지사에서 채권 세일즈맨으로 일하게 됐고, 그곳에서 일종의 개인 연수를 받을 예정이었다.

그들은 살로먼 브러더스의 정신이자 1980년대 월가의 축소판이었다. 모기지 시장은 금융 세계를 휩쓴 변화를 보여주는 전형적인 사례 중 하나였다. 나는 런던 지사에서 일하면서 모기지 트레이더들을 가까이에서 관찰했다. 그렇게 끔찍한 사람들이 자신들의 일을 그렇게 잘해낸다는 것이 너무나 흥미로웠다.

나는 라니에리에게 매혹됐다. 몇 년 동안 그와 그의 팀은 월가에서 돈을 가장 많이 벌었고, 그게 그들의 유일한 장점이었다. 그들 같은 존재는 살로먼 브러더스가 건강하다는 신호였고, 나 같은 이들의 존재는 살로먼 브러더스가 어딘가 문제가 있다는 신호였다. 나는 모기지 트레이더들이 살로먼 브러더스를 떠난다면, 우리가 살로먼 브러더스를 독차지하게 될 거라고 생각했다. 그들이 떠났다면, 살로먼 브러더스에는 좋은 사람들만이 남았을 것이다.

5장

살로먼 브러더스식 형제애

나는 베풀지 않는다. 나는 빚을 진다.

– 시칠리아 속담

매티 올리바Matty Oliva는 하버드대학을 졸업한 후 1985년 1월 살로먼 브러더스 연수 프로그램을 끝마쳤다. 그는 다행히 모기지팀에 배치됐다. 벌이는 좋았지만, 그는 부서에 배치되고 첫 1년 동안 선배들의 놀림감이 됐다. 선임 모기지 트레이더들은 역경이 후배들에게 깨달음을 준다고 생각했다.

몇몇 선배들은 그에게 주기적으로 점심 심부름을 시켰다. 그들은 "어이, 식충이! 먹을 것 좀 가져와"라고 소리쳤다. 몇몇은 "때가 되지 않았나, 올리바?"라고 말했다. 이것은 그나마 공손한 축에 속했다. 올리바는 그들에게 노예였기 때문에, 그들은 그를 배려할 이유가 없었다. 점심 메뉴를 콕 집어줄 필요도 없었다. 왜냐하면 모기지 트레이더들은 가리지 않고 먹는다는 것을 모든 연수생이 알고 있었기 때문이다.

두주불사 술고래처럼 모기지 트레이더들은 무엇이든 먹어치우는 식충이들이었다. 먹을 게 떨어진 것보다 그들을 화나게 만드는 일은 없었다. 뭔가를 먹고 있을 때 방해하는 것도 빼고 말이다. 그들은 온종일 다이어트 콜라를 홀짝이며 먹을 것을 찾아 헤매는 예민한 뚱보도 아니고 누구에게나 사랑받는 에드 맥마흔 Ed McMahon(미국의 MC 이자 코미디언-역주)처럼 행복한 뚱보도 아니었다. 모기지 트레이더들은 스모 선수처럼 툭 튀어나온 배를 두들기며 힘을 과시하는 뚱보였다. 음식을 가져오라는 지시를 받으면 모기지팀에 배치된 연수생은 음식을 최대한 쓸어와서 그들에게 바쳐야 했다.

1월의 어느 날, 올리바는 트레이딩룸에서 매점까지 단숨에 달려갔다. 다른 연수생에게 모기지 트레이더들의 노예로 사는 모습을 보이는 것은 아주 모욕적인 일이었다. 그는 프렌치프라이, 햄버거, 콜라, 사탕, 초코칩 쿠키 등 눈에 보이는 먹을 것을 모조리 플라스틱 쟁반에 쓸어 담았다. 하나같이 뉴욕 보건당국이 건강에 해롭다고 주기적으로 경고하는 음식들이었다. 그는 결제하지 않고 보안요원 옆을 슬쩍 지나쳤다. 돈을 내지 않는 것은 그에게 작은 기쁨이자 자부심이었고, 잔뜩 시달리다 지친 영혼에 허락된 소소한 자유였다. 혹은 그저 경제적인 기쁨이었는지도 모른다. 직원이 식사하고 돈을 내지 않는 것은 살로먼 브러더스 매점에서 흔히 있는 일이었다. 매점에서 결제하지 않았다고 해서 그가 큰 잘못을 저지른 것은 아니었다. 오히려 그것은 살이 뒤룩뒤룩 찐 선배들에게 들려줄 일종의 무용담이었다.

그날 오후 올리바는 '증권거래위원회 특별 프로젝트팀' 소속이라는 정체불명의 사내에게 전화를 받았다. 그는 월가 매점을 담당하고 있다며, 살로먼 브러더스 매점에서 일어난 음식 도난 사건을 조사하고 있다고 말했다. 그리고 그에게 아는 게 있느냐고 물었다. 올리바는 큰 소리로 웃었다. 수화기 너머의 남자는 월가의 윤리 기준은 모든 단계에서 감독의 대상이 된다며 장난치는 게 아니라고 진지하게 말했다. 그럼에도 올리바는 싱긋 웃고는 전화를 끊었다.

다음 날 올리바가 출근했을 때 마이클 모르타라 Michael Mortara가 그를 기다리고 있었다. 모르타라는 모기지팀 책임자이자 연수 프로그램 강사로 나서기도 한 사람으로, 살로먼 브러더스 트레이딩룸에서 재치 있다는 평을 받는 사람들은 모르타라를 흉내 내기도 했다. 그럴 때 그들은 영화 〈대부 The Godfather 〉나 영화 〈욕망이란 이름의 전차 A Streetcar Named Desire 〉의 말론 브란도 Marlon Brando 처럼 말했다.

모르타라는 화가 난 것처럼 보였다. 그는 올리바에게 자신의 사무실로 오라고 한 후 그가 사무실에 들어오자마자 쏘아붙였다.

"이봐, 증권거래위원회 특별 프로젝트팀에서 전화가 왔어. 도대체 무슨 일인지 모르겠군. 매점에서 음식을 훔쳤다는 게 사실인가?"

올리바는 고개를 끄덕였다.

"대체 무슨 짓이지? 알아보고 다시 부를 테니 일단 자리로 돌아가게. 이거 정말 큰일이군."

그날 내내 올리바는 당첨된 복권을 잃어버린 사람처럼 제정신이 아니었다. 선배들에게 시달릴 대로 시달리는 초보 연수생이지만, 그는 '대물'이 되길 꿈꾸고 있었다. 미국 모기지채권 시장은 그 어느 자본 시장보다 빠르게 성장하고 있었다. 살로먼 브러더스에서도 모기지팀은 최고의 부서였다. 1985년 살로먼 브러더스에서 최고의 부서라는 것은 월가에서도 최고의 부서라는 뜻이었다. 당시 월가는 살로먼 브러더스가 지배하고 있었다.

살로먼 브러더스의 2년 차 모기지 트레이더는 메릴린치, 베어스턴스 Bear Stearns, 골드만삭스, 드렉셀 번햄, 그리고 모건스탠리에서 끊임없이 스카우트 제의를 받았다. 월가의 모든 투자은행이 살로먼 브러더스가 모기지채권을 거래하는 비법을 알아내고 싶어 했다. 스카우트 제의에는 최소한 50만 달러의 연봉과 성과급이 보장됐다. 성과급은 거래 수익의 일부를 트레이더가 가져가는 것이다. 올리바는 1년 차 모기지 트레이더로, 4년 차 때까지 일을 잘하면 100만 달러를 벌 수도 있었다. 22세 청년에게 이만한 수입을 얻을 수 있는 자리는 없었다. 운도 따랐지만 노력해서 이런 자리에서 일하게 되었는데 매점에서 음식을 훔쳤다는 이유로 증권거래소에서 조사를 받게 된 것이다. 상황이 얼마나 심각한 걸까? 다른 모기지 트레이더들은 그를 안쓰러운 시선으로 바라봤다. 올리바는 꼬여버린 인생에 관해 깊이 생각했다.

다음 날 아침, 올리바는 굿프렌드에게 불려갔다. 그는 단 한 번도 굿프렌드를 대면한 적이 없었다. 언젠가 한 모기지 트레이더가 그에게 "회장님은 아랫것들과 함부로 말을 섞지 않아"라고 말한 적이 있다. 굿프렌드가 만나자고 할 정도면, 매점에서 음식을 훔친 것은 아주 큰일임이 분명했다. 굿프렌드의 사무실은 그의 자리에서 18미터 정도 떨어진 곳에 있었는데, 대개 비어 있었다. 살로먼 브러더스에서 무난하게 일하면 그 사무실에 불려 갈 일이 없었다. 올리바보다 자기방어에 능한 사람들도 그 어두운 사무실에 들어갈 때면 끔찍한 표정을 지었다. 올리바가 사무실에 들어가니 굿프렌드 옆에 모르타라가 앉아 있었다. 다른 이유로 자신을 불렀을 것이란 그의 희망은 산산이 부서졌다. 굿프렌드는 매점에서 치즈버거를 훔친 게 얼마나 어처구니없는 일인지 한참 동안 설교한 뒤에 이렇게 말했다.

"살로먼 브러더스 이사진과 길고 고통스러운 회의를 한 끝에 이런 결론을 내렸네. 우리는 말이지, 자네를 해고하지 않기로 했어. 지금 내가 자네에게 해줄 수 있는 말은 증권거래위원회와 해결해야 할 일이 더 아직 남아 있다는 거네. 그 일이 마무리되면 자네를 다시 부르겠네."

금융 시장에 발을 담근 모든 사람은 지켜야 할 자신만의 신용과 명예가 있다. 이것은 살로먼 브러더스 연수생들이 회장에게 매년 듣는 말이다. 이제 막 입사한 올리바도 마찬가지였다. 그는 자신의 경력이 끝장났다고 생각했다. 매점에서 좀도둑질을 했다는 추문은 그가 월가에 있는 한 계속 그의 뒤를 따라다닐 것이다. 증권거래위원회가 내부 고발자나 음식 도둑을 찾으려고 조사할 때마다 그는 용의선상에 오를 것이다.

자기 자리로 돌아왔을 때, 올리바는 세상의 종말을 목격한 사람처럼 보였다. 20명 남짓한 모기지 트레이더들은 그 모습을 보고 도저히 참지 못하겠다는 얼굴을 했다. 그들은 쿼트론 단말기 뒤에 숨어서 낄낄대기 시작했다. 올리바는 어리둥절한 얼굴로 주변을 둘러봤다. 모두 웃고 있었다. 그는 모기지팀의 신고식 '바보 만들기'의 희생양이 된 것이었다. 이 모든 건 모르타라의 지휘 아래 진행됐다. 그는 올리바를 완전히 속아 넘기기 위해 굿프렌드까지 가담시킨 것이다. 올리바는 굿프렌드가 이런 장난에 동참하리라고는 꿈에도 생각지 못했다. 한 모기지 트레이더가 소리쳤다. "세상에서 가장 멍청한 놈 같으니라고!" 이로써 연수생을 속이는 건 식은 죽 먹기라는 사실이 다시 한번 증명됐다. 증권거래위원회가 매점에서 음식을 훔친 트레이더를 잡아간다니, 말이 되는가!

하지만 올리바는 이런 장난이 전혀 재미있지 않았다. 그의 얼굴은 전기 충격을 받은 사람처럼 딱딱하게 굳어 버렸다. 그는 마침내 울음을 터뜨리며 트레이딩룸을 박차고 나가 엘리베이터를 타고 아래로 내려갔다. 그는 다시는 살로먼 브러더스로 돌아오지 않을 작정이었다. 그 누구도 그를 붙잡지 않았다. 트레이더들은 그저 자지러지게 웃었다. 굿프렌드와 모르타라는 굿프렌드의 사무실에서 배꼽 빠지게 웃었다. 결국에 동정심보다 의무감으로 앤디 스톤 Andy Stone 이 올리바를 찾으러 나섰다. 스톤은 트레이딩룸에서 그나마 인간적인 트레이더로, 그가 자신의 직속 후배라 책임감을 느낀 것 같았다. 스톤은 그를 뉴욕 플라자호텔 로비로 데려가 맥주를 사주며 사람들이 그런 장난을 한 것은 그를 좋아한다는 신호라며, 어느 정도 인정을 받았으니 이런 장난도 치는 거라고 그를 위로해주었다. 몇 시간 동안 월가를 방황하던 올리바는 살로먼 브러더스로 돌아가기로 결정했다. 맨해튼 남쪽을 헤매고 다녔을 때의 그의 심정을 나는 그저 상상만 할 뿐이다. 일단 진정하자 달리 갈 곳이 없다는 사실이 떠올랐을 것이다. 그는 살로먼 브러더스 모기지팀에 속박된 것이나 다름없었다. 그의 손목에는 황금 수갑이 채워져 있었다.

하버드대학 졸업생들을 비참하게 만든 장난을 친 고작 몇 명의 트레이더들이 채권 시장의 3분의 1을 장악하고 있었다. 그들은 미국에서 가장 돈을 많이 버는 직장인이었다. 그들만이 자신을 그런 성공의 길로 이끌어줄 수 있을 거라는 데 올리바의 생각이 미쳤다. 그런데 스톤이 말한 대로 그들은 좋아하는 사람만 못살게 구는 게 아니었다. 그들은 모든 사람에게 잔인하게 행동했다. 그들의 잔인함은 사적인 것이라기보다는 의식적인 것이었다. '바보 만들기'는 일종의 신고식으로, 1년 뒤에는 올리바 역시 어리숙한 신입을 바보로 만드는 장난에 가담할 게 분명했다. 그 역시 모기지팀의 새로운 노예가

된 연수생이 질질 짜는 모습을 보고 쿼트론 단말기 뒤에 얼굴을 숨긴 채 킬킬대는 모기지 트레이더가 되어 있을 것이다. 1985년 1월 모르타라의 최정예 부대보다 경제적으로 성공한 집단은 없었다. 살로먼 브러더스의 모기지팀은 바로 이런 이들의 집단이었다.

모기지 시장의 가능성을 읽다

월가는 돈을 빌려야 하는 자와 돈을 빌려줘야 하는 자가 모이는 곳이다. 살로먼 브러더스가 월가에서 최초로 모기지팀을 만든 1978년 봄까지 대기업과 연방정부, 주정부, 그리고 지방정부는 돈을 빌려야 하는 자에 속했다. 주택 소유자는 여기 포함되지 않았다. 살로먼 브러더스의 파트너인 로버트 달Robert Dall은 이것이 이상하다고 생각했다. 돈을 빌리는 규모와 속도가 가장 빠르게 증가하는 집단은 정부도 대기업도 아닌 주택 소유자들이었기 때문이다. 1930년대 초반부터 미국 의회는 대출을 받아 주택을 구매하는 미국인에게 인센티브를 제공하는 제도를 도입했다. 가장 확실한 인센티브는 모기지 이자에 대한 세금 공제고, 그다음은 주택 융자였다.

저축대부조합은 평범한 미국인들에게 대규모로 주택담보대출을 해주고 다양한 정부의 지원과 보장을 받았다. 예금보험과 세금 감면 등 주택 융자에 제공되는 혜택이 저축대부조합의 자금 조달 비용을 낮춰서 간접적으로 모기지 이자 비용을 낮췄다. 워싱턴에서 활동하는 저축대부조합 로비스트들은 주택 융자에 이 같은 혜택을 제공하는 법안을 통과시키기 위해 민주주의, 애국심, 안락한 가정을 들먹였다. 의회에서 개인의 주택 소유를 반대하는 것은 어머니의 사랑을 부정하는 것만큼이나 정치적으로 약삭빠르지 못한 처사였다. 우호적인 공공 정책에 힘입어 주택 융자 시장은 급성장했다. 이에 따라 모기지 대출은 1950년 550억 달러에서 1976년 7,000달러로 급증하더니 1980년 1월에는 1조 2,000억 달러에 이르렀다. 모기지 시장은 미국 주식시장을 뛰어넘어 세계에서 가장 큰 자본 시장이 됐다.

상황이 이런데도 1978년 월가는 주택 모기지가 큰 사업거리가 될 거라고는 생각조차 못 했다. 적어도 기업의 CEO나 정부 관료에게 주기적으로 재무적인 조언을 제공하는 사람들에겐 주택 모기지의 모든 것이 하찮게 보였다. 주택 모기지의 CEO는 저축대부조합 이사장이었고, 이들은 대개 작은 지역사회의 유지로, 마을 축제에서 스폰서 역할을 도맡았다. 이것이 모든 것을 말해준다. 그는 정장을 말쑥하게 빼입고, 10만 달러대의 연봉을 받으며, 일주일에 채 10시간도 일하지 않는다. 그는 라이온스 클럽이나 로터리 클럽 회원이고, 3-6-3 클럽처럼 저축업계에서 유명한 단체의 회원이기도 하다. 이는 3퍼센트 이자로 돈을 빌리고, 6퍼센트 이자를 받고 돈을 빌려주며, 오후 3시에 골프를 치러 간다는 뜻이다.

텍사스 저축대부조합에 채권을 판매한 4명의 세일즈맨은 매년 살로먼 브러더스 연수생들 앞에서 짧은 콩트를 보여줬다. 2명은 살로먼 브러더스 세일즈맨 역할을 하고 다른 2명은 저축대부조합 관리자 역할을 했다. 내용은 이랬다. 관리자들이 한 손에는 테니스 라켓을, 다른 한 손에는 골프 가방을 들고 사무실을 막 나서려는데, 세일즈맨들이 사무실에 들어선다. 관리자들은 체크무늬 바지와 커다란 옷깃이 달린 체크무늬 양복 재킷을 입은 우스꽝스러운 차림새다. 세일즈맨들은 그들의 우스꽝스러운 재킷의 옷깃까지 칭찬하는 등 아첨한다. 바로 이때 관리자가 강한 텍사스 억양으로 투덜댄다. "이

걸 옷깃이라 부르나? 이렇게 쪼매난 걸?" 그는 "뒤가 보이면 그건 제대로 된 옷깃이 아니야"라고 말한다. 그러고 나서 뒤를 도는데, 그의 옷깃이 마치 날개처럼 어깨에서 펄럭인다.

세일즈맨들은 이렇게 한참 수다를 떨다가 본론으로 들어간다. 그들은 관리자들에게 10억 달러 규모의 이자 스와프 계약을 추천한다. 이자 스와프가 무엇인지 확실히 모르는 관리자들은 서로를 쳐다보며 어깨를 으쓱한다. 세일즈맨 하나가 이자 스와프가 뭔지를 설명하지만 관리자들은 전혀 이해하지 못한다. 아니, 관리자들은 그저 골프를 치러 가고 싶을 뿐이다. 하지만 세일즈맨들이 옆에 바짝 다가붙어 그들을 놓아주지 않는다. 관리자들은 마침내 "10억짜리 이자 스와프 계약서를 줘봐. 골프를 치러 가야 하니까"라고 말한다. 이렇게 콩트는 마무리된다.

이것이 주택 모기지가 거래되는 상황이었다. 월가의 잘나가는 카우보이 옆에 순진한 목장 주인이 서 있는 식이었다. 월가의 카우보이는 채권, 회사채, 국채를 거래하면서 목장 주인을 채찍질하기도 하고 이리저리 모는 데 능숙하다. 그래서 그는 트레이딩룸에 서서 "IBM 회사채 1,000만 달러, 8.5퍼센트. 이걸 지금 당장 팔아버리고 싶어"라고 소리칠 수 있다. 그러나 모기지 상품은 얘기가 다르다. "마핀 핀켈버거Mervin K. Finkleberger 씨 주택 모기지 6만 2,000달러. 잔여 만기 20년. 이자 9퍼센트. 노워크 외곽의 방 3개짜리 예쁜 소형 주택. 좋은 매물이야."이렇게 소리칠 수도 없을 뿐더러 트레이더는 주택 소유자를 채찍질하고 이리저리 몰 수 없다.

문제는 미국 중산층에 대한 경멸보다 더 근본적인 데 있었다. 모기지는 거래할 수 있는 종이가 아니었다. 다시 말해서 모기지는 채권이 아니었다. 모기지는 저축은행이 누군가에게 돈을 빌려주는 상품으로, 저축은행과 분리될 수 없었다. 주택 모기지를 개별 상품으로 보면 월가에선 골치 아픈 투자 상품이었다. 그래서 대량 거래됐다. 돈을 빌린 주택 소유자가 돈을 갚을 능력이 있는지 확인하고자 도시 외곽을 쑤시고 다닐 트레이더나 투자자는 없었다. 주택 모기지가 채권이 되려면, '비인격화'가 필요했다.

그 결과, 하나의 모기지가 다른 모기지와 합쳐져 새로운 투자상품으로 떠올랐다. 트레이더와 투자자는 통계에 대한 신뢰를 바탕으로 수천 개의 모기지로 구성된 투자상품을 매수했다. 확률적으로 볼 때, 수많은 모기지를 합쳐서 만든 투자상품에서 원리금을 상환하지 못하는 경우는 소수에 불과하다. 수많은 모기지로 구성된 투자상품을 바탕으로 채권을 발행하고, 이 채권을 소유한 사람은 그 채권의 가격에 비례해 투자상품에서 발생하는 현금흐름을 보장받았다. 이런 투자상품은 수백만 개 만들어질 수 있었고, 각각의 거래 조건은 다르지만 하나로 합쳐지면 동일한 조건으로 거래됐다. 예를 들어, 11만 달러 이하의 주택 모기지는 이자를 12퍼센트 지급했는데, 모기지를 모아서 만든 투자상품을 바탕으로 발행된 채권을 소유한 사람은 매년 12퍼센트의 이자와 주택 소유자가 중도에 상환하는 원금 중 일정 금액을 받았다.

표준화된 덕분에 모기지채권은 미국 연금 펀드, 도쿄 신탁 회사, 스위스 은행, 세금 회피를 위해 몬테카를로 항구에 정박한 요트에서 사는 그리스 선박왕 등 투자금이 있는 모두에게 팔렸다. 표준화된 모기지채권은 시장에서 거래되기도 했는데, 모든 트레이더가 이를 채권으로 인식했다. 이를 통해 고객을 채찍질하고 이리저리 몰아갈 수 있었다.

금융 시장 한가운데 넘어선 안 될 선이 그어졌다. 그 선을 기준으로 한쪽에는 주택 소유자가, 다른 한쪽에는 투자자와 트레이더가 있었다. 두 집단은 이상할 정도로 절대 만나지 않았는데, 그럴 만도 한 것이 주택 소유자는 자신이 사는 지역의 저축대부조합만 보고 집을 살 돈을 빌리고 빌린 돈을 갚았고, 투자자와 트레이더는 오직 모기지채권만 봤다.

살로먼 브러더스 파트너인 윌리엄 시몬 William Simon 과 일했던 밥 달 Bob Dall 이 제일 먼저 모기지에 호기심을 느꼈다. 윌리엄 시몬부터 소개하면, 그는 나중에 제너럴 포드 Gerald Ford 행정부에서 재무부 장관을 역임했고, 이후 미국 정부로부터 저렴하게 모기지채권을 사 들여서 10억 달러를 벌기도 했다. 그래서 시몬이 모기지 시장이 발전하도록 지원할 것으로 기대했지만, 달이 말했듯 '그는 이 문제에 크게 신경 쓰지 않았다'.

1970년대 초 시몬은 살로먼 브러더스에서 미국 국채를 거래했으며, 얼음물을 한 주전자씩 들이켜며 일할 정도로 열성적이었다. 당시만 해도 채권 매수 호가와 매도 호가를 부르는 것이 일반적이지는 않았다. 나중에 작가 L. J. 데이비스 L. J. Davis 를 만났을 때 시몬은 "처음 이 업계에 발을 들였을 때, 트레이더는 존경받을 만한 직업이 아니었지. 나는 경영대학원 졸업생을 한 번도 뽑지 않았어. 내가 데리고 있는 트레이더들에게 '너희가 채권 트레이더가 되지 않았다면 지금쯤 트럭 기사가 됐을 거야. 시장에서 머리 쓰려고 하지 마. 그저 트레이딩만 해'라고 말하곤 했지"라고 말했다.

시몬은 라파예트대학 중퇴자였다. 일류대학 출신이 아님에도 정상까지 올라간 그지만, 대학교나 경영대학원에 강연을 나가면 호응이 생각만큼 좋지는 않았다. 그만큼 트레이더가 되고 싶어 하는 사람이 거의 없었다. 그가 하는 말이나 행동은 〈뉴욕타임스〉나 〈월스트리트저널〉의 관심도 끌지 못했다. 1970년대에 누가 국채에 관심이 있었겠는가? 그럼에도 그는 항상 자신만만하고 의기양양했고, 그가 몸담은 살로먼 브러더스에서만큼은 국채 트레이더가 왕이었다. 미국 국채는 모든 채권의 기준이었기에, 미국 국채를 자유자재로 다룰 수 있는 시몬은 모든 채권에 적용될 기준을 제시할 수 있었다.

시몬은 주택 모기지를 몹시 싫어했다. 1970년 '지니매Ginnie Mae'로도 알려진 정부저당협회Government National Mortgage Association와의 논쟁 때문이었다. 지니매는 저소득층이 주택 모기지를 받을 때 신용보증을 해줌으로써, 모기지채권이 미국 국채와 같은 신용도로 거래될 수 있게 했다. 연방 주택청이나 보훈처가 심사한 주택 소유자는 지니매로부터 신용보증을 받았다. 미국의 주택 구입자의 15퍼센트가 이런 방식으로 집을 마련했다. 지니매는 신용보증을 제공한 주택 모기지를 모아서 하나의 투자상품으로 만들고, 그것을 채권처럼 팔았다. 여기서 시몬이 등장한다. 그 누구보다 채권에 대해 잘 아는 미국 정부의 재정 자문이었던 그가 모기지 시장을 육성하는 것은 매우 자연스러운 일이었다.

대부분의 모기지처럼, 지니매가 신용을 보증한 주택 모기지도 소유자는 원금을 조금씩 상환해야 했다. 그러다 보면 어느 순간 원금이 전액 상환될 것이기에 시몬은 이 점을 가장 우려했다. 모기지채권을 산 사람은 그 상품이 얼마나 오래 지속될지 확신할 수 없었다. 만약 모두가 주택 모기지를 갚아버리면, 30년 동안 모기지채권을 소유하리라 생각했던 모기지채권 소유자는 갑자기 엄청난 현금 더미를 떠안게 될 것이었다.

금리가 인하되면 주택 모기지 소유자들이 더 낮은 이자의 30년 만기 주택 모기지채권으로 갈아탈 가능성도 있었다. 이 경우에도 모기지채권 소유자는 현금을 떠안게 된다. 투자자가 원래 대출과 같은 이자율이나 더 높은 이자율에 재투자한다면 현금이 많아도 문제가 되지 않지만, 이자가 떨어지면 투자자는 손해를 볼 수밖에 없다. 같은 액수로 이전 같은 이자 수익을 기대할 수 없기 때문이다. 금리가 인하되면 주택 소유자가 주택 모기지를 상환하고 더 낮은 이자로 주택 모기지를 새로 받는 것은 당연한 일이다. 다시 말해, 모기지채권에 투자된 돈은 최악의 상황에 투자자에게 되돌아올 수 있었다.

시몬은 모기지채권 투자자들을 보호하도록 지니매를 설득하려고 했다. 그는 주택 소유자가 중도에 상환한 돈을 투자자에게 돌려주기보다는 모기지채권도 정해진 만기가 있는 일반 채권처럼 운용되어야 한다고 주장했다. 그렇지 않으면 누가 모기지채권에 투자하겠는가? 누가 만기도 알 수 없는 채권에 투자하겠는가? 누가 언제 투자금을 회수할지 모르는 불확실성을 안고자 하겠는가? 그러나 지니매는 그가 제기한 문제를 모두 무시했다. 그러자 시몬도 지니매를 무시하고 살로먼 브러더스에서 투덜이로 유명한 기업금융팀 애널리스트를 모기지채권 담당자로 지정했다. 시몬은 투덜이들이 일을 제대로 해낼 리 없음을 알았다.

이제 달의 이야기다. 달은 시몬이 미국 국채시장에 마음 놓고 투자할 수 있도록 돈을 빌려오는 데 열을 올렸다. 그는 자금을 효율적으로 관리했는데, 매일 최저 이자로 돈을 빌려서 그 돈을 최고 이자로 빌려줬다. 그가 돈을 빌리고 빌려주는 기간은 단 하루였다. 다음 날 출근하면 그는 모든 것을 처음부터 다시 시작했다. 채권 트레이딩과 달리 머니 트레이딩은 살로먼 브러더스에서 인기 있는 업무가 아니었다. 돈은 살로먼 브러더스가 거래하는 상품 중에서 변동성도, 리스크도 가장 낮은 상품이었다. 어쨌든 돈을 거래하는 것도 트레이딩이기에, 채권 트레이딩처럼 두둑한 배짱과 특유의 논리가 필요했다.

머니 트레이더로 경력을 쌓기 시작한 어느 날, 달은 5,000만 달러를 매수하고자 시장의 상황을 지켜본 결과, 단기 금융 시장의 금리가 4~4.25퍼센트라는 것을 알게 되었다. 이것은 그가 돈을 4.25퍼센트에 매수하거나(돈을 빌리거나), 4퍼센트에 매도할 수 있다는(돈을 빌려줄 수 있다는) 뜻이다. 4.25퍼센트에 5,000만 달러를 매수하려고 하는데, 갑자기 금리가 4.25~4.5퍼센트로 변동했다. 대규모 매수자가 나타나자 매도자가 겁을 먹고 발을 뺐기 때문이었다. 달은 4.5퍼센트 정도에 매수호가를 불렀지만, 시장 금리가 다시 4.5~4.75퍼센트로 움직이자 그는 매수호가를 거듭 높였다. 결과는 같았다. 그는 시몬의 사무실로 가서 모든 매도자가 겁을 먹고 도망쳐버려서 돈을 빌려올 수 없다고 하소연했다. 그러자 시몬은 "그렇다면 자네가 매도자가 되면 되지"라고 말했다.

그래서 달은 돈을 빌려와야 하는 입장임에도 매도에 나섰다. 그는 5.5퍼센트에 5,000만 달러를 한 차례 매도한 후 5.5퍼센트에 5,000만 달러를 추가로 매도했다. 그러자 시몬이 예상했던 대로 단기 금융 시장이 무너져버렸다. 모두가 매수자로 돌아서는 바람에 시장에서 매도자가 증발한 것이다. 시장 금리가 4퍼센트에 이르자 시몬은 "다시 매수해"라고 말했다. 달은 4퍼센트에 5,000만 달러를 빌려왔을 뿐만 아니라 더 높은 금리로 돈을 매도한 덕분에 이윤을 남겼다. 이것이 살로먼 브러더스 채권 트레이더들이 돈을 버는 방식이었다. 이들은 시장의 움직임을 알아내기 위해 조심스럽게 상황을 지켜본다. 시장이 이상 징후를 보이면(사람들이 겁을 먹거나 절망감에 빠지면) 양을 구석으로 몰듯 시장을 막다른 골목으로 몰아 불확실성에 대가를 지불하도록 만들었다. 이들은 시장이 돈을 토해낼 때까지 인내심을 갖고 예의주시했다. 그런 뒤 자신들이 처음에 목적했던 바를 실행했다.

달은 트레이딩을 사랑했다. 그는 지니매와 무관했으나 누군가는 해야만 하는 일이었기에 1977년 살로먼 브러더스 모기지팀 책임자로 지원했다. 드렉셀 번햄의 CEO 프레드 조셉Fed Joseph과 형제인 스티븐 조셉Steve Joseph과 함께 달은 민간 최초로 모기지채권을 발행했으며, 뱅크 오브 아메리카Bank of America를 설득해 채권 형태로 기존 모기지 상품을 판매할 수 있도록 했다. 이들은 또한 보험회사 등 투자자들을 설득해서 새로운 모기지채권을 사 들이도록 했다. 투자자들이 모기지채권을 사 들이자, 뱅크 오브 아메리카는 주택 소유자들에게 빌려줬던 돈을 회수할 수 있었고, 그 돈으로 더 많은 모기지 상품을 판매할 수 있었다. 모기지로 주택을 구입한 사람은 뱅크 오브 아메리카에 매달 원리금을 갚았는데, 그 돈은 뱅크 오브 아메리카의 모기지채권에 투자한 살로먼 브러더스의 고객들에게 돌아갔다.

달은 이런 움직임에서 금융 시장의 미래를 봤다. 그는 주택 수요가 늘어나면서 주택 자금도 증가할 것이라고 예측했다. 미국이 점점 더 부유해지면서 미국인들은 한 채에 만족하지 않고 집을 두세 채

이상 원했다. 이런 분위기 속에서 주택융자시장은 빠르게 성장했다. 모기지를 통해 주택 수요를 충족시키면서 주택 시장에 충분한 자금이 조달됐다. 사람들이 미국 북동부의 전통적인 산업지대에서 남서부의 신흥 경제개발지대로 꾸준히 이주하면서 주택 융자 시스템에 불균형이 나타났다. 남서부의 신흥 경제개발지대에 있는 저축대부조합은 예금이 부족했지만 사람이 많아지면서 대출 수요가 높았던 반면에, 북동부의 전통적인 산업지대에 있는 저축대부조합은 예금이 충분했지만 대출 수요가 전혀 없었다. 달은 이 불균형을 해소할 해결책을 제시했다. 북동부의 전통적인 산업지대에 있는 주택융자기관이 남서부의 신흥 경제개발지대에 있는 주택융자기관이 발행한 모기지채권을 사들이는 것이다. 그러면 주택을 사기 위해서 대출을 받으려는 남서부의 신흥 경제개발지대에 사는 사람들에게 돈을 빌려줄 수 있다.

살로먼 브러더스 집행이사회의 요청에 따라 달은 3쪽 분량의 모기지채권 시장 분석 보고서를 작성했다. 이 보고서를 읽은 굿프렌드는 모기지채권 트레이딩을 국채 부서에서 분리하고 별도로 모기지 팀을 설립했다.

굴러 들어온 돌이 박힌 돌을 빼내다

1978년 봄, 굿프렌드는 회사 창립자 3명 중 한 사람의 아들인 윌리엄 살로먼의 뒤를 이어 회장이 됐다. 달은 머니 트레이딩을 그만두고 본래 있던 자리에서 몇 미터 떨어진 자리로 옮겨 미래 전략을 수립하기 위해 골몰하고 있었다. 그는 뱅크 오브 아메리카처럼 모기지채권 형태로 모기지 상품을 판매하도록 은행과 저축대부조합을 설득할 수 있는 재무전략가가 필요하다고 생각했다. 그들이 판매하는 모기지 상품은 모기지채권으로 재탄생될 것이다. 모든 것을 고려할 때 조셉이 적임자였다.

조셉이 만든 채권을 거래할 시장을 만들 트레이더도 필요했다. 그 일을 해낼 사람을 찾는 것은 더 어려웠다. 거물급 트레이더는 투자자들에게 신뢰를 주고, 그의 존재만으로 모기지채권 시장을 성장시킬 수 있다. 그리고 트레이더는 살로먼 브러더스에 돈을 벌어다 주는 존재다. 이런 이유로 모기지 트레이더는 사람들이 존경하고 지켜보고 따르는 사람이어야 했다. 이런 면에서 모기지 트레이더인 달이 모기지팀을 책임지게 된 것은 당연한 일이었다. 그는 회사채팀이나 국채팀에서 실력이 검증된 트레이더를 영입하고자 했는데, 여기에는 문제가 있었다. 살로먼 브러더스에서 부서 이동은 무능한 직원을 제거하는 좋은 구실이라는 인식이 강하게 퍼져 있었다. 그러다 보니 다른 부서에서 직원을 데려올 경우, 원치 않는 직원을 떠안게 될 가능성이 컸다.

다행스럽게도 굿프렌드의 도움으로 달은 수월하게 첫 번째 직원을 영입할 수 있었다. 그가 첫 번째로 데려온 직원은 30살짜리 유틸리티 채권 트레이더인 라니에리였다. (유틸리티 채권 트레이더는 1군 선수들이 부상당하면 경기에 투입되는 만능 내야수 같은 존재다. 흔히 루이지애나 파워 앤 라이트Louisiana Power & Light 같은 수도, 가스, 전기 등을 공급하는 회사가 발행한 채권을 거래했다.) 라니에리가 모기지팀으로 자리를 옮긴 것은 모기지 트레이더의 황금기가 곧 시작될 것임을 알리는 상징적인 사건이었다. 1978년 중반 그가 모기지팀으로 옮기면서 살로먼 브러더스에서 모기지 트레이더의 신화가 시작됐다.

달은 라니에리를 발탁한 것과 관련해 다음과 같이 설명했다.

"나는 강력하고 훌륭한 트레이더가 필요했습니다. 루이는 내가 원하던 트레이더였지요. 그는 새로운 시장을 만들어낼 강한 신념과 의지를 갖고 있었어요. 게다가 대범했지요. 그는 필요하다면 100만 달러 정도의 운용 손실을 기꺼이 감수할 수 있는 사람이었습니다. 또한 그는 도덕성 때문에 일을 그르칠 사람이 아니었지요. '도덕성'은 적절한 단어가 아니지만, 내가 무슨 말을 하려는 건지 알 겁니다. 학벌과 상관없이 라니에리만큼 민첩한 사람을 본 적 없습니다. 무엇보다 그는 미래를 꿈꾸는 사람이었습니다."

하지만 굿프렌드에게서 이제 막 설립된 모기지팀에 트레이더로 합류하게 됐다는 소리를 들었을 때, 라니에리는 기겁했다. 그는 "저는 회사채팀에서 가장 잘나가던 트레이더였어요. 제가 왜 모기지팀으로 발령받았는지 도저히 이해할 수 없었어요"라고 말했다. 그는 이 인사 발령이 불쾌했다. 유틸리티 채권은 살로먼 브러더스에 큰돈을 벌어다 주고 있었다. 살로먼 브러더스에서 높은 자리에 올라가려면 연말에 엄청난 돈을 벌어들였다고 자랑스럽게 말할 정도는 되어야 했다. 살로먼 브러더스에서는 실적이 곧 권력이었다. 라니에리는 모기지팀에서는 연말에 당당하게 자랑한 만한 실적을 올릴 수 없을 거라고 생각했다. 당연히 승진은 기대할 수도 없을 터였다. 6년 뒤인 1984년, 라니에리는 자신이 속한 모기지팀이 월가의 모든 투자은행을 통틀어서 가장 많은 돈을 벌어들였다고 으스댔다. 그는 부서 실적에 관해 이야기하면서 자신감에 부풀었다. 이 같은 실적을 바탕으로 굿프렌드 다음으로 살로먼 브러더스에서 가장 큰 힘을 발휘하는 부회장에 지명되기도 했다. 게다가 굿프렌드는 주기적으로 그를 자신의 후임자로 거론하며 힘을 실어줬다. 어쨌든 1978년 라니에리는 자신에게 이런 일이 일어날 거라고는 상상도 하지 못했다.

라니에리는 말했다. "인사 발령을 받았을 때, 사람들이 '축하해. 시베리아로 추방된 거야'라고 말하는 것 같았습니다. 그렇다고 그 결정을 뒤집으려고 뭔가를 시도하지는 않았습니다. 그건 제 방식이 아니거든요. 저는 존에게 '제게 왜 이러는 겁니까?'라고 물었어요. 부서를 이동한 뒤에도 친구들은 제게 도대체 무슨 짓을 저지른 거냐고 하더군요. 엄청난 손실을 냈거나 법을 크게 어겨서 존을 화나게 했냐면서요." 시몬처럼 라니에리도 모기지채권을 채권 시장의 눈엣가시 같은 서자처럼 생각했던 것이다. 대체 누가 모기지채권 같은 것을 사겠나? 누가 언제 상환할지 모르는 주택 구입자에게 돈을 빌려주려고 하겠나? 게다가 모기지채권은 거래량이 많지도 않았다. 라니에리의 설명이다. "지니매가 전부였어요. 물론 뱅크 오브 아메리카가 발행한 모기지채권이 있기는 했죠. 어쨌든 그 누구도 모기지채권에 관심을 갖지 않았습니다. 어떻게 해야 할지 고민하지 않을 수 없는 상황이었죠."

라니에리는 어렸을 때 이탈리아 레스토랑 주방장이 되고 싶었다. 그런데 브루클린의 스네이크힐에서 자동차와 정면충돌하는 사고를 겪었고, 이 사고로 천식이 재발해서 주방의 뜨거운 열기를 감당하지 못하게 되자 그는 꿈을 접을 수밖에 없었다. 1968년 세인트존스대학 2학년이던 그는 살로먼 브러더스 우편실에서 주급 70달러를 받고 야간 아르바이트를 했다. 그런데 어느 날 그의 아내가 입원하면서 갑자기 1만 달러라는 큰돈이 필요해졌다. 그의 아버지가 13살 때 세상을 떠난 터라 부모에게 재정적 지원을 받는 것은 불가능했다. 당시 19살이었던 그에게는 자신의 이름으로 나오는 주급이 전부였고, 그는 어쩔 수 없이 잘 알지도 못하는 살로먼 브러더스 임원에게 돈을 빌려달라고 할 수밖에 없었다. 그는 말을 꺼내면서도 자신이 해고당할 거라고 생각했다. 그런데 놀랍게도 그 임원이 아내의 병원비는 살로먼 브러더스가 책임질 거라고 말했다. 라니에리는 이를 주급을 가불해주겠다는 의미로 받아들였다. 그는 그렇게 큰돈을 갚을 여력이 없다며, 그 돈을 갚기까지 아주 오랜 시간이 걸릴 거라고 말했다. 그 임원은 "살로먼 브러더스가 책임질 거네"라는 말만 되풀이했다. 살로먼 브러더스는 고작 3개월간 일한 우편실 아르바이트생 아내의 병원비 1만 달러를 대신 내줬고, 이것이 올바른 행위인지 논의하는 회의조차 열지 않았다. 라니에리가 아내의 병원비를 내기 위해서 돈이 필요하다고 말했을 때, 그 임원은 잠시도 망설이지 않았다. 어려운 직원을 돕는 것은 살로먼 브러더스에서 당연한 일이었다.

오래전 일이라서 그 임원이 정확하게 뭐라고 말했는지 기억하는 사람은 아무도 없지만 라니에리는 '루이 라니에리는 살로먼 브러더스가 책임진다'는 메시지를 정확히 전달받았다. 라니에리는 크게 감동받았고, 살로먼 브러더스와 직원 사이의 '서약', 그러니까 충성심에 관해 이야기할 때 그는 자신이 경험한 살로먼 브러더스의 관대함을 떠올리곤 했다. 모기지팀의 한 트레이더는 "그 일로 루이는 살로먼 브러더스와 사랑에 빠졌어요. 그것을 그저 사업 때문에 내린 결정이라고 폄하할 수는 없지요"라고 말했다. 라니에리는 "살로먼 브러더스는 직원을 책임졌습니다. '훌륭한 경영자가 되는 것보다 훌륭한 사람이 되는 것이 더 중요하다'라는 말이 있죠. 이는 맞는 말입니다. 우리는 형제애로 똘똘 뭉쳐 있어요. 사람들이 말하는 것처럼, 이것이 바로 살로먼 브러더스와 직원 사이의 서약입니다"라고 말했다.

얼마나 달콤한 말인가. 라니에리만큼 살로먼 브러더스를 신뢰하고 충성을 다하는 사람은 없다. 라니에리는 〈에스콰이어 Esquire 〉와의 인터뷰에서 말했다. "저는 신을 믿지만, 성인으로 추대되지는 못할 겁니다." 이는 그가 자질이 부족하다는 것이 아니라 그가 때때로 목적이 수단을 정당화한다는 것에 민감하게 반응하고, 자신의 이익에도 똑같이 민감하게 반응한다는 의미로 받아들여야 한다.

그와 회사채팀 사이에 긴장감이 흘렀다는 것을 보여주는 징후가 있었다. (회사채팀은 유틸리티 채권 트레이딩을 감독했다.) 1977년 9월, 그의 숙적인 빌 보우테 Bill Voute 가 임원으로 승진했다. 반면 라니에리는 임원이 되지 못했다. 조셉은 "루이는 임원이 되지 못하자 벌레 씹은 표정을 지었어요"라고 말했다. 1970년대에 살로먼 브러더스에서 회사채 세일즈맨으로 일했던 사람은 라니에리를 '급여 수준에 불평하던' 회사채 트레이더로 기억했다. 그는 "라니에리는 자신이 회사에 기여하는 만큼 보상받지 못하고 있다고 믿었어요. 그는 허구한 날 '내가 여기서 원하는 일을 할 수 없었다면, 당장 그만뒀을 거야'라고 말하곤 했죠"라고 말했다.

라니에리는 제멋대로 행동하고 자기주장이 강했으며 건방진 구석이 있었다. 라니에리와 일했던 지원팀의 한 직원은 라니에리가 책상 위에 올라서서 심판처럼 팔을 휘두르고 버럭 소리를 지르면서 업무 지시를 했다고 했다. 그러면서도 한편으로는 사람들이 자신을 좋아해주길 바랐다. 그는 라니에리가 "나에겐 적이 없어요. 심지어 경쟁자들조차 나를 좋아하죠. 업무 외적으로 아무 관계도 맺지 않은 사람들이 나를 좋아하다니 정말 대단한 일 아닌가요?"라고 말하곤 했다고 전했다.

라니에리가 살로먼 브러더스 우편실에서 아르바이트를 할 무렵에는 주로 영어를 못 하는 이민자들이 그곳에서 근무하고 있었다. 그들은 발신 우편물에 너무 많은 우표를 붙이는 등 비효율적으로 일했는데, 이 모습을 지켜보던 비용 문제에 관심이 많던 그에게 좋은 아이디어가 떠올랐다. "하루는 기가 막힌 아이디어가 떠올랐어요. 벽에 미국 지도를 붙이고 매직으로 같은 수의 우표를 붙여야 하는 구역을 표시했죠. 이 단순한 아이디어로 저는 우편실 책임자가 됐어요." 라니에리 덕분에 우편 비용을 크게 절감할 수 있었던 살로먼 브러더스는 그를 곧 승진시켰고, 그는 승진과 동시에 세인트존스대학을 중퇴했다. 우편실 책임자가 된 이후 그는 지원팀으로 자리를 옮겼다. 그곳에서 그는 트레이딩 업무를 접하고 트레이더들을 알게 됐다. 그리고 1974년 그는 회사채팀의 유틸리티 채권 트레이더가 됐다.

올리바가 하버드대학을 졸업하자마자 살로먼 브러더스 연수 프로그램을 끝마치고 모기지팀에 발령받았던 1985년, 지원팀과 트레이딩 부서 사이에는 높은 장벽이 생겼다. 트레이더가 되기 위해선 매우 까다로운 과정을 거쳐야 했는데, 일단 트레이더 자리에 걸맞은 이력서가 필요했다. 반드시 대학을 졸업해야 했고, 경영대학원에 갔다면 더욱 유리했다. 그리고 무엇보다 투자은행가처럼 보이는 게 중요했다. 1970년대 중반까지만 해도 이력서는 그다지 중요하지 않았다. 라니에리는 대학을 졸업하지 않았고, 경영대학원을 다니지도 않았으며, 이렇다 할 이력도 없었다. 그리고 그는 투자은행가라기보다는 평범한 이탈리아 레스토랑 주방장처럼 보였다. 다른 임원의 입을 빌리면, 라니에리는 '뚱보 얼간이'에 불과했다. 하지만 이런 것은 전혀 중요하지 않았다. 톰 켄달Tom Kendall은 "당시에는 누가 트레이딩 플로어를 떠난다고 하면 근처에 있는 사람을 보고 '네가 해볼래'라고 말할 정도였어요"라고 회상했다. 켄달은 지원팀에서 라니에리의 모기지팀으로 옮겨서 채권 트레이더가 됐다. 그는 "한 트레이더가 '이봐, 너 똑똑하게 생겼구나, 여기 앉아봐'라고 말해요. 그가 라니에리처럼 똑똑하다면, 새로운 채권 트레이더가 되는 거죠"라고 덧붙였다.

라니에리는 모기지팀에 자리 잡을 때까지 그가 거쳐간 모든 부서를 쥐락펴락했다. 살로먼 브러더스는 직원들이 그들의 공격성과 능력을 최대한 발휘하도록 권장했다. 자연스레 모두가 정글의 법칙에 지배받았다. 부서를 옮기고 불과 몇 달 만에 라니에리는 모기지팀을 자신의 손아귀에 넣었다. 라니에리는 달을 넘어서서 부서를 장악하기 위해서 쿠데타도 불사했다. 달은 몸이 좋지 않아 자리를 자주 비웠는데, 달이 자리를 비운 동안에 라니에리는 연구 부서를 출범시켰다. "모기지는 사실상 수학"이라고 주장하던 그는 당대 최고 수학자인 마이클 왈드만Michael Waldman을 영입했다. 왈드만은 "사실상 루이의 강력한 주장에 이끌려서 그의 제안을 수락했습니다"라고 말했다.

그런 뒤에 라니에리는 회사를 설득해서 모기지채권 영업권을 받아냈다. 그에 따라 12명의 채권 세일즈맨이 라니에리의 모기지팀에 배치됐다. 살로먼 브러더스 시카고 지사에서 주택 융자 세일즈맨으로 일하던 리치 슈스터Rich Shuster는 라니에리의 모기지팀에 배치된 12명의 세일즈맨 중 1명이었다. 그의 이야기를 들어보자. "한번은 기업어음부서로 전화하려다가 잘못해서 모기지팀에 전화를 걸었어요. 루이가 전화를 받았지요. 내가 무슨 일을 저질렀는지 바로 깨달았어요. 그는 제게 '너 지금 기업어음으로 뭐하고 자빠졌어? 모기지채권을 팔라고 네게 월급을 주는 거야!'라고 대뜸 소리를 지르더라고요"라고 말했다. 세일즈맨들은 모기지채권 판매에 주력하기 시작했다.

조셉은 달을 대신할 수 있는 유일한 사람이었지만, 트레이더가 아닌 기업금융 전문가였다. 그는 "당시에는 중요한 트레이딩 부서를 기업금융 전문가의 손에 맡길 수 없었어요"라고 말했다. 하지만 기업금융은 트레이더에게 맡기곤 했다. 그래서 라니에리가 모기지팀을 떠맡았던 것이다. 그는 기업금융을 간접비로 취급했다. 심지어 여직원을 고용할 수도 있다고 말하고 다녔다. 모기지팀은 성에 관대한 부서가 아니었다. 모기지 트레이더가 되고 싶었던 한 여직원은 "오직 백인 남자만이 트레이더가 될 수 있다"라는 말을 듣고 물러나야 했다. 1986년이 되어서야 여직원들도 모기지 트레이더로 활동할 수 있었다.

달은 1984년까지 살로먼 브러더스에 다녔지만, 어느새 일에서 제외되어 그의 그림자조차 보기 어려웠다. 달은 자신이 데리고 온 라니에리에 의해 몇 개월 만에 실각당하고 만 것이다. 살로먼 브러더스에서는 흔히 있는 일이었다. 더 열정적이고, 고객에게 더 인기 있고, 동료에게 더 큰 영향력을 행사할 수 있는 자가 등장해서 도전에 나서면 그의 도전을 받은 사람은 퇴물이 되어서 소리 소문 없이 사라졌다. 이 과정에 경영진은 전혀 개입하지 않았다. 경쟁에서 밀려난 패배자는 결국 살로먼 브러더스를 떠나야 했다.

달은 "굿프렌드는 라니에리가 저를 대신할 거라고 직접 말하지 않았습니다. 저는 계속 버텼어요. 모기지채권 사업이 더 이상 내 담당이 아니라는 것을 깨닫는 데 6개월이 걸렸습니다"라고 말했다.

지금도 라니에리는 모기지채권 사업을 '밥의 비전'이라고 부른다. 1984년 달은 살로먼 브러더스를 떠나 모건스탠리로 자리를 옮겼다. 그 뒤에 조셉도 드렉셀 번햄으로 갔다. 〈뉴욕타임스〉 기자인 제임스 스턴골드 James Sterngold는 살로먼 브러더스의 임원들에게 어떤 일이 일어났는지에 대해 취재했는데, 그중 달의 인터뷰는 이런 분위기를 잘 보여준다. "자본주의 시스템을 믿지 않았다면, 내게 일어난 일을 인정할 수 없었을 겁니다. 저는 자본주의 시스템을 믿어요. 승자가 모든 것을 차지하는 법이지요."

골칫거리로 전락한 모기지팀

1979년 2월 굿프렌드는 라니에리를 공식적으로 모기지채권 사업부서 책임자로 임명했다. 그로부터 2년 6개월 동안, 모기지팀이 엉망이었다는 것이 살로먼 브러더스 내부의 평가다. 라니에리는 자신이 원하는 대로 모기지팀을 꾸려 나갔다. 목소리 크고 뚱뚱하고 독학으로 금융 시장을 익힌 이탈리아계 인사들이 모기지팀을 채웠다. 라니에리는 처음에 본인처럼 지원팀에서 트레이더를 영입하려고 했다. 라니에리와 함께 모기지채권 시장을 개척한 인물들인 존 단토나 John D'Antona, 피터 마로 Peter Marro, 매니 알라바시스 Manny Alavarcis 등이 바로 그들이다. 뒤이어 빌 에스포시토 Bill Esposito, 론 디파스콸 Ron Dipasquale이 합류했다. 이들 중 학사 소지자는 단 1명뿐이었다. 이들은 서로를 루이, 조니, 피터, 매니, 빌리, 로니라고 불렀다. 모기지팀은 투자은행가로 구성된 팀이라기보다는 야수 내야진을 연상시켰다.

라니에리는 "우편실에서 일하던 나에 대한 소문은 모두 사실입니다. 모기지팀을 맡으면서 나는 지원 부서에서 트레이더를 영입했습니다. 처음에는 도덕적 이유에서 그렇게 했습니다. 다행스럽게도 효과가 있었어요. 그들은 트레이더로 일할 기회를 준 것에 감사해했고, 다른 직원들보다 충성심이 강했지요"라고 말했다. 하지만 그런 그도 연수생 중에서는 똑똑한 어린 직원을 데려오고 싶어 했다. 이런 배경하에 연수 프로그램 출신이 모기지팀에 처음으로 합류하게 됐다. 그는 모기지팀 최초의 MBA 출신이자, 깡마른 트레이더이자, 최초의 유대인이었다. 그의 이름은 제프리 크론달Jeffery Kronthal 이다.

크론달은 자신이 1979년 기수 중 사무원으로 시작한 유일한 연수생이라고 기억했다. 그는 심지어 마로 밑에서 일했기에 수석 사무원도 아니었다. 그의 주된 업무는 단토나가 운용하는 채권을 관리하는 것이었다.

크론달은 와튼스쿨에서 5년 동안 학사와 MBA 통합과정을 이수한 재원이었다. 이 과정은 미국에서 재무 전문가에게 트레이딩 실무에 가장 가까운 내용을 가르치는 것으로 알려져 있다. 크론달은 단토나가 운용하는 채권을 관리하는 것보다 더 재미있는 일을 하고 싶었다. 다만 단토나는 이를 탐탁지 않아 했다.

의자에 기대앉은 단토나가 물었다.

"크론달, 채권 포지션(선물 거래나 주식 거래에서 개별 투자자가 거래 결과로 보유 중인 재산 상태-역주)이 뭐지?"

크론달은 대답했다.

"잘 모르겠는데요."

단토나는 라니에리를 바라보며 소리쳤다.

"이런 젠장, 도대체 어떻게 된 거야! 사무원이 채권 포지션도 모르잖아."

라니에리는 마로에게 소리쳤다.

"어떻게 된 거야? 네 밑에 있는 애가 채권 포지션도 모르잖아."

마로는 크론달을 채근했다.

"왜 채권 포지션을 모르는 거야?"

크론달은 어깨를 으쓱했다. 그는 이 모든 것을 진지하게 받아들이지 않았는데 거기에는 2가지 이유가 있다. 첫째, 그는 라니에리가 자기를 좋아한다는 것을 알고 있었다. 라니에리는 부서장이었고, 크론달은 모기지팀에 오라는 그의 제의를 받아들임으로써 그의 체면을 세워줬다. 그와 같은 기수 연수생들은 만들어진 지 얼마 안 된 모기지팀을 경멸했다. 크론달은 "MBA 출신들은 모기지채권에 관심이 없었어요. 모기지 트레이더는 '도니 그린 Donnie Green ' 타입이라며 혀를 내둘렀지요"라고 말했다.

그린은 연수생들을 비참하게 만들기로 유명한 트레이더였다. 그는 수익을 내지 못하는 사람은 그게 누구든 고약하고 무례하게 대했다. 크론달의 설명을 들어보자. "도니는 같이 앉아 있는 사람에게 인사조차 하지 않았어요. 같이 있다가 자리를 뜨는 사람에게도 인사하지 않았지요. 옆에 앉아 있는 사람을 쳐다보지도 않았어요. 그 옆에 앉을 만큼 배짱이 두둑한 연수생은 아무도 없었지요."

그린은 살로먼 브러더스의 암흑기에 활동한 트레이더다. 당시에 트레이더들은 머리보다는 감으로 트레이딩을 했다. 한번은 그린이 뉴욕에서 시카고로 향하는 비행기를 타기 위해 문을 나서는 어린 세일즈맨을 불러 세우고는 그에게 10달러를 주면서 자신의 이름으로 여행자 보험에 가입하라고 말했다. 세일즈맨은 "왜 그래야 하죠?"라고 물었고, 그린은 "왠지 예감이 좋거든"이라고 말했다. 그가 사람을 대하는 방식은 대개 이런 식이었다.

크론달은 "아무도 모기지팀 근처에 가려고 하지 않았어요"라고 말했다. 심지어 라니에리도 "모기지팀에 들어오라는 내 제의를 받아들인 크론달의 결정은 대단히 어리석은 것이었지요"라고 인정했다. 크론달은 왜 라니에리의 제의를 받아들인 걸까? 크론달의 설명이다. "모기지팀에서 일하는 것에 대해 생각해봤어요. 우선, 저는 당시 고작 23살이었고, 거기서 일이 잘 풀리지 않더라도 큰 문제는 아니었죠. 그저 술값 정도만 벌 수 있다면 어디서 일하든 상관없었어요. 그리고 살로먼 브러더스는 모기지채권 사업이 성공하리라 믿고 있었어요. 적어도 라니에리가 부서를 성공적으로 이끌 거라고 믿었죠."

크론달이 수많은 선배들이 자신에게 허구한 날 소리를 질러도 신경 쓰지 않았던 또 다른 이유는 라니에리가 사무원의 업무를 중요하게 생각하지 않았기 때문이었다. 크론달은 "라니에리는 자신이 알고 있는 사무원 중에서 두 번째로 형편없는 사무원이 저라고 했어요. 첫 번째로 형편없는 사무원은 자신이고요"라고 말했다. 사실 사무원이 해야 할 일은 별로 없었다. 정확하게 말하면, 모기지팀 전체가 해야 할 일이 그리 많지 않았다. 모기지채권 시장은 금융 시장의 유령도시나 다름없었다. 움직임이 없으니 트레이딩도 없었다. 이 말은 그들이 돈을 벌지 못했다는 뜻이다. 모기지채권을 거래하기 위해 라니에리는 맨땅에 헤딩해야 한다는 것을 깨달았다. 그는 살로먼 브러더스 고객들이 모기지채권에 투자하도록 설득해야 했고, 그러기 위해서는 트레이딩 업무에서 자유로워야 했다. 이를 위해 '트레이딩 총괄부장' 자리를 만들고 서둘러서 적임자를 물색했다. 마리오가 그의 눈에 들었는데, 이는 라니에리의 판단 실수였다. 하지만 이 역시 수많은 시행착오 중 하나였을 뿐이다.

새뮤얼 삭스Samuel Sachs는 "마리오는 메릴린치Merrill Lynch 출신이었지만, 아무것도 몰랐어요"라고 말했다. 삭스는 1979년 세일즈맨으로 모기지팀에 합류했다. 다른 트레이더들은 지저분한 게으름뱅이였지만, 마리오는 스리피스 정장을 깔끔하게 차려입고 금장 시계를 차고 다녔다. 머리도 단정하게 빗어 넘겼다. 삭스는 "마리오가 라니에리의 책상에 기대서서 채권 시장을 언급하면서 '어떤 거 같아요, 루이?'라고 물으면 라니에리는 '아주 좋은데!'라고 답해요. 그러면 마리오는 '네, 아주 좋아요. 저도 그렇게 보여요'라고 말하죠. 15분 뒤에 마리오는 다시 라니에리의 책상에 기대서서 '지금은 어때요, 루이?'라고 묻고, 그러면 루이는 '좋지 않아'라고 말하죠. 이런 식으로 마리오는 모기지팀 총괄부장으로 9개월 동안이나 버텼어요"라고 말했다.

모기지팀에 총괄부장이 필요하다는 여론이 계속되자 1980년 5월 런던 지사의 트레이더 마이클 모르타라가 호출됐다. 마리오가 떠난 자리를 모르타라가 채웠다. 런던 지사의 한 관계자는 모르타라가 짐 가방을 들고 허망한 표정을 지으며 모기지팀에서 뭘 해야 할지 모르겠다고 하소연했다고 말했다. 그가 정말로 뉴욕에서 무엇을 해야 할지 몰랐던 것은 아니다. 그는 정확히 알고 있었다. 단지 그 일이 마음에 들지 않았을 뿐이다. 1년 동안 땡전 한 푼 못 벌고 살로먼 브러더스에서 놀림감이 되기 일쑤인 모기지팀은 그가 보기에 암울하기 짝이 없었다. 제대로 교육받지 못한 이탈리아계 미국인들로 득실거리는 모기지팀과 살로먼 브러더스의 다른 부서들 간의 격차는 점점 더 벌어지고 있었다. 그런 상황에서 모기지 트레이더들은 회사채 및 국채 트레이더들과 자신을 비교하며 불평불만만 쏟아냈다.

이런 불만은 부분적으로 돈 때문이었다. 연수생들이 어떤 부서에 배치되느냐 하는 문제처럼 살로먼 브러더스의 보수 체계에는 정치적인 변수가 크게 작용했다. 연말 성과급은 그 사람의 수익성이 아니라 살로먼 브러더스 성과위원회가 판단한 그 사람의 가치에 따라 지급됐다. 다시 말해, 대단히 주관적으로 지급됐다. 좋은 부서에서 일하는 힘 있는 사람이 지원해준다면 두둑한 연말 성과급을 받을 수 있는 구조에서 모기지팀은 이런 지원을 해줄 사람이 없는 데다 수익성도 밑바닥이었다. 라니에니는 "우리 팀 식구들을 챙겨줄 돈이 없었어요. 우리는 회사에서 이류 취급을 받았지요. 한마디로 꼴통들로 구성된 중대였어요"라고 말했다. 모기지 트레이더들을 짜증스럽게 만든 것은 절대적인 급여 수준보다 다른 채권 트레이더들과의 상대적인 급여 차이였다. 모기지 트레이더였던 톰 켄달은 "모기지팀 사람들은 회사가 월급을 준다는 것만으로도 감지덕지하는 처지였지요"라고 말했다.

라니에리는 "우리 팀 식구들은 회사채 트레이더들이 자기들보다 돈을 2배는 더 받는다고 말했어요"라고 말했다. 성과급 액수는 경영상 기밀로, 트레이더들은 동료가 성과급을 얼마나 받는지 몰라야 했다. 특히 거액의 성과급은 고등학생이 탈의실에서 여자 친구와 뜨거운 데이트를 즐기는 것처럼 트레이딩룸에서 완전히 비밀이었다. 그런데도 다른 트레이더가 성과급으로 얼마를 받았는지 알아내는 데는 한 시간도 채 걸리지 않았다.

모기지팀과 다른 부서 사이에 균열이 생긴 원인이 돈 하나였다면, 어쨌든 문제를 해결할 수 있었을 것이다. 그러나 두 집단 사이에는 문화적 차이라는 보다 중요한 문제가 존재했다. 1970년대 후반 살로먼 브러더스의 채용 정책을 설계한 짐 매시는 조직 구성원의 개인 역량을 개선할 필요가 있다고 생각했다. 스콧 브리튼햄Scott Brittenham은 "매시는 더 이상 별 볼 일 없는 대학을 나온 무능한 사람을 직원으로 데리고 있을 수 없다는 결론에 이르렀어요"라고 말했다. 브리튼햄은 1980년 매시 아래서 채용 담당자로 일하다가 모기지팀으로 자리를 옮겼다.

살로먼 브러더스는 월가의 다른 투자은행을 닮아가기 시작했다. 골드만삭스와 모건스탠리처럼 MBA 출신을 채용하면서 조직 구성원의 지적 수준은 물론 사회적 평판도 올라갔다. 골드만 가문, 삭스 가문, 리만 가문, 쿤 가문, 로브 가문처럼 살로먼 가문은 작가 스티븐 버밍햄Stephen Birmingham이 '우리 패거리'라고 부른 사람들을 끌어당기기 시작했다. 비록 다른 금융 가문처럼 메트로폴리탄 박물관에 새로운 전시동을 만들 수준까지 올라가지는 못했지만 말이다.

살로몬 브라더스의 경영진 역시 유대인에서 미국 주류 지배계급, 지배계급에 들어가고 싶은 자들 그리고 야심가들로 바뀌어갔다. 1981년 상품중개회사인 필립스 브러더스Phillips Brothers가 살로먼 브러더스를 인수하면서 이런 변화가 본격화됐다. 살로먼 브러더스는 '파트너십 유한회사'(회사 지분을 보유한 파트너 직원들이 회사 경영을 모두 책임지고 이익을 분배하는 기업 형태-역주)에서 '코퍼레이션'(주식회사처럼 다수의 주주가 회사 자본을 대고 경영 이익을 고르게 분배하는 기업 형태-역주)이 됐다. 이 과정에서 살로먼 브러더스 임원들은 780만 달러를 받았는데, 뜻하지 않게 많은 돈을 거머쥔 살로먼 브러더스 임원들은 '자, 지금부터 무엇을 해야 될까?'라고 생각하는 것 같았다. 회사는 대기업이 되고 명문가 반열에도 올랐다. 파리에서 주말을 보내고, 세인트 제임스 궁전의 만찬에 참석하는 삶을 즐기게 된 것이다. 이제 무엇을 해야 할까?

나중에 큰 성공을 거두면서 국채팀이나 회사채팀보다 훨씬 더 부유해진 모기지팀은 세속적인 문화를 향유했다. 다른 부서들이 서서히 새로운 문화를 받아들이는 가운데도 모기지팀은 고집스럽게 옛 문화를 고수했다. 라니에리는 개성이 강한 두 그룹을 한데 어우러지게 이끌며 모기지팀만의 일관된 개성을 만들어 나갔다. 모기지팀 트레이더들은 모기지팀에서 트레이딩을 시작한 이탈리아계와 연수 프로그램을 통해 부서에 합류한 MBA 출신 유대인으로 나눌 수 있었다. 이 두 집단이 자신의 민족성을 순수하게 간직하고 있었는지는 모르겠으나 어쨌든 이들은 둘 다 억압받는 소수민족이었다. 이들은 잘난 체하기보다는 제멋대로 굴었으며, 강의실 앞줄에 앉기보다는 뒷줄에 앉는 사람들이었다.

외부에서 보면 모기지팀은 흑인이나 동양계가 거의 없고 여자도 없어서 차별이 심한 곳처럼 느껴졌다. 처음부터 이랬던 것은 아니다. 1970년대 후반 살로먼 브러더스 연차 보고서에 실린 사진을 보면 모기지팀은 마치 세계 평화를 홍보하는 유엔처럼 보인다. 사진마다 흑인, 동양인, 그리고 백인이 골고루 등장한다. 번쩍이는 회의실 책상에 평화롭게 앉아 있는 남자와 여자 사진도 보인다. 그런데 1980년대 중반부터 사진에서 흑인, 동양인과 여자가 감쪽같이 사라졌다. 그렇게 모기지팀도 백인 남성으로만 구성된 조직이 됐다.

여기에는 암묵적인 합의가 존재했다. 라니에리는 트레이더들이 만족할 만한 금전적인 보상을 해주기 위해 뭐든지 했고, 트레이더들은 그에게 충성했다. 그런데 백인 트레이더들은 라니에리가 데려온 트레이더들보다 충성심이 약했다. 이들은 우편실이 아니라 MBA 출신으로, 대부분 재정적으로 독립한 상태였기에 라니에리가 재정적으로 도와줄 필요가 없었다. 라니에리는 자신이 뭔가 해줄 수 있는 사람들과 함께 일하는 것을 좋아했다. 그는 사람들을 좋아했는데, 특히나 '내 사람'이란 개념을 좋아했다. 자신처럼 병원비 때문에 고심하는 트레이더들이 꾸준히 부서에 들어왔다면 라니에리는 승승장구했을 것이다. 빌 에스포지토 Bill Esposito가 집을 사려는데 1만 9,000달러가 부족하자 라니에리는 회사가 부족한 돈을 보태주도록 했다. 에스포지토는 "라니에리는 사비로 도와주지 못한다는 것을 안타까워했어요"라고 말했다.

어쨌든 사람들은 계속 충원됐다. 1979년 와튼스쿨 출신의 켄 달이 지원팀에서 잠깐 일하다가 모기지팀에 합류했다. 이듬해에는 와튼스쿨 출신으로 제프리 크론달의 막역지우 메이슨 하업트 Mason Haupt와 스탠퍼드대학 출신인 스티브 로스 Steve Roth가 합류했다. 1981년에는 하버드대학 출신인 앤디 스톤과 울프 나둘만 Wolf Nadoolman이 모기지팀에 들어왔다. 그들은 라니에리와 똑같은 시각으로 다른 부서와 자신들을 구분 지었다. 나둘만은 말했다. "국채 부서의 떠오르는 강자인 톰 스트라우스 Tom Strauss와 그의 부서원들은 에르메스 넥타이를 매고 철인 3종 경기에 나간 반면, 루이의 부서는 이탈리아 패밀리 같았어요. 국채팀은 두부를 새 모이만큼만 먹고 칼주름 잡은 바지를 입었지요. 모기지팀은 '두 그릇만 먹는다니, 왜 그래? 마음에 안 들어?'라고 말하는 식이었어요. 뚱뚱한 국채 트레이더를 본 적 있나요? 물론 없을 겁니다. 그들은 모두 삐삐 말랐고 비열하죠. 그들은 뚱뚱한 사람을 차별했어요. 물론 저는 모기지 트레이더랍니다. 보다시피 뚱뚱하고요." 켄달도 비슷한 말을 했다. "다른 부서 사람들은 우리를 못마땅하게 생각하는 게 분명했어요. 그 사람들은 '저 작자들은 구석에 처박혀서 도대체 뭘 먹고사는 거야?'라고 물었지요."

스톤은 자신이 연수생이었을 때 겪은 일을 생생하게 기억했다. 한 연수생이 라니에리와 그의 부서원들이 있는 방향을 가리키면서 회사채 트레이더에게 그들이 누구인지 물었다. 회사채 트레이너는 "아무것도 아니야. 그냥 모기지팀이지. 그 누구도 저 부서에 들어가고 싶어 하지 않아. 신경 쓸 필요 없어"라고 말했다. 국채부서 책임자였던 크레이그 코테스Craig Coates는 스톤에게 "국채부서에 들어올 수 있는데, 왜 모기지팀에 가려고 하지?"라고 물었다. 비쩍 마른 임원들 역시 뚱뚱한 모기지 트레이더들을 탐탁지 않게 여겼다.

모르타라는 "살로먼 브러더스는 절대적인 권력을 지닌 몇몇 부서로 구성되어 있었어요. 다른 부서의 트레이더들은 새로운 사업, 즉 모기지채권사업을 발전시키는 것보다 기존 사업을 보호하는 데 더 관심이 있었습니다"라고 이런 분위기가 형성된 이유를 설명했다.

1980년대 초반에 다른 부서들이 모기지팀을 폐쇄하려고 한다는 걸 알게 됐을 때, 회사에서 권력을 쥔 자들에 대한 모기지 트레이더들의 적개심은 극에 달했다. 모기지팀은 돈을 벌지 못했다. 메릴린치, 퍼스트보스턴, 골드만삭스 등 다른 투자은행의 모기지팀은 세상의 빛도 제대로 보지 못한 채 사라진 상태였다. 이들 회사의 모기지팀은 살로먼 브러더스가 모기지팀을 만들기 직전에 폐쇄됐다. 이런 이유로 모기지채권 사업은 월가와 맞지 않는다는 것이 정설로 받아들여지고 있었다.

모기지채권 사업은 결정타를 맞고 그 충격에서 헤어나오지 못하고 있었다. 이런 상황에서 연방준비제도이사회 의장 폴 볼커가 1979년 10월 6일 역사에 길이 남을 연설을 했다. 그의 연설로 단기 금리는 천정부지로 치솟았다. 저축대부조합은 30년 만기 주택담보대출을 해주고 10퍼센트의 이자를 받았는데, 대출 자금을 마련하기 위해서 돈을 빌려올 때는 12퍼센트의 이자를 지불해야 했다. 저축대부조합은 결국 신규 대출을 중단할 수밖에 없었다. 경기를 둔화시키려는 연방준비제도이사회가 바라던 바였다. 주택 건설은 제2차 세계대전 이후 최저 수준으로 하락했다.

볼커가 연설하기 전, 조셉과 그의 팀은 대략 20억 달러 규모의 모기지채권을 만들었다. 미국 모기지 시장의 0.2퍼센트에도 못 미치는 우스운 규모였지만, 이것은 시작에 불과했다. 볼커의 연설 이후에 모기지 시장에서는 거래가 완전히 중단됐다. 라니에리와 그의 트레이더들의 입장에서는 저축대부조합이 주택담보대출을 계속 해줘야만 했지만, 그들은 대출을 중단했다. 미국 주택담보대출 시장은 붕괴하기 시작했다. 당시 4,200개의 저축대부조합이 있었지만, 그중 962개가 3년 만에 도산했다. 켄달의 말을 빌리면, '모두가 쭈그리고 앉아서 상처만 핥고 있었다'.

그러나 라니에리는 달랐다. 그는 오히려 부서를 확장했다. 왜 그랬을까? 그 속을 누가 알겠느냐만, 아마도 그에게 미래를 내다보는 수정 구슬이 있었거나 부서가 커지면 해체하기 어려울 것이라고 생각한 것 같다. 그 이유가 무엇이든 라니에리는 다른 회사에서 해고된 모기지채권 세일즈맨들을 고용해 연구 부서를 만드는 등 트레이더 수를 2배로 늘렸다. 일 없이 놀고 있는 모기지 금융 부서도 그대로 됐다. 그는 모기지채권을 구매할 가능성이 있는 투자자들의 수를 늘리기 위한 법안을 통과시키기 위해 변호사와 로비스트를 고용했다. 라니에리는 말했다. "사실을 말해줄게요. 달이 고안해낸 뱅크 오브 아메리카 계약은 겨우 3개 주에서만 합법적이었어요. 주 단위로 이 법을 개정하려고 변호인단을 고용했다면, 법을 개정하는 데 2000년은 족히 걸렸을 겁니다. 저는 직접 워싱턴으로 가서 연방정부를 설득하기로 했어요."

라니에리와 일했던 트레이더 중 하나는 "루이는 법이 마음에 안 들면, 그 법을 개정해버렸어요"라고 말했다. 라니에리가 법을 개정하는 데 성공했더라도, 투자자들이 모기지채권에 투자했을 것이라 생각하기는 어렵다. 켄달은 1979년 라니에리팀의 최고 세일즈맨인 릭 보던Rick Borden을 만나기 위해 살로먼 브러더스 샌프란시스코 지사를 방문했다. 보던은 자기계발서를 읽고 있었다. 켄달은 "보던은 '지니매는 구려. 금리가 올라가면 만기가 길어지고, 금리가 내려가면 만기가 짧아지지. 누가 이런 데 투자하겠어'라고 수차례 말했어요"라고 말했다.

설상가상으로 살로먼 브러더스 신용위원회는 붕괴 위기에 처한 주택융자업계와 거래하는 것을 꺼렸다. 어리석은 고객들은 (주택융자 시장의 바보들은) 훌륭한 자산이지만, 무지함이 어느 수준에 이르면 부채로 전락한다. 파산해버릴 수도 있기 때문이다. 게다가 저축대부조합들은 평범한 바보 고객이 아니었다. 캘리포니아 저축대부조합인 베네피셜 스탠더드Beneficial Standard는 전화로 확정했던 살로먼 브러더스와의 채권 거래를 부인했다. 참고로 당시 모든 채권 거래는 전화로 이뤄졌다. 베네피셜 스탠더드는 이어진 소송에서 모기지채권 사업은 증권거래법이 아니라 부동산법을 적용받아야 하는데, 부동산법에서 구두 계약은 법적 구속력이 없다고 주장했다. (이 소송은 몇 년 동안 계속 됐는데, 결국 베네피셜 스탠더드가 패소했다.) 이것이 그야말로 마지막 지푸라 기였다.

살로먼 브러더스 집행위원회 위원들은 모기지채권 시장을 골치 아픈 분야로 치부했다. 그들은 시장을 이해하지 못했으며, 이해하려 들지도 않았다. 그저 시장에서 벗어나고 싶었기에 그들은 주택융자 업계와 거래를 끊을 계획을 세웠다. 주택융자업계는 더 없이 불안해 보였다. 곧 신용 한도가 삭감됐다. 주택융자업계와 절연하겠다는 것 은 모기지팀을 폐쇄하겠다는 것이나 마찬가지였다. 주택융자업계가 주택담보대출채권의 유일한 투자자였기 때문이다. 라니에리는 "저는 신용위원회가 주택융자업계의 손을 놓는 것을 막기 위해 둘 사이에 몸을 던졌습니다"라고 말했다. 살로먼 브러더스 집행위원회에서 오직 굿프렌드만 라니에리의 결정을 지지했다. 그 유일한 지지자가 가진 힘은 막강했다. 라니에리는 "존은 저를 보호해줬어요"라고 말했다.

하지만 살로먼 브러더스의 실세는 회사채팀과 국채팀이었다. 그 들이 가진 모기지팀에 대한 적개심 때문에 모기지팀은 모기지 판매, 모기지 금융, 모기지 연구, 모기지 운용, 그리고 모기지 트레이딩으 로 갈가리 찢겼다. 라니에리는 "아무도 우리를 돕지 않았어요. 모기 지팀을 분화될 수밖에 없었지요"라고 말했다.

여기에는 좀 더 복잡한 문제가 있었다. 어느 면에서 보면 분화는 선택에 의한 것이었다. 라니에리는 다른 부서와 원만한 관계를 만들 려고 한 번도 노력하지 않았다. 그리고 달이 집행위원회에 제출한 3 쪽짜리 시장 분석 보고서에 썼듯, 모기지팀은 독립해야 했다. 달은 옛 상사 시몬이 최초로 모기지채권을 다뤘던 방식을 되새겼다. 시몬은 모기지팀이 국채 부서와 함께 일한다면 홀로서기를 하기보다는 국채 시장에 예속될 거라고 생각했다. 또한 달은 대기업 CEO에게 전화를 거는 게 일인 살로먼 브러더스 금융 전문가들이 모기지 금융을 관리하는 것도 비관적으로 봤다. 기업금융 전문가들은 모기지 거래를 중요하게 생각하지 않았기에 거래 자체가 성사되지 않을 게 분명하다고 본 것이다.

라니에리가 이들과 같은 생각을 했던 것은 아니다. 다만 그는 모기지팀은 우군이 없으므로 독립적으로 운영되어야 한다고 생각했다. 그는 적대적인 세력으로부터 자기 사람들을 보호하기 위해 높은 장벽을 세웠다. 그에게 적은 거의 사라진 월가의 다른 모기지팀이 아니라 살로먼 브러더스였다. 라니에리는 말했다. "아이러니하게 회사는 모기지팀을 가리키며 '보라고. 우리가 얼마나 혁신적인 투자은행인지!'라고 말합니다. 하지만 실상 회사는 우리가 하는 모든 것에 반대만 했어요. 모기지팀은 회사의 지원을 받고 세워진 부서가 아닙니다. 회사의 방해 속에서 만들어진 팀이었죠."

6장

뚱땡이들과 그들의 엄청난 돈기계

_____ 1981년 10월 모기지팀에 서광이 비치기 시작했다. 처음에는 아무도 그 이유를 알지 못했다. 전화선 너머에 살로먼 브러더스 모기지 트레이더와 통화하고 싶어서 안달이 난 저축대부조합 대표들이 대기하고 있었다. 그들은 주택담보대출을 팔려고 필사적으로 매달렸다. 1조 달러나 되는 미국 주택담보대출이 모조리 매물로 나온 것만 같았다. 매도자는 1,000명이 넘는데 매수 자는 1명도 없었다. 아니, 유일한 매수자가 있었다. 바로 라니에리와 그의 트레이더들이었다. 마치 목마른 거리의 부랑아들을 향해 물줄 기를 내뿜는 소화전처럼 공급과 수요의 불균형이 엄청났다. 1조 달 러가 수화기를 통해 쏟아져 들어왔다. 모기지 트레이더들은 그저 입 을 크게 벌리고 받아먹기만 하면 될 터였다.

대체 무슨 일이 벌어진 것일까? 연방준비제도이사회가 1979년 10월 금리를 인상한 순간부터 주택융자업계는 '돈'맥경화에 걸렸다. 주택융자업계는 붕괴 위기에 처했고, 모조리 도산해버릴 것만 같았 다. 그리하여 1981년 9월 30일, 의회는 자식처럼 애지중지하던 주 택융자업계를 위해 세금 우대 법안을 통과시켰다. (세금 우대 법안이 통과된 덕분에 저축대부조합들은 자신들의 주택담보대출을 전부 팔고, 확보한 현금으로 다른 저축대부조합이 내놓은 값싼 주택담보대출을 사 들여서 높은 이윤을 얻을 수 있었다. 말하자면 세금 우대 법안이 통과된 뒤 저축대부조합들은 단순하게 주택담보대출을 서로 교환한 셈이었다. 저축대부조합들은 1달러당 100센트인 대출을 1달러당 65센트에 팔았다. 이로 인해 발생한 막대한 손실은 교묘하게 숨겨졌다. 새로운 회계 기준이 저축대부조합들이 대출해주는 동안 발생한 손실을 상각할 수 있도록 해준 덕분이었다. 만약 저축대부조합이 30년 만기 대출을 팔고 35%의 손실이 났다고 가정한다면, 그들은 첫해에 (35를 30으로 나눈) 약 1%의 장부 손실을 기록했다고 적을 것이었다. 이보다 금상첨화인 것은 이 손실이 앞서 10년 동안 저축대부조합이 낸 세금과 상계 처리된다는 것이다. 손실이 났다고 신고하기만 하면, 국세청은 저축대부조합이 과거에 낸 세금을 돌려줬다. 저축대부조합으로선 가능한 한 많은 손실을 발생시켜서 국세청에 그 사실을 보여주기만 하면 됐다. 그리 어려운 일도 아니었다. 불량 대출을 팔아버리기만 하면 됐다. 그래서 대출 채권을 팔기 위해 혈안이 됐던 것이다.) 이 법안이 통과되면서, 주택융자업계는 한숨 돌릴 수 있었다. 하지만 세금 우대를 받으려면, 주택담보대출을 팔아야만 했다. 그래서 그들은 주택담보대출을 팔아치우기 시작했고, 월가에서 수천억 달러의 거래가 이뤄진 것이다.

살로먼 브러더스의 모기지 트레이더들은 법안이 통과된 뒤에야 그런 법안이 있다는 것을 알았다. 이 법안은 의회가 월가에 엄청난 보조금을 주는 것이나 다름없었다. 모성애 만세! 자택 소유 만세! 미국 의회가 사실상 라니에리와 그의 트레이더들을 구해낸 것이다. 살로먼 브러더스 모기지팀은 월가에서 유일하게 인력이 제대로 갖춰진 모기지팀이었다. 어설프거나 돈이 많이 드는 팀도 아니었다. 그렇게 라니에리와 그의 트레이더들은 모기지 시장을 독점하게 됐다.

모기지 시장은 달이 굿프렌드에게 보고한 '메가 트렌드'가 아닌 단순히 세금 우대 법안 때문에 살아났다. (달은 주택 시장의 성장과 미국 북동부의 전통적인 산업지대에서 남서부의 신흥 경제개발지대로의 인구 이동 때문에 주택담보대출시장이 성장할 것이라고 분석했다. 물론 나중에 달이 언급한 메가 트렌드가 주택담보대출시장의 성장을 견인하기는 했다.) 이는 마치 무엇을 만들어서 팔지 결정하지 않고 사무 공간을 매입한 후 생산 라인을 설치하고, 영업사원을 20만 명 정도 고용한 뒤 멍하니 있던 스티브 잡스Steve Jobs가 누군가 개인용 컴퓨터 PC를 판매하는 것을 보고 쓸모없던 인프라에 '애플컴퓨터Apple Computer'라는 이름을 붙이고 PC 시장에 뛰어든 것과 유사했다.

변화는 곧 기회, 돈벼락 맞은 모기지팀

채권 트레이더들은 마치 오늘 하는 거래가 마지막인 것마냥 매일 트레이딩에 임했다. 그들은 고객과의 관계에 미칠 장기적인 영향을 고민하지 않고 고객의 약점을 최대한 이용했다. 이들이 볼 때 매도자는 약자였다. 그들에게는 '얼마에 파느냐'보다 '언제 파느냐'가 더 중요했다. 살로먼 브러더스 모기지 트레이더 앞에서 연신 굽실거리는 저축대부조합 관계자들은 더 없이 절박해 보였다. 그렇게 대놓고 약점을 드러내느니 차라리 수표를 써서 살로먼 브러더스 트레이더에게 던져주는 편이 나았을 것이다.

채권 시장에 대해 아무런 준비가 되어 있지 않았던 저축대부조합의 무지함은 상황을 더욱 악화시켰다. 한마디로 이들은 라이어스 포커를 칠 줄 몰랐다. 이들은 자신이 상대해야 할 사람들의 심리를 알지 못했고, 자신들이 팔려는 것의 가치도 알지 못했다. 심지어 저축대부조합장들은 대출 채권을 얼마나 팔아야 하는지만 알고 있을 뿐, 만기일이나 이자 등 대출 조건조차 알지 못했다. 이들은 아무리 함부로 대해도 대출 채권을 팔아달라며 살로먼 브러더스에 계속 찾아왔다. 모든 살로먼 브러더스 트레이더들이 이런 사실을 알고 있었다. 총에 맞아 죽을 때까지 사냥꾼들이 들끓는 사냥터로 계속 되돌아오는 오리 같았다. 찰스 다윈Charles Darwin이 아니더라도 이 종의 끝이 어떨지 누구나 쉽게 짐작할 수 있었다.

어느 날, 톰 디나폴리Tom DiNapoli는 한 저축대부조합장으로부터 전화를 받았다. 디나폴리는 "그는 30년 만기 대출 채권 1억 달러어치를 팔려고 했어요. 그렇게 마련한 돈으로 다른 대출 채권을 1억 달러어치 살 생각이었죠. 저는 1달러당 75센트에 대출 채권을 사고, 1달러당 85센트에 다른 대출 채권을 팔겠다고 제안했어요"라고 말했다. 저축대부조합장은 이 숫자들을 듣고 잠시 고민했다. 그는 자기가 사려는 대출 채권과 거의 비슷한 대출 채권을 팔려고 하고 있었다. 조건대로라면 이 과정에서 무려 1,000만 달러 손실을 보게 될 터였다. 달리 말해, 그는 살로먼 브러더스에 1,000만 달러의 거래 수수료를 지급하는 셈이었다. 그는 "그리 좋은 조건은 아닌 것 같아요"라며 미적거렸고, 디나폴리는 이 말이 나오길 기다렸다는 듯 재빨리 대응했다. "경제적인 관점에서는 그렇죠. 하지만 이렇게 생각해보세요. 이 제안을 받아들이지 않는다면, 사장님은 일자리를 잃을 수도 있어요." 옆에서 다른 저축대부조합장과 통화 중이던 동료 트레이더가 디나폴리의 통화를 엿듣고는 박장대소했다. 그것은 그가 그날 들은 이야기 중에서 가장 웃긴 소리였다. 디나폴리는 수화기 너머의 저축대부조합장이 절망감에 얼굴을 일그러뜨리는 모습을 눈앞에서 보는 것처럼 상상할 수 있었다.

래리 핑크Larry Fink는 "1981년 10월은 자본 시장 역사상 가장 무책임한 시기였다"고 말했다. 핑크는 블랙스톤그룹Blackstone Group의 스티븐 슈왈츠만Steven Schwartzman, 피터 피터슨Peter Peterson, 데이비드 스톡만David Stockman의 파트너였다. 1981년 10월에 핑크는 퍼스트 보스턴에서 작은 모기지팀을 이끌고 있었는데, 이 작은 팀은 금세 성장해서 라니에리의 주요 경쟁자가 됐다. 그는 "저축대부조합이 할 수 있는 최선의 행동은 아무것도 하지 않는 것이었어요. 모기지채권 시장에서 거래를 할수록 저축대부조합은 손해를 봤지요. 규모가 클수록 손해도 컸습니다"라고 설명했다.

채권 시장에서 이뤄지는 다른 모든 거래처럼, 모기지채권 거래도 판단 능력이 있는 성인들이 협상을 통해 진행한다. 여기에는 단 하나의 규칙만 적용됐다. 그것은 바로 매수자 스스로 조심해야 한다는 것이었다. 상대적으로 약한 선수가 죽을 수도 있다고 판단될 경우 시합 자체를 취소할 수 있는 복싱 시합과 달리, 모기지채권 거래는 치명상을 입게 되더라도 자신이 책임져야 할 뿐, 어느 누구도 보호해주지 않았다. 그나마 인정이 있는 라니에리는 저축대부조합과 모기지 트레이더 사이에 개입해서 힘의 균형을 맞춰주려고 했다. 모기지 트레이더였던 앤디 스톤이 1달러당 80센트에 7,000만 달러어치의 모기지채권을 매수한 적이 있다. 스톤이 고집을 부려서 캘리포니아의 채권 세일즈맨이 그 모기지채권을 벤 프랭클린 S&LBen Franklin Savings & Loan에 1달러당 83센트에 매도했다. 불과 몇 분 만에 스톤은 210만 달러(7,000만 달러의 3퍼센트)를 번 것이다. 스톤은 여느 때와 다름없이 확성기에 대고 손뼉을 치며 캘리포니아 채권 세일즈맨을 칭찬한 뒤, 라니에리에게 보고했다.

채권 트레이더가 된 지 겨우 8개월밖에 안 됐던 스톤은 상사에게 자기 실력을 증명하고 싶어서 안달이 나 있었다. 사실 210만 달러 정도면 꽤 괜찮은 결과이기도 했다. 하지만 그의 상사는 전혀 기쁘지 않은 눈치였다. 스톤은 불만을 토로했다. "루이는 '네가 어리지 않았다면, 지금 당장 널 해고했을 거야. 고객에게 전화해서 네가 당신을 등쳐먹은 개자식이라고 말해. 그에게 네가 80센트에 채권을 샀으니, 채권 가격은 83센트가 아니라 80.25센트라고 말해'라고 하더군요. 고객에게 전화해서 '안녕하세요. 저는 당신을 등쳐먹은 개자식입니다'라고 말하라니 그게 말이 됩니까?"

살로먼 브러더스와 거래하려고 길게 줄을 섰던 사람들이 모두 바보는 아니었다. 아무것도 하지 않으면 곧 파산할 게 분명했기에 상황이 어떻게 돌아가고 있는지 알고 있던 저축대부조합장들은 사기를 당하느냐 아니면 서서히 말라죽느냐 사이에서 무엇을 선택해야할지 고민했다. 옛 주택담보대출을 통해 5퍼센트의 이자를 받으면서 예금에 14퍼센트의 이자를 지급하는 것은 수지맞는 장사가 아니었다. 그런데 이것이 당시 저축대부조합들이 처한 상황이었다. 1984년 후반부터 저축대부조합들은 이 끔찍한 상황에서 벗어나려고 노력했다. 이 무렵, 단기 금리는 장기 금리 밑으로 떨어졌고 저축대부조합은 12퍼센트의 이자를 받으면서 14퍼센트에 신규 주택담보대출을 내줘야 했다.

많은 저축대부조합이 10억 달러 규모의 주택담보대출을 새롭게 발행해서 수억 달러의 손실을 낸 오래된 주택담보대출을 묻어버렸다. 신규 대출이 과거 대출에서 발생한 엄청난 손실을 만회해주기를 바랐던 것이다. 모기지채권을 새롭게 사 들이는 것은 단기로 자금을 빌려서 장기로 대출해주는 것이나 마찬가지다. 절망에 빠진 사람의 마지막 몸부림이었다. 이러한 전략은 근본적인 문제를 전혀 해결하지 못하는, 무책임한 대처였다. 모기지 시장의 급격한 성장세는 앞으로 더 큰 위기가 닥칠 것이란 신호나 다름없었다. 그러나 저축대부조합장들에게는 미래의 문제를 걱정할 여유가 없었다. 그들은 그저 파산을 면하는 데 급급했다. 이것이 저축대부조합들이 당시에 모기지채권을 팔면서 다른 기관의 모기지채권을 사 들였던 이유다.

주택융자업계를 구제하기 위해서 설계된 세금 우대 법안과 회계 기준 변경은 라니에리의 모기지팀을 위해 만들어진 것만 같았다. 그의 모기지팀은 그야말로 돈벼락을 맞았다. 적어도 그들을 부러워하는 월가의 다른 채권 트레이더들에게는 그렇게 보였다. 라니에리는 모기지 트레이더들에게 주택융자업계가 격변을 겪는 동안에 우선 사고 나중에 걱정하자며 마음대로 매매하도록 허용했다. 살로먼 브러더스의 모기지 트레이더들은 다소 이상한 새로운 역할을 맡게 됐다. 그들은 더 이상 모기지채권을 거래하지 않고, 모기지채권의 원자재라 할 수 있는 주택담보대출을 거래했다. 살로먼 브러더스가 갑자기 저축대부조합 역할을 하는 데 나선 것이다. 월가의 투자은행과 주택 소유자 사이에 끼어들 자는 아무도 없었다. 지니매도, 뱅크 오브 아메리카도 그 사이에 끼어들지 못했다.

살로먼 브러더스는 주택 소유자가 원리금을 지불할 능력이 있다는 데 주목했다. 조심성 있는 사람이었다면 담보로 잡은 물건을 찬찬히 조사했을 테지만, 살로먼 브러더스는 주택담보대출 패키지에 포함된 모든 담보물을 일일이 확인할 시간이 없었다. 주택담보대출은 주택 이외에 다른 담보 없이 집행된다는 점이 이런 분위기에 힘을 실어줬다. 전체 대출(부동산을 담보로 담보 인정 비율 전체를 대출하는 것-역주)을 매수하는 것은 볼로냐 소시지를 먹는 것처럼 신뢰가 뒷받침되어야 했다. (모기지 트레이더들은 이를 모기지채권과 구분하기 위해 주택담보대출 혹은 모기지 대출이라 불렀다.)

무언가를 무턱대고 믿는 것은 라니에리에게 익숙한 일이었다. 머릿속으로 재빨리 계산기를 두들겨본 라니에리는 부실 대출을 매수하는 비용이 얼마든 간에 모기지 대출을 거래해서 얻는 수익이 훨씬 많을 거라고 생각했다. 그리고 그의 생각은 옳았다. 그는 텍사스 침례교 교회의 대출을 떠안았다. 그것들을 판 저축대부조합 관리자들이 주장한 대로 그것들은 주택담보대출이었다.

살로먼 브러더스 경영진은 저축대부조합을 신뢰해야 한다는 생각만으로도 소름이 돋았다. 살로먼 브러더스뿐만 아니라 월가의 다른 투자은행들도 저축대부조합과 거래하는 것을 기피했다. 라니에리의 기억에 따르면, 집행위원회는 그에게 전체 대출을 거래해선 안 된다고 말했다. 라니에리는 "저는 그냥 제 마음대로 해버렸어요. 모두들 제가 그러지 말았어야 한다고 말했지요. 제가 감옥에 가게 될 거라고 했어요. 하지만 대출 채권은 전체 모기지 시장의 99.9퍼센트를 차지하고 있었어요. 어떻게 가만둘 수 있겠어요?"라고 말했다. 라니에리는 자기 고집대로 했다. 켄달은 "우리는 그것을 사 들였어요. 그런데 대출 채권을 모두 사 들이려면 독수리가 필요했지요"라고 말했다. 독수리는 전체 대출 채권을 거래해도 좋다는 연방주택청의 승인을 뜻한다. 켄달은 "그래서 우리는 독수리를 한 마리 사러 갔어요"라고 덧붙였다.

라니에리와 그의 모기지 트레이더들은 미국 정부의 승인 도장을 받아 최대한 빨리 '전체 대출'을 채권으로 만들 생각이었다. 그렇게 하면 모기지채권을 사실상 미국 국채처럼 살로먼 브러더스의 기관투자자들에게 팔 수 있었다. 라니에리의 끈질긴 로비에 힘입어 연방정부는 이 같은 목적으로 새로운 기관을 2개 신설했다. 이들은 지니매의 보증을 받지 못하는 주택담보대출을 보증해줬다. 프레디맥Freddie Mac으로 불리는 연방주택금융저당공사Federal Home Loan Mortgage Corporation와 패니매Fannie Mae로 불리는 연방주택담보대출협회Federal National Mortgage Association가 바로 그들이다. 이들의 보증을 받은 주택담보대출은 정부가 보증하는 채권으로 변환할 수 있었다. 저축대부조합은 주택담보대출을 보증받고 수수료만 지급하면 됐다. 주택담보대출이 부실할수록 저축대부조합이 프레디맥이나 패니매 중 어느 하나로부터 보증받고 지불하는 수수료는 커졌지만, 일단 보증을 받으면 그 누구도 그 대출의 질에 대해 걱정하지 않을 수 있었다. 대출금을 갚지 못한 주택 소유자들은 정부가 떠안아야 할 문제였다. 여기에는 두 기관이 개인투자자들보다 신용평가를 더 잘할 것이라는 전제가 깔려 있었다.

　　대단히 즉흥적인 모기지팀은 '준비, 발사, 조준'이 인생관인 사람에게는 최고의 팀이었다. 당시 기준으로 허세에 가득 찬 모기지 트레이더들에게 주어지는 보상은 충격적일 만큼 많았다. 2년 6개월간의 부진을 딛고 라니에리가 이끄는 모기지팀은 1982년 1억 5,000만 달러를 벌어들였다. 모기지 트레이더 스티브 바움Steve Baum은 1984년 전체 대출을 거래해서 한 해 동안 1억 달러를 벌어들이며 살로먼 브러더스의 기록을 갈아치웠다. 공식적인 기록은 없지만, 살로먼 브러더스에선 라니에리의 모기지팀이 1983년 2억 달러, 1984년 1억 7,500만 달러, 1985년 2억 7,500만 달러를 벌어들였다는 이야기가 돌았다.

라니에리는 최고의 시기에 최적의 장소에 있었던 인물이었다. 그의 선임 트레이더 중 한 사람의 설명을 들어보자. "루이는 자신이 충분히 이해하지 못하는 분야를 기꺼이 맡았어요. 그에게는 그가 믿는 것에 대한 트레이더의 직감이 있었죠. 이것은 정말 중요한 요소입니다. 살로먼은 늘 이런 식이었어요. '믿는다면 그대로 해라. 하지만 그게 제대로 안 되면, 너는 완전히 새 되는 거다.' 루이는 바로 그렇게 행동했어요. 경영진이 '음, 글쎄. 여기에 모든 걸 거는 게 맞아?'라고 말할 때 루이는 성공하든 실패하든 모든 것을 걸 준비가 되어 있었어요. 그는 사람들을 기꺼이 고용하고, 그들도 모든 것을 걸도록 했죠. 루이는 '물론이죠. 알 게 뭡니까. 전부 건다고 세상이 망하진 않아요'라는 식으로 행동했어요. 동시에 루이는 그가 하려는 일이 안전하다는 확신을 갖기 원하는 위원회에 200쪽 분량의 분석 보고서를 작성해서 제출했어요. 루이는 자기가 하는 일이 뭔지 알고 있다는 사실을 그들에게 증명해야 했어요. 물론 증명하지 못할 수도 있었죠. 어쨌든 그는 자신이 무슨 일을 하는지 알고 있었어요. 이 사실을 위원회에 증명할 필요는 없었지요. 루이가 다른 투자은행에서 모기지 시장을 분석하는 일을 맡았다면, 아무것도 못 했을지도 몰라요."

시장을 지배하는 살로먼, 그들의 머니 머신 모기지팀

살로먼 브러더스의 트레이딩룸은 독특했다. 관리감독은 최소한의 수준에서 이뤄졌고, 투자 포지션에는 아예 제한이 없었다. 트레이더는 그 누구에게도 물을 필요 없이 스스로 적절하다고 생각하는 만큼 채권을 매도하거나 매수할 수 있었다. 이러한 자유는 한 회사의 CEO에겐 악몽이 될 수도 있다. 모기지 트레이더 나들만은 "살로먼 브러더스 트레이딩룸이 경영대학원에서 사례 연구 소재로 제공된다면, 경영대학원생들은 '충격적이군!'이라고 말할 겁니다. 그러나 트레이더는 돈을 몇 푼 잃기도 하고 거액을 벌기도 하는 직업입니다. 살로먼 브러더스의 방식은 옳아요"라고 말했다.

방종에 가까운 살로먼 브러더스의 경영 스타일에도 물론 단점이 있었다. 살로먼 브러더스는 1980년대 월가 주요 투자은행 중에서 비용 배분 시스템이 없는 유일한 곳이었다. 놀랍겠지만, 살로먼 브러더스에는 '최종 결산'이란 개념이 없었다. 트레이더는 그가 관리하는 전체 매매 규모에 의해서만 평가받았으며, 트레이딩 과정에서 발생하는 비용은 고려되지 않았다. 살로먼 브러더스가 파트너십 유한회사1910~1981이고, 임원들이 사비로 트레이딩했을 때는 관리감독이 느슨해도 큰 문제가 없었다. 하지만 이제 살로먼 브러더스는 임원들의 돈이 아닌 주주들의 돈으로 굴러갔다. 파트너십 유한회사일 때는 효과적이었던 경영 스타일이 주식회사엔 재앙이 될 수도 있었다.

살로먼 브러더스 임원들은 이익보다는 매출액에 집중했고, 무분별한 성장은 보상을 받았다. 총매출은 날것의 권력을 의미했다. 라니에리는 1978년 마침내 임원, 즉 파트너가 됐지만, 1981년 말까지 매출 실적이 줄어들면서 그의 영향력도 줄어들었다. 그러나 모기지 시장이 폭발적으로 성장하면서 그는 빠르게 살로먼 브러더스에서 최고의 자리에 올라섰다. 1983년 다른 팀이 회사 매출의 10퍼센트에 못 미치는 실적을 내는 동안 모기지팀은 회사 매출의 40퍼센트에 달하는 실적을 냈다. 이에 힘입어 라니에리는 살로먼 브러더스 집행 위원회 위원이 됐다. 그는 더 많은 모기지 트레이더를 고용했고, 모기지 시장으로 업무 영역을 확장했다.

1985년 12월 굿프렌드는 한 임원에게 "루이는 미래에 살로먼 브러더스를 이끌 강력한 회장 후보 중 하나야"라고 말했다. 라니에리는 주택 구매자에게 직접 대출해주는 모기지 뱅크(은행 등으로부터 단기 차입금으로 주택 융자를 하고, 그 주택 융자 채권을 제2차 시장에서 매각함으로써 자금 회수를 도모하는 예금을 수취할 수 없는 주택금융 전문회사-역주) 사람을 고용해 직접 모기지채권의 새로운 원재료를 사 들이기 시작했다. 1986년 라니에리는 굿프렌드를 직접 보좌하는 자리로 발령이 났다. 그해 라니에리는 해외로 모기지 사업을 확장했다. 그는 영국 모기지 시장을 미국 모기지 시장과 유사하게 재편하기 위해 런던에 모기지 회사를 설립했다. 그가 비서실에 배속됐을 때, 국채팀과 회사채팀에서도 각각 1명씩 비서실로 발령이 났다. 그 주인공은 바로 톰 스트라우스Tom Strauss와 빌 보우테였다. 이 둘 역시 강력한 차기 회장 후보였다. 이들 역시 각자의 팀을 확장했지만 그 속도는 라니에리만큼 빠르지 않았다. 1987년 중반까지 7,000여 명의 살로먼 브러더스 직원 중 40퍼센트가 라니에리에게 직간접적으로 업무 보고를 했다고 한 임원이 주장했다. 물론 이 주장이 사실인지는 확인할 수 없다.

매출은 회사의 모든 사람에게 영광과 승진을 안겨줬다. 다른 투자은행의 거래 장부에 적인 매출 규모는 그들의 성과급 액수와 마찬가지로 살로먼 브러더스에 알려졌다. 살로먼 브러더스에서 연수생들은 뭐든지 가장 늦게 들었지만, 그들도 살로먼 브러더스가 지배하는 자본 시장에서 일어난 거대한 변화가 만들어낸 기회에 대해 알게 됐

다. 1982년 살로먼 브러더스 연수생이었던 마르크 프리드Marc Freed
는 "강의실에 앉아 있는 우리 역시 얼마나 많은 모기지가 존재하는
지, 그중에 10퍼센트만 채권화해도 그 규모가 얼마나 엄청날지 알
수 있었습니다"라고 말했다.

1984년 살로먼 브러더스는 미국 의회 분과위원회에 1994년까지
새로운 주택금융을 위해 4조 달러가 필요하다는 분석 보고서를 제
출했다. 정복자이자 살로먼 브러더스의 전설이자 성공의 화신인 라
니에리가 강의실에 등장했다. 그는 이제 막 캘리포니아에서 돌아왔
는데 비행기에서 작은 집들을 내려다봤다는 말로 이야기를 시작했
다. 그 작은 집들은 모두 저당 잡혀 있고, 그 모든 모기지가 결국 살
로먼 브러더스 트레이딩룸으로 향하게 될 것이라고 말했다. 그 누구
도 10킬로미터 상공에서 어떻게 작은 집들을 내려다볼 수 있었는지
에 대해서는 의문을 제기하지 않았다. 그런 높이에서 지상의 집들을
내려볼 수 있는 사람은 라니에리가 유일할 것이다.

1984년 모기지팀은 연수 프로그램에서 두각을 나타내는 MBA
출신의 어린 연수생들이 눈독을 들이는 팀이었다. 누구나 모기지 트
레이더, 구체적으로 말해서 살로먼 브러더스의 모기지 트레이더가
되기를 원했다. 회사 매출의 절반에 달하는 실적을 내는 돈기계에
들어가는 부품이 되기를 원했던 것이다.

살로먼 브러더스의 모기지 트레이더들은 세계 최대 자본 시장
과 월가에서 가장 수익성이 높은 자신들의 회사를 악랄하게 괴롭혔
다. 그들은 스스로 운이 좋다고 생각했다. 한 모기지 트레이더는 "모
두가 모기지 트레이더를 천하무적이라고 생각했어요. 모기지 트레이
더들은 모기지 시장에서 많은 돈을 버는 게 아니라 그 시장에 있는

돈을 모조리 쓸어 담았습니다. 모기지 트레이더는 모기지 시장에서 거래를 조금 하거나 대부분 한 게 아니라 모조리 독차지했습니다"라고 말했다.

시장에서 거래가 완전하게 이뤄지려면, 매도자와 매수자가 모두 필요했다. 1981년 10월 모기지 시장에는 매도자와 매수자가 조금밖에 없었다. 정크본드(신용등급이 낮은 기업이 발행하는 고위험고수익 채권-역주)의 대가인 드렉셀 번햄의 마이크 밀켄Mike Milken과 함께 라니에리는 1980년대 위대한 채권 전도사 중 하나였다. 라니에리는 기관투자자들에게 모기지채권을 사라고 권유하면서 미국 전역을 종횡무진하다가 우연히 밀켄과 만났다. 그들은 같은 날 같은 기관투자자들을 찾아갔던 것이다. 라니에리는 "기관투자자들은 모기지채권에 먼저 관심을 보였습니다. 그들은 저의 복음을 듣기 시작했어요"라고 말했다. 라니에리의 복음은 바로 모기지채권이 너무 싸다는 것이었다. 라니에리는 처음에 모기지채권의 수익률이 같은 신용등급 회사채나 국채의 수익률보다 높다는 것을 집중적으로 설명했다. 주요 신용기관인 무디스Moody's와 스탠더드 앤 푸어스Standard & Poor's는 대부분의 모기지채권에 가장 높은 등급인 'AAA'를 줬다. 또한 지니매 채권과 프레디맥과 패니맥의 경우처럼 미국 정부가 대부분의 모기지채권을 대놓고, 또는 은근슬쩍 보증해주었다.

그 누구도 미국 정부가 부도를 낼 것이라고는 생각하지 않았지만, 투자자들은 라니에리나 그의 모기지 트레이더들을 상대하지 않으려고 했다. 모기지 시장이 급변했지만, 시몬이 처음에 지니매에 제기했던 문제가 여전히 해결되지 않았다는 게 그 이유였다. 한마디로 그 누구도 모기지채권의 만기를 예측할 수 없다는 게 문제였다. 모기지채권의 중도상환 자체가 나쁜 것은 아니지만, 그 시기를 누구도 예측할 수 없다는 것이 문제였다. 언제 모기지채권이 중도상환되어서 현금이 발생할지 예측하지 못하면 수익률도 계산할 수 없다. 금리가 올라 주택 소유자가 중도상환하지 않는다면 모기지채권은 명시된 만기까지 유지될 것이고, 반대로 금리가 떨어져 주택 소유자가 기존 모기지채권을 중도상환하고 새로운 모기지채권으로 갈아탄다면 모기지채권의 만기는 짧아질 거라는 추측만 가능했다. 1981년 10월 하룻밤 새 모기지채권의 공급 상황이 변했지만, 수요는 그대로였다. 모기지채권은 정말 싸고 풍부했지만, 그 누구도 사려고 하지 않았다. 설상가상으로 몇몇 주에서 모기지채권은 여전히 불법 투자 상품이었다.

라니에리는 이런 상황을 도저히 받아들일 수 없었다. 어느 미팅 자리에서 그는 단 한 번도 만난 적 없는 변호사에게 소리를 질렀다. "변호사가 하는 소리는 듣고 싶지 않아요. 내가 하고 싶은 대로 하겠어요." 그는 연방정부 차원에서 주법을 개정하려고 했다. 그리고 모기지채권을 여느 채권과 비슷하게 보이게 만들 방법을 찾기 시작했다. 다시 말해, 그는 모기지채권도 다른 채권처럼 만기가 확정될 수 있는 길을 연구하기 시작했다.

궁극적으로 라니에리는 미국인들이 집을 살 때 돈을 빌리는 방식을 바꾸고 싶었다. 그는 말했다. "저는 고객에게 이렇게 말해줄 수 있어야 한다고 생각해요. 여기 두 종류의 모기지채권이 있습니다. 하나는 13퍼센트, 다른 하나는 12.5퍼센트입니다. 둘 중 하나를 고르시면 됩니다. 원하면 언제든지 13퍼센트짜리 모기지를 중도상환할 수 있어요. 12.5퍼센트짜리 모기지도 마찬가지예요. 이사하거나 죽거나 아예 다 갚아버리거나 중도상환해도 됩니다. 하지만 중도상환할 때 수수료를 내야 합니다." 의회는 그에게 모든 주에서 모기지채권을 팔 수 있도록 허가해줬지만, 그의 급진적인 제안은 받아들여지지 않았다. 따라서 주택 소유자는 언제든지 수수료 없이 모기지를 중도상환할 수 있었다. 라니에리는 모기지채권에 투자하도록 기관투자자들을 설득할 다른 방도를 찾아야만 했다.

마침내 그는 방법을 찾아냈다. 라니에리의 영업 상담에 자주 동행한 브리튼햄은 라니에리를 "에스키모에게도 얼음을 팔 사내"라고 평가했다. 살로먼 브러더스에서 곧 떠날 예정이었던 달 역시 비슷한 발언을 했다. "라니에리는 고객들을 기가 막히게 잘 다뤄서 트레이딩룸에 붙어 있을 시간이 없습니다." 라니에리는 어떤 생각을 하고 있었을까. 그의 말이다. "저는 중도상환에 대해 고객과 입씨름하는 것을 그만두고 가격에 관해 이야기하기 시작했습니다. 기관투자가들은 어떤 가격에 매력을 느낄까? 그들이 모기지채권을 사고 싶다고 생각하게 만들 가격이 분명히 있을 거라고 생각했죠. 미국 국채보다 1퍼센트포인트 높게? 아니면 2퍼센트포인트 높게? 모기지채권은 미국 국채보다 3.5퍼센트포인트나 높잖아요!"

미국의 모든 주택 소유자는 언제든지 모기지를 상환할 수 있는 권리를 귀하게 생각했다. 그러한 권리 덕분에 금리가 높을 때 대출을 받았더라도 금리가 떨어지면 기존 대출을 상환하고 더 낮은 금리에 대출을 다시 받을 수 있다는 것을 알았다. 사람들은 중도상환 옵션을 선호했다. 그러니 특정한 조건하에 이 옵션을 적용할 수 있도록 한다면 기꺼이 웃돈을 지불할 의향도 있었다. 그러나 심지어 월가에서도 이 중도상환 옵션에 값을 매길 수 있는 사람은 없었다. 아니, 충분히 값을 매길 수 있는 위치에 있는데도 그럴 수 없다고 생각했다. 라니에리는 모기지를 사는 사람은 없고 오직 파는 사람만 있으니 모기지 가격이 떨어질 거라 생각했고 그렇게 주장했다. 더 정확하게 말하면, 그는 국채나 무위험 채권보다 모기지채권의 수익률이 더 높으니, 주택소유자로부터 중도상환 옵션이 제공된 모기지채권을 사들인 투자자들에게 손해가 아니라고 주장했다.

라니에리는 월가의 모기지채권 세일즈맨들을 위해 기꺼이 나섰다. 그는 모기지채권의 화신이나 다름없이 행동했다. 사람들이 모기지채권을 매수하지 않는다면, 그는 타격을 입게 될 터였다. 그는 사람들이 모기지채권을 무시하는 것을 마치 자신이 깔보는 것이나 다름없이 받아들였다. 1985년 〈미국 은행가 The United States Banker〉와 라니에리의 인터뷰를 살펴보자. "집을 가진 우리로서는 시장이 중도상환 리스크에 실제보다 훨씬 더 큰 프리미엄을 부과하려는 것처럼 보입니다"라고 말했다. 이 말을 찬찬히 음미해볼 필요가 있다. '집을 가진 우리'는 과연 누구인가? 실제로 라니에리에게 프리미엄이 부과된 것은 아니었다. 프리미엄을 부과받은 사람은 주택 소유자였다. 이는 과거에 살로먼 브러더스 우편실과 유틸리티 채권팀에서 일했던 라니에리가 미국 주택 소유자들의 대변자가 됐음을 보여준다. 수익만 추구하던 말만 번지르르한 월가 트레이더보다 주택 소유자의 대변인이란 이미지는 훨씬 더 매력적이었다. 달은 "루이는 미국인들을 위해 집을 짓자고 떠벌리고 다녔어요. 미팅을 마치고 나오면서 저는 '설마 그 말도 안 되는 소리를 믿을 사람이 있을 거라고 생각하는 건 아니죠?'라고 물었어요"라고 말했다. 그러나 라니에리는 확신이 있었고, 그 자신이 그 말도 안 되는 소리를 진심으로 믿었다.

라니에리는 월가 역사상 최초의 포퓰리스트였는지도 모른다. 위대한 루이지애나 정치인 휴이 P. 롱 Huey P. Long 이 "모든 가정에 닭한 마리씩!"이란 정치 슬로건을 내세웠다면, 라니에리는 "모든 가정에 모기지 한 건씩!"이란 슬로건을 외치며 모기지채권을 거래했다. 이런 행동은 라니에리를 보통 사람처럼 보이게 했고, 그의 열렬한 팬인 크론달이 "위대한 행동"이라고 그를 찬양하게 만들었다.

일할 때 라니에리는 영화배우 조니 유니타스 Johnny Unitas 처럼 검은색 앵클부츠를 신고 폭이 6인치(약 15센티미터)에 달하는 넥타이를 맸다. 금요일이면 황갈색 재킷과 검은색 치노 팬츠를 입고 나타났다. 그에게는 정확하게 정장 4벌이 있었다. 라니에리는 모기지 시장의 황금시대인 1982년부터 1986년 사이에 연간 200만~500만 달러를 벌어들이면서 부자가 됐지만 정장을 더 사지는 않았다. 크론달은 "우리는 루이의 옷을 보고 브루클린 정장 가게에서 줄을 서서 산 거냐고 놀리곤 했어요. 그 가게는 정장뿐만 아니라 플로리다 여행 상품, 샴페인, 식권을 전부 99달러에 팔았지요"라고 말했다. 라니에리는 모터보트를 5대나 사 들이고는 "이제 내게는 정장보다 모터보트가 더 많아"라고 말하고 다녔다. 그는 새 차나 집을 사 들이는 것 말고는 지극히 평범하게 살았다. 그는 4벌의 정장을 돌려가면서 입고 다녀서 누구나 옷만 봐도 그를 알아봤다. 그의 낡은 정장은 "나는 내가 지원팀에서 이 자리까지 올라왔다는 것을 똑똑하게 기억하고 있어. 그리고 당신 또한 그 사실을 정확히 기억하고 있지. 나는 시시껄렁한 투자은행가가 아니라 '루이'야. 여기에는 그 어떤 속임수도 없어. 그러니 당신은 나를 믿어도 좋아. 내가 당신을 책임지겠어"라고 말하는 것 같았다.

라니에리와 그의 트레이더들의 노력에 힘입어 투자자들의 불신은 서서히 사그라들었다. 그리고 투자자들은 서서히 모기지채권을 사 들이기 시작했다. 라니에리는 "보스턴 자산관리 회사인 제네슨 Genesson의 앤디 카터 Andy Carter가 라니에리의 복음에 따라서 모기지 채권을 최초로 구입했어요"라고 말했다. 이보다 중요한 사실은 라니에리가 주택융자업계의 대가가 됐다는 것이었다. 미국의 초대형 저축대부조합 수십 곳은 라니에리의 조언이 없었다면 꿈쩍도 하지 않았을 것이다. 그들은 라니에리를 신뢰했다. 라니에리는 주택융자업계 관계자처럼 보였다. 그는 그들처럼 옷을 입고, 그들처럼 말했다. 밀켄의 정크본드에 투자하던 저축대부조합들도 모기지채권에 대대적으로 투자했으며, 미국 저축대부조합이 보유한 모기지채권 규모는 1977년 126억 달러에서 1986년 1,500억 달러로 급성장했다.

그러나 이 같은 수치는 라니에리와 그의 팀이 승승장구하는 데 저축대부조합들이 얼마나 중요한 역할을 했는지 정확하게 보여주지 못한다. 라니에리의 세일즈맨들은 모기지채권에 투자하라고 저축대부조합들을 적극적으로 설득했다. 능력 있는 세일즈맨은 소심한 저축대부조합장을 광폭한 도박꾼으로 만들어놓았다. 그 결과, 잠잠하던 저축대부조합이 채권 시장의 큰손으로 떠올랐다. 그 수는 줄어들었지만, 저축대부조합의 전체 자산 규모는 1981년 6,500억 달러에서 1986년 12조 달러로 거의 2배 가까이 커졌다. 살로먼 브러더스 트레이더였던 마르크 프리드는 월가에 과도하게 투자하고 있는 캘리포니아의 대형 저축대부조합을 방문한 적이 있었다. 그는 기관장을 진정시키며 도박하듯이 매매하는 것을 자제하고 투자 규모를 줄이는 대신에 채권 시장에 대한 투자를 늘려서 위험을 헤지하라고 권했다. 결과는 어땠을까. 그의 말을 들은 기관장은 "헤지는 계집애들이나 하는 짓"이라고 딱 잘라서 말했다.

살로먼 브러더스 모기지 트레이더들은 자신들이 벌어들이는 수익의 50~90퍼센트가 저축대부조합과 반대로 거래를 해서 얻은 것이라고 추산했다. 이쯤 되면 저축대부조합장들이 왜 살로먼 브러더스가 그토록 높은 이익률을 챙기도록 내버려뒀는지 의문이 생긴다. 우선 그들은 살로먼 브러더스보다 이익률에 대해서 잘 몰랐다. 모기지채권 시장에서 살로먼 브러더스를 당해낼 자가 없었기 때문에 살로먼 브러더스가 모기지채권 거래로 얼마나 많은 돈을 벌어들이는지 아는 사람도, 알려줄 사람도 없었다. 마을 축제에서 퍼레이드를 후원하고 일찍 퇴근해서 골프나 치러 다니는 저축대부조합장들이 미국 최대 채권 거래자였으니 어찌 보면 당연한 일이었다. 이는 지금도 마찬가지다. 그런데 이들은 미국 최악의 채권 트레이더이면서 채권 시장에서 얼간이로 통하는 부류였다.

달이 예상한 대로, 주택융자업계는 미친 듯이 급격히 성장했지만 1980년대 초반에 형성된 모기지 수요를 감당해낼 수 없었다. 살로먼 브러더스 모기지 트레이더들은 모기지채권을 팔기보다는 사는 경우가 더 많았다. 라니에리의 옛 동료는 "전체 대출 트레이더인 스티브 바움은 20억 달러 규모의 저축대부조합을 운영하고 있었어요"라고 설명했다. 여느 저축대부조합장처럼 바움은 시간이 흐르면서 모기지를 떠안게 됐다. (그러나 여느 저축대부조합과 달리, 그는 번영을 누렸다.) 1980년대 초 저축대부조합이 트레이더가 되고 트레이더가 저축대부조합이 되면서 역할 변화가 일어났다. (무슨 일이 일어났냐면, 월가는 주택융자업계를 쓸모없게 만들었다. 어느 날 용감한 누군가가 "주택융자업계를 모두 대체해버리는 건 어떨까요?"라고 말했다.) 모르타라는 바움에게 '매수자 바움'이라는 별명을 붙여줬다. 바움이 뭔가를 파는 것을 단 한 번도 본 적 없었기 때문이다. 그런데 그는 억세게 운이 좋았다. 머지않아 채권 시장은 역사적인 강세장을 맞이했다. 카우프만은 〈기관투자자 Institutional Investor〉라는 잡지에 이렇게 썼다.

1980년대 초 우대금리는 21.5퍼센트, 국채 금리는 17.5퍼센트였다. 장기 금리는 장기 국채 금리가 대략 15.25퍼센트에 도달한 1981년 10월 고점을 찍었다. 1982년 3분기 경제가 아주 빠르게 회복할 것이라고 생각한 나는 1982년 8월 낙관적인 전망을 내놓았다. 내가 낙관적인 전망으로 돌아선 날, 주식시장은 역사상 최대 폭 상승했고, 같은 날 채권 시장은 극적으로 활기를 되찾았다.

우리는 월도프 호텔에서 열리는 집행위원회 회의에 회사를 대표해서 참석할 예정이었다. 나는 전날 밤 채권 수익률이 꽤 급격하게 떨어질 것이라는 내용으로 2쪽 분량의 보고서를 작성했다. 나는 그 보고서를 운전기사에게 건네며 비서에게 전달해달라고 부탁했다. 그리고 비서에게는 그 보고서를 회사 내부 전산망에 올려서 트레이더와 세일즈맨 모두가 시장이 열리기 전인 오전 8시 45분이나 9시쯤 볼 수 있게 해달라고 부탁했다. 그러고 나서 나는 집행위원회 위원 8명이 기다리고 있는 회의장으로 갔다. 비서는 내게 전화를 걸어 보고서 중 한 부분을 설명해달라고 했다. 내 글씨가 엉망이라서 알아볼 수 없는 부분이 있었던 것이다. 옆에 있던 굿프렌드가 "무슨 전화예요?"라고 물었다. 나는 "비서에게 보고서를 회사 전산망에 올려달라고 했거든요"라고 대답했다. 그랬더니 곁에 있던 누군가가 "시장에 대한 전망을 수정했나요?"라고 물었다. 그가 질문했을 때

보고서는 이미 전산망에 올라간 뒤였고, 시장은 미친 듯이 요동치기 시작했다.

라니에리와 그의 팀은 공급 과잉으로 인해 어쩔 수 없이 수십억 달러의 모기지채권을 떠안게 됐다. 모기지 시장의 공급과 수요 상황을 놓고 봤을 때, 그들은 모기지채권 가격이 상승한다는 데 베팅할 수밖에 없었다. 그리하여 그들은 월가 역사상 초강세를 보이는 채권 시장을 기쁜 마음으로 지켜봤다. 그들은 우선 카우프만에게 감사를 표했다. 그가 채권 가격이 올라간다고 하면 진짜 올랐고, 연방준비제도이사회도 금리 인하를 허용했다. 카우프만이 예상한 대로 금융 정책이 라니에리와 그의 모기지채권 트레이더들에게 유리하게 전환되면서 그들에게 두 번째 행운을 안겨줬다. 나둘만은 "채권 시장의 강세가 이어질 거라고 지껄이고 다녔죠. 채권 선물 가격이 한 주에 16 포인트나 올랐습니다. 믿을 수 없었어요"라고 말했다. 모기지팀은 살로먼 브러더스에서 모두의 부러움을 독차지했다.

작은 팀 하나가 수억 달러에 달하는 거래 수익을 달성한 배경에는 이 같은 채권 시장의 상승세와 미국 주택융자업계의 무지함이 있었다. 라니에리는 돈을 버는 다른 방법도 알고 있었다. 라니에리와 그의 모기지 트레이더들은 다른 투자은행의 모기지 트레이더들이 쉽게 속아 넘어간다는 것을 알아챘다. 월가의 다른 투자은행들과 직통 전화가 연결되어 있지 않은 투자은행은 살로먼 브러더스가 유일했다. 살로먼 브러더스는 '인터브로커 딜러'라는 중개인을 통해 거래하는 것을 선호했다. 스톤은 "우리는 월가를 지배했습니다. 시장을 관리하기 위해서 저점에 채권을 매수하고 고점에 매도했어요. 예를 들면 10에 거래되는 채권을 12에 샀죠. 우리 분석팀은 12에 산 채권의 실제 가치가 20이라는 보고서를 만들어서 뿌렸습니다. 아니면 12에 60억 달러어치를 사 들였습니다. 월가의 다른 트레이더들은 이 채권의 가격이 오르는 것을 보면서 '소매가격에라도 매수할게'라며 우리 말을 따랐습니다"라고 말했다. 거래가 진행되는 동안, 살로먼 브러더스는 모기지채권 시장의 규칙을 원하는 대로 좌우할 수 있었다.

시간이 흐를수록 라니에리가 트레이딩룸에 관여하는 날은 줄어들었다. 스톤은 "루이는 멋진 큰 그림을 그릴 줄 아는 똑똑한 사람이었어요. 그는 앞으로 2주 동안 모기지채권 가격이 국채 가격보다 더 오를 거라고 했죠. 그가 하는 말 중 95퍼센트가 적중했어요. 그리고 예상이 빗나가면, 루이는 저축대부조합 19곳에 전화를 돌려서 모기지채권을 사 들이라고 설득할 수 있었지요"라고 말했다. 하지만 라니에리는 세부 내용에도 강한, 똑똑한 사람은 아니었다. 트레이더들은 모기지 시장을 세세하게 파고들기 시작했다. 오랫동안 살로먼 브러더스에서 모기지 세일즈맨으로 일했던 새뮤얼 삭스는 지적했다. "트레이더의 성향은 변하기 마련입니다. 그들은 머리 좋은 사람들을 고용해서 모기지채권을 낱낱이 뜯어보기 시작했어요. 모기지 시장은 루이가 언제나 머릿속에 넣어두고 기억하는 5가지 요점으로 요약할 수 있는 곳이 아니었습니다."

젊은 트레이더들은 대부분 MBA 석사학위나 박사 학위를 소지하고 있었다. 첫 주자는 크론달이고 하업트, 브리튼햄, 나둘만, 바움, 켄달, 하워드 루빈Howard Rubin이 그의 뒤를 이었다. 젊은 트레이더들은 선배들과 달리 상환할 필요가 없을 때 대출을 중도상환하는 사람들의 심리를 이용했다. 대표적으로 워싱턴 정책금융의 허점을 이용한 사례가 있다. 로스와 브리튼햄은 주택건설사업을 수행하는 건설사에 제공되는 연방 프로젝트 대출을 거래해서 수천만 달러를 벌어들였다. 1981년까지 연방정부는 재정 적자에 시달렸고, 이를 타개하기 위해서 자산 매각을 시도했다. 연방정부가 매각하는 자산 가운데 1960년대와 1970년대 저가 주택을 건설하는 건설사에 집행된 대출이 있었다. 이 대출은 일종의 보조금으로 처음부터 시장 금리보다 낮은 이자율로 제공됐기 때문에 제값(1달러당 100센트)을 받지 못했다. 채권 1달러당 60센트 정도로 거래되는 경우도 있었다. 연이자 4퍼센트의 30년 만기 채권 1,000만 달러의 가치가 6,000만 달러 정도였던 것이다. 국채에 투자하면 이자로 13퍼센트 정도 받을 수 있었는데 말이다.

정부가 자산을 매각할 때 〈월스트리트저널〉에 작은 공고문이 떴다. 그 공고문을 읽은 사람은 로스와 브리튼햄 단 둘뿐인 듯했다. 브리튼햄은 "우리는 몇 년 동안 채권 시장을 지배했습니다. 1981년 채권 트레이더가 됐을 때, 모기지채권을 매수하는 사람은 우리가 유일했습니다"라고 말했다. 채권 시장은 게임 이상의 것이었다. 관건은 누가 사전에 정부의 프로젝트 대출을 중도상환할지 판단하는 것이었다. 대출이 중도상환되면, 대출을 소유한 대출기관은 엄청난 이득을 얻게 된다. 정부 프로젝트 대출의 채권은 1달러당 100센트 이하에 거래됐기 때문이다. 즉시 중도상환될 대출의 채권을 1달러당 60센트에 사 들일 경우 대출이 중도상환되기 시작하면 로스와 브리튼햄은 1달러당 40센트를 금방 벌 수 있었다. 대출기관이 조기에 자금을 회수할 경우를 알아내야 했다. 여기에는 크게 2가지 경우가 있었다.

첫째, 재정적으로 압박받는 사업을 고르는 것이다. 위기가 있는 곳에는 항상 기회가 있게 마련이다. 브리튼햄은 "부도 위기에 처한 정부의 주택사업을 찾아낼 수 있으면 최고이지요"라고 말했다. 정부가 보증해줬기 때문에 부도가 나면 즉시 전액 상환된다. 이 과정에서 수백만 달러의 이익이 발생할 수 있다.

두 번째는 고급주택 사업이다. 브리튼햄은 말했다. "다 쓰러져가는 허름한 주택이 아니라, 멋진 수영장과 테니스 코트가 딸려 있고 전기 오븐이 설치된 고급 주택을 찾는 거예요. 그런 주택을 찾으면, '이거 꽤 괜찮은 투자가 되겠어'라는 생각이 들지요." 이게 괜찮은 투자가 되려면, 거주자는 소유자 겸 건설업자에게 자금을 치르고, 소유자 겸 건설업자는 그 돈으로 정부 프로젝트 대출금을 갚아야 한다. 정부가 대출금을 회수하면, 로스와 브리튼햄은 단돈 60센트에 산 종이 한 장 덕분에 1달러당 100센트를 정부로부터 받을 수 있었다. MBA 출신의 젊은 트레이더 2명이 수영장 딸린 고급주택과 파산한 거주자를 찾아다니는 모습이 한심해 보일 수 있지만, 이렇게 해서 수천만 달러를 벌어보면 생각이 완전히 달라질 것이다. 놀랍게도 이 대출을 진행한 워싱턴의 정부 관계자들은 그들처럼 행동하지 않았다. 그들은 그 대출의 가치를 이해하지 못했다. 그들은 대신 시장이 적정 가격을 매길 것이라고 믿었다. 하지만 시장은 알다시피 비효율적이다.

미국 주택 소유자의 비효율적인 행동을 이용하면 훨씬 더 큰 이익을 거둘 수 있었다. 대출금을 상환할 시기를 결정할 때, 주택 소유자는 연방정부보다 훨씬 더 미숙했다. 대출 금리가 4퍼센트, 6퍼센트, 그리고 8퍼센트인 모기지 대출자들이 대출 금리가 16퍼센트일 때 대출금을 상환하겠다고 고집을 부리는 경우도 있었다. 심지어 레버리지 시대에도 대출을 기피하는 사람들이 여전히 많았다. 그 결과 정부 프로젝트 대출과 동일한 상황이 초래됐다. 모기지가 모기지채권을 지탱했고, 모기지채권은 액면가보다 낮게 거래됐다. 이런 상황에서는 주택 소유자가 대출금을 상환하기 전에 액면가보다 낮은 가격에 모기지채권을 매수하는 것이 중요했다. 주택 소유자의 행동을 정확하게 예측한 모기지 트레이더는 엄청난 이익을 챙겼다. 모기지가 중도상환되면, 모기지채권을 손에 쥐고 있는 사람은 이익을 봤다. 1달러당 60센트에 매수한 모기지채권을 1달러당 100센트를 받고 매도할 수 있기 때문이다.

살로먼 브러더스의 젊은 트레이더인 루빈은 주택 소유자가 모기지를 중도상환할 가능성을 계산해냈다. 그는 그 가능성이 거주 지역, 원리금 미상환 기간, 그리고 모기지 액수에 따라 달라진다는 것을 알아냈다. 라니에리의 분석팀이 수집한 역사적 데이터를 활용해 이런 사실을 알아낸 것이다. 분석팀 연구원들은 무기 협상에서 과학적 조언을 얻기 위해 도움을 청하는 고문 같은 역할을 하는데, 살로먼 브러더스에서는 축구팀 물 당번 취급을 받았다. 하지만 최고의 트레이더들은 연구원들을 어떻게 활용해야 하는지 잘 알고 있었다. 루빈과 분석팀에게 미국 주택 소유자들은 일종의 실험실 쥐였다. 연구원들은 한곳에 머물러 사는 주택 소유자들이 금리 변화에 어떻게 반응하는지 도표로 정리했다. 한 연구원은 주택 소유자 한 무리가 다른 무리보다 비이성적으로 행동하고, 저금리 대출을 조기 상환할 가능성이 더 크다는 사실을 발견하고는 만족스러워했다. 그는 이 사실을 루빈에게 알렸고, 루빈은 곧장 그 무리에 속한 사람들의 모기지를 사 들였다. 물론 주택 소유자들은 월가가 자신들의 행동을 자세하게 관찰하고 있다는 사실을 꿈에도 몰랐다.

살로먼 브러더스는 초기에 모기지로 너무나도 쉽게 돈을 벌었다. 모기지는 시장에서 수학적으로 복잡한 금융상품으로 치부됐는데, 이 복잡성은 주택 소유자가 모기지를 중도상환할 수 있는 옵션 때문에 발생했다. 말하자면, 일반인이 모기지를 복잡하게 만드는 주범이었다. 그런데 모기지가 안고 있는 수학적 복잡성은 월가의 영리한 트레이더들에겐 큰돈을 벌 수 있는 고르디우스의 매듭Gordian knot(복잡한 매듭처럼 풀기 힘들지만, 허점을 찾아내거나 발상을 전환함으로써 쉽게 풀 수 있는 문제를 비유하는 말-역주)이었다. 라니에리는 본능에 따라 대규모 분석팀을 꾸렸다. 이는 옳은 결정이었다. 모기지에선 수학이 핵심이었기 때문이다.

분석팀 덕분에 분석 도구는 훨씬 정교해졌고, 트레이더들은 그 도구를 활용해서 쉽게 돈을 벌었다. 하지만 트레이더들의 행동은 분석 도구만큼 정교하지 못했다. 시장의 기술이 한 단계 발전할 때마다 그들은 인간적으로 한 단계 퇴보했다. 모기지 트레이더가 6명에서 25명으로 늘어나자 그들은 더욱 크게 소리를 질렀고, 더욱 무례해졌고, 더욱 뚱뚱해졌으며, 다른 팀과의 관계에 더욱 무관심해졌다. 모기지팀의 문화는 음식에 기반을 두고 있었다. 이상하게 들릴지도 모르지만, 모기지 트레이더들이 뭔가 먹고 있는 것을 보면 괴상하다는 생각이 들 정도였다. 한 전직 트레이더의 말을 소개한다. "성탄절에는 다이어트를 하지 않죠. 모기지팀에는 다이어트란 개념이 존재하지 않았고, 매일이 크리스마스였지요. 외모가 어떻든 우리는 돈을 벌었어요." 모기지 트레이더들은 오전 8시에 연수생이 트리니티 델리 Trinity Deli 에서 사 온 양파 치즈 버거를 먹는 것으로 하루를 시작했다. 1985년 모기지팀에 합류한 게리 킬버그 Gary Kilberg 는 말했다. "솔직히 말해서 먹고 싶어서 먹는 건 아니었어요. 숙취 때문에 커피를 홀짝이고 있는데, 음식 냄새가 풍겨온다고 생각해봐요. 나 빼고 나머지 전부가 치즈 버거를 먹고 있죠. 그러면 그 빌어먹을 치즈 버거를 안 먹고는 버틸 수 없어요."

모기지 트레이더들은 엄청난 폭식가였다. 모르타라는 엿기름으로 범벅된 밀크볼을 단 두 입에 해치웠고, 단토나는 매일 오후 연수생들에게 사탕을 20달러어치 사 오라고 시켰다. 하업트, 제셀슨, 그리고 아널드는 작은 피자를 한입에 먹어치웠다. 그러면서도 매주 금요일이 되면 '먹자판'이 벌어졌다. 모기지 거래를 집어치우고 그들은 온종일 먹기만 했다. 한 전직 트레이더의 이야기다. "우리는 멕시코 음식을 400달러어치나 시켰어요. 멕시코 음식을 400달러어치 시키는 건 정말 쉽지 않은 일이에요. 언제나 먼저 과카몰리를 20리터 정도 시키죠. 고객이 전화해서 모기지채권을 사겠다고 말하면, '죄송해요. 지금 한창 먹자판이 벌어졌어요. 나중에 다시 전화 드릴게요'라고 했죠."

그들은 살이 찔수록 마른 사람들을 혐오했다. 그들은 "위선은 없어! 우리는 지금 있는 그대로의 모습이 자랑스럽다고!"라고 외쳤다. 그러면서 주말에 철인 3종 경기에 참가하는 삐쩍 마른 국채 트레이더들은 주중에 땡전 한 푼 벌지 못했을 거라고 조롱했다. 이는 사실이 아니었지만, 살로먼 브러더스에서 그 누구도 모기지 트레이더만큼 돈을 벌지 못했다는 것은 사실이다. 모기지 시장의 움직임은 날로 활발해지고 있었다. 스톤은 "매달 말 모기지팀은 회식을 했어요.

우리는 회사채팀과 국채팀이 벌어들인 돈을 합친 것보다 2배는 더 많은 돈을 벌었다며 자랑스러워했어요! 우리는 최고였고, 나머지는 병신이었어요. 1983년 모르타라가 회사 임원으로 승진하지 못하고 다른 팀 팀장이 승진했을 때, 모기지팀은 그야말로 똘똘 뭉쳤어요. 우리는 '우린 살로먼 브러더스를 위해 일하지 않는다. 우리는 모기지팀을 위해서 일한다'라고 외쳤죠"라고 말했다.

라니에리는 팀의 규모와 기능이 아무리 커져도 이 문화를 지켰다. 매달 말에 하는 회식을 거를 때면 모기지팀은 국채팀과 회사채팀을 쏙 빼고 애틀랜틱시티로 여행을 갔다. 모기지 트레이더들은 헬리콥터를 타고 가서 밤새도록 도박을 즐기다가 다음 날 아침 거래가 시작되는 시각에 맞춰서 살로먼 브러더스로 돌아왔다. 살로먼 브러더스에서 막강한 권력을 지닌 트레이더에게 이 정도는 식은 죽 먹기였다.

그들은 바보 같은 장난도 쳤다. 이것은 일종의 전통으로 1982년에 시작됐다. 한 트레이더가 다른 트레이더의 여행가방을 몰래 가져가서 분홍색 레이스가 달린 속옷으로 가득 채워놓는 식이다. 1982~1985년 이런 장난을 친 일이 적어도 4번은 있었다. 단토나가 어느 늦은 금요일 아침에 여행가방을 손에 들고 사무실에 도착했을 때, 이 장난은 끝났다. 그는 푸에르토리코로 주말여행을 갈 계획이었는데, 다른 트레이더들에게 "이봐, 미안하지만 너희들은 못 가지롱"이라며 약을 올렸다. 피터 마로Peter Marro와 그레그 에라디Greg Erardi는 바짝 약이 올랐다. 단토나가 다른 데 정신이 팔려 있을 때, 두 사람은 그의 여행가방을 들고 유유히 사라졌다. 그들은 여행가방에서 단토나의 옷을 죄다 꺼내고 젖은 페이퍼타월로 가방을 가득 채워놓았다. 그날 저녁 푸에르토리코에 도착한 단토나는 호텔에서 샤워를 하고 나온 뒤에야 이들의 장난을 알아차렸다. 그는 물을 뚝뚝 흘리면서 유력한 용의자인 마로에게 먼저 전화를 걸었다. 마로는 단토나에게 사실대로 털어놓았다. 단토나는 이런 장난은 하나도 재미있지 않다고 정색하고 말했다. 그는 주말 동안 마로에게 일곱 번이나 전화를 걸어서 이게 얼마나 어처구니없는 장난인지 이야기했다. 그러면서 한편으로는 복수를 계획했다. 마로는 일요일 아침 일찍 단토나의 전화를 받고 잠에서 깼다. 단토나는 마로가 전화를 받자마자 "언제 어디서 어떻게 복수할지는 모르지만, 언젠가는 반드시 복수하겠어"라고 말했다.

그로부터 얼마 지나지 않아 단토나는 복수 계획을 실행에 옮겼다. 하지만 그는 마로에게 직접 복수하지 않았다. 늘 그렇듯, 용의자 밑에서 일하는 연수생이 타깃이 됐다. 마로 밑에서 일하는 연수생은 게리 킬버그로, 나와 같은 기수였다. 어느 날 킬버그가 사무실에 여행가방을 들고 왔다. 그날 저녁에 동부행 비행기를 타고 미국 상원의원 2명을 만나기 위해서 워싱턴에 갈 예정이었다. 단토나가 자신을 노리고 있을 거라고 예상한 그는 여행가방을 카우프만의 사무실에 있는 벽장에 넣어뒀다. 공항으로 출발하려는데 전화가 울렸다. 마로였다. 마로는 2.5미터 정도 떨어진 곳에 앉아 있었다. 트레이더들은 가까이 앉아 있으면서도 사적인 대화를 할 때는 전화를 걸어댔다. 마로는 킬버그에게 경고했다. "내게 너한테 귀띔해줬다고 아무한테도 말하지 마. 가서 네 여행가방을 한번 살펴봐." 따라오는 사람이 아무도 없다는 것을 확인한 뒤에 킬버그는 여행가방을 확인했는데, 아무런 이상이 없었다. 킬버그는 제시간에 맞춰 비행기를 탔고, 별일 없이 출장을 마무리했다.

그런데 이틀 뒤 그가 트레이딩룸에 들어서자마자 모든 트레이더가 그를 보고 웃어댔다. 그중에서도 단토나가 가장 크게 웃었다. 킬버그는 "뭐가 그렇게 재미있어요?"라고 물었다. 단토나는 "출장 괜찮았어, 킬러?"라고 말했다. 킬버그는 "네"라고 대답했다. 단토나는 "네라니?"라고 되물었다. 그 순간, 6명 정도가 일이 어떻게 돌아가는 건지 깨달았다. 킬버그가 워싱턴으로 출장을 가는 날 단토나는 트레이딩룸 근처 어딘가에서 옷으로 가득한 여행가방을 발견했다. 그 여행가방에는 금박으로 'K'라는 이니셜이 박혀 있었다. 단토나는 'K'라면 당연히 킬버그를 의미한다고 생각했다. 그런데 헛다리를 짚은 것이다. 그것은 킬버그의 여행가방이 아니었다. 트레이더들은 웅성대기 시작했다. 누군가가 "그러면 도대체 그건 누구 거지?"라고 물었다. 킬버그는 회상했다. "그 순간, 모두가 같은 생각을 했어요. 그 여행가방은 일개 직원의 것이 아니라 임원의 것이었을지도 모른다는 생각이 모두의 머리를 스쳤지요. 그 여행가방은 카우프만(헨리)이나 킴멜(리) 것 같았어요. 아니면 여행가방에 옷이 엉망으로 들어 있었다고 하니 코티스(국채팀장 크레이그)의 것일 수도 있었죠. 모두가 한꺼번에 '망했다. 이를 어쩌지?'라고 생각했어요."

그게 누구의 여행가방인지는 중요하지 않다. 어쨌든 그 여행가방의 주인은 양복 대신 물에 젖은 종이 뭉치로 가득한 여행가방을 들고 출장을 갔을 것이다. 주말 내내 젖은 종이 뭉치로 가득한 여행가방을 보면서 그는 엄청나게 열이 받았을 것이다. 이런 장난은 그때까지 모기지팀 내부에서만 행해졌다. 정체를 알 수 없는 'K'가 모기지팀 트레이더라면 여행가방에서 양복이 없어진 이유를 알았을 테지만, 모기지팀에는 'K'가 없었다. 모기지 트레이더 중 하나가 그 여행 가방에 있던 양복을 초록색 봉투에 쑤셔 담아서 살로먼 브러더스 길 건너편에 있는 건설 현장에 내다 버렸다. 참고로 살로먼 브러더스는 뉴욕 보건 및 라켓 클럽 앞에 위치해 있었다. 모기지 트레이더들은 톰 소여와 허클베리 핀처럼 무슨 일이 있었는지 아무에게도 말하지 않기로 했다. 킬버그는 "아직도 그게 누구의 여행가방이었는지 몰라요"라고 말했다.

모기지팀은 대기업에 소속된 팀이라기보다는 철부지 남학생들이 모여 있는 사교클럽 같았다. 라니에리는 팀원들의 철부지 같은 행동에 최소한 부분적으로는 책임이 있었다. 그는 철부지 남학생 중 하나가 아니라 그들의 우두머리였다. 그에게는 단순한 승리보다는 멋진 승리가 중요했다. 그의 책상 위에는 스트리퍼의 주황색 팬티가 걸린 우편물 꽂이가 있었다. 회사에서 그 누구보다 돈을 많이 버는 것 역시 즐거운 일이지만, 반나절 동안 팀원들과 시시껄렁한 농담을 하고 두툼한 시가를 피우는 것 역시 정말 즐거웠다.

한 트레이더는 라니에리가 자기 사무실을 박차고 나와 그가 데리고 있던 젊은 트레이더 중 하나인 앤드류 프라이드왈드Andrew Friedwald에게 성큼성큼 걸어갔던 날을 떠올렸다. "루이는 환하게 미소 지은 채 앤디 옆에 바짝 서서 거래가 어떻게 진행되고 있는지 물었지요. 앤디는 일본과 런던에서 채권을 어떻게 팔았는지 이야기했어요. 루이는 이상야릇한 미소를 머금은 채 고개를 끄덕이며 앤디의 말을 들었어요. 앤디가 뭐라고 계속 말했고, 루이는 미소를 지으며 거기에 계속 서 있었지요. 그 순간, 앤디는 루이가 장난을 치고 있다는 걸 알아차렸어요. 루이는 앤디의 거시기에 라이터를 대고 있었어요. 앤디의 바지에 불이 붙기 일보 직전이었죠. 앤디는 몹시 화가 나서 길길이 날뛰었어요."

스톤은 라니에리가 자신의 재킷 주머니에 베일리스 아이리시 아이스크림을 집어넣었던 일을 떠올렸다. 그가 자기가 제일 좋아하는 재킷이라며 투덜대자 라니에리는 400달러를 꺼내더니 "그만 구시렁거리고 새로 하나 사 입어"라고 말했다.

라니에리는 대단히 충동적이었다. 관리자들이 내린 의사결정을 분석하는 경영대학원의 사례 연구에 전혀 도움이 안 될 정도로 말이다. 마리아 산체스Maria Sanchez는 살로먼 브러더스의 모기지 금융팀을 방문한 첫날 복도에서 라니에리와 우연히 마주쳤던 일을 잊을 수 없다고 했다. "저는 그가 누군지 전혀 몰랐어요. 한 남자가 장검을 휘두르면서 펭귄처럼 뒤뚱거리며 복도를 걸어오고 있었어요. 그는 사무실에 자신이 모아놓은 장검을 전시해놓았더라고요. 그는 회사를 안내해주던 직원에게 다가와 저를 장검으로 가리키더니 큰소리로 '누구죠?'라고 물었어요. 짧게 인사를 나눈 뒤 그가 이탈리아 사람이냐고 묻기에 저는 쿠바 사람이라고 대답했어요. 저는 블라우스에 긴 나비넥타이를 매고 있었는데, 그가 가위를 꺼내더니 빙그레 웃으며 나비넥타이를 잘라버렸어요. 그러더니 자신은 여자가 이런 타이를 하고 있는 것을 싫어한다고 말하더군요. 그러고는 지갑에서 100달러짜리 지폐를 꺼내주면서 새로 셔츠를 사 입으라고 했어요. 세상에, 뭐 이런 인간이 다 있지, 라는 생각이 들더라고요."

마침내 라니에리는 굿프렌드에게 행실을 똑바로 하라는 압박을 받기에 이르렀다. 굿프렌드도 라니에리처럼 장난을 좋아했지만, 어쨌든 그는 살로먼 브러더스를 이끄는 회장이었다. 굿프렌드의 압박을 받은 뒤에 라니에리는 좀 더 부회장답게 행동하기 시작했다. 굿프렌드가 라니에리를 차기 회장으로 점찍었으니, 라니에리는 적어도 그에 걸맞게 행동해야 했다. 스톤은 "하루는 루이가 비서에게 아메리칸 익스프레스 카드를 던지면서 브룩스 브러더스에서 정장을 한 벌 사 오라고 말했어요. 굿프렌드가 루이에게 이미지를 바꾸라고 지시했기 때문이었죠"라고 말했다.

굿프렌드의 걱정거리는 라니에리의 옷만이 아니었다. 굿프렌드는 라니에리 자체를 걱정했다. 다른 트레이더의 이야기를 들어보자. "굿프렌드는 라니에리의 몸무게를 예의주시했어요. 피자를 시켜서 먹고 있는데, 굿프렌드가 우리 쪽으로 오더라고요. 루이는 굿프렌드가 자리를 뜰 때까지 피자를 먹지 않았어요. 모두가 어느 게 루이의 피자인지 알고 있었죠. 루이는 '내 피자를 건드리는 놈은 가만두지 않겠다'는 얼굴로 서 있었어요."

라니에리는 당시의 상황을 살짝 다르게 기억했다. 라니에리는 아내 페그Peg와 비서 리즈 에이브람스Liz Abrams에게 속아서 바니스Barney's로 향했던 날을 떠올렸다. 그는 "정장을 한 벌 새로 사기로 했어요. 매장을 둘러보고 있는데, 점원이 이것저것 보여주더라고요. 제가 마음에 든다고 할 때마다 점원은 옷걸이에서 정장을 빼서 보여줬어요. 리즈가 점원에게 마음에 드는 정장을 전부 살 거라고 했나 봐요. 정신을 차리고 보니 무려 9벌이나 골랐더라고요. 그때부터 저는 세상에서 제일 싫어하는 일을 해야 했죠. 잘 어울리는지 보기 위해서 9벌이나 되는 정장을 전부 입어봐야 했어요. 정장을 입어보고 있는데, 리즈가 제 신용카드를 가져가더니 점원에게 결제하겠다고 말했어요. 그러곤 영수증 세 장을 들고 왔어요. 그게 뭐냐고 묻자 리즈는 정장 9벌, 넥타이 15개, 그리고 모노그램이 찍혀 있는 이 쪼그만 물건이 꽂힌 셔츠를 24벌이나 샀다고 하더라고요. (라니에리는 손수건을 가리켰다.) 이게 사기가 아니고 뭡니까?"라며 투덜거렸다.

그 일로 라니에리의 스타일이 바뀌진 않았다. 그는 자신의 스타일을 바꾸려고 조언을 아끼지 않는 사람들을 좌절시키는 법을 알고 있었다. 새로 산 정장은 대부분 재킷, 바지, 조끼로 구성된 스리피스 정장이었다. 그런데 그가 정장을 새로 장만하자마자 스리피스 정장의 유행은 끝나버렸다. 유행이 지났건 어쨌건, 라니에리는 새로 산 옷을 제대로 입고 다니지 않았다. 한 트레이더는 "루이는 매일 아침 한쪽 어깨에는 조끼를, 다른 쪽 어깨에는 넥타이를 걸치고 나타났어요"라고 기억했다. 스타일이 바뀌었지만, 라니에리는 여전히 고객 앞에서 털털한 사람이었다. 새 옷으로 그의 오래된 이미지를 지워버릴수는 없었다.

크론달은 라니에리와 살로먼 브러더스의 고객과 함께 저녁을 먹었던 날 이야기를 해줬다. 식사를 하던 중 라니에리는 폭이 좁은 넥타이와 셔츠에 수프를 엎질렀다. 크론달은 "루이는 엄청 화가 났는지 욕을 해댔어요. 그가 늘 하고 다니던 폭이 넓은 넥타이를 맸더라면 셔츠에는 수프가 튀지 않았을 거라며 투덜댔죠"라고 말했다. 알래스카에 있는 고객을 만나러 가야 했을 때의 일이다. 고객이 알래스카에 있으니, 정장만 입고 있던 라니에리는 코트를 한 벌 장만해야 했다. 그래서 비서에게 신용카드를 주며 코트를 한 벌 사 오라고 했더니, 비서는 라니에리의 신용카드로 브룩스 브러더스에서 무려 800달러짜리 오버코트를 사 왔다. 라니에리는 새 정장에 새 오버코트를 입은 멋진 차림새로 알래스카로 떠났다. 그런데 출장을 가는 길에 구두를 잃어버리는 바람에 면세점에서 새 구두를 사야 했다. 라니에리는 800달러짜리 오버코트를 입고 굽이 15센티미터나 되는 19달러짜리 밝은 주황색 짝퉁 카우보이 부츠를 신은 채 고객을 만났다. 이것은 월가에서 가장 용감한 행동이었을지도 모른다.

떠나는 트레이더들

트레이딩룸에서는 때때로 이해할 수 없는 일이 일어나곤 한다. 똑같이 능력 있는 두 사람이 같은 트레이딩룸에서 일하고 있다. 그런데 한 명은 2,000만 달러를 벌고, 다른 한 명은 2,000만 달러를 잃는다. 도대체 그 이유는 뭘까? 라이어스 포커 챔피언인 존 메리웨더는 살로먼 브러더스에서 미래의 인재를 족집게처럼 찾아내는 완벽한 트레이딩 책임자였다. 하지만 그런 그조차 실수에서 자유로운 것은 아니었다. 그는 손실이 날 때마다 이성을 잃는 트레이더를 고용한 적이 있었다. 하루는 자신이 이러지도 저러지도 못할 곤경에 빠졌다는 것을 알게 된 그 트레이더가 이성의 끈을 놓아버렸다. 그는 "날 잡으러 올 거예요. 잡으러 온다고요!"라고 계속 소리쳤다. 누군가가 잔뜩 흥분한 그를 트레이딩룸 밖으로 끌고 나갔다.

멍청이를 한눈에 알아보긴 쉽지 않지만, 재능 있는 사람은 한 번만 봐도 알 수 있다. 루빈이 바로 그런 사람이었다. 그는 감각 있는 트레이더였다. 라니에리는 루빈을 "천부적인 재능을 지닌 트레이더"라고 평가했다. 다른 트레이더들은 루빈을 두고 라니에리를 가장 많이 닮은 트레이더라고 말했다. 한 트레이더는 "루이가 시장이 상승할 것이라고 호언장담하면서 1억 달러어치나 채권을 샀어요. 그런데 그의 예상과 달리 시장이 하락세를 보이더라고요. 그러자 루이는 채권을 20억 달러어치 더 사 들였어요. 루이가 채권을 더 사 들이고 나자 언제 그랬냐는 듯 시장이 상승세를 보이더라고요. 루이가 채권을 대량 매수해서 시장의 하락세를 상승세로 돌렸던 거죠. 루이는 우리를 보면서 '봐, 내가 시장이 상승할 거라고 했지'라고 말했어요."라고 말했다.

루빈은 1982년 가을 하버드 경영대학원을 졸업하고 곧장 살로먼 브러더스에 합류했다. 라니에리를 비롯한 모든 직원이 루빈에 대해 가장 흥미롭다고 생각한 부분은 그가 라스베이거스 카지노의 블랙잭 테이블에서 카드를 읽어내는 데 몇 년을 썼다는 점이었다. 알다시피 카드를 읽는다는 것은 패가 열린 카드를 기억해서 특정 카드가 나올 확률을 계산하는 것이다. 카드를 읽는 하버드 경영대학원 졸업생은 정말 흔치 않은 존재다. 말하자면 그는 옛 살로먼 브러더스와 새 살로먼 브러더스가 합쳐진 인물 같았다.

1977년 루빈은 라파예트대학을 갓 졸업한 화학 엔지니어로, 뉴저지 린든의 엑손 정유사에서 일했다. 그의 연봉은 1만 7,500달러로, 당시에는 꽤 잘 버는 축에 속했다. 그는 "회사에 입사하고 6개월이 지나자 슬슬 지루해졌어요. 1년 6개월이 지나니까 회사 생활이 지루해서 죽을 것 같더라고요"라고 말했다. 뉴저지 린든의 따분한 화학 엔지니어가 할 일이 뭐가 있겠나? 루빈은 TV를 보면서 맥주를 마시는 것 말고는 아무것도 할 게 없었다. 하루는 TV 채널을 이리저리 돌리다가 루빈과 대학 동창은 우연히 탐사 보도 프로그램 〈60분 Sixty Minutes〉에서 블랙잭에서 카드를 읽으면서 돈을 버는 한 남자의 이야기를 들었고, 이에 루빈은 '저런 남자도 할 수 있는데 어려워봤자 얼마나 어렵겠어?'라고 생각했다. 그러곤 카드 읽는 법에 관한 책을 3권 읽고 라스베이거스로 갔다. 그는 2년 동안 라스베이거스에서 카드를 읽으면서 3,000달러를 8만 달러로 만들었다. 루빈은 "시스템을 깨뜨리는 것은 어렵지 않았어요. 카지노에서 쫓겨나지 않는 게 가장 어려운 일이었죠"라고 회상했다. 그가 떠날 무렵, 라스베이거스에 있는 모든 카지노에 그의 사진이 걸렸다. 루빈은 경호원에게 잡히지 않으려고 변장을 하고 다녔다. 그러다 카드를 읽어내는 것도 지겨워지자 하버드 경영대학원에 들어갔다. 그곳에서 세상 물정에 밝은 동급생에게 채권 트레이더라는 직업이 있다는 이야기를 들은 루빈은 채권 트레이더야말로 자신이 찾던 직업이라는 생각이 들었다.

루빈은 조기 상환 옵션이 있는 모기지에 기반한 모기지채권 거래가 카드 읽기와 비슷하다는 생각이 들었다. "블랙잭은 카지노에서 유일하게 인과법칙이 적용되는 게임이에요. 과거에 일어난 일이 미래에 일어날 일에 영향을 미치죠. 통계적으로 우위에 서게 되는 순간이 있어요. 바로 그때 크게 베팅을 해야 합니다." 살로먼 브러더스에서 그는 주택 소유자의 과거 행동에 대해 좋은 정보를 얻을 수 있었다. 그는 이렇게 우위를 점하고 있을 때만 베팅을 했다. 그는 또한 살로먼 브러더스의 트레이딩룸은 라스베이거스의 카지노와 비슷하다고 말했다. 두 곳 모두에서 수천 가지 방해 요인에 맞서 베팅을 하고 리스크를 관리해야 한다. 카지노에서 그는 공개된 카드를 모두 기억하려고 애쓰면서도 블랙잭 딜러 앞에서는 관심 없다는 표정을 유지해야 했다. 그래서 일부러 옆에 있는 사람과 말을 섞거나 진토닉을 마셔댔다. 살로먼 브러더스에서 그는 6명의 세일즈맨에게 소리를 지르고, 아침부터 치즈 버거를 먹고, 라니에리가 동료의 거시기에 라이터를 갖다 대는 것을 보면서 채권을 거래했다.

연수 프로그램을 마치고 신입 트레이더로 일하던 첫 해인 1983년, 루빈은 2,500만 달러를 벌었다. 루빈 때문에 처음으로 살로먼 브러더스 경영진이 대답할 수 없는 수억 달러짜리 질문이 나왔다. 도대체 그 돈을 번 사람은 누구인가? 루빈인가? 아니면 살로먼 브러더스인가? 루빈 입장에서 보면 그 주인공은 본인이었지만 굿프렌드의 입장에서 보면, 루빈이 아닌 살로먼 브러더스가 그 돈을 번 것이었다. 굿프렌드는 회사가 루빈에게 기회를 만들어줬고 루빈은 그 기회 덕분에 돈을 번 것이기 때문에 회사가 엄청난 수익을 차지할 자격이 있다고 생각했고, 그처럼 생각하는 사람이 훨씬 많았다. 연수 프로그램을 마치고 트레이더로 일한 첫 2년 동안 루빈은 다른 연수생들과 마찬가지로 연봉 제한 대상이었다. 첫해 그는 9만 달러를 받았는데, 이는 1년 차 트레이더가 받을 수 있는 최고 연봉이었다. 트레이더로 일한 지 2년째 되던 1984년 루빈은 채권 거래로 3,000만 달러를 벌었다. 그 보상으로 그는 17만 5,000달러를 연봉으로 받았다. 이것은 2년 차 트레이더의 최고 연봉이었다. 그는 "하버드 경영대학원에는 자기만 잘났으면 무슨 일을 하든지 3년 차에 10만 달러를 벌 수 있다는 불문율이 있지요"라고 말했다. 이제 그에게 이런 불문율은 중요하지 않았다. 1985년 초반에 그는 살로먼 브러더스를 그만두고 3년간 최소한 연간 100만 달러를 받고 거래 수익의 1퍼센트를 보너스로 받는 조건으로 메릴린치와 계약했다.

누가 루빈을 비난할 수 있을까? 동료들은 욕하기는커녕 오히려 그를 이해했다. 트레이더에게 회사를 위해서 시장에 있는 돈을 싹쓸이하고 다른 사람들의 약점을 철저하게 이용하라고 가르치면서, 트레이더가 아무 말 없이 연봉 계약을 갱신하는 것을 받아들이고 주는 대로 보너스를 받아갈 것으로 기대하지는 않을 것이다. 살로먼 브러더스 트레이딩룸에서 일하는 사람들은 매년 말이면 몇 주 동안 해오던 업무를 중단하고 자신의 경력을 근거로 회사와 거래를 했다. 회사가 나를 제대로 대우해주고 있는가? 회사는 내 미래를 어떻게 전망하고 있는가? 다른 회사로 가면 돈을 얼마나 더 받을 수 있을까? 트레이더들은 심지어 살로먼 브러더스를 상대로 게임을 했다. 그 게임은 라이어스 포커와 많이 비슷했다. 나둘만은 "1년에 35만 달러를 받으면서 어떻게 연봉이 적다고 속상한 척하겠어요. 그런데 저는 이 게임을 정말 잘했어요. 기가 막히게 잘했죠"라고 말했다. 35만 달러는 올해 연봉으로 충분할지 모르지만 내년에는 아니다. 같은 수준을 제시한다면 회사에서 더 이상 일할 수 없다는 메시지를 전달할 필요가 있었다. 물론 이것은 허풍일 수도 있고, 아닐 수도 있다.

자신도 트레이더였지만 굿프렌드는 회사 보상 시스템의 모순을 이해하지 못했다. 그런데 모기지 시장에서 유례없이 많은 이익을 챙기면서 보상 시스템이 통째로 흔들렸다. 보상 시스템에 대한 굿프렌드의 생각은 살로먼 브러더스가 파트너십 유한회사였을 때 형성됐다. 그래서 그는 회사에 대한 충성을 지극히 당연하게 생각했다. 파트너십 유한회사에서 트레이더는 개인 자산에서 상당한 액수를 회사에 투자해야 했다. 그래서 회사를 떠난다면, 그는 회사에 투자한 돈을 모두 포기해야만 했다.

그런데 굿프렌드가 1981년 살로먼 브러더스를 필립스 브러더스에 매각하면서 이 같은 보상 시스템은 사라졌다. 연수 프로그램을 통해 (굿프렌드가 보기에) 솜털이 뽀송뽀송한 젊은 트레이더들이 배출됐다. 이들은 모기지 시장에서 새로운 기회를 잡아 수천만 달러를 벌어들이고 자신의 실적에 걸맞은 대가를 요구했다. 그러나 트레이더가 자신이 거래를 통해 벌어들인 돈의 '일부'를 배당받도록 굿프렌드가 허락할 리 없었다. 그는 이를 절대 안 될 일이라고 생각했다. 이런 생각은 2년 차 트레이더에게 연간 100만 달러를 주는 것은 상상할 수도 없었던 시대에 뿌리를 두고 있었다. 그러니 루빈이 아닌 살로먼 브러더스가 채권 거래로 2,500만 달러를 벌어들였다고 말한 것도 당연하다.

굿프렌드는 젊은 트레이더들이 자만에 차 있다고 대놓고 비판했다. 1985년 그는 〈비즈니스위크〉 기자와 인터뷰하면서 트레이딩룸에서 정신없이 일하는 젊은 직원에게 위엄 있게 손을 흔들며 "머리에 피도 안 마른 저 똘똘이들이 무슨 생각을 하는지 도저히 모르겠어요"라고 말했다. 모기지 트레이더들은 그의 이중적인 태도를 알아채고 크게 분노했다. 돈이 중요하지 않다고 말하는 것은 굿프렌드에게 쉬운 일이었다. 그는 월가에서 가장 많은 돈을 버는 사람인 데다 회사를 필립스 브러더스에 매각하면서 무려 4,000만 달러를 챙겼다. 다시 말해, 그는 이미 엄청난 부자였다. 살로먼 브러더스에서 오랫동안 일해온 다른 임원들뿐만 아니라 그 역시 돈을 챙긴 뒤 회사에 대한 태도를 싹 바꿨다. 그와 임원들은 살로먼 브러더스를 부를 창출하는 도구보다는 권력과 영광을 누리는 수단으로 취급하기 시작했다. 그 결과, 살로먼 브러더스는 오랫동안 회사에 남아 있던 임원들이 나머지 직원을 못살게 괴롭히는 거대한 놀이터가 되고 말았다.

특히나 굿프렌드는 이 놀이터의 성장을 한껏 즐기는 것처럼 보였다. 그는 살로먼 브러더스에 대해 '자본금이 무려 30억 달러에 이르는 세계에서 가장 영향력 있는 투자은행'이라고 말하는 것을 즐겼다. 그는 '글로벌' 투자은행이라는 말을 특히 좋아했다. 런던, 도쿄, 프랑크푸르트, 그리고 취리히에 지사가 설립됐고 회사는 계속 성장했다. 1982년 2,000명이던 직원은 1987년 6,000명으로 증가했다.

사람들은 살로먼 브러더스가 이토록 성장한 배경에 경쟁력을 유지하려는 욕구가 있을 거라고 생각했지만 대다수 모기지 트레이더들은 이것은 그저 성장을 위한 성장일 뿐이었다며, 그로 인한 영광은 오직 굿프렌드의 몫이었다고 비난했다. 굿프렌드는 살로먼 브러더스가 하룻밤 사이에, 그리고 매일 밤 80억 달러의 증권을 보유하고 있다는 말을 자주 했다. 그리고 이어서 자산 규모를 기준으로 살로먼 브러더스가 '세계 최대 상업은행'이고, 국가 규모와 비교하면 '세계 40위 권'에 든다고 말했다. 한 유대인 모기지 트레이더는 이 말을 듣고 "아휴, 존 회장님, 네덜란드가 아니라 유대인 자본에 대해 말씀하고 있는 거로군요"라고 비웃었다.

살로먼 브러더스가 관리하는 자본이 유대인 자본에 불과하다고 말하면 굿프렌드뿐만 아니라 세계 40위 국가인 네덜란드도 고개를 갸웃할 것이다. 그가 회장으로 있는 살로먼 브러더스는 그보다 큰 존재였다. 우선 살로먼 브러더스 경영진이 교환할 수 있는 자산의 규모가 엄청났다. 이런 맥락에서 굿프렌드는 훨씬 더 큰 영향력을 지니고 있었다. 루빈조차 살로먼 브러더스라는 기계를 돌리는 톱니바퀴 그 이상도 이하도 아니었다. 언제든 다른 연수생이 그의 자리를 대신할 수 있었다. 트레이더들은 굿프렌드의 이러한 시스템을 아주 나쁘게 평가했다. 좋은 점이라곤 회사에 계속 남아 있을 수 있다는 것뿐이었다. 그들은 회사가 계속 번창해서 과거의 실적까지 보상받을 수 있기를 바랐다. 만약 회사의 수익성이 약해진다면 트레이더들은 자신의 전성기를 낭비한 셈이 될 터였다.

그래서 루빈은 1985년 연봉 300만 달러를 보장받고 메릴린치로 옮겼고, 당대의 '전설'이 됐다. 루빈의 반란은 연수생들 사이에서도 화젯거리가 됐다. 그를 한 번도 만난 적 없는 사람들조차 그에 대해 얘기할 정도였다. 사람들은 "루빈이 메릴린치에서 어떤 대우를 받는지 들었어?"라고 수군댔다. 물론 모두가 풍문으로 들어서 알고 있었다. 모기지 트레이더들은 다른 투자은행에서 연봉 300만 달러를 받게 된다면 곧장 살로먼 브러더스를 떠나겠다고 말했다. 덕분에 살로먼 브러더스에는 좋은 조건으로 이직을 제안받으면 뒤도 돌아보지 않고 회사를 떠나는, 완전히 새로운 근무 풍조가 생겨났다.

이렇게 해서 살로먼 브러더스는 월가의 트레이더 양성소가 됐다. 회사채, 국채, 그리고 모기지 트레이더들이 속속 살로먼 브러더스를 떠나기 시작했다. 트레이더들이 대규모로 이탈하면서 고참 회사채 세일즈맨조차도 메릴린치로 옮겨야겠다고 말할 정도가 됐다. 살로먼 브러더스보다 메릴린치에 아는 사람이 더 많다는 이유에서였다. 이런 추세에 모기지팀이 가장 크게 타격을 받았다. 다른 투자은행들은 살로먼 브러더스의 모기지 트레이더들을 영입하는 데 아무리 비싼 대가를 치러도 하나도 아깝지 않다고 생각했다. 그들이 그동안 회사가 배제되어왔던 거대한 시장에 진입할 수 있는 다리 역할을 할 것이기 때문이었다. 덕분에 살로먼 브러더스의 모기지 트레이더들은 자신이 예상한 것보다 훨씬 더 많은 연봉을 받고 다른 투자은행으로 옮겨갈 수 있었다.

이를 보여주는 대표적인 사례가 론 디파스콸Ron Dipasquale로, 1984년에만 해도 그는 '삼류 모기지 트레이더'였다. 지원팀에서 모기지팀으로 옮기면서 모기지 거래 업무를 취급하기 시작했기에 그는 메릴린치가 2년간 100만 달러의 연봉을 제안한 시점에서 모기지 거래 경험이 거의 없었다. 그런데도 그는 심지어 메릴린치에서 모기지팀 팀장 자리를 제안받았다. (사실 그가 루빈의 전임자였다.) 메릴린치는 일주일쯤 지났을 무렵 실수를 저질렀다는 사실을 깨달았지만, 때는 이미 늦은 뒤였다. 디파스콸에게는 계약서가 있었다. 메릴린치는 계약 기간이 끝날 때까지 그를 지원팀에서 근무케 했다. 그 뒤 디파스콸은 열렬한 환영을 받으며 살로먼 브러더스로 되돌아갔다. 살로먼 브러더스는 다른 투자은행으로 옮겼다가 회사로 되돌아온 직원들을 영웅 취급했다. 살로먼 브러더스는 이직한 트레이더 중 유능한 사람들에게 회사로 되돌아오라는 제안을 보내곤 했지만, 디파스콸은 예외였다. 상사들은 디파스콸의 귀환이 메릴린치를 골려 먹은 대표적인 사례라고 생각했다.

다만 루빈은 달랐다. 그의 이직에서 가장 이상한 부분은 그가 최후의 순간까지도 이직을 꺼렸다는 것이다. 그는 메릴린치의 제안을 거절할 생각이라고까지 말했다. 하지만 어떤 이유에서인지 메릴린치의 제안을 받아들이기로 한 뒤 그는 마지막 날까지 자신의 계획을 그 누구에게도 알리지 않았다. 살로먼 브러더스가 잡으면 자신이 떠나지 못할 것을 알고 있었기 때문이다. 그는 살로먼 브러더스에서 트레이더로서 경력을 쌓길 바랐다. 루빈은 말했다. "저는 살로먼 브러더스에서 무척 행복했습니다. 살로먼 브러더스에선 트레이딩에 전념할 수 있었어요. 그게 절 너무나 행복하게 만들었죠." 그러다 보니 상사에게 직접 회사를 관두겠다고 말할 용기가 나지 않는 것도 당연했다. 한참 고민한 끝에 그는 모르타라에게 전화로 이직하겠다는 결심을 통보했고, 그의 말을 들은 모르타라는 사우스 스트리트 시포트 South Street Seaport 에서 점심을 먹자고 제안했다.

모기지 트레이더들은 좀처럼 자신의 진짜 모습을 드러내는 법이 없다. 그런데 루빈은 모르타라와 크론달에게 이직하겠다는 이야기를 하면서 엉엉 울었다. 두 사람은 도로 경계석에 앉아서 루빈의 이야기를 들었다. 루빈은 "가족을 떠나는 것만 같아요"라고 말했다. 그런데 회사에 남으라고 설득하기는커녕 두 사람은 회사를 옮기는 이유를 이해한다고 말했다. 한마디로 루빈은 메릴린치에 비싼 값에 팔려가는 것이었다. 이런 운명에서 자유로운 트레이더는 없다. 모르타라나 크론달에게도 언제든 일어날 수 있는 일이었다. (차이점이 있다면 그들은 몸값이 루빈보다 훨씬 비쌌다.) 모르타라는 말했다. "저는 회사에서 좋은 조직원이 되려고 노력했어요. 하지만 모기지 시장을 개척했던 사람들은 희생 당하거나 적어도 살로먼 브러더스의 보상 시스템 때문에 심각한 불이익을 감수해야만 했지요. 그들은 자신들의 실적에 한참 못 미치는 연봉을 받으면서 살로먼 브러더스에서 일했습니다."

이것은 이해하기 어려운 비극이었다. 살로먼 브러더스의 보상 시스템 때문에 모두가 고통받았지만, 모기지팀의 고통이 가장 컸다. 다른 팀들이 고전을 면치 못했던 1984년 모기지팀은 엄청난 돈을 벌어들였으나 자신들이 회사에 벌어다 준 돈에 대한 합당한 보상을 받지 못했다. 그들이 다른 팀들을 보며 어떤 마음이 들었을지 상상해보라. 아마도 그들은 '엿 먹어!'라고 소리 지르고 싶었을 것이다. 불경기인 상황을 감당하기도 힘든데 다른 팀까지 먹여살려야 한다는 것을 그들은 받아들일 수 없었다. 루빈이 떠난 뒤 켄달, 바움, 그리고 최고의 세일즈맨인 릭 보던 Rick Borden 마저 캘리포니아 데이비스의 파머스 세이빙스 뱅크Farmers Savings Bank에서 각각 100만 달러의 연봉을 제안받고 살로먼 브러더스를 떠났다. 그리고 로스와 신입 모기지 트레이더 앤디 아스트라챈Andy Astrachan은 드렉셀 번햄의 마이크 밀켄에게 100만 달러의 연봉을 제안받고 회사를 그만뒀다.

로스, 바움, 루빈. 갑자기 가장 많은 돈을 벌어들이던 모기지 트레이더 4명 중 3명이 한꺼번에 살로먼 브러더스를 떠나버렸다.

스톤 한 사람만 남았다. 그는 1984년 만기가 짧아서 난쟁이, 드워프(북유럽 신화에 나오는 난쟁이 종족-역주)라고 불리던 15년 만기 모기지채권을 거래하고 7,000만 달러를 벌어들였다. 1985년 중반 스톤은 메릴린치로부터 살로먼 브러더스에서 받는 연봉의 2배를 제안받았지만, 거절했다. "저는 50살이 될 때까지 살로먼 브러더스에서 일할 작정이었어요." 루빈처럼 그는 가족 같은 모기지팀을 떠나고 싶지 않았다. 스톤은 "그런데 메릴린치가 어떤 조건이면 자신들에게 오겠냐고 묻더군요. 누구나 자신이 원하는 연봉 수준이 있게 마련이라면서요"라고 말했다. 그는 메릴린치의 기를 죽여버릴 심산으로 1984년 연봉의 4배를 달라고 말했고, 놀랍게도 메릴린치는 '쾌히' 승낙했다. 스톤은 루빈보다 더 좋은 조건을 약속받고 모기지팀 공동팀장으로 메릴린치로 이직했다. 살로먼 브러더스는 공황 상태에 빠졌다. 라니에리와 모르타라는 주말 동안 스톤을 붙잡고 메릴린치로 옮기는 것을 다시 한번 생각해보라고 부탁했다. 그들은 가족 같은 사이였기에 스톤은 생각하고 또 생각했다.

살로먼 브러더스에서 경쟁사로 옮겨간 돈 잘 버는 직원들도 이와 비슷한 일을 겪었다. 그들은 이직하기 전 임원들에게 불려갔다. 임원들은 대개 위협으로 이야기를 시작했다. 예를 들면 이런 식이었다.

살로먼 브러더스에서 나가면 인생이 비참하게 끝날 거다. 다른 투자 은행에서 일하는 놈들은 다 바보라고 하지 않았나. 다른 곳으로 옮기면 네가 바로 그 바보가 되는 거다. 그런데 이들은 회사를 떠난 트레이더들이 유능하기로 소문난 인재들이고, 이직을 고민하는 트레이더들의 친구라는 점을 간과했다. "메릴린치로 떠나는 동료를 본 트레이더는 '잠깐만. 그는 바보가 아니잖아'라고 생각했죠. 또 다른 동료가 회사를 떠나는 것을 보고는 정신이 번쩍 들었어요"라고 살로먼 브러더스의 전직 트레이더가 말했다.

월요일 아침, 스톤은 연수생이었을 때 강의실에서 봤던 세 사람을 그때와 똑같은 순서로 만났다. 그들은 바로 매시, 호로비츠, 그리고 굿프렌드였다. 매시가 첫 번째였다. 연수 프로그램 때처럼 그는 공포심을 불러일으키면서 스톤을 위협했다. 스톤의 설명이다. "매시는 죄책감을 유도했어요. 그는 '자네는 우리에게 빚이 있어. 우리가 지금의 자네를 만들었어. 그러니 자네는 회사를 떠나선 안 돼'라고 위협했죠." 그러나 모기지팀 사람이 아닌 이들은 신뢰하지 않았던 스톤은 곧장 매시에게 반박했다. "저는 회사에 700만 달러를 벌어줬어요. 이 정도면 제가 회사에 빚진 건 없는 것 같습니다." 매시는 호로비츠에게 배턴을 넘겼다.

살로먼 브러더스에서 '데일 삼촌'이라고 불리는 호로비츠는 집행위원회 위원으로, 인간적이라는 평을 듣고 있었다. 호로비츠는 "자네가 회사에 들어온 뒤 자네를 관심 있게 지켜봤네. 자네가 경력을 어떻게 쌓아가고 있는지 지켜봤지. 아마 자넨 그걸 몰랐을 거야. 하지만 난 자네 팀에 특별한 관심이 가져왔어"라는 말로 스톤을 설득하기 시작했다. 이것은 그가 평상시에 자주 하던 말이었다. 그런데 갑자기 말이 꼬이기 시작했다. "자네가 정크본드팀에서 회사채팀으로, 회사채팀에서 모기지팀으로 옮길 수 있도록 손을 쓰기도 했다네." 맙소사. 스톤은 정크본드팀이나 회사채팀에 있었던 적이 없었다. 호로비츠는 아스트라챈 얘기를 하고 있었다. 스톤의 설명이다. "호로비츠가 비서에게 '앤디'의 파일을 가져오라고 시켰나 봐요. 비서가 이름이 같은 아스트라챈과 저를 혼동하고 파일을 잘못 가져다준 거지요. 당황스럽기는 했지만, 저는 그 앤디가 아니라고 말하기 어렵더라고요." 다음 타자는 굿프렌드였다.

사실 스톤과 굿프렌드의 관계가 좋다고 말하긴 어려웠다. 스톤이 사무실에 들어서자 굿프렌드는 "시시한 문제 때문에 왔구먼. 회사가 앞으로 나아갈 방향처럼 중요한 문제가 아니라 지금 얼마를 받고 있는지 따위를 말하고 싶은 건가?"라고 말문을 열었다. 스톤은 그가 무슨 의도로 이런 말을 하는 건지 알 수 없었다. 스톤은 굿프렌드에게 모기지팀을 1,000만 달러에 매각할 거냐고 물었다. 굿프렌드는 "물론 아니지"라고 답했다. 스톤은 "파시는 게 좋을 겁니다. 모기지팀 전체가 회사를 관두게 될 테니까요. 우리 모두가 다른 회사에서 제안받은 연봉을 합치면 1,000만 달러는 족히 넘을 겁니다"라고 말했다. 굿프렌드는 사무실에서 나가려는 스톤을 붙잡더니 "자네는 듣던 대로 쉬운 상대가 아니군. 얼마를 받으면 회사에 남겠나?"라고 물었다. 스톤은 "다른 곳에서 제안한 것보다 적게 받더라도 여기 남을 겁니다. 하지만 회장님이 저를 약탈하게 내버려두진 않을 겁니다"라고 말했다. 굿프렌드는 스톤에게 메릴린치가 제안한 연봉의 80퍼센트를 주는 데 동의했다.

이것은 경영진이 떠나려는 트레이더에게 무릎을 꿇은 처음이자

마지막 사례였다. 1985년 말 스톤이 90만 달러의 연봉을 받게 됐다는 소문이 퍼지자 회사채팀과 국채팀은 극도의 불쾌감을 표했다. 살로먼 브러더스 4년 차 트레이더의 연봉으로는 들어본 적 없는 액수였기 때문이다. 스톤이 그 정도를 받는다면 다른 모기지 트레이더들도 수십만 달러는 받아야 했다. 그러나 회사채팀과 국채팀은 이 대대적인 연봉 인상에서 열외였다. 살로먼 브러더스에서 직원들이 지켜온 불문율이 무너져버렸다. 이런 일들은 그냥 일어나지 않는 법이다. 스톤은 "그 후로 사람들의 시선이 달라졌어요. 제가 손해를 볼 때마다 다들 '그때 그냥 다른 회사로 가게 내버려뒀어야 했어'라고 수군거렸죠"라고 말했다.

회사는 스톤의 요구를 들어준 게 잘못된 결정이었다는 결론을 내렸다. 한 트레이더에게 거액의 연봉을 지급하면서 살로먼 브러더스의 보상 시스템과 오랫동안 유지되어온 위계질서가 한순간에 흔들리기 시작했다. 연봉은 회사가 생각하는 한 개인의 가치를 나타내는 절대적인 척도다. 모기지 트레이더보다 훨씬 적은 연봉을 받는 국채 트레이더는 회사가 자신을 원하지 않는다고 느끼는 게 당연하다. 이런 일이 다시는 일어나선 안 됐다. 젊은 모기지 트레이더의 유출을 막기 위해서 모르타라는 현금만큼 효과가 없는, 특히 트레이더들에게 아무 의미 없는 외교술에 기댈 수밖에 없었다.

1985년 말, 그는 트레이더들과 굿프렌드의 저녁 식사 자리를 두 차례나 마련했다. 첫 번째 저녁 식사는 굿프렌드가 가장 좋아하는 레스토랑인 맨해튼의 르 페리고드 Le Périgord에서 가졌다. 르 페리고드의 주방장은 식재료로 '새'를 잘 다루기로 정평이 나 있었다. 모르타라, 크론달, 스톤, 그리고 네이선 콘펠드 Nathan Cornfeld가 저녁 식사 자리에 참석했다. 그 자리에 참석한 한 관계자는 "굿프렌드는 식사하는 동안 인상적이고 압도적인 존재감을 드러냈습니다. 저는 그런 사람이 우리 회사를 이끌고 있다는 사실이 매우 자랑스러웠습니다"라고 말했다. 반면 음식은 누가 이런 음식을 먹겠나 싶을 정도로 최악이었다. 이런 상황에서도 굿프렌드는 그만이 할 수 있는 방법으로 그 자리를 지배했다. 그는 살로먼 브러더스가 기업공개를 할 때 모르타라가 자사주로 얼마나 재미를 봤는지 폭로해서 당시 임원이었던 모르타라를 당황스럽게 했다. 그날 저녁 식사 자리에 오기 전 관련 자료를 찾아본 게 틀림없었다. 누군가가 "마이크의 얼굴이 벌게졌네요"라고 말했다. 그런 뒤에 굿프렌드는 본격적으로 보상 문제를 언급하기 시작했다.

여느 때와 다름없이 스톤은 속내를 그대로 드러냈다. 그는 굿프렌드에게 모기지팀이 회사에서 가장 많은 수익을 내고 있으니 모기지 트레이더들이 다른 트레이더들보다 더 많은 돈을 받아야 하는 것 아니냐고 물었다. 바로 그 순간, 굿프렌드는 폭발했다. 그는 살로먼 브러더스에서 일하는 것이 얼마나 영광스러운 일인지, 그리고 직원이 아닌 회사가 어떻게 부를 창출하는지 이야기하기 시작했다. 굿프렌드는 모기지팀 트레이더들은 자신을 지나치게 과대평가한다며 모기지팀은 사실 국채팀만큼 수익성이 높지 않다고 꼬집었다.

그 자리에 있던 트레이더들은 이것이 말도 안되는 소리라는 것을 알았지만, 그 누구도 반박하지 않았다. 누구도 굿프렌드의 화를 돋우고 싶지 않았다. 그날 저녁 식사 자리는 모두에게 상처만 주고 마무리됐다. 두 번째 저녁 식사가 취소된 것은 어찌 보면 당연한 결과였다. 또다시 그런 자리를 마련해봐야 아픈 상처에 소금 뿌리는 격

밖에 안 될 게 분명했다. 젊은 트레이더들은 계속해서 살로먼 브러더스를 떠났다. 1986년 말 스톤은 모기지팀 팀장으로 푸르덴셜 바체 Prudential-Bache 에 합류했다.

7장

살로먼 브러더스의 다이어트

─────────────────────────── 채권 시장이든 인력 시장이든 균

형점을 찾게 마련이다. 르 페리고드에서의 저녁 식사로부터 2년이

흐른 뒤 살로먼 브러더스 모기지팀은 무너져버렸다. 미국의 명문 경

영대학원을 졸업한 젊은이들이 그 빈자리를 채웠다. 살로먼 브러더

스는 루빈의 요구를 거절하고 절약한 100만 달러로 루빈 같은 신입

사원을 10여 명 채용했다. 후임자들은 전임자들과 똑같이 젊고 유

능했지만, 살로먼 브러더스에 전임자들만큼 많은 돈을 벌어다 주진

못했다. 전임자들과 달리 그들은 최고의 트레이더들과 경쟁해야 했

기 때문이다.

시어슨 리먼Shearson Lehman, 골드만삭스, 모건스탠리, 드렉셀 번햄,

퍼스트 보스턴, 그리고 메릴린치가 살로먼 브러더스 출신 트레이더들

을 대거 채용하면서 살로먼 브러더스는 전 직장으로 써먹기 좋은 곳

이라는 농담을 입에 담는 트레이더들이 월가에서 점점 늘어갔다. 살

로먼 브러더스는 본의 아니게 유능한 모기지 트레이더 수십 명을 키

워내 다른 회사에 갖다 바쳤고 그 결과, 살로먼 브러더스는 월가 투

자은행이 가질 수 있는 가장 귀중한 자산인 '독점권'을 잃어버렸다.

라니에리의 모기지팀은 살로먼 브러더스가 생각했던 것보다 확실한 독점력을 갖고 있었다. 1981~1985년 그들에게 대적할 수 있는 존재는 퍼스트 보스턴이 유일했다. 물론 처음에는 퍼스트 보스턴도 라니에리의 모기지팀에 심각한 위협 거리는 아니었다. 1982년 후반에 살로먼 브러더스에서 퍼스트 보스턴으로 옮긴 마빈 윌리엄슨 Marvin Williamson은 "살로먼 브러더스에서 채권 세일즈맨으로 일할 때, 퍼스트 보스턴은 우리 발끝도 따라올 수 없다고 생각했어요. 우리 적수가 되기는커녕 어떻게 해야 돈을 벌 수 있는지조차 몰랐거든요"라고 당시를 회상했다. 하지만 1986년 중반, 퍼스트 보스턴은 주택담보대출증권 부문에서 살로먼 브러더스와 대등한 위치에 서게 됐다. 두 회사의 시장점유율이 비슷해진 것이다. 이런 상황이 못마땅했던 라니에리는 굿프렌드에게 "마법 콩을 만들어내는 기술을 팔아버린 것이나 다름없어요"라고 말했다.

월가 투자은행들은 살로먼 브러더스가 모기지채권 시장에서 독주하도록 내버려두지 않았다. 모기지채권 시장은 무시해버리기엔 수익성이 너무나 높은 시장이었다. 살로먼 브러더스를 떠난 트레이더들은 트레이딩 기법과 시장에 대한 이해뿐만 아니라 살로먼 브러더스의 고객 명단도 갖고 있었다. 이것을 바탕으로 그들은 바보들을 단기 속성 과정으로 가르쳤다. 모기지채권 시장에 대해 아무것도 모르는 바보들에게 살로먼 브러더스가 거래 수수료로 얼마나 챙겼는지 알려주고, 새로운 사업을 소개해주기까지 했다.

기술과 정보의 이전으로 살로먼 브러더스는 수억 달러를 손해봤다. 모기지 트레이더들은 초창기에 모기지채권을 싼 가격에 사서 훨씬 비싼 가격에 바로 팔 수 있었기 때문에 모기지채권은 수익성이 있었다. 그런데 1986년 초반부터 마진폭이 줄어들었다. 트레이더는 채권을 94.5에 사서, 운이 좋으면 94.55에 팔 수 있었다. 모르타라는 이 상황을 다음과 같이 설명했다. "살로먼 브러더스 출신 모기지 트레이더들은 여러 다른 회사에서 일했어요. 그들은 살로먼 브러더스에서 거래했던 고객들까지 데리고 갔지요. 우리는 고객을 점점 잃고, 결국 마진을 줄일 수밖에 없었어요."

1985년 말에 이르자 다른 투자은행 모기지팀들은 〈월스트리트 저널〉에 광고를 내걸기 시작했다. 드렉셀 번햄은 2명의 남자가 2인용 자전거를 타고 있는 모습을 광고로 내보냈다. 앞에 앉은 뚱뚱한 사람은 몸을 앞으로 축 늘어뜨리고 있는 반면에 뒤에 앉은 사람은 앞 사람 어깨너머로 앞을 보면서 미친 듯이 자전거 페달을 밟고 있다. 이 광고가 무엇을 의미하는 걸까? 드렉셀 번햄 사무실 벽에 이 광고 포스터를 붙여놓은 스티브 조셉은 "그래요. 뚱뚱한 남자는 루이를 의미해요"라고 말했다. 메릴린치의 광고에는 2명의 조정 선수가 등장했다. 한 사람은 뚱뚱하고 다른 한 사람은 날씬한 근육질이다. 날씬한 선수가 뚱뚱한 선수의 뒤에 바짝 따라붙었다. 곧 제칠 것만 같다. 날씬한 근육질 선수는 메릴린치고, 월가의 모두가 알다시피 뚱뚱한 선수는 살로먼 브러더스 모기지팀을 상징한다. 모르타라는 골드만삭스 사무실에서 살로먼 브러더스에서 일했던 과거를 회상하며 "모기지팀은 1985년에 정점을 맞았어요"라고 말했다.

복잡한 모기지 시장의 해결책, CMO

라니에리의 모기지팀은 빠르게 무너져내렸다. 여러 요인이 동시에 작용하면서 모기지팀의 아성이 무너졌다. 그중 하나가 모기지 시장이다. 모기지 시장은 라니에리의 모기지팀과 나머지 다른 부분에 존재하는 불균형을 자연스레 바로잡기 시작했다. 모기지채권의 지독한 비효율성은 모기지담보부증권Collateralized Mortgage Obligation, CMO 의 등장으로 무너지기 시작했다. CMO는 1983년 6월 등장했지만, 1986년이 되어서야 모기지 시장을 지배하기 시작했다. 아이러니하게도 CMO는 라니에리가 바라던 바를 정확하게 이뤄냈다. 모기지채권을 다른 채권과 거의 비슷하게 만들어버린 것이다. 모기지채권이 다른 채권과 비슷해지면서 수익성마저 다른 채권과 비슷해졌다.

퍼스트 보스턴의 모기지팀 팀장이자 CMO를 만드는 데 일조한 래리 핑크Larry Fink는 1980년대 가장 중요한 금융 혁신으로 정크본드와 함께 CMO을 꼽았다. 이는 결코 과장이 아니다. CMO가 수조 달러에 이르는 주택 투자자금과 2조 달러에 육박하는 주택 모기지 투자자금 사이의 댐을 허문 덕분에 모기지증권 시장에 엄청난 투자 자금이 유입될 수 있었다. CMO는 저축대부조합과 모험심이 강한 소수의 자산 관리자들을 제외하고 모두가 모기지증권을 기피하던 이유를 단숨에 없애버렸다. 언제 투자금을 회수할 수 있을지 알기 어렵다는 단점을 해결한 것이다.

CMO를 만들려면 수억 달러의 평범한 모기지채권을 끌어모아야 했다. 말하자면 지니매, 패니매, 그리고 프레디맥을 한데 모아야 했다. 이렇게 모인 모기지채권은 신탁에 맡겨졌고, 신탁은 채권 소유자들에게 이자를 지급했다. 채권 소유자들은 자신들이 그 모기지채권의 주인임을 증명하는 증서를 갖고 있었는데 그것이 바로 CMO다. 하지만 그 증서들이 모두 같은 것은 아니다. 3억 달러짜리 CMO가 있다고 치자. 이것은 1억 달러씩 세 트랜치tranche(채권 발행 시 조건이 다른 두 종류 이상의 채권을 동시에 발행할 경우 각각의 채권 발행을 가리킨다-역주)로 나뉘는데, 각 트랜치에 투자한 투자자들은 모두 일정한 이자를 받지만 그 조건이 다르다. 첫 번째 트랜치에 투자한 투자자는 신탁 펀드에 들어 있는 3억 달러짜리 모기지채권에서 원금이 중도에 상환되면, 군말 없이 이를 받아들여야 한다. 첫 번째 트랜치가 먼저 중도상환될 때까지 두 번째 트렌치에 투자한 투자자는 약속된 이자를 받는다. 세 번째 트렌치에 투자한 투자자는 첫 번째와 두 번째 트렌치의 중도상환이 완료될 때까지 안정적으로 이자를 받는다.

이렇게 하면, 일반 모기지채권과 비교할 때 첫 번째 트랜치의 모기지채권은 상대적으로 만기가 줄어들지만 세 번째 트랜치의 모기지채권은 일반 모기지채권보다 만기가 늘어나는 효과가 생긴다. 첫 번째 트랜치의 모기지채권은 만기가 5년 미만이고, 두 번째 트랜치의 모기지채권의 만기는 7~15년 사이, 그리고 세 번째 트랜치의 모기지채권의 만기는 15~30년 사이가 될 것이다.

이제 투자자들은 자신이 투자한 모기지채권의 만기가 언제인지 어느 정도 예측할 수 있게 됐고, 그에 따라 모기지채권 수요는 극적으로 늘어났다. 안정적인 장기 대출을 선호하는 연금펀드 관리자에게 내일 당장 없어질지도 모르는 프레디맥 채권에 투자하라고 설득하긴 쉽지 않아도 CMO의 세 번째 트랜치 정도는 그 역시 얼마든지 투자할 수 있었다. CMO의 세 번째 트랜치에 투자한 연금펀드 관리자는 다른 2억 달러가 모두 중도상환될 때까지 걱정 없이 편하게 발 뻗고 잘 수 있었다. 이 효과는 대단했다. 프레디맥이 첫 번째 CMO를 발행한 1983년 6월 미국의 연금 펀드들은 대략 6,000만 달러 정도의 자산을 운용하고 있었다. 그때까지만 해도 모기지에 투자되는 돈은 단 한 푼도 없었는데, 1986년 중반 연금펀드들이 CMO에 투자한 자금은 300억 달러에 이르렀다.

미국 모기지 시장에 눈독 들이는 국제 투자자들에게도 CMO는 매력적이었다. 1987년 살로먼 브러더스 런던 지사는 20억 달러짜리 CMO의 첫 번째 트랜치를 단기 고수익 투자 상품을 찾는 국제 은행들에 팔았다. 회사채나 국채를 사 들이던 돈이 CMO로 흘러 들어왔다. 1983년 6월부터 1988년 1월 사이에 월가 투자은행들이 판매한 CMO는 600억 달러에 달했다.

모든 혁신적인 발명품이 그렇듯 CMO는 발명자들, 즉 살로먼 브러더스와 퍼스트 보스턴에 엄청난 이익을 안겨줬다. 이와 동시에 CMO는 채권 트레이더들에게 엄청난 기회를 만들어준 모기지 시장의 공급과 수요의 불균형을 바로잡았다. 그전까지 모기지 트레이더들은 매수자가 거의 없어서 모기지채권을 저가에 매수할 수 있었지만 더 이상 그럴 수 없게 됐다. 1986년 CMO가 등장하면서 모기지채권 시장에 매수자들이 대거 유입됐고, 이들은 모기지채권 가격을 끌어올렸다. 이로써 모기지채권은 처음으로 비싼 가격에 거래되기 시작했다.

시장은 CMO의 적정 가격을 찾아 나갔다. 주택 소유자의 중도상환 권리를 가격으로 책정할 수 있는 합리적인 이론적 근거는 없었지만, 모기지 시장은 스스로 적정성을 따질 수 있을 정도로 충분히 크게 성장했다. 이제 모기지채권 가격은 비효율적으로 움직이지 않았다. 밀가루가 빵 시장에 연결되어 있듯, 일반 모기지채권은 CMO 시장과 연결되어 있었기 때문이다. CMO(최종 상품)의 적정 가격이 계산될 수 있다면, 일반 모기지채권(원자재)의 적정 가격도 계산될 수 있다. 투자자들은 이제 모기지채권 가격이 어느 정도가 적당한지 확실히 알게 됐다. 과거에는 투자자들이 무지했기에 일반 모기지채권 시장으로 많은 자금이 흘러들었지만, 이후 그 규모가 크게 줄어들었다. 세상이 변했다. 살로먼 브러더스의 모기지채권 트레이더들은 12에 매수한 모기지채권을 20이라고 우길 수 없게 됐다. 살로먼 브러더스의 모기지채권 트레이더들은 이에 대처하는 법을 배워야 했다.

첫 번째 CMO가 발행된 이후, 모기지 분석팀과 트레이딩팀의 열혈 젊은이들은 CMO를 무제한으로 조각낼 수 있다는 것을 깨달았다. 이들은 CMO를 5개나 10개의 트랜치로 나누기도 했다. 더 나아가 주택 모기지 풀을 '이자 부문 Interest Only, IO'과 '원금 부문 Principal Only, PO'으로 쪼개서 개별 투자상품으로 팔았다. 대출을 받아서 주택을 산 사람들은 자신이 낸 이자와 원금이 나뉘어서 각각 투자상품으로 팔린다는 것을 몰랐다. IO는 프랑스 투기꾼에게 팔리고, PO는 밀워키의 보험사에 팔릴 수 있었다. 월가 투자은행들은 IO와 PO를 마구 뒤섞은 뒤 한데 뭉쳐 이 세상에 존재할 수 없는 주택 모기지를 만들어냈다. 대출을 받아 캘리포니아에서 아파트를 산 사람이 지급하는 이자 11퍼센트와 대출을 받아 루이지애나 빈민가에서 집을 산 사람이 상환한 원금을 합쳐서 온전한 모기지채권을 만들어내는 식이었다. 바야흐로 새로운 혼혈 채권, 즉 합성 채권이 탄생했다.

살로먼을 이끄는 세 축

모기지팀은 구멍가게에서 슈퍼마켓으로 진화했다. 상품 수가 늘어나자 구매자 수도 늘어났다. 초대형 구매자인 저축대부조합은 아주 특별한 주문을 했다. 그들은 워싱턴 연방주택금융이사회 Federal

Home Loan Bank Board의 규제를 피하고 싶어 했지만 워싱턴 주택융자 규제기관들보다 한 발 앞서 움직이기란 여간 어려운 일이 아니었다. 살로먼 브러더스가 출시한 많은 '신상품'은 규제 대상이 아니었기 때문에 저축대부조합은 이 상품을 회계장부에 기록할 필요가 없었다. 이는 저축대부조합으로 하여금 성장할 기회를 제공했다. 심지어 어떤 경우에는 '부외상품'으로 분류되는 것이 유일한 장점인 상품도 있었다.

새로운 투자자를 끌어들이고 새로운 규제를 피하려다 보니 시장은 훨씬 더 이해하기 어렵고 복잡해졌다. 시장에서 살아남으려면 계속 새로운 것을 배워야 했는데, 라니에리는 시장의 변화를 따라갈 수 없었다. 하물며 그를 제외한 살로먼 브러더스 경영진은 애당초 모기지채권을 이해하지 못했다. 그 결과, 모기지채권 거래는 불과 몇 달 전 연수 프로그램을 끝낸 애송이들에게 맡겨졌다. 회사에서 지니매 8퍼센트 IO에 대해서 이들보다 잘 아는 사람은 없었다. 월가에 이제 막 발을 디딘 신참이 느닷없이 전문가로 떠올랐지만 놀라운 일은 아니었다. 문제의 채권이 만들어진 지 불과 채 한 달도 되지 않았기 때문이다. 금융 시장 개혁이 진행되는 동안 젊은 트레이더들은 막강한 힘을 갖게 됐다. 1980년대 이 같은 변화가 끊임없이 일어나면서 이들 젊은 신참들은 부자가 될 수 있었다. 젊은 인재들은 선배들보다 지식 습득 능력이 뛰어났다. 그리고 나이 많은 트레이더들은 혁신적인 금융 상품의 전선에 서기에는 처리해야 할 일이 너무나 많았다.

라니에리는 1986년부터 트레이딩룸에 모습을 드러내지 않았다. 그는 회사 일을 처리하느라 바빴다. 트레이더들은 그가 없는 것을 더 좋아했다. 그들이 라니에리를 싫어했던 것은 아니지만, 라니에리와 모르타라는 트레이딩룸에 내려오면 잔소리를 쏟아냈기 때문이다. 두 사람은 트레이더들이 하는 일에 이런저런 참견을 하며, 트레이더들이 왜 이 채권을 샀는지 또는 저 채권을 샀는지 알고 싶어 했다. 두 사람과 일했던 한 트레이더는 "채권을 매매할 때마다 그 결정을 내린 합당한 이유가 있는 건 아니잖아요. 그저 상황을 파악하려고 채권을 매수하기도 하지요. 그런데 그들이 옆에 찰싹 달라붙어서 이건 왜 이렇고 저건 왜 저런지 물어보면 정말 짜증이 났어요"라고 말했다.

트레이더들은 라니에리와 모르타라의 잔소리를 피할 방법을 찾아냈다. 1986년 4월의 어느 날, 라니에리는 몇 시간만이라도 트레이딩룸에서 자리를 지키기로 작정했다. 그러자 트레이더들은 작전을 개시했다. 라니에리는 아침 일찍 트레이딩룸에 도착했는데, 트레이더들이 더 빨랐다. 첫째 날 그들은 가능한 한 많은 서류를 찾아내서 그의 책상에 쌓아뒀다. 라니에리는 오전 7시쯤 트레이딩룸에 도착했는데, 엉망인 책상을 보고는 불같이 화를 냈다. 그는 "누구 짓이야!"라고 소리쳤지만, 트레이더들은 어깨를 으쓱거리며 낄낄거릴 뿐이었다. 둘째 날 트레이더들은 라니에리의 회전의자에서 지지핀을 없애버렸다. 아침에 출근한 라니에리는 의자에 앉자마자 바닥으로 우당탕 꼬꾸라지면서 하마터면 척추를 다칠 뻔했다. 바닥에서 일어서기까지 꽤 시간이 걸렸다. 그는 연신 욕을 해대며 존 단토나에게 누구 장난이냐고 물었지만, 단토나는 아무것도 모른다고 딱 잡아뗐다. 셋째 날 트레이더들은 라니에리의 회전의자를 최대한 높여놨다. 라니에리는 의자에 조심스럽게 앉아 책상 쪽으로 몸을 끌어당기다가 무릎이 책상 가운데 서랍에 부딪치고 말았다. 그는 벌컥 화를 내며

"젠장, 대체 어떤 놈이 한 짓인지 알아야겠어!"라고 소리쳤다. 단토나는 "글쎄요. 모르타라가 당신이 여기 나와 있는 것을 별로 좋아하지 않는 것 같아요"라고 말했다.

라니에리는 이게 거짓말이라는 것을 알아챘어야 했다. 모르타라는 오전 8시 전에 출근하는 법이 없었으니 당연히 그가 범인일 리 없었기 때문이다. 그러나 라니에리는 "대체 그 자식은 무슨 생각을 하는 거야?"라며 트레이딩룸에 있던 쓰레기통을 죄다 들고 와서 모르타라의 책상 위에 쏟아버렸다. 컴퓨터 출력물, 베이글 부스러기, 먹다 버린 양파 치즈 버거 등 한 무더기의 쓰레기가 모르타라의 책상 위에 쌓였다. 다른 트레이더들도 이에 동참해서 트레이딩룸 건너편에 있는 쓰레기통을 죄다 들고 왔다. 모르타라의 책상은 쓰레기로 뒤덮였다. 그 자리에 있었던 한 트레이더는 "연극의 한 장면처럼 타이밍이 정확하게 맞았어요. 루이가 트레이딩룸 한쪽으로 씩씩대며 사라지자, 곧 마이클(모르타라)이 반대쪽에서 걸어 들어왔어요"라고 당시를 회상했다.

모르타라는 자기 책상을 보고 라니에리와 똑같이 불같이 화를 냈다. 그는 오직 복수만 생각하며 단토나를 다그쳤다. "르로이(단토나의 별명), 나 지금 정말 진지해. 내 책상에 이런 짓을 한 사람이 누구지?" 단토나는 "마이클, 신께 맹세해요. 루이가 그랬어요"라고 말했다. 모르타라는 기가 막혔다. 라니에리는 그가 손댈 수 없는 유일한 사람이었다. 그는 화가 머리끝까지 나서 팔짝 뛰다가 42층에 있는 자신의 사무실로 씩씩거리며 걸어가더니 그날 온종일 트레이딩룸에 모습을 드러내지 않았다. 트레이딩룸에 마침내 평화가 찾아왔다. 모르타라는 하업트가 그의 책상을 깨끗이 치운 뒤 다시 트레이딩룸에 나타났지만, 라니에리는 그날 이후 트레이딩룸에 나타나지 않았다. 트레이더들은 라니에리가 트레이딩룸에 내려오지 않는다는 사실에 만족했다.

1986년 4월 모기지팀은 막대한 손실을 봤다. 트레이더들은 모기지팀의 손실액이 3,500만~6,500만 달러일 거라고 추정했다. 모기지 트레이더들은 궂은 날에 대비해서 챙겨두었던 이익으로 이 손실을 상쇄했다. 이들은 자신들의 관리 계정에 있는 채권 가격을 인위적으로 낮게 평가해서 손실에 대비해왔다. 살로먼 브러더스 경영진은 이 사실을 까맣게 모르고 있었다.

모기지팀에 닥친 고난의 시기는 살로먼 브러더스에 특별한 의미가 있었다. 1986년 살로먼 브러더스는 좋지 않은 실적을 기록했다. 매출은 늘어나지 않는데 비용은 걷잡을 수 없이 증가하면서 1987년에는 상황이 더 악화됐다. 경영 정상화를 위해 굿프렌드는 새로운 직책을 대거 만들었다. 트레이더 출신으로 구성된 새로운 위원회가 탄생했다. 이 위원회 위에는 '회장실'이라 불리는 경영진이 위치했다. 굿프렌드는 전직 트레이더 2명과 전직 세일즈맨 1명을 회장실에 소속시켰다. 바로 라니에리, 보우테, 그리고 스트라우스였다. 이들은 영역 싸움을 중단하고 회사 전체의 발전을 위해 함께 고민하기 시작했다. 이는 꽤 괜찮은 생각 같았다.

푸르덴셜-바체Prudential-Bache로 옮긴 앤디 스톤은 가설을 하나 제시했다. "월가는 돈을 제일 잘 버는 사람을 경영진에 앉힙니다. 월가에서 돈을 잘 벌면 투자은행 경영진이 될 수 있어요. 돈을 잘 버는 사람에게 주어지는 보상인 셈이지요. 최고의 트레이더들은 치열하게 일하고, 경쟁심이 강하고, 신경질적이고, 편집증적이죠. 그런 사람들이 경영진이 됐으니 서로 못 잡아먹어서 안달인 것도 당연해요. 현장에서는 돈을 벌면서 자신의 본능을 표출할 수 있었지만, 경영진이 되면서 트레이더로서의 본능을 마음대로 표출할 창구가 없어진 거죠. 그래서 트레이더 출신은 경영진에 잘 어울리지 않아요. 절반은 조직을 경영할 능력이 없어서 쫓겨나고, 나머지 절반은 정치에서 밀려나요. 결국 가장 무자비한 사람이 자리를 끝까지 지키게 됩니다. 이것이 이곳 월가에 경기 사이클이 있는 이유랍니다. 살로먼 브러더스가 몰락한 이유이기도 하죠. 끝까지 버티는 그들을 몰아낼 유일한 방법은 바로 조직의 실패랍니다."

살로먼 브러더스의 모두가 회장실이 분열되어 있다는 것을 알고 있었다. 회장실은 살로먼 브러더스를 지탱하는 세 기둥인 스트라우스의 국채팀, 보우테의 회사채팀, 그리고 라니에리의 모기지팀이 다투는 전쟁터의 연장선일 뿐이었다. 국채팀 팀원의 말을 빌리자면, 살로먼 브러더스에는 스트라우스파, 라니에리파, 보우테파만 존재했다. 그 어느 파에도 속하지 않는 사람은 살로먼 브러더스에서 버틸 수 없었다.

문제는 단순한 팀 정신의 충돌이 아니었다. 회장실에선 악의적인 말이 오가는 일이 잦았고, 항상 적대감이 흘렀다. 라니에리는 스트라우스를 "얼간이에 위선자"라고 칭했고, "살면서 자기 스스로 뭔가를 생각해낸 적 없는 작자"라고 평했다. 보우테는 "정치적인 인물"이자 "정치적인 목적 없이 말하는 것을 들어본 적이 없는 마키아벨리스트"라고 평가했다. 스트라우스와 보우테의 라니에리에 대한 평가에 비하면 라니에리의 두 사람에 대한 평가는 후한 편이었다. 라니에리는 기꺼이 새로운 동료가 된 두 사람과 함께 일하려고 했지만 이들 두 사람 때문에 결국 살로먼 브러더스에서 쫓겨나고 말았다. 이들 세 사람은 정글의 법칙을 따랐다. 누군가에게 제거되기 전에 먼저 적을 제거하는 것은 그들에게 지극히 당연한 일이었다. 그 결과, 회장실은 살로먼 브러더스에서 모기지팀을 몰락시킨 주범으로 여겨지게 됐다.

국채팀은 모기지팀과 여러 측면에서 정반대였다. 모기지팀은 폭식을 일삼고 특정 인종이 집중되어 있었지만, 국채팀은 살로먼 브러더스에서 세련된 팀으로 정평이 나 있었다. 말하자면, 국채팀은 고기를 날로 먹기보다는 살짝 익혀서 먹는 팀이었다. 국채 트레이더들은 조심하지 않으면 사회적 의식이 있는 동부 연안의 전형적인 와스프 WASPs(미국 주류 계층. 백인 앵글로색슨계 개신교도들을 가리킨다-역주)로 오해받을 수 있었다. 그들의 수장인 스트라우스는 큰 키에 마른 몸매를 유지했고 새카맣게 그을린 구릿빛 피부를 가진 남자로, 테니스를 즐겼다.

모기지 트레이더들은 이런 점을 몹시 못마땅하게 생각했다. 살로먼 브러더스의 유대인 문화에 대한 스트라우스의 오버헤드 스매시 (테니스 용어로 머리 위에서부터 강하게 내리치는 동작-역주)라며 비아냥거렸다. 그들은 스트라우스에 대해 이야기할 때면 항상 테니스를 들먹였다. 회원 전용 테니스 코트에 하얀 테니스복을 입고 서 있는 모습을 그려내는 식이었다. 모기지팀은 위선과 가장을 참을 수 없어 했고, 누군가가 젠체하고 위선적으로 행동하는 것을 두고 보지 않았다. 살로먼 브러더스에서 여전히 트레이더로 일하고 있는 관계자는 "스트라우스와 라니에리의 차이점이요? 그건 간단해요. 스트라우스는 트레이딩룸에 있는 화장실을 사용하지 않아요. 위층에 있는 화장실을

사용하지요. 반면에 루이는 당신 책상에 오줌을 쌀 사람이에요"라고
말했다.

라니에리는 스트라우스에 대해 다음과 같이 말했다. "그는 자신
이 유대인이 아니기를 간절히 원했어요. 그가 회사에 들어온 뒤 끔
찍한 유대인 부부가 아기 침대에서 곤히 자는 톰(스트라우스)을 납치
해서 키웠을 거라는 농담이 줄곧 돌았죠."(이상하게도 살로먼 브러더스에
서 유대인들의 유산을 지켜야 할 책임은 천주교 신자인 라니에리에게 주어졌다.)

라니에리의 선배 트레이더 중 한 사람의 말이다. "톰은 루이가
뚱뚱하고 교육을 제대로 받지 못했고 천박하다며 정말 싫어했어요.
그는 루이가 무슨 일을 하든 상관하지 않았지요. 루이의 이력과 비
전에 전혀 관심이 없었어요. 루이를 예의 없다고 생각하고 깔보고
무시했어요. 당신이라면 이렇게 싫은 사람과 나란히 앉아 있을 수
있겠어요? 하지만 루이는 톰 옆에 앉았어요. 회사에서 가장 높은 자
리에 올라갔을 때, 톰은 자기 옆을 보고는 '잠깐만. 세상에서 제일
높은 자리에 올라왔다고 생각했는데, 왜 이 작자가 옆에 있는 거지?'
라고 생각했을 거예요."

스트라우스파는 모기지팀이 무엇을 하든 사사건건 반대했다. (솔
직히 고백하면 나 역시 스트라우스파였다.) 이들은 모기지팀을 보면서 과하
다고 생각하는 모든 일에 이의를 제기했다. 폭식과 비만에 대한 비
판은 더욱 근본적인 문제에 대한 지적으로 이어졌다. 모기지팀 운영
비가 제대로 관리되지 않고 방만하게 사용되고 있다는 내용이었다.
그런데 그게 무슨 상관이란 말인가. 살로먼 브러더스에서는 얼마를
버느냐가 가장 중요했다. 폭식과 비만을 문제 삼으며 비용을 들먹이
면 모기지팀은 "이제 와서 규칙을 바꾸려는 건가요? 비용과 수익 중

하나만 이야기하라고요"라고 말했다. 1981~1986년 엄청난 돈을 벌어들인 모기지팀에게 비용 따위는 극히 사소한 문제에 지나지 않았지만 모기지팀의 매출이 줄어들면서 느닷없이 비용 문제가 중요해졌다. 1985년 임원급 국채 세일즈맨이 모기지팀으로 옮기면서 살로먼 브러더스 비용위원회를 책임지게 됐다. 이는 우연이 아니다. 누군가 모기지팀을 단속하려고 음모를 꾸미고 있었던 것이다!

많은 모기지 트레이더들이 자신들이 내는 수익에 비해 적은 연봉을 받고 있다고 생각했다. 물론 이는 그들의 상사는 물론 다들 인정하는 바였다. 상황이 이렇다 보니 이들은 회삿돈을 마음대로 쓰는 것이 일종의 소프트 달러(자산관리자에 의해 관리된 고객의 펀드나 계좌를 활용해서 수익을 낸 증권 중개인에게 지급되는 수수료 이익-역주)라고 생각했다. 모기지 트레이더들의 나쁜 습관은 이렇게 해서 생겼다. 한 모기지 트레이더는 이런 이야기를 자랑스레 늘어놓기도 했다. "우리는 공항에 친구가 오면 회사 리무진을 보내곤 했어요. 회사에서 제공하는 전화 카드를 친구들에게 빌려주기도 했지요. 심지어 사람들은 회사 리무진을 타고 아내와 주말에 쇼핑을 가기도 했어요." 모기지 금융팀 여직원은 이런 이야기도 했다. "진짜 황당한 이야기를 하나 해드릴까요? 모기지팀 사람 하나는 고객을 방문하는 데 들어간 소소한 경비 영수증을 모두 모아서 비용처리를 했어요. 그렇게 받은 돈으로 그 사람은 사브 자동차를 한 대 장만했죠."

스트라우스에 비하면 라니에리를 향한 보우테의 감정은 보다 복잡미묘했다. 임원들이 41층 트레이딩룸을 돌아다닐 때, 보우테는 고위직에 보이지 않은 줄을 대놓고 있었다. 그의 사무실은 40층에 있었는데, 가끔 신문에 그에 관한 기사가 실렸다. 하지만 그를 실제로

본 사람은 단 1명도 없었다. 나는 그를 〈비즈니스위크〉에 실린 1987년 기사에 나온 사진을 통해 봤다. 그는 리무진 옆에 서 있었고, 잡지에 실린 짧은 기사에는 보우테가 살로먼 브러더스의 회장이 될 유력한 후보라고 적혀 있었다. 그는 회사에서 은둔자처럼 지냈는데, 모기지팀을 무너뜨리려는 시도는 그의 회사채팀에서 시작됐다.

보우테와 스트라우스가 끈질기게 주장해서 1985년 회사채팀의 마크 스미스Mark Smith가 모기지팀에 합류했다. 그를 "스파이"라고 부르는 모기지 트레이더가 있는가 하면 "트로이의 목마"라 부르는 이도 있었다. 한 모기지 트레이더는 "그는 트로이의 목마가 아니에요. 우리 모두 그 안에 뭐가 있는지 알았거든요. 하지만 마이클(모르타라)은 우리 말을 듣지 않았어요"라고 말했다. 사실대로 말하자면, 모르타라는 안에 뭐가 있는지 뻔히 보이는 트로이의 목마를 팀으로 들여올 수밖에 없었다. 보우테와 스트라우스의 지시를 어길 수 없었기 때문이다. 그들을 꺾을 수 있는 사람은 라니에리가 유일했다. 모기지 트레이더들은 묻고 싶지만 꾹 참고만 있던 질문을 입 밖에 내뱉었다. "도대체 루이는 어디서 뭐하고 있는 거야?"

스미스는 라니에리를 제외하고 다른 팀에서 와서 모기지팀의 2인자가 된 첫 번째 대물이다. 모기지팀은 내부 결속력이 강해 가족 같은 분위기였는데, 스미스가 합류하고 6개월 만에 처음으로 팀 내에서 다툼이 발생했다. 스미스는 크론달을 모기지팀에서 회사채팀으로 보내라며 모르타라를 설득하는 한편, 국채 세일즈맨인 레리 스테인Larry Stein을 콘펠드, 나둘만, 호킨스가 일하던 모기지 차익거래팀에 합류시키자고 주장했다. 이에 스테인은 나둘만을 해고하는 조건이면 받아들이겠다고 말했다. 나둘만은 실적이 좋았지만, 그보다 중요한 것은 그가 라니에리파의 충성스러운 조직원이란 점이었다. 반면에 스테인은 스트라우스파였다. 1986년 모르타라는 나둘만을 해고했다. 모기지팀은 이미 외부 세력에 오염되어 있었던 것이다.

쓰러진 거인, 라니에리의 몰락

메릴린치는 허가되지 않은 거래로 2억 5,000만 달러의 손실을 봤다. 이 사실은 1987년 4월 29일 〈월스트리트저널〉에 대서특필됐다. 기사에는 "메릴린치 경영진은 그 주인공이 모기지팀을 책임지고 있는 36살의 하워드 루빈이라고 밝혔다. 메릴린치에 따르면 루빈은 특히나 위험한 증권 형태로 모기지를 한도 이상 보유하고 있었는데, 그것은 모기지증권에서 이자와 원금을 분리해 각각을 별개의 상품으로 판매되는 증권으로 'IOPO'라고 불리는 상품이었다"라고 보도됐다. 기자들은 루빈이라는 인물과 IOPO라는 상품에 대해 취재했고, 그 과정에서 루빈이 단일 거래로 월가 역사상 가장 많은 돈을 잃게 된 과정을 알아냈다. 그것은 월가에서 가장 매력적이고 신비스러운 이야기 중 하나였다. 그 일이 일어나기 전까지 루빈은 어떤 난관도 타개해내는 유능한 트레이더로 꼽혔지만 미숙한 면이 있는 것도 사실이었다. 라니에리가 본 루빈은 '자신이 본 트레이더 중 가장 재능 있는 사람'이었지만, 메릴린치에게는 그저 사기꾼이었다. 한 메릴린치 임원은 기사에서 "루빈은 채권, 즉 IOPO를 자기 서랍에 숨겨뒀는데 우리는 그런 것이 존재한다는 것조차 몰랐다"라고 말했다. 그냥 서랍 속에 숨겨뒀다고? 메릴린치 같은 일류 투자은행이 이런 말도 안 되는 수법에 멍청하게 당했단 말인가?

이 기사가 보도되기 몇 주 전, 루빈은 대형 모기지채권 매수자인

캔자스 오타와에 있는 프랭클린 세이빙스 앤 론Franklin Savings & Loan
의 어니 플레이처Ernie Fleischer와 점심을 함께했다. 당시 저축대부조
합의 경영 상태는 서서히 개선되고 있었는데, 플레이처는 그 같은
변화를 이끌어낸 인물이었다. 모기지 시장이 월가를 앞서 나가는 데
자부심을 느끼고 있던 그에게 루빈은 IO와 PO에 대해 설명해줬다.
(IO와 PO는 앞서 말했듯, 모기지채권을 두 부분으로 쪼갠 증권이다. 하나는 투자자에
게 이자 수익을, 다른 하나는 투자자에게 원금 수익을 지급한다.) IO와 PO가 마
음에 든 플레이처는 5억 달러 규모의 IO를 매수하겠다고 말했다. 루
빈은 그 자리에서 전표를 써서 플레이처에게 5억 달러 상당의 IO를
팔았다. 오타와로 돌아간 플레이처는 자신이 어떻게 월가의 깍쟁이
들에게 엄청난 금전적 손해를 주는 거래를 체결해서 1,000만 달러
를 벌었는지 자랑스럽게 떠벌리고 다녔다.

　루빈에게는 5억 달러의 PO를 처분해야 하는 문제가 남았다. 금
리가 올라갈 때 PO보다 더 빠르게 가격이 폭락하는 채권은 없다.
(이유는 생각해볼 것도 없다. 그냥 내 말만 믿으면 된다.) 루빈은 PO를 매도하기
도 전에 채권 시장이 하락세를 보일까 봐 걱정했다. 아니나 다를까,
점심 식사를 마치고 회사로 돌아왔을 때 채권 시장은 불안한 움직
임을 보였다. 그는 메릴린치 세일즈맨을 통해 PO를 모두 처분하려고
했지만, 채권 시장이 붕괴하는 바람에 도저히 매도할 수 없었다. 며
칠 후 루빈은 감당할 수 없을 만큼 엄청난 손실을 봤다. 혹자는 이
시점에 그가 PO를 더 사 들여 베팅 규모를 2배로 키웠다고 말했다.
그의 성격상 당연히 그럴 수 있을 것으로 보이지만, 증거는 없다. 그
누구도 사태가 왜 그렇게 흘러갔는지 알지 못했다. 하지만 누구에게
나 의견은 있는 법이다. 라니에리와 그의 전 동료들은 루빈이 서랍에

채권을 숨겨놓지 않았을 거라고 확신했다. 그들은 메릴린치 경영진이 PO가 무엇인지 몰랐고, 이 상품에 대한 그 어떤 규칙도 마련해 놓지 않은 채 루빈이 거대한 리스크를 떠안도록 내버려뒀을 거라고 생각했다. 그러고선 이러한 무지함을 반성하기는커녕 루빈을 희생양으로 삼으려고 한다고 믿었다. 이 사건 이후 기사가 쏟아졌다. 기사에는 루빈을 두둔하는 익명의 살로먼 브러더스 트레이더들이 등장했다. 마치 아직도 루빈이 라니에리파의 일원인 것 같은 착각이 들 정도였다.

모기지채권을 IO와 PO로 나누려면, 먼저 채권을 증권거래위원회에 등록해야 하는데 증권거래위원회 등록은 공시나 다름없다. 그래서 월가의 다른 투자은행들은 루빈이 5억 달러 규모의 IOPO를 발행하기 위해 증권거래위원회에 등록했다는 것을 알고 있었다. 보우테와 스트라우스의 꼬나풀인 살로먼 브러더스 모기지팀의 스미스는 이를 눈여겨봤고, 살로먼 브러더스도 루빈처럼 해야 한다고 주장했다.

표면적으로 그의 제안은 일리가 있었다. 메릴린치의 IOPO는 가격이 과도하게 높이 책정됐다. 스미스는 메릴린치가 그렇게 높은 가격에 IOPO를 판매할 수 있다면, 더 탄탄한 영업력을 지닌 살로먼 브러더스가 비슷한 상품을 좀 더 저렴하게 판매하는 데는 아무런 문제가 없을 거라고 주장했다. 물론 스미스는 루빈이 실제로 그 가격에 IO와 PO를 모두 판매했는지 알지 못했다. 투자은행들은 서슴지 않고 출혈 경쟁에 나섰다. 살로먼 브러더스도 결국 2억 5,000만 달러의 IOPO를 발행했다.

살로먼 브러더스의 PO가 메릴린치의 PO보다 저렴하기도 했지만 살로먼 브러더스의 세일즈맨들은 채권 시장이 무너지기 전에 PO를 모두 투자자들에게 팔아치울 정도로 능력이 있었다. 그 바람에 루빈의 위험에서 탈출하려는 노력은 완전히 수포가 됐다. 결과적으로 살로먼 브러더스는 플레이처와 같은 처지가 됐다. IO만 보유하게 된 것이다. IO는 채권 시장이 무너지면 가격이 올라간다. 이건 괜찮았다. 살로먼 브러더스는 채권 시장이 붕괴할 것으로 예상했기 때문이다. 이런 판단을 근거로 IO를 시장에 내다 파는 대신에 자산으로 보유하기로 결정했다. 호킨스, 콘펠드와 네이션 로Nathan Low로 구성된 모기지 차익거래 팀은 1억 2,500만 달러의 IO를 매수했고, 라이어스 포커의 챔피언인 메리웨더가 이끄는 팀이 나머지 IO를 떠안았다. 스미스는 살로먼 브러더스의 41층 트레이딩룸에서 유일하게 다른 의견을 갖고 있는 트레이더였다. 그는 루빈처럼 자신의 트레이딩 계좌에 몇 주 전에 매수한 수억 달러의 PO를 들고 있었다.

스미스는 살로먼 브러더스에서도 유능한 트레이더로 알려져 있었다. 그는 채권 시장이 곧 급등할 거라는 냄새를 맡았다. 자신의 판단에 확신이 있었기에 모기지 차익거래 팀의 호킨스, 콘펠드, 로가 IO에 베팅한 것이 얼마나 멍청한 판단인지 증명될 순간이 곧 올 거라고 확신했다. 그는 메리웨더 휘하의 트레이더들 주위를 어슬렁거리면서 그들이 아닌 자신이 이기는 게임을 하고 있다고 뻐기듯 말했다. "채권 시장은 느낌이 좋아. 금방 상승세를 탈 거라고."

채권 시장은 서서히 하락세를 보였고, 〈월스트리트저널〉 1면 기사에 실릴 만큼 메릴린치는 큰 타격을 입었다. 이 같은 내용의 기사가 보도되기 며칠 전, 살로먼 브러더스는 시장에서 메릴린치가 당장 팔아야 하는 PO가 수억 달러에 이른다는 소문을 들었다. 채권 시장의 하락세가 이틀 동안 계속되자 약간 손실을 봤지만 여전히 PO를 보유하고 있던 스미스는 때가 됐다고 생각하고 PO를 더 사 들였다. 메릴린치는 공황 상태에 빠져 있었는데, 스미스에게 이는 PO를 저렴하게 매수할 기회였다. 정확하게 말해서 그가 사 들인 PO는 루빈이 보유하고 있던 PO는 아니었지만, 그의 포지션은 정확하게 루빈과 같았다. 그 뒤로 며칠 동안 채권 시장은 안정됐지만, 이내 다시 하락하기 시작했다. 채권 시장은 나무에서 사과가 떨어지듯이 폭락했다. 메리웨더 팀과 모기지 차익거래팀은 순식간에 수천만 달러를 벌어들인 반면, 스미스는 수백만 달러가 넘는 손실을 봤다. 당시 상황을 가까이에서 지켜봤던 4명의 트레이더는 스미스가 3,500만~7,500만 달러 정도 손실을 봤을 거라고 추정했다. 하지만 손실액은 중요하지 않았다. 모기지 차익거래 팀이 IO를 가지고 있는 한 그들의 이익은 계속 늘어날 터였다. 노련한 책략가인 스미스는 손실을 만회할 묘안을 생각해냈다. 그는 회사 고위층에게 자신이 보유한 채권이 모기지 차익거래팀이 보유한 채권과 하나로 묶여 있다는 말을 슬쩍 흘렸다. 그는 기회가 있을 때마다 이런 이야기를 했는데, 회사 고위층이 그 말을 믿을 만큼 회사에서 지위가 높았다. 어쨌든 그는 사실상 모기지 트레이딩을 이끄는 책임자였다. 그는 모기지 차익거래팀에 이익이 안겨주는 IO가 사실상 자신의 거래 계정에 편입되어 있다고 통보했다. 그는 자기가 산 PO와 모기지 차익거래팀이 보유한 IO를 합쳐서 투자자들에게 하나의 상품으로 팔 계획이라고 말했다. 이런 식으로 스미스는 모기지 차익거래팀이 올린 이익을 자기 것으로 만들어서 자신이 낸 손실을 만회했다. 스미스는 사실상 다른 트레이더의 이익을 가로채고 있었던 것이다. 설상가상 모기지 트레이더들은 스미스가 회사채 트레이더라고 생각했다. 모두가 이를 살로먼 브러더스의 어딘가가 썩어가고 있다는 신호로 받아들였다. 모기지 차익거래 팀의 한 트레이더는 "아침에 출근하면 우리는 '제기랄. IO가 200만 달러 올랐어. 스미스가 또 채가겠군'이라고 말했어요"라고 회상했다. 나중에 스미스는 굿프렌드에게 불려가 심하게 질책을 받았지만 때는 이미 늦은 뒤였다. 콘펠드는 살로먼 브러더스를 그만두고 시어슨 리만으로, 로는 베어스턴스로 옮겼다. 심지어 스미스가 모기지팀에 추천했던 래리 스텐도 스미스의 역겨운 행동을 참지 못하고 살로먼 브러더스를 떠났다. 잠깐이지만 회사에서는 스미스를 해고해야 한다는 소리가 곳곳에서 터져 나왔지만, 나머지 모기지팀이 해고되고 나자 그 소리가 쏙 들어갔다. 도대체 라니에리는 어디서 무얼 하고 있었던 것일까?

널리 알려진 사실은 아니지만, 스미스가 모기지 차익거래 팀의 이익을 착복하고 있을 때 라니에리는 공식적으로 살로먼 브러더스의 모기지 트레이딩 책임자가 아니었다. 적어도 라니에리 자신은 그렇게 생각했다. 라니에리는 "1986년 12월 굿프렌드가 내게 와서 '모기지팀을 해체할 생각이네. 자네는 회사 경영을 도와줬으면 해'라고 말했어요. 모기지팀은 분리된 팀으로 존재하지 않았어요. 어디까지나 채권 트레이딩의 일부분이었죠"라고 말했다.

1987년 5월 굿프렌드는 뉴욕에서 열린 연계 임원 회의에서 112명의 임원에게 말했다. "살로먼 브러더스를 한 개인이 경영하는 것은 불가능합니다. 그래서 회장실을 만들었습니다. 여느 팀처럼 회장실도 구성원들이 업무를 공유하고, 서로 다양한 의견을 나누고, 단 하나의 목표를 향해 나아가야 합니다. 회장실이 순조롭게 돌아가는 것을 보게 되어 기쁩니다. 시간이 지나면 회장실에 속한 임원 3명은 일선에서 물러나 회사 경영에 매진하게 될 겁니다."

그로부터 2개월이 지난 1987년 7월 16일, 굿프렌드는 라니에리를 해고했다. 굿프렌드의 비서가 호출했을 때, 라니에리는 회사 일을 처리하느라 서부에 있었다. 그는 증권법으로 유명한 와첼Wachtell의 변호사 사무실에서 만나자는 연락을 받았다. 라니에리는 "우리는 변호사 마틴 립톤Martin Lipton의 사무실에서 만났어요. 조용하게 이야기해야 하거나 비상 상황일 때 주로 그의 사무실을 이용했지요. 저는 남아프리카 사람들, 예를 들면 미노코가 지분을 팔겠다고 해서 굿프렌드가 저를 보자고 한 거라고 생각했어요. 무슨 일이 저를 기다리고 있는지 전혀 몰랐지요"라고 말했다.

대략 10분 만에 회의가 끝난 뒤 라니에리는 멍한 얼굴로 사무실에 앉아 있었다. 해고 사유를 묻자 라니에리는 "지금도 모르겠어요"라고 말했다. 굿프렌드는 3가지 이유를 들었지만, 라니에리는 전부 불합리하다고 생각했다. (다른 사람들도 그렇게 생각했다.) 굿프렌드는 라니에리에게 "자네를 좋아하는 사람은 아무도 없어"라고 말했다. 그러고 나서 굿프렌드는 라니에리가 조직을 와해시키고 있으며 살로먼 브러더스에 너무나 큰 짐이 되고 있다고 비난했다. 회의가 끝난 뒤 라니에리가 짐을 챙기려고 사무실로 돌아갔을 때, 굿프렌드는 그에게 회사에서 나가달라고 말했다. 살로먼 브러더스의 사람들은 대부분 라니에리를 믿고 따랐기 때문에 굿프렌드는 쿠데타나 파업이 일어날지도 모른다고 걱정했던 듯하다. 라니에리의 비서는 안전요원들이 지켜보는 앞에서 짐을 챙겨야 했다.

지금도 살로먼 브러더스에서 일하고 있는 한 트레이더는 "라니에리가 해고됐다는 소식이 모기지팀에 전해졌을 때, 단토나는 누가 봐도 충격을 받은 것 같았어요"라고 말했다. 라니에리, 딜론 리드Dillon Reed로 옮긴 나둘만, 시어슨 리만으로 이직한 콘펠드, 푸르덴셜-바체로 옮긴 스톤, 그리고 살로먼 브러더스에 남아 있는 모든 모기지팀 사람들은 그다음에 무슨 일이 일어날지 분명히 알 수 있었다. 회사는 라니에리파를 상대로 대대적인 숙청에 들어갔다. 불과 몇 달 동안 회사는 모르타라를 시작으로 모기지팀의 창업 공신들을 해고했다. 단토나, 디파스콸, 피터 마로, 그리고 톰 고넬라Tom Gonella가 살로먼 브러더스를 떠났다. 살로먼 브러더스에는 이탈리아계 모기지 트레이더 폴 론제노티Paul Longenotti만 홀로 남았다. 그는 어느 날 아침 '나를 해고하라. 나는 이탈리아인이다'라고 적힌 명찰을 달고 회사에 출근했다.

월가 역사상 가장 이례적이고 수익성이 높았던 팀의 흔적은 짐 매시의 사무실에 걸린 사진 한 장이 고작이었다. 사진 속에서 굿프렌드, 라니에리, 달은 1978년에 함께 사업을 시작하면서 잘해보자며 서로 손을 포갠 채 웃고 있다. 크론달과 하업트는 모기지 트레이딩 공동 책임자로 살로먼 브러더스에 남았다. 회사에 그들보다 모기지 트레이딩을 더 잘 아는 사람이 없었기에 그들이 공동 책임자가 된 것이다. 하지만 크론달은 이듬해 살로먼 브러더스를 떠나 저축대부조합장인 플레이처가 인수한 뉴욕 투자은행인 L.F. 로스차일드L. F. Rothschild의 부회장이 됐다. 살로먼 브러더스에는 하업트만 남았다. 살로먼 브러더스에서 유일한 모기지증권 전문가가 된 것이다. 살로먼 브러더스 경영진은 모기지채권에 대해 놀라울 정도로 무지했다. 대숙청 이후 굿프렌드, 보우테, 스트라우스는 살로먼 브러더스 채권 분석팀장인 마티 레이보위츠Marty Leibowitz에게 모기지증권에 대한 강의를 받았다. 강의 주제는 모기지증권의 이해였다. 그리고 마침내 보우테가 살로먼 브러더스의 모기지 트레이딩 책임자가 됐다.

라니에리는 목표한 바를 이뤘다. 그는 살로먼 브러더스에서 모기지팀을 회사채팀과 국채팀과 대등한 위치에 올려놓았다. 미국 모기지 시장은 세계에서 가장 큰 신용 시장으로, 언젠가는 세계에서 가장 큰 단일 채권 시장이 될 수도 있었다. 라니에리는 모기지팀을 꾸리고 키우면서 월가의 인식을 바꿔놓았다. 월가는 역사적으로 대차대조표의 대변, 즉 부채와 관련된 업무만 처리했다. 모기지는 자산이다. 주택 모기지를 하나의 투자상품으로 묶어서 판매할 수 있다면 신용카드, 자동차 대출 등 모든 종류의 대출도 그렇게 할 수 있을 게 분명했다.

살로먼 브러더스에서 모기지 트레이딩을 이끌던 트레이더들이 다른 투자은행으로 이직하면서 월가는 풍요로워졌다. 모르타라는 1988년 상반기에 모기지채권 트레이딩을 주도한 골드만삭스의 모기지 트레이딩을 책임지게 됐으며, 마로는 모건 개런티에서 모기지 트레이딩을 이끌었다. 스톤은 푸르덴셜-바체로, 바움은 키더 피바디Kidder Peabody로 옮겨서 모기지 트레이딩을 이끌고 있다. 그리고 켄달은 그린위치 캐피털Greenwich Capital에서, 조셉은 드렉셀 번햄 램버트Drexel Burnham Lamdbert에서, 크론달은 L.F. 로스차일드에서 모기지팀을 이끌었다. 나둘만, 콘펠드, 로, 빌 에스포지토Bill Esposito, 에릭 비블러Eric Bibler, 라비 조셉Ravi Joseph은 각각 시큐리티 퍼시픽Security Pacific, 시어슨 리먼, 베어스턴스, 그린위치 캐피털, 메릴린치, 모건스탠리에서 수석 모기지 트레이더로 일했다. 이들은 모두 월가에서 두드러지게 활동하고 있는 살로먼 브러더스 출신 모기지 트레이더들이다. 이 들 밑에서 수천 명의 트레이더들이 모기지채권을 업으로 삼아 살아 가고 있다.

살로먼 브러더스 출신 모기지 트레이더 중에서 가장 특이한 사 례는 누가 뭐래도 루빈이다. 메릴린치에서 해고된 뒤, 루빈은 베어 스턴스에 합류했다. 소문에 따르면, IOPO로 2억 5,000만 달러의 손실 을 냈다는 기사가 〈월스트리트저널〉에 실린 날 아침에 루빈은 베어 스턴스 관계자에게 연락을 받았다. 베어스턴스의 모기지 트레이더 2 명은 루빈이 IOPO를 다시는 '책상 서랍에 숨겨두지 못하도록' 그의 책상 서랍에 못질을 해버렸다. 살로먼 브러더스의 한 모기지 트레이 더는 루빈에게 전화를 걸어서 아메리칸 익스프레스 광고에 출연하 는 게 어떻겠냐는 농담을 던졌다. 아메리칸 익스프레스 광고에서 루 빈이 "이봐, 자넨 날 모르겠지만 나는 월가 역사상 채권 트레이딩으 로 가장 큰 손실을 낸 사람이야. 나보다 신용에 대해 잘 아는 사람 은 없을걸. 곤란한 상황이 생기면, 난 이 신용카드를 사용하지"라고 말하는 거다.

라니에리는 살로먼 브러더스에서 북쪽으로 800미터 떨어진 곳 에 회사를 차렸다. 그는 자신의 회사를 라니에리 주식회사로 불렀 다. 살로먼 브러더스에서 쫓겨난 뒤 혼란스러웠던 라니에리는 자신 을 모기지 시장으로 끌어들인 달을 찾아가서 점심을 함께했다. "굿 프렌드가 라니에리를 승진시켜놓고 해고한 데는 2가지 이유가 있다 고 봅니다. 첫째, 굿프렌드가 자신이 실수했다는 것을 갑자기 깨달은 거죠. 라니에리는 너무나 편협해서 부회장이면서도 자기 팀을 최우 선시했어요. 둘째, 회장실은 라니에리의 말을 듣는 것이 지겨웠던 거예요. 틀림없이 라니에리가 거의 모든 회의를 주도했을 겁니다. 라니에리는 혼자 계속 떠들어대는 사람은 아니지만, 자신만의 신념이 있는 사람이죠. 스트라우스, 보우테, 굿프렌드가 라니에리의 말을 경청하지 않은 것은 실로 안타까운 일이에요. 그의 말을 잘 들었다면, 엄청난 이득을 봤을 겁니다." 달의 말이다.

라니에리는 어려웠던 시기 자신을 보호해준, '나의 랍비'라고 불렀던 사람이 자신을 내쫓았다는 사실을 받아들일 수 없었다. 그는 스트라우스가 실권을 장악해서 회사를 마음대로 주무르고, 보우테는 자신의 때가 오기만을 기다릴 거라고 생각했다. (하지만 실제로는 정반대였다. 보우테는 1988년 12월 살로먼 브러더스를 떠났고, 스트라우스만 불안하게 흔들리는 굿프렌드 곁을 홀로 지켰다.) 라니에리는 얼굴 한 번 본 적 없고 이름도 모르는 임원이 옳은 일이라는 이유 하나만으로 아내의 병원비를 내준 이후로 살로먼 브러더스에 대한 믿음을 절대 저버리지 않았다. 당시에 살로먼 브러더스는 "훌륭한 인간이 되는 것이 훌륭한 경영자가 되는 것보다 중요하다"라고 말하는 사람이 이끌고 있었다. 라니에리는 회사 문화를 잘 모르는 이방인들이 살로먼 브러더스를 일시적으로 이끌고 있다고 생각하는 듯했다. 라니에리는 말했다. "그때 상황을 이해하려면, 당시 굿프렌드가 이빨 빠진 호랑이 신세였다는 사실을 감안해야 됩니다. 스트라우스가 실권을 장악하고 있었어요. 그는 절대적인 권력을 원했지요. 스트라우스와 보우테는 1년 만에 거인을 쓰러뜨렸어요. 굿프렌드가 중심을 단단히 잡고 있었더라면, 절대 그런 짓을 하지 못했을 겁니다. 두 사람이 도대체 뭐라고 했기에 굿프렌드가 그런 결정을 내렸는지 도통 모르겠어요. 스트라우스와 보우테는 살로먼 브러더스의 위대함이 회사의 문화에서 나온

다는 것을 이해하지 못했어요. 그들은 회사의 문화를 무너뜨렸지요. 아니면 사람들이 말하듯, 그들은 신성한 약속을 어기면서 스스로에게 영원히 지워지지 않는 낙인을 찍었죠."

그 결과, 월가의 위대한 투자은행인 살로먼 브러더스 우편실에서 시작해서 이사회까지 올라갔던 라니에리의 19년 여정은 막을 내렸다.

8장

얼간이 신참에서 어엿한 세일즈맨으로

대체로 인간은 촉각보다 시각을 근거로 판단을 내린다. 왜냐하면 모두가 볼 수 있지만, 소수만이 느낌으로 시험할 수 있기 때문이다. 모두가 당신의 겉모습을 보지만, 소수만이 당신의 진정한 모습을 안다. 그 소수만이 여론에 맞설 용기가 있다.

— 니콜로 마키아벨리(Niccolò Machiavelli)의 《군주론》

　　　　　　　　　　　　　　 전화로 할 수 있는 합법적인 일 중 가장 나쁜 일은 얼굴도 모르는 사람에게 그가 원하지도 않는 것을 팔려고 하는 것이다. 런던에서 채권 세일즈맨으로 일한 지 얼마 되지 않았을 때, 나는 발음하기도 힘든 프랑스 이름이 가득 적힌 노트북을 들고 낑낑대고 있었다. 나의 상사이자 나의 정글 길라잡이는 아칸소주 볼드 놉 출신인 스투 윌리커Stu Willicker였다. 그는 내게 전화기 옆에 딱 붙어 앉아 돈벌이를 하라고 했다. 그는 "파리에 있는 모든 사람에게 전화를 걸어. 그리고 웃어"라고 말했다.

　　물론 정말로 파리에 있는 모든 사람에게 전화를 걸라는 뜻은 아니고, 자산을 5,000만 달러 이상 운용하는 프랑스 자산관리사들에게 전화를 걸라는 말이었다. 나는 파리 전화번호부와 《더 유로머니 가이드The Euromoney Guide》라는 책을 참고해서 5,000만 달러 이상의 자산을 운용하는 자산관리사들의 이름과 전화번호를 찾아냈다. 참고로 《더 유로머니 가이드》에 이름이 실렸다는 것은 그 사람이 돈이 좀 있다는 뜻이다. 내가 찾아낸 첫 번째 이름은 'F. 디데로그농 Diderognon'이었다. 이게 뭐지? 남자야, 여자야? 미국인인 나의 정글 길잡이에게 이 이름을 어떻게 발음해야 하는지 물었다. 그는 황당하다는 얼굴로 나를 쳐다봤다.

"내가 어떻게 알겠어? 난 네가 프랑스어를 할 줄 안다고 생각했어."

"그게, 그저 이력서에 한 줄 올린 것뿐이에요."

그는 머리를 긁적였다. "괜찮아. 어쨌든 그 개구리들이 영어를 하니까"라고 말했다.

난감했지만, 그냥 전화를 걸 수밖에 없었다. 전화를 건다고 해서 문제가 해결되는 건 아니었다. 그 이름을 어떻게 발음해야 할지 도통 알 수 없었다. 디데로그농? 뒷부분은 '어니언'처럼 발음하면 되나? 앞부분은 내가 아는 철학자의 이름과 비슷하니 그렇게 발음하면 되나? 나는 '디드로-니언'이라고 발음해야겠다고 결론 내렸다. 나의 정글 길잡이는 내가 뭔가 실수하기를 기다리는 것처럼 나를 뚫어지게 노려보고 있었다. 숨을 크게 들이켠 뒤 나는 전화번호를 눌렀다.

남자 개구리가 "위 Oui"라고 말하며 전화를 받았다.

"어, 쀠쥐 파홀드 디드로니언 puis-je parle à F. Diderognon?" ('디드로니언 씨 계십니까?'란 뜻이었다.)

개구리는 "쿠아 Quoi? 퀴 Qui?"라고 말했다. '뭐라고요? 누구요?'란 뜻이었다.

나는 "디드로니언 씨요. 디-드-로-니-언"이라고 또박또박 말했다. 수화기 너머의 남자는 손으로 전화기를 막더니 뭐라고 말했다. 옆에 있는 누군가와 이야기하는 듯했다. 어렴풋이 "프랭크, 미국인 브로커가 전화를 했는데, 네 이름을 제대로 발음할 줄도 몰라. 한번 받아볼래?"라고 말하는 소리가 들렸다. 다른 목소리가 "누군지 알아봐"라고 말했다. 개구리는 수화기에 대고 "누구세요?"라고 물었다. 나는 "저는 마이클 루이스입니다. 살로먼 브러더스 런던 지사에서 일하고 있지요"라고 답했다. 다시 소리가 작아지더니, 그가 "프랭크, 살로먼에 새로 온 브로커래"라고 말했다. 프랭크 디데로그농은 벌컥 화를 내며 "살로먼이랑은 한마디도 안 할 거야. 나쁜 놈들. 썩 꺼지라고 해"라고 소리쳤다. 남자는 "프랭크가 나중에 전화하겠다네요"라고 말했다. 젠장, 내가 왜 이 일을 택한 걸까?

트레이딩, 세일즈 인생에 대해 배우다

'얼간이geek'는 살아 있는 닭과 뱀의 대가리를 물어뜯는 엽기적인 행각조차 마다하지 않는 사람이다. 적어도 빨간색 아메리칸 헤리티지 사전에는 그렇게 나와 있다. 살로먼 브러더스 런던 지사에서 얼간이는 트레이더가 시키는 일이라면 무엇이든 하는 사람으로, 사전에 실린 정의와 전혀 비슷하지 않은 2가지 뜻을 더 가지고 있었다. 내가 사무실에 도착했을 때, 한 트레이더가 내게 얼간이의 2가지 뜻을 알려줬다. 첫째, 백조가 뀐 방귀를 들이마시는 자. 둘째, 연수 프로그램을 이제 막 마친 자로서 연수생과 사람 사이의 유충 단계에 있는 존재. 그러면서 그는 내가 바로 얼간이라고 말했다.

1985년 12월까지 나는 뉴욕에서 트레이더들의 하인이자 샌드백 노릇을 했다. 그런 상황에서도 나는 연수생 생활이 끝난 게 너무나도 감격스러웠다. 설령 그게 얼간이가 되어야 한다는 뜻이라도 말이다. 나는 41층에서, 다시 말해서 라니에리와 굿프렌드, 스트라우스, 보우테, 그리고 그들 사이에서 벌어지는 포악한 영역 싸움에서 해방됐다. 그렇다고 오해하진 마라. 나는 여느 남자들처럼 활동적인 사람이다. 그러나 뉴욕에서는 눈에 띄게 행동하면 자유를 빼앗길 수도 있었다. 나는 뚱뚱한 모기지 트레이더들 옆에 앉아 일을 배우고 싶지 않았다. 그들 곁에선 평생 일만 배우다가 모든 게 끝날 수도 있었기 때문이다.

살로먼 브러더스 정신에서 멀어지길 바란다면, 런던 지사가 제격이었다. 런던 지사를 제외하고 미국 내 다른 지사들, 심지어 도쿄 지사도 뉴욕의 41층 트레이딩룸이 정한 기준에 따라 움직였다. 런던 지사에서 일하는 노련한 유럽 출신 직원들만 자유의 전사들이었다. 런던 지사의 최고 임원 6명은 모두 뉴욕의 41층 트레이딩룸 출신이었으나, 이곳의 문화를 만든 것은 바로 유럽인 직원들이었다.

굿프렌드를 대하는 태도만 봐도 그 차이를 분명히 알 수 있었다. 굿프렌드가 미국의 어느 지사를 방문하면, 그 지사의 직원들은 하나같이 그에게 잘 보이려고 쇼를 했다. 긴장 때문에 속이 뒤집히고 바지에 오줌을 지릴 것 같은 얼굴로 그들은 자신만만해 보이려고 애썼다. 사무실을 어슬렁대는 굿프렌드와 가벼운 대화를 할 때도 말조심하는 기색이 역력했다. 채권과 관련된 최신 이슈에 대한 농담을 겨우 주고받을 뿐, 과감하고 재치있는 말들은 오가지 않았다. 굿프렌드의 아내에 대한 농담 같은 것은 금물이었다. 그들은 기본 원칙을 철저하게 지켰고, 그렇게만 하면 굿프렌드도 그들의 농담을 가볍게 받아쳤다.

굿프렌드가 도쿄 지사를 방문하면, 일본인 직원들은 '열심히 일하는 사람'이란 인상을 주고 싶은 듯 책상에 코를 처박고 미친 듯이 전화를 해댔다. 강의실에서 졸던 일본인 연수생처럼 여유 있는 태도를 보이는 사람은 아무도 없었다. 그 누구도 '천사 같은 굿프렌드 상'과 가벼운 대화조차 나누려고 하지 않았다. 도쿄 지사를 방문한 날,

굿프렌드는 우연히 그곳에 있던 내 친구를 보고는 뭔가를 논의하기 위해 그를 한쪽으로 데려갔다. 내 친구는 당시를 다음과 같이 회상했다. "모든 일본인 직원들이 내가 마치 신과 개인적으로 대화를 나누기라도 한 것처럼 눈을 동그랗게 뜨고 쳐다보더라니까."

그러나 런던에서 굿프렌드는 초짜 관광객 취급을 받았다. 현란한 버뮤다 반바지에 편안한 티셔츠를 입고 목에 카메라를 걸고 다니는 관광객을 본 것처럼, 사람들은 그를 보며 몰래 비웃었다. 살로먼 브러더스의 기세가 한풀 꺾이고 나서는 뒤에서 그를 비웃는 사람이 더 많아졌다.

유럽인 직원들은 굿프렌드를 보며 대충 이런 대화를 나눴다.

"여기에 뭐 때문에 온 거래?"

"몰라. 쇼핑하러 파리에 가는 길에 들른 거겠지."

그다음에는 으레 "굿프렌드랑 같이 있는 사람은 수전인가?"라는 질문이 이어졌다. 사실 그는 파리에 갈 때면 거의 항상 아내인 수전과 함께했다.

한마디로, 유럽인 직원들은 미국인과 일본인 직원들에 비하면 굿프렌드의 권위를 덜 의식했다. 이 자유로운 영혼들은 평균적으로 나보다 10~15살 많았고, 대형 금융업에 오랫동안 종사해왔다. 그들은 미국에서 나온 최신 금융상품에는 눈길도 주지 않고 고객들과 관계를 형성하는 데만 관심을 기울였다. 유럽에서는 능글맞은 금융가를 '건달'이라고 불렀는데, 이상하게도 런던 지사에는 그런 건달이 없었다. 살로먼 브러더스의 유럽인 직원들은, 특히 영국인 직원들은 유서 깊은 명문대를 나온 고상한 금융가들이었다. 그들에게 일은 집착의 대상이 아니었으며, 심지어 걱정거리도 아니었다. 회사에 헌신해야

한다는 생각, 특히나 미국 회사에 굽실대야 한다는 생각은 그들에게
그저 웃음거리일 뿐이었다. 약간 과장해서 유럽인들은 늦잠을 자고,
술을 곁들여 느긋하게 점심을 먹고, 오후 내내 술에 취해 비틀거리
기로 유명했다. 이런 평판의 근원지는 뉴욕 41층이었다. 한 뉴욕 트
레이더는 런던 지사에서 근무하는 트레이더들을 '몬티 파이선의 날
아다니는 투자은행가'(영국의 코미디 드라마 〈몬티 파이선의 날아다니는 서커스
Monty python's Flying Circus〉를 빗댄 농담이다-역주)라고 불렀다.

살로먼 브러더스 런던 지사에서는 유럽 문화와 미국에서 수입된
경영 문화가 거칠게 충돌하는 덕분에 나 같은 얼간이는 숨어서 약
간의 개인적인 자유를 만끽할 수 있었다. 그러던 중 1985년 12월부
터 1988년 2월 사이에 엄청난 변화가 있었다. 직원 수가 150명에서
900명으로 늘어난 것이다. 살로먼 브러더스는 런던 지사의 이미지
를 완전히 뜯어고치기 위해 번쩍이는 새 사무실로 이사했다. 살로먼
브러더스를 '글로벌' 투자은행으로 키우려는 뉴욕 41층 사람들이 런
던 지사에 수천만 달러를 쏟아부었던 것이다.

굿프렌드와 스트라우스는 월가에 떠도는 통념을 굳게 믿었다. 극
히 소수만 진정한 글로벌 투자은행이 되고, 나머지 패배자들은 국
내에서 빌빌댈 거라는 의견이 거의 정설처럼 받아들여지고 있었다.
소수의 글로벌 투자은행이 과점을 형성해 자본 조달 서비스의 가치
를 높이고 번영할 것이라고 월가는 굳게 믿었다. 글로벌 투자은행으
로 성장할 것으로 기대되는 투자은행에는 일본 투자은행인 노무라
Nomura, 미국 상업은행인 시티콥 Citicorp, 미국 투자은행인 퍼스트 보
스턴, 골드만삭스, 그리고 살로먼 브러더스가 있었다. 유럽 은행들은
어땠을까? 당시에는 사람들의 입에 오를 만한 유럽 은행이 없었다.

살로먼 브러더스는 일본 도쿄에서도 사업을 빠르게 확장했다. 일본은 무역 흑자를 기록하면서 막대한 달러를 벌어들여 팔거나 투자할 달러가 넘쳐났다. 당시 일본인은 1980년대의 아랍인 같았다. 하지만 일본 금융기관들이 미국 회사를 환영하지 않을 뿐만 아니라 금융 규제가 심해서 월가 투자은행들은 대개 일본에 작은 사무소를 낼 뿐이었다. 반면, 유럽 시장에 진출하는 데는 눈에 띄는 장벽이 없었고, 금융 규제도 거의 없었다. 뉴욕 토박이들에게는 대서양 건너에 존재하는 문화적 차이가 태평양 건너에 존재하는 문화적 차이보다 적게 느껴지는 것도 사실이었다. 브루클린 촌뜨기가 영국 히스로 공항에 내리더라도 리무진을 부르려고 통역사를 고용할 필요가 없었고, 비싼 호텔에서 저녁을 먹으면서 회를 시키지 않아도 됐다. (살로먼 브러더스에는 미국인 임원이 일본에서 회를 익혀 먹으려고 식사 테이블에 화로를 놓았다는 유명한 이야기가 전해진다.) 하루에 2,000달러 정도만 쓰면 유럽에서도 뉴욕에 있는 것처럼 생활할 수 있었다. 이런 이유로 런던은 세계 시장으로 진출하는 데 있어 중요한 연결고리가 됐다. 시간대, 역사, 언어, 상대적으로 안정적인 정치 상황, 달러를 선호하는 자본 시장과 영국 제1의 백화점인 해러즈Harrods가 런던을 모든 미국 투자은행가들이 뜻을 펼치기에 더할 나위 없이 좋은 장소로 만들어줬다. 그래서 글로벌 투자은행으로 성장하겠다는 살로먼 브러더스의 야망이 런던을 근거지로 움트기 시작한 것이다.

나를 포함해서 12명의 연수생이 런던 지사에서 일을 시작했다. 살로먼 브러더스는 모건 개런티가 소유한 건물에서 2개 층을 사용했는데, 도넛 모양의 우리 사무실은 매우 비좁았다. 트레이딩에는 모두가 서로를 볼 수 있고 소리치면 누구나 들을 수 있도록 격납고처럼 뻥 뚫린 널찍한 공간이 필요했다. 그런데 우리가 사용하던 건물은 가운데 엘리베이터와 계단이 배치되어 있었다. 트레이딩룸은 엘리베이터와 계단을 동그랗게 둘러싸고 있었고, 트레이딩룸을 쭉 펼치면 길이가 족히 45미터는 됐을 것이다. 트레이딩룸에 앉아 있으면, 확보되는 시야가 아주 좁았다. 한마디로 그곳은 비좁고 답답했으며 상업적인 느낌을 줬다. 다닥다닥 붙어 앉아 일하다 보니 다른 사람이 무엇을 하고 있는지 모두들 알 수 있었다. 트레이딩룸은 시장 바닥처럼 시끄러웠다. 템스강과 세인트 폴 대성당이 보이는 그림엽서처럼 멋진 풍경을 제외하면, 불쾌하기 짝이 없는 곳이었다.

런던 지사에는 세일즈팀이 12개 있었는데, 이들은 모두 뉴욕 본사의 연장에 불과했다. 1팀은 회사채를, 2팀은 모기지채권을, 3팀은 국채를, 4팀은 미국 주식을 취급하는 식이었다. 내가 무엇을 팔지는 연수 프로그램 때 이미 정해졌다. 나는 딕 리히Dick Leahy에게 배정됐고, 그는 국채팀의 한 갈래인 채권 옵션과 선물을 파는 세일즈팀을 이끌고 있었다. 이렇게 나는 스트라우스파의 일원이 되어버렸다.

연수 프로그램이 끝나갈 무렵, 나는 리히와 그의 오른팔인 레슬리 크리스티안Lesle Christian과 칠면조 샌드위치를 먹으며 시간을 보냈다. 이것은 내게 행운이었다. 우선 주식팀을 제외하면 나를 원하는 팀이 없었고, 나는 이들이 좋았다. 이들이 부하직원을 받아들이는 것은 흔치 않은 일이었다. 금융 상품을 팔아야 한다는 강박에 시달리는 대부분의 임원들과 달리 크리스티안과 리히는 내게 돈을 벌 수 있는 것이면 무엇이든 찾아보라고 권할 뿐, 옵션이나 선물을 팔라고 강요하지 않았다. 이들은 자신의 이익과 회사의 이익을 똑같이 중요하게 생각하는, 살로먼 브러더스에서 보기 드문 사람들이었다. 상사에게 잘 보이려고 애쓰는 스페셜리스트로 가득한 집단에서 나는 이 팀 저 팀을 배회하는 제너럴리스트가 됐다.

출근 첫날, 나는 윌리커를 찾아갔다. 내가 출근하기 전에 그의 팀은 3명의 세일즈맨으로 구성되어 있었다. 살로먼 브러더스 병에 걸려 있지 않은 윌리커를 만난 것은 내게 또 다른 행운이었다. 4년 동안 런던 지사에서 근무했지만, 그는 자신이 볼드 놉 출신임을 잊지 않았다. 이것은 매우 신선하게 느껴졌다. 더 중요한 것은 그가 살로먼 브러더스 직원들의 행동을 규제하는 공식적·비공식적인 규칙들에 연연하지 않았다는 것이다. 그는 개인의 자유를 중요하게 생각했으며, 남이 시키는 일에 거의 관심이 없었다. 사실, 그는 거의 항상 비협조적인 태도를 보였다.

그는 때때로 "파리에 있는 모든 사람에게 전화를 걸어"라는 식으로 직원들에게 명령을 내렸는데, 이런 독재적인 모습 때문에 번민에 빠지곤 했으나 이런 일은 흔치 않았고, 이런 일이 있을 때면 그는 충분한 보상을 해줬다. 또한 사무실 회의에서 빼주는 등 그 무엇의 방해도 받지 않고 오롯이 일에 집중할 수 있는 환경을 만들어줬다. 무엇보다 그는 우리에게 좋은 본보기가 되어줬다. 그는 다른 세일즈맨들이 첫 번째 전화를 돌리고 나서 한 시간 뒤에야 사무실에 모습을 드러냈는데, 이는 우리에게 큰 영감을 줬다. 그의 팀은 런던 지사에서 실적이 가장 뛰어났는데, 나는 그게 팀원들에게 독립적으로 생각하고 판단할 여유를 줬기 때문이라고 생각한다.

하지만 당시 나에게 그런 여유는 존재하지 않았다. 스스로 생각하고 판단하는 것은 내 능력 밖의 일이었다. 기반과 기초가 모두 없었던 나의 유일한 희망은 내 주변의 세일즈맨들을 보면서 뭔가 내게 도움이 될 만한 것을 얻어낼 수 있을 거라는 막연한 믿음뿐이었다. 일을 배우는 것은 곧 태도를 배우는 것이었다. 전화 요령, 흥정 요령, 그리고 가장 중요한 것인데 기회와 사기를 구분하는 법을 배워야 했다.

출근 이틀째, 사무실은 활황인 미국 시장에 투자하려는 프랑스인들과 영국인들에게 걸려오는 전화로 정신이 없었다. 얼빠진 내게 첫 번째 조언이 건네졌다. 바로 내 건너편에 앉아 있던 젊은 세일즈맨이 몸을 숙이더니 작게 속삭였다. "레이업 슛을 원하세요? 살로먼 브러더스 주식을 공매도하세요." 그는 나와 같은 팀으로, 나는 그를 2년 동안 경외의 시선으로 지켜봤다. 참고로 '레이업 슛'은 승리가 보장되는 패를 뜻하는 도박사들의 은어이고, 공매도하라는 것은 갖고 있지 않은 주식을 팔라는 뜻이다. 주가가 내려갈 것을 기대하고 갖고 있지도 않은 주식을 미리 팔고는 나중에 정말로 주가가 내려가면 싼값에 주식을 되사서 차액을 챙기는 트레이딩 방법이다. 살로먼 브러더스 주식을 공매도한다는 것은 살로먼 브러더스 주가가 폭락하는 데 베팅하라는 말이었다. 나는 두려움에 숨을 헐떡이며 움츠러들었다. 첫째, 자사 주식을 공매도하는 것은 불법이다. 둘째, 살로먼 브러더스 주가가 폭락하는 데 베팅하는 것은 그리 좋은 생각 같지 않았다. 그해 살로먼 브러더스는 월가 역사상 두 번째로 높은 수익을 올렸다. 내 친구, 그를 일단 대시 립록 Dash Riprock 이라는 가명으로 부르자. 립록은 정말 그렇게 하라는 게 아니라, 아주 간결하게 핵심만 전달하고자 했다. 그는 나중에 나를 테스트해본 거였다고 말했다. 그는 내가 어떻게 행동하는지 지켜보고 나를 보살펴주기로 마음먹었다고 했다. 그가 9개월 동안 일하면서 차곡차곡 쌓아온 지혜를 나와 공유하겠다는 뜻이었다. 그는 스물세 살의 미국인으로 나보다 겨우 두 살 어렸지만, 그 세계에선 나보다 몇 광년이나 앞서 있었다. 립록은 검증된 돈벌이꾼이었다.

나는 곧 그에게 익숙해졌다. "2년 국채를 사고 경과물 10년물을 팔아.""살로먼 브러더스 주식을 공매도해.""고객을 구해. 얼간이는 쏴버려." 그는 이런 말을 하고는 나 스스로 그 이유를 알아내기를 기대했는데, 나는 그가 대체 무슨 말을 하는 건지 종잡을 수 없었다. 그는 따뜻한 사람이었지만 무슨 말이든 지나치게 간결하게 하는 경향이 있었다. 그는 세 나라에 걸쳐서 4명의 자산관리사에게 자신이 개발한 새로운 투자상품을 판매한 뒤, 그게 무엇인지 자세하게 설명해줬다. 이런 식으로 나는 트레이딩, 세일즈, 그리고 인생에 대해 배웠다.

립록이 말하려는 바는 건전한 투자은행처럼 보이는 살로먼 브러더스가 사실상 불량 투자상품이나 다름없다는 것이었다. 그래서 지금이 살로먼 브러더스 주식을 공매도하기에 적기라는 뜻이었다. 회사 사정이 완전히 악화되기 전에 주식을 팔아치우라는 얘기였다. 그런데 그는 살로먼 브러더스 주식을 공매도할 때라는 것을 어떻게 알았을까?

얼간이였던 나는 내가 모른다는 것을 안다는 사실을 제외하고는 아는 것이 없었다. 이건 내 잘못이 아니었다. 그래서 나는 "왜?"라고 당당하게 물었다. 물론 그가 즉시 대답해줄 것으로 기대하지는 않았다. 그랬다면 너무 쉬웠을 것이다. 그는 아리송하게 단편적으로 대답했다. 그는 트레이딩룸에서 정신없이 일하는 채권 트레이더들과 세일즈맨들을 가리키면서 "이게 회사거든"이라고 말했을 뿐이다.

너무나 당연한 소리였다. 살로먼 브러더스는 회사, 정확하게 '피브로 살로먼 주식회사'라는 회사다. 나는 그가 하려는 말을 정확하게 이해했다. 우리는 살로먼 브러더스가 불필요한 회의, 무의미한 메모, 멍청한 위계질서 등 대부분의 회사에서 발견되는 부정적인 요소들에서 자유롭다고 생각했다. 그런데 어느 날 립록은 전화를 받다가 살로먼 브러더스가 관료화되고 있다는 사실을 깨닫고는 몸서리쳤다. 자기 생각이 옳다는 것을 보여주려는 듯, 그는 로마의 웅변가처럼 집게손가락을 뻗어 들더니 말했다. "저 책과 그릇을 생각해보게." 그런 다음 립록은 회전의자를 빙 돌려 깜빡거리는 전구를 돌려 끼웠다. 그러곤 곧장 채권 세일즈맨 상태로 되돌아갔다. "연방준비제도이사회는 태도를 완전히 바꿀 거야. 시장이 하룻밤 사이에 말랑말랑해질지도 모르지. 공급 물량도 좀 있네. 2개에서 10개 정도……." 나는 그가 무슨 소리를 하는지 전혀 이해할 수 없어서 나중에 물어볼 요량으로 그의 말을 노트에 메모했다.

책과 그릇이라. 당시 창립 75주년을 맞은 살로먼 브러더스는 전 직원들에게 회사 이름이 새겨진 커다란 은쟁반과 책을 선물로 줬다. 그릇은 과자를 담아 먹기에 딱 좋은 크기였다. 책 제목은 《살로먼 브러더스 : 리더십을 향한 전진 Salomon Brothers: Advance to Leadership》으로, 회사의 역사가 선택적으로 담겨 있었다. 회사 임원진을 미화하려는 목적에 아주 충실한 책이었다. 굿프렌드, 라니에리, 호로비츠, 보우테, 스트라우스, 그리고 매시가 했던 말이 차례대로 책에 인용되어 있었다. 책 속의 그들은 모두 겸손했고 세상을 내다보는 혜안을 갖고 있었다. 이 책의 저자는 그들이 얼마나 현명하고, 잘생겼고, 용감하고, 강한 연대 의식을 지녔는지 빼곡히 적었다. 마치 서툰 파시스트 선전물 같은 이 책은 연수 프로그램의 교재로 사용될 예정이었다.

하지만 연수생들조차 이 책이 말도 안 되며 사실을 은폐하고 있다고 생각했다. 살로먼 브러더스는 월가에서 최고의 투자은행이 되기 위해서 앞으로 나아갔지만, 조직적인 차원에서 하나의 행복한 대가족은 아니었다. 당시 살로먼 브러더스는 감추기에는 너무나 많은 비밀을 품고 있었다. 설립자의 아들인 윌리엄 살로먼William Salomon은 내성적이고 품위 있는 사람이지만, 굿프렌드를 "살로먼 브러더스의 수치"라고 기자들에게 대놓고 이야기했다. 데이비드 텐들러David Tendler 전 회장의 무덤에 놓인 꽃다발이 시들기도 전에 굿프렌드는 완력으로 회장 자리에 올랐다. 라니에리, 스트라우스, 보우테 사이의 혈투는 날로 치열해졌다. 채권 트레이더들은 더 좋은 조건을 제시받아 경쟁사로 속속 이직하고 있었다. 물론 살로먼 브러더스의 어두운 과거와 현재는 깨끗하게 살균 처리된 75주년 기념서에는 실리지 않았다.

예를 들어, 모기지팀의 탄생 배경을 설명하는 부분을 살펴보자. 저자는 로버트 달의 오래된 인터뷰 기사를 인용해 "살로먼 브러더스는 최고의 생산성을 이뤄내기 위해 직원이 자신의 능력을 마음껏 발휘할 수 있도록 조직을 유연하게 운영하고 있다"라고 서술해놓았다. 흥미로운 것은 달이 이런 말을 하고 있을 때 회사 뒤편에서는 무슨 일이 벌어지고 있었냐는 것이다. 이 말을 하고 나서 6개월 뒤 달은 굿프렌드가 일으킨 역풍에 휘말려 라니에리에게 밀려났다.

이 책의 주인공은 굿프렌드였다. 살로먼 브러더스의 충복인 그가 트레이더에서 경영인으로 변신하는 과정을 설명하는 대목을 살펴보자. "나는 경영인이란 역할을 즐기고 있다. 이는 도전 의식 때문이지,

그 자리가 이 세상에서 가장 만족스러운 자리라고 생각하기 때문이 아니다. 금융 세계는 때로 아주 높은 소명 의식을 요구한다. 우리는 이익만 추구하는 것이 아니라 사회에 기여하는 긍정적 역할 또한 수행해왔다." 그는 이렇듯 원로 정치인 같은 말을 즐겨 했다.

이렇듯 잘못되고 과장된 정보 때문에 립록이 기념서와 그릇을 못마땅하게 생각한 것은 아니었다. 자신들의 경영 방식에 대해 경영진이 허풍을 떠는 것은 흔한 일이다. 그를 정말로 짜증 나게 한 것은 살로먼 브러더스가 이런 거짓말을 하는 데 돈을 썼다는 것이었다. 기념서와 그릇이라니? 그는 아무도 그런 것을 좋아할 리 없다며 기념 선물을 줄 거면 차라리 돈을 주는 편이 나았을 거라고 투덜거렸다. 그는 초창기에 살로먼 브러더스에서 일했던 사람들은 굳이 선물을 해야 한다면 차라리 돈을 뿌리지, 이런 짓은 생각도 하지 않았을 거라고 덧붙였다. 창립 75주년을 기념하기 위해 제작된 책과 그릇은 그가 보기에 살로먼 브러더스의 정신에 어긋나는 것이었다. 이것이 그가 살로먼 브러더스 주식을 공매도하라고 내게 말했던 이유다. (사실 살로먼 브러더스 주식을 공매도하는 것은 쉽게 큰돈을 벌 수 있는 방법이었다. 큰돈이 넝쿨째 굴러들어올 거래였다. 퍼스트 보스턴과 드렉셀 번햄 같은 다른 투자은행들이 살로먼 브러더스 주식이 훌륭한 투자상품이라는 평가를 내렸는데도 주가는 59달러에서 32달러로 곤두박질쳤고, 1987년 10월에는 대폭락하며 16달러까지 떨어졌다.)

나는 내게 도움이 될 만한 것은 그게 무엇이든지 메모하는 습관이 있었다. 그런 메모들을 모아놓으면 얇은 책 한 권은 될 정도였다. 살로먼 브러더스에서 일했던 초기에 했던 메모를 보면, 나는 건실하게 보이는 회사가 사실은 내부부터 썩어가고 있다는 것을 눈치챘던 것 같다. 이 메모가 아니었다면, 살로먼 브러더스에 어떻게 입사했는지도 가물가물한 지금, 회사에 입사하고 처음 몇 달 동안 겪은 일을 설명하기 어려웠을 것이다.

살로먼 브러더스에서 초창기의 나를 솔직하게 평가한다면, 나는 다른 사람들에게 많이 의지했던 것 같다. 살로먼 브러더스에서는 많은 사람들이 취미 삼아 적나라할 정도로 솔직하게 다른 사람들의 성격을 분석했다. 그렇게 분석당하는 대상에서 물론 나도 예외는 아니었다. 립록은 전화 통화를 하다가 입에 물고 있는 펜을 질겅거리며 나의 신입 시절이 어땠는지 미주알고주알 이야기했다. 그는 내가 누구든지 마지막에 대화를 나눈 사람의 말을 철석같이 믿는 얼간이였다고 입버릇처럼 말했다. 첫 출근한 나를 보고 내가 얼마나 귀가 얇은 인간인지 알아챘다고도 했다. 내가 모기지 트레이더와 얘기하고 나면 사람들에게 전화를 걸어서 모기지채권이 얼마나 좋은 투자상품인지 설명하고, 회사채 트레이더와 말하고 나면 최근에 발행된 IBM 채권이 금광이나 다름없다고 떠들어댔다며 자신이 그렇게 생각할 만한 충분한 근거가 있다고 주장했다.

하지만 아쉽게도 그는 내가 어떤 사람인지 실시간으로 관찰하고 분석하지는 않았다. 그는 큰 손실을 본 뒤에야 내 약점이 무엇인지 분석해줬다. 사실 그도 어쩔 수 없는 일이었다. 우리 모두는 정글의 법칙에 따라 살고 있었다. 정글의 법칙에 따르면, 얼간이 세일즈맨은 트레이더들에게 맛 좋은 날고기나 다름없었다. 회사채 트레이더가 IBM 채권이 따끈따끈한 투자상품이라고 나를 속일 작정이었다면, 그의 말에 속아 넘어간 내가 잘못한 것이다. 만약 립록이 IBM 채권이 그 정도로 매력있는 투자처는 아니라고 나를 깨우쳐줬다면, 그 회사채 트레이더는 무슨 수를 써서라도 그의 다음 보너스를 깎아버렸을 것이다. 립록은 나를 좋아했지만, 보너스가 깎일 위험을 감수할 정도는 아니었다. 그래도 나는 그와 다른 팀원들에게 많이 의지했다.

소문은 시장을 움직인다

우리 팀은 나와 립록 외에 여자 1명과 남자 2명으로 구성돼 있었고, 커다란 책상 하나를 다섯 등분해서 함께 사용하고 있었다. 우리 앞에는 전화기가 100대나 있었는데, 그 전화기들을 타고 돈, 씁쓸한 농담, 그리고 각종 뜬소문이 흘러 들어왔다. 세상에서 가장 끔찍한 농담이 어떻게 퍼져 나가는지 알고 싶다면, 채권 트레이더의 책상에 하루만 앉아 있어보라. 우주 왕복선 챌린저호가 폭발했을 때, 전 세계 6개 지점에서 6명의 사람이 내게 전화해서 "나사NASA는 '또 다른 7명의 우주인이 필요해요Need Another Seven Astronauts'란 뜻이라며?"라는 농담을 했을 정도다.

소문은 시장을 움직였기에 나쁜 농담보다 훨씬 더 영향력이 있었다. 우리는 당시 모스크바의 지저분한 방에서 작은 대머리 남자가 서양 시장에 기반을 둔 경제를 초토화시킬 거라는 소문을 퍼트리고 있다고 믿었다. 이런 소문은 이상하게도 사람들이 가장 두려워하는 내용을 담고 있었다. 대체로 전혀 그럴 것 같지 않은 소문이 시장에 큰 혼란을 일으켰다. 예를 들어, 지난 2년 동안에 볼커가 연방준비제도이사회 의장에서 사임한다는 소문이 일곱 번이나 돌았고, 그가 죽었다는 소문은 두 번이나 돌았다.

각 팀에는 전화기가 3대 있었다. 2대는 일반 전화고, 나머지 1대는 전 세계 살로먼 브러더스 지사에 직통으로 연결되는 전화였다. 전화 부스에선 수십 개의 불빛이 계속 반짝였다. 아침 8시부터 밤 8시까지 미국 채권 시장에 투자하고 싶어 하는 유럽 투자자들이 전화를 해댔다. (그들은 대부분 그저 그런 투기꾼이었지만, 나는 그들을 '투자자'나 '고객'이라고 불러야 했다.)

그들이 미국 시장에 투자하고 싶어서 안달 난 데는 충분한 이유가 있었다. 미국 채권 시장이 하늘 높은 줄 모르고 치솟고 있었던 것이다. 카지노에 얼마나 많은 사람들이 몰려드는지를 생각해보라. 당시 우리 팀이 얼마나 정신없고 바빴는지 대충 이해할 수 있을 것이다. 우리 전문 분야인 옵션과 선물의 매력은 충분한 유동성과 기막힌 레버리지에 있었다. 옵션과 선물은 1,000달러 가치를 지니지만 겨우 3달러면 빌릴 수 있는 슈퍼 칩처럼 채권 시장을 도박판으로 바꿔놓았다. 사실 카지노에는 슈퍼 칩이 없다. 전문적인 도박 세계에는 옵션과 선물에 비교할 만한 것이 존재하지 않는다. 왜냐하면 진짜 카지노는 고객에게 무분별하게 레버리지를 제공하지 않기 때문이다. 아주 적은 증거금만으로도 선물 매수자는 다량의 채권을 매수한 것 같은 위험을 떠안는다. 이 매수자는 생각할 겨를도 없이 2배로 돈을 따거나 그만큼 잃을 수 있다.

투기에 관한 한 유럽 투자자들에게 용기를 불어넣거나 안내해줄 필요는 없었다. 그들은 수 세기 동안 돈으로 말도 안 되는 짓을 해왔다. 특히나 프랑스인과 영국인은 쉽게 돈을 벌 수 있는 일이라면 사족을 못 쓸 정도로 좋아했다. 아리따운 여인에게 자신의 주사위에 행운의 숨결을 불어넣어달라고 지분대는 도박꾼처럼, 프랑스와 영국의 투기꾼들은 돈을 버는 데 도움이 되는 자신들만의 비합리적인 시스템을 갖고 있었다. 이를 위해 그들은 미국 채권 시장이 어느 방향으로 움직이는지 가늠했다. 미국 채권 시장이 오르느냐 아니면 내리느냐를 예측하는 것은 그들에게 매우 중요했다. 그들은 몇 시간 동안 채권 가격 추이를 보여주는 차트를 뚫어지게 쳐다보며 로르샤흐의 잉크 반점처럼 사람 머리와 어깨 같은 무늬를 찾아냈다. 그러면 차트를 분석하는 사람, 일명 차티스트들은 그런 무늬를 바탕으로 가격 추이를 예상하면서 자와 연필로 채권 가격의 미래 추이를 그렸다. 놀랍게도 그들은 곧잘 예측을 잘했다.

이들이 차트를 이용하는 것은 어찌 보면 당연한 일이었다. 모두가 차트를 사용했기 때문이다. 차트를 기반으로 막대한 자금이 어딘가에 투자되리라고 굳게 믿는다면, 차트를 들여다보는 것은 현명한 일이다. 비록 차트를 보고 투자할지 말지 결정하는 자신이 스스로 멍청하게 느껴지더라도 말이다. 어쨌든 차트를 보면 투자할 시기를 가늠할 수 있었다. 솔직히 말해, 프랑스와 영국의 많은 투기꾼들은 차트에 시장의 비밀이 담겨 있다고 믿었다. 그들은 그야말로 원조 차티스트였다. 그들은 차트를 마치 심령술에 사용되는 주술판처럼 떠받들었다. 차트는 그들에게 언제 투자할지 알려주는 치트 키였다.

지금에야 하는 말인데, 얼간이였던 내가 생각해도 투자자들이 차트라는 '백마술 white magic'을 믿고 투자를 결정하는 것은 황당하기 그지없어 보인다. 그러나 차티스트들이 나에게 유리한 의견을 내놓는 한, 고객의 결정에 의문을 제기해선 안 된다고 나의 정글 길잡이는 강조했다. 아니, 오히려 나는 고객의 결정에 맞장구쳐야 했다. 일을 시작한 지 며칠 만에 나는 "지난밤 10일 이동평균선(일정 기간의 주가를 산술 평균한 값인 주가 이동평균을 차례로 연결해서 만든 선 - 역주)을 봤는데, 전형적인 역오리 꼬리, 꿩 모양이더라고요. 강력한 매수 신호죠.

한번 사보시는 게 어떨까요"라고 외쳐댔다. 이때부터 내 역할은 "바로 그거예요! 매수합시다!"라고 고객을 부추기는 것으로 규정됐다.

우리가 다른 사람들의 돈으로 하는 일들을 듣기 좋게 표현하면, 차익거래였다. 쉽게 말해, 고객들을 현혹하는 일이었다. 차익거래는 '위험 없이 이익을 얻는 거래'라는 의미이지만, 투자자들은 항상 위험을 감수해야만 했다. '아슬아슬한 줄타기'가 차익거래보다 정확한 표현일 것이다. 채권 세일즈맨으로서 고객을 보호할 책임이 있었지만, 첫 고객에게 자문할 때 나는 너무나도 무지하고 순진했다. 나는 면허 없이 약을 처방하는 아마추어 약사 같았다. 나의 무지함으로 고통받는 사람은 당연한 이야기지만, 바로 내 고객들이었다.

노련한 세일즈맨의 고객들과 내 고객들은 분명히 차이가 있었다. 내 고객들은 1억 달러 이하의 자금을 보유하고 거래 규모가 수백만 달러에 불과한 작은 기관투자자들이었다. 우리 팀 세일즈맨 3명은 독점적으로 보험사, 자산관리사, 그리고 유럽중앙은행을 상대했다. (여기에는 러시아중앙은행들도 포함됐다. 그들은 자본주의를 훼손시키기 위해서가 아니라 정확한 시기에 투자하기 위해 모스크바의 사무실에 앉아 시장을 혼란스럽게 만들 소문을 퍼트리는, 머리가 살짝 벗어진 투자자들이었다.) 그들은 거래 조건이 마음에 들면 몇 초 만에 5,000만~1억 달러를 투자했다. 이들 중 가장 규모가 큰 투자 펀드는 200억 달러에 달했다.

나의 정글 길잡이가 내게 대형 투자자들을 맡기지 않는 데는 이유가 있었다. 그는 내가 남의 말에 잘 휘둘린다는 것을 알고 있었다. 나는 소위 위험인물이었다. 그는 나에게 작은 규모의 투자금을 운용하는 기관투자자들을 맡겨서 경험을 쌓도록 했다. 이는 만약 사고가 나더라도 살로먼 브러더스 전체 비즈니스에 별다른 위험이 되지 않도록 하기 위함이기도 했다. 여기에는 내가 기관투자자를 한둘 잃더라도 괜찮다는 가정이 깔려 있었다. 이것이 바로 얼간이가 하는 일이었다. 어느 날 고객이 사라지면, 우리는 "그 양반 날아갔군"이라는 예스러운 표현을 썼다. 내가 경험을 쌓고 더 많은 고객을 날려 보내지 않게 되면, 대형 투자자들에게도 자문하게 될 것이다.

어리숙한 얼간이, 채권 세일즈맨으로 거듭나기

런던 지사에 출근하고 며칠 뒤, 나의 정글 길잡이는 환하게 미소 지으면서 내게 전화를 돌리라고 했다. 얼굴도 모르는 신규 고객을 유인하기 위해 마구잡이로 전화를 돌리는, 이른바 '콜드 콜 cold call' 은 유쾌한 일이 아니었다. 수화기를 들자마자 나는 내가 기질적으로 콜드 콜에 맞지 않다는 것을 알아차렸다. 수화기를 든 내가 벌레처럼 느껴졌다. 한 통화도 성사시키지 못하는 나를 본 팀장은 체념한 듯 내게 오스트리아 은행 런던 지점에서 일하는 헤르만 Herman 이라는 사람에게 전화해보라고 했다. 헤르만은 살로먼 브러더스와 거래하고 싶어 했지만, 그가 보유한 자금이 수백만 달러에 불과해서 살로먼 브러더스의 누구도 그를 상대해주지 않았다. 하지만 먹고살려면 내게는 고객이 필요했고, 헤르만은 살로먼 브러더스와 연결해줄 끈이 절실했다.

가엾은 헤르만은 자신에게 무슨 일이 일어났는지 몰랐다. 나는 점심 식사를 제안했고, 그는 흔쾌히 그 제안을 받아들였다. 키가 크고 무뚝뚝하고 중후한 목소리를 가진 독일인 헤르만은 트레이딩을 위해 태어난 사람 같았다. 그는 자신이 아주 똑똑하다고 생각했는데, 이런 생각을 더욱 부추기는 것이 내가 할 일이었다. 자신이 똑똑하다고 느낄수록 그는 더 많은 거래를 할 것이고, 내 실적도 많아질 것이다. 그가 운용할 수 있는 자산의 한도는 2,000만 달러 정도로 정해져 있었지만 말이다.

그는 노련한 척했지만 내가 얼간이라는 사실을 모르는 것 같았다. 나는 2,000만 달러로 우리 두 사람이 모두 부자가 되는 방법을 그에게 설명했다. 나는 살로먼 브러더스에는 예리하고 금융 시장에 빠삭한 사람들이 가득하다며, 그들의 풍부한 아이디어를 활용하면 큰돈을 벌 수 있을 거라고 그에게 말했다. 나 역시 큰돈을 벌 수 있는 방법을 한두 가지 알고 있으며, 유럽 대형 투자자 중 몇몇이 내 조언을 듣고 많은 돈을 벌었다고 덧붙였다. 점심을 먹는 내내 우리는 살로먼 브러더스가 채권과 관련해서 만든 각종 과학적인 그래프와 '헤드 앤 숄더형' 차트 패턴(보통 상승 추세가 끝날 때 강세에서 약세로 반전됐음을 보여주는 차트 패턴-역주)을 보며 이야기를 나눴다. 와인 한 병을 몽땅 비울 정도로 이야기는 술술 이어졌다. 식사 자리를 마무리할 즈음, 그는 나와 거래하겠다고 말했다. "하지만 마이클, 꼭 기억해둬요. 나에겐 '구트 아이디어'만 이야기해야 합니다"라고 '굿 아이디어'를 독일식으로 발음하며 거듭 강조했다.

사무실로 복귀하자, 대기업 회사채 담당자가 먹이를 기다리는 강아지처럼 나를 기다리고 있었다. 그는 점심 식사가 잘 끝났다는 말을 듣고 기뻐하며, 때마침 나와 헤르만에게 해줄 굉장히 좋은 아이디어가 있다고 말했다. 그는 온종일 유로본드(통화국 외에서 발행하는 통화국 화폐 표시 채권-역주) 시장을 지켜봤는데, AT&T의 30년 만기 회사채가 30년 만기 미국 국채와 비교할 때 아주 저렴하게 평가되고 있다고 말했다. 여기서 짚고 넘어가야 할 것은 6,500억 달러 규모의 유로본드 시장은 살로먼 브러더스가 해외에 진출한 주된 이유 중 하나란 점이다. 유로본드는 유럽에서 발행되는 채권으로, 주로 유럽인들이 매수했고, 미국 기업들이 유로본드를 발행했다. 유럽의 자금 조달 비용이 미국보다 쌌기 때문이다. 해외에 브랜드를 광고하기 위해서도 미국 기업들은 유로본드를 발행했다. 미국 기업과 네트워크가 잘 구축되어 있는 살로먼 브러더스는 유로본드 시장에서 선두를 달리고 있었다.

그는 월가와 런던의 투자은행들이 AT&T의 가치를 과소평가하고 있다고 설명했다. 어디서 AT&T 회사채를 매수할 수 있는지 알고 있었던 그는 내 새로운 고객에게 AT&T 회사채를 매수하는 동시에 30년 만기 미국 국채를 공매하라고 권할 것을 제안했다. 그의 말에 따르면, AT&T 회사채를 너무 오래 쥐고 있거나 너무 빨리 팔아버리지 않는 것이 중요했다. AT&T 회사채가 미국 국채보다 가치가 올라갈 것이라는 데 베팅해야 했다. 이는 매우 복잡하게 들렸다. 보다 신중하게 접근하고 싶었던 나는 이 전략에 위험한 요소는 없느냐고 물었다. 그는 "걱정할 것 없어요. 당신 고객은 돈을 벌게 될 거예요"라고 자신만만하게 이야기했다.

이 이야기를 했을 때, 헤르만은 "난 이런 거래를 한 번도 해본 적 없어요. 그래도 '구트 아이디어'처럼 들리네요. 300만 달러를 투자하지요"라고 웅얼거렸다.

그렇게 나는 첫 주문을 넣었다. 신난 나는 뉴욕에 있는 미국 국채 트레이더에게 즉시 전화를 걸어서 미국 국채를 300만 달러어치 매도하겠다고 말했다. 그러고 나서 런던의 회사채 트레이더에게 "AT&T 300만 달러 매수 확정!"이라고 소리쳤다. 산책이나 나가자는 말처럼 대수롭지 않게 말하려고 했지만, 긴장을 감출 수 없었다.

전 세계 살로먼 브러더스 사무실에는 확성기가 설치되어 있다. 살로먼 브러더스에서 성공했는가는 그가 얼마나 많은 수익을 냈는 가 외에 확성기에서 그의 이름이 얼마나 자주 불리느냐로 판단할 수 있었다. AT&T 회사채 트레이더의 목소리가 확성기를 통해 크게 울려 퍼졌다. "마이클 루이스가 방금 우리 AT&T 회사채를 300만 달러 팔았습니다. 좋은 거래였어요. 수고했습니다. 마이클."

나는 뿌듯함에 얼굴이 한껏 상기됐다. 첫 거래를 성사시켰다는 자부심에 얼굴이 빨개졌다. 그런데 뭔가 개운치 않았다. '우리 AT&T 회사채'라니 무슨 의미일까? 나는 AT&T 회사채가 살로먼 브러더스 거래 계정에 들어 있는지조차 몰랐다. 나는 그가 다른 회사의 어느 바보 같은 딜러에게서 AT&T 회사채를 빼 올 거라고 생각했다. 그런 데 AT&T 회사채가 처음부터 살로먼 브러더스의 것이었다면…….

확성기 소리를 듣자마자 립록은 고개를 휙 돌리더니 날 노려봤 다. 그는 믿을 수 없다는 얼굴로 "정말 그 채권을 팔았어요? 대체 왜?"라고 다그쳤다.

"그 트레이더가 좋은 거래가 될 거라고 해서요."

그는 "안 돼에에에"라며 고통스러운 듯 두 손으로 머리를 감싸 쥐더니 이내 억지 미소를 지으며 물었다. "트레이더가 뭐라고 했는데 요?" 그는 멍한 내 얼굴을 보더니 잠시 숨을 고르고 설명해줬다. "그 트레이더는 수개월이나 AT&T 회사채를 갖고 있었어요. 그건 처음 부터 저평가되어 있었어요. 그걸 처리하지 못해서 안달이 난 상태였 지요. 내가 이런 말을 해줬다고 그에게 말하지 말아요. 아무튼 된통 당했네요."

"어떻게 그럴 수 있죠? 그 트레이더는 위험 요소 따위는 없다고 호언장담했어요. 돈을 벌 거라고 했다고요!"

립록은 다시 한번 말했다. "된통 당한 거예요. 새내기(얼간이)니까 그럴 수 있어요. 새내기한테는 다들 그렇게 해요." 그는 내 잘못이 아니라며 몇 마디 더 위로의 말을 건네더니 이내 입에 펜을 물고 질 겅거리며 전화를 돌리기 시작했다.

다음 날 출근하자마자 전화가 울리더니 귀에 익은 목소리가 들려왔다. "도, 도, 도대체 AT&T 회사채 가격이 얼마죠?" 헤르만은 더이상 침착하지도, 확신에 차 있지도 않았다. 아마도 다른 트레이더에게 자신이 실수했다는 말을 들은 듯했다. 나와 헤르만을 빼고 런던에 있는 모든 이들이 살로먼 브러더스가 AT&T 회사채를 보유하고 있고, 이를 처리하지 못해 안달이라는 것을 알고 있었던 것 같았다. 헤르만은 자신이 당했다고 생각했다.

그리 희망적이지 않았지만 나는 희망의 끈을 놓지 않았다. 나는 그 트레이더에게 내 고객이 얼마나 실망했는지, 그 거래가 새로운 관계를 형성하는 데 전혀 도움이 되지 않으니 전날 매수 가격과 같은 가격에 AT&T 회사채를 되사달라고 요구하겠다고 말했다.

내가 AT&T 회사채 가격을 묻자 그 트레이더는 "별로 좋지 않군요. 하지만 곧 회복될 거예요"라고 말했다.

나는 다시 "가격이 얼마냐고요?"라고 물었다.

그는 "잠깐만요. 확인하고 알려줄게요"라고 말했다.

나는 "이러면 안 되죠. 지금 잔뜩 화가 난 독일인이 기다리고 있다고요. 가격이 얼마인지 알아야겠어요"라고 말했다.

그 트레이더는 무언가 복잡하게 적혀 있는 서류를 뒤적이는 척하더니 쿼트론에 숫자 몇 개를 입력했다. 이것이 살로먼 브러더스의 이익을 위해 고객이 희생을 감내하게 되는 순간에 거치는 통상적인 절차라는 것을 나는 나중에야 알게 됐다. 그 트레이더는 엉뚱하게 기계 탓을 하기 시작했다. 그는 이 숫자들이 AT&T 회사채 가격인데 보이느냐고 내게 물었다. 그는 자신이 해줄 수 있는 일이 없다며 안타까워하는 척을 했다. 그는 시간을 질질 끌고 있는 게 분명했다. 뭔가 잘못되어도 단단히 잘못된 것이다.

"좋아요. 그럼, 95에 되살게요." 마침내 그가 말했다.

"말도 안 돼요. 어제 96에 팔았잖아요. 시장은 전혀 움직이지 않았어요. 미국 국채도 같은 가격이잖아요. 고객한테 하룻밤 사이에 AT&T 회사채가 2포인트나 떨어졌다고 어떻게 말하란 말이에요? 내 고객은 6만 달러를 손해 보는 셈이라고요."

"그 채권은 별로 좋지 않다고 말했잖아요."

나는 소리쳤다. "대체 무슨 소리를 하는 거예요? 나한테 거짓말 했군요!"

그는 어처구니없다는 얼굴로 참지 못하겠다는 듯 다그쳤다. "이봐. 당신은 대체 누굴 위해 일하는 거야? 그 고객이야, 살로먼 브러더스야?"

누굴 위해서 일하냐고? 이것은 채권 세일즈맨들을 항상 따라다니며 괴롭히는 질문이다. 트레이더가 고객의 뒤통수를 쳐서 세일즈맨이 속상해하면, 트레이더는 세일즈맨에게 "도대체 누굴 위해 일하는 거야?"라고 물었다. 이런 질문을 하는 의도는 분명하다. 너는 살로먼 브러더스와 나를 위해서 일하는 것이다. 연말에 보너스를 두둑하게 챙겨줄 테니 얼간이 신참은 잠자코 있어라. 맞는 말이다. 하지만 한 발 뒤로 물러나서 가만히 생각해보면, 우리가 하는 짓은 정말 웃겼다. 투자자를 속이는 전략은 조직을 파멸로 이끈다. 상황을 파악한 투자자는 당연히 회사를 떠날 것이고, 투자자가 없으면 우리는 돈을 벌 수 없기 때문이다.

소위 투자자들의 뒤통수를 쳐서 성과를 내는 전략을 정당화하는 논리에 대해서는 우연히 국채 세일즈맨인 스트라우스에게 설명 들은 게 전부였다. 내 고객과 함께 점심 식사를 하는 자리에서 스트라우스는 난데없이 "고객들은 대체로 기억력이 떨어지지요"라고 말문을 열었다. 이것이 살로먼 브러더스가 내세우는 고객 정책의 기본 원리라면, 모든 것이 명확해진다. 고객들을 쥐어짜라. 그들은 결국에 그 사실을 잊어버릴 것이다!

어쨌든 스트라우스의 솔직함은 인정해줘야 한다. 고객의 뒤통수를 치더라도 미리 뒤통수를 조심하라고 말해주는 것은 그냥 일을 저질러버리는 것과는 전혀 다르다. AT&T 트레이더는 고객과 결투를 벌였지만, 스트라우스는 기습적으로 고객의 뒤통수를 쳤다. 두 방법 모두 사업에 좋은 것은 아니다. 내 고객은 살로먼 브러더스가 자신의 기억력이 나쁘다고 생각한다는 것을 절대로 잊지 않았다.

살로먼 브러더스 트레이더를 믿은 건 분명 내 실수였다. 그는 나와 내 첫 고객의 무지함을 이용해서 자신의 실수를 해결했다. 그렇게 그는 자신과 회사에 6만 달러를 벌어다 줬다. 나는 화가 났고 환멸을 느꼈지만, 내가 화를 낸다고 해서 문제가 해결될 리 없었다. 물론 그 트레이더에게 항의한다고 해서 문제가 해결될 리도 없었다. 상황은 너무나 명확했다. 그는 내 연말 보너스를 삭감할 수 있었다. 그에게 불평해봤자 나만 바보처럼 보일 뿐이었다. 내가 시장의 상황도 못 읽고 정말로 고객이 AT&T 회사채로 돈을 벌 것이라고 믿을 만큼 멍청하다는 것을 증명하는 꼴밖에 안 됐다. 트레이더를 믿는 멍청이가 어디에 있나? 살로먼 브러더스의 다른 사람들에게는 내가 그 고객을 멋지게 속여 넘긴 척하는 게 최선이었다. 사람들은 고객을 속여서 실적을 낸 내게 경의를 표할 것이다. 이것은 '욱여넣기'라고 불렸는데, 내가 멋 모르고 처음으로 한 것이다. 이렇게 나는 순수성을 잃었다.

독일인 헤르만에겐 뭐라고 말해야 한단 말인가. "6만 달러를 잃은 것에 크게 신경 쓰지 마세요. 당신은 기억력이 나빠서 그 사실을 곧 잊게 될 테니까요. 미안해요. 저도 이런 건 처음이라서요. 하하하, 당신은 사기 당한 거예요!" 이렇게 말할 수는 없지 않은가. 뭐라고 말해야 할지 전혀 감이 잡히지 않았다. 나는 쾌활하게 응대하기로 했다. 나는 용감하면서도 어딘가 멍청해 보이는 미소를 지었고, 그 트레이더는 나의 가식적인 모습을 물끄러미 보면서 웃었다. 나는 헤르만이 걱정스럽기보다 그와 통화하는 내 모습을 누군가가 볼까 봐 신경 쓰였다.

나는 수화기를 들고 "오래 기다리게 해서 죄송합니다. 정신없이 바빠서요"라고 입을 뗐다. "그 트레이더와 방금 이야기를 했는데, AT&T가 밤사이에 좀 나빠졌다는군요. 하지만 분명히 곧 회복될 거랍니다."

그는 다급하게 물었다. "그래서 가격이 얼마인데요?"

"아…… 잠깐만요…… 어디 보자…… 대략 95 정도 되네요." 말해놓고도 얼굴이 화끈거렸다.

"아아아아아아아아아아." 그는 마치 칼에 찔린 것처럼 비명을 질렀다. 그는 자신의 감정을 말로 표현할 능력을 잃어버린 것 같았다. 그의 원초적인 비명은 수많은 살로먼 브러더스 고객들이 느꼈을 고통을 여실히 보여주는 듯했다. 그는 단 한 번도 자신이 6만 달러라는 돈을 잃게 되리라곤 생각해보지 않은 게 분명했다. 은행은 그에게 2,000만 달러를 운용할 수 있게 해줬지만, 그렇다고 해서 6만 달러를 잃어도 괜찮다고 한 건 아니다. 그가 그 같은 손해를 봤다는 것을 알게 되면, 은행에서 해고될 게 분명했다. 그보다 끔찍한 건, 그는 아기와 임신 중인 아내가 있고, 엄청난 대출을 받아 런던에 새집을 마련한 처지였다는 것이다. 물론 이건 나중 문제였다. 그 충격적인 순간에 그가 할 수 있는 것이라곤 비명을 지르는 것뿐이었다. 그는 고통과 공포에 휩싸인 채 마구 비명을 질러댔다. "으으으으으으으으으으." 그는 조금 다른 톤으로 계속 비명을 질렀다. 그러더니 전화기에 대고 씩씩거리기 시작했다.

그렇다면 내 기분은 어땠을까? 물론 나는 죄책감을 느꼈어야 했다. 그런데 터질 것 같은 내 머리에서 느껴진 최초의 감정은 죄책감이 아닌 안도감이었다. 나는 그에게 소식을 전했고, 그는 소리를 지르며 고통스러워했다. 그게 다였다. 그가 할 수 있는 것은 그게 전부였다. 소리를 지르고 고통스러워하는 것 말고 그가 할 수 있는 일은 없었다. 그전까지는 인정하지 않았지만, 이것이 바로 중개인의 묘미다. 고객은 고통스럽지만, 나는 그렇지 않았다. 그렇다고 그가 나를 죽이지도, 고소하지도 못할 것이다. 나는 직장을 잃지도 않을 것이다. 오히려 나는 살로먼 브러더스에서 골치 아픈 채권을 팔아 6만 달러의 이익을 챙긴 작은 영웅으로 동료들의 부러움을 살 것이다.

이 상황을 편리하게 해석할 길이 있었다. 나의 독일인 고객은 손해를 봤다는 사실에 괴로워했지만, 엄밀히 따지면 그것은 그의 잘못이었다. 채권 시장의 법칙은 '카베트 엠프트르 Caveat emptro'다. '매수자 위험 부담 원칙'이라는 뜻의 라틴어다. (채권 시장 관계자들은 술 몇 잔 들어가면 라틴어를 마구 썼다. 내가 흔히 들었던 라틴어 중에 '메움 틱툼 팍툼 Meum dictum pactum'이 있다. 이것은 '내 말이 곧 보증수표'란 말인데, 그저 농담에 불과하다.) 그러니까 내 말은, 내가 그에게 AT&T 회사채를 매수하는 것이 좋다고 했을 때 그가 진심으로 그 말을 믿을 필요는 없었다는 뜻이다.

이 일에서 내 독일인 고객을 제외하고 피해를 본 사람이 있는가? 이것은 중요한 질문이다. 이 질문은 고객의 고통을 냉담하게 바라보는 살로먼 브러더스의 태도를 여실히 보여준다. 독일인 고객의 은행은 6만 달러를 잃었다. 이는 곧 그 은행의 주주인 오스트리아 정부 등이, 더 나아가 오스트리아 납세자들이 손해를 봤다고도 할 수 있었다. 그런데 오스트리아가 보유한 전체 자산과 비교하면 6만 달러는 무시할 수 있을 정도로 적은 액수다. 다시 말해서, 그 거래를 진행한 당사자를 제외하면 동정할 사람은 아무도 없었다. 그리고 그 거래를 진행한 그에게도 분명 책임이 있다. 그는 내게 전적으로 책임을 물을 수 없다. 나는 얼간이 신참에 불과했고, 모든 결정은 고객인 그가 내렸다. 이것이 고객이 누리는 특권이자 세일즈맨이 짊어진 부담이다.

그는 나를 수백 번도 넘게 비난했다. 우리는 회사채를 매수하는 첫 번째 실수를 저지른 이후에 그것을 계속 들고 있는 두 번째 실수를 저질렀다. 이후 며칠 동안 그는 내게 계속 전화를 걸어 강한 독일식 억양으로 신랄하게 나를 비꼬았다. "이 채권은 정말 대단하군요. 다른 '구트 아이디어'는 없나요?" 당연히 헤르만은 아무 손해도 입지 않고 살아남을 수 있을 거라는 희망을 포기했다. 그는 살로먼 브러더스가 자신의 손해를 보전해줄 것이란 희망을 버린 채 내게 욕설을 퍼붓기 위해서 전화할 뿐이었다.

내 고객과 그의 채권은 죽는 날까지 함께했다. AT&T 회사채 가격은 점점 더 하락했다. 혹독한 시련이 시작되고 한 달 뒤, 내 고객의 상사가 그에게 무슨 일이 있었는지 꼬치꼬치 캐묻기 시작했다. 그 무렵, 그의 손실액은 대략 15만 달러로 불어나 있었다. 그는 해고됐다. 짜잔! 나중에 들은 이야기인데, 그는 새로운 일자리를 구했고, 그의 아이들도 잘 자라고 있다고 한다.

일을 시작한 지 한 달 만에 나는 나의 첫 번째 고객이자 유일한 고객을 날려버렸다. 그러나 감사하게도 이런 고객은 아직 많이 남아 있었다. 모두가 얼간이 신참이 상대하기에 충분한 2가지 조건을 갖추고 있었다. 첫째, 그들은 소액 투자자였다. 둘째, 그들은 살로먼 브러더스의 조언은 그게 무엇이든 좋다며 받아들였다. 나는 살로먼 브러더스의 기준을 완벽하게 충족시키지 못하는 고객들과 통화하면서 유럽에서 몇 달을 보냈다. 그들 중에는 면화를 취급하는 베이루트 트레이더(베이루트 사정이 안 좋다고 생각하는가? 그곳은 항상 사정이 안 좋다), 통화 옵션을 공격적으로 투기하는 아일랜드 보험사, 몬테카를로에 사는 미국 피자 대기업 사장도 있었다. 살로먼 브러더스 신용위원회는 베이루트 트레이더와의 거래를 허용하지 않았다. 베이루트 트레이더의 뒤통수를 치기 전에 얼간이 신참인 내가 뒤통수를 맞을까 봐 걱정됐던 것이다. 피자 회사 사장은 채권에 투자하는 대신 피자 사업에 전념하기로 하면서 나를 떠났다. 그는 채권 시장을 떠나기 전 "몬테카를로 카지노는 채권 시장에 비하면 애들 장난이지"라는 말을 남겼다. 맞는 말이다.

처음 몇 달 동안 만난 고객 중 인상 깊은 고객으로 영국 증권사 대표가 있다. 런던에서 그다지 유명한 회사는 아니었는데, 내 이름을 어떻게 알았는지 그가 먼저 전화를 해 왔다. 그는 옵션과 선물에 대해 알고 싶다고 말했고, 나는 그의 사무실을 방문하기로 했다. 그의 증권사는 살로먼 브러더스와 경쟁하는 수백 개의 작은 유럽 증권사 중 하나로, 투자금을 어느 정도 갖고 있었다. 이런 증권사들은 정보를 얻기 위해 잠재 고객인 척하면서 우리에게 접근하는 경우가 많았다. 그들은 살로먼 브러더스가 다른 금융회사는 모르는 무언가를 알고 있다고 생각했다. 그가 내게 얻은 정보로 사업을 확장할 수도 있었지만, 그가 어떤 사람인지 궁금했던 나는 그와의 만남을 거절하지 않았다. 게다가 그는 약간의 투자 자금을 보유하고 있었다. 무엇보다 당시 옵션과 선물에 대해 내가 알고 있는 지식은 그에게 도움이 되기보다는 그를 파산시킬 정도밖에 안 됐다.

그는 약간 뚱뚱한 중년 남성으로, 몸에 맞지 않는 양복을 입고 있었다. 그의 닳아빠진 검은 구두와 축 늘어진 검은 양말은 오랫동안 계속된 영국의 불경기를 떠올리게 했다. 그에게는 그의 지위에 걸맞지 않은 몇 가지 특징들이 있었다. 뒷머리는 소가 혀로 핥은 듯 뻗쳐 있고, 그의 옷은 입은 채 잔 것처럼 잔뜩 구겨져 있었다. 그는 수백 명이 일하는 회사의 사장이라기보다는 할 일 없는 놈팡이나 낮잠을 자다가 금방 일어난 게으름뱅이처럼 보였다.

우리는 일감이 어지럽게 쌓여 있는 그의 어두침침한 사무실에서 거의 한 시간 동안 대화를 나눴다. 더 정확하게 말하면, 그는 세상일에 대해 한 시간 동안 혼자 떠들었고 나는 가만히 듣고만 있었다.

마침내 말하다가 지친 그가 점심 식사 장소로 가기 위해 차를 불렀다. 사무실을 나서기 전, 그는 뾰족한 연필을 들고 〈타임스Times〉를 훑어보더니 "베팅 좀 해야겠어요"라고 말했다. 그는 마권업자에게 전화를 걸어 그날 경주에 나서는 말 2마리에게 각각 5파운드씩 베팅했다. 전화기를 내려놓으면서 그는 "채권 시장은 경마의 연장선 같아요"라고 말했다. 물론 나는 그렇게 생각하지 않았지만 그의 말에 깊은 인상을 받은 것처럼 행동해야겠다는 생각이 들었다. 트레이딩룸에 있는 사람들은 경마에 겨우 5파운드를 거는 당신을 비웃을 거라고 말하긴 어려웠다. 연수생이었을 때 노련한 트레이더가 같은 기수연수생에게 했던 욕설이 떠올랐다. 그 트레이더는 "자네 같은 부류는 말이야. 어떤 사람은 태생적으로 '고객'일 수밖에 없다는 것을 증명해주지"라고 말했다. 태생적으로 고객일 수밖에 없다니. 아마도 강의실 뒤의 꼴통들은 그게 그날 들은 말 중 가장 웃기다고 생각했을 것이다.

우리는 장장 두 시간 동안 점심을 먹었다. 런던 사람들은 점심을 몇 시간씩이나 먹는 것으로 악명이 높았다. 사무실에서와 마찬가지로 그는 말하고 나는 들었다. 그는 채권 시장이 얼마나 과열됐는지, 미국 은행가들이 얼마나 부지런한지, 그리고 자신의 작은 회사가 런던 시장을 침공한 살로먼 브러더스 같은 거인들에게 어떻게 대항하고 있는지 늘어놓기 시작했다. 그는 하루에 8시간 넘게 일하는 것을 탐탁지 않게 여겼다. "전날 퇴근할 때 했던 생각을 그대로 하면서 아침에 출근하게 되잖아요."

우리는 생선 요리와 잘 어울리는 백포도주를 한 병 더 시켰다. 점심 식사가 끝나갈 무렵, 우리는 혀 꼬부라지는 소리로 말했고, 얼굴도 벌겋게 달아올랐다. 하지만 그는 나와 만난 이유를 잊지 않았다. "옵션과 선물에 관해서는 대화를 못 나눴네요. 다음에는 그 얘기합시다." 그와 다시 만나 옵션과 선물에 관해 이야기하기도 전에 영국의 다른 소형 증권사처럼 그의 회사는 미국 은행에 매각됐다. 그는 추락하는 비행기에서 적절한 시기에 황금 낙하산을 매고 탈출했다. 이후, 그의 소식을 들을 순 없었다.

새로운 나날이 이어졌다. 입사한 지 얼마 안 돼서 나는 파리로 첫 출장을 갔다. 트레이딩룸에서 벗어나자 나는 더 이상 얼간이 신참이 아니었다. 적어도 내가 얼간이 신참이란 사실을 그 누구에게도 알릴 필요가 없었다. 나는 투자은행에서 출장비를 받는 투자은행가일 뿐이었다. 나는 파리에서 하루 숙박비가 400달러에 이르는 최고급 호텔인 브리스틀에 머물렀다. 해외 출장을 가는 모든 살로먼 브러더스 세일즈맨은 브리스틀호텔에 묵었기에 딱히 사치를 부린 것은 아니었지만, 나는 출장비를 아끼기 위해 살로먼 브러더스 비서실에 더욱 저렴한 숙박시설에 묵겠다고 이야기했어야 했다는 생각은 들었다. 브리스틀호텔의 금빛 정문을 빠져나와 긴 대리석 로비에 들어서자, 목가적인 풍경화와 우아한 태피스트리가 눈에 들어왔다. 스위트룸 욕실에 비치된 고급 세면도구를 보자 비싼 호텔에 묵기를 잘했다는 생각이 들었다.

입사하고 처음 몇 달 동안 나는 살로먼 브러더스의 재정에 크게 도움이 될 만한 거래를 따내지 못했지만 모든 일이 굉장히 즐거웠다. 눈앞의 결과보다 더 중요한 것은 내가 경험을 통해 뭔가 배우고 있다는 점이었다. 처음 몇 달 동안 나는 사기꾼이 된 것만 같아 괴로웠다. 나는 계속 고객의 뒤통수를 쳤지만 여전히 아무것도 몰랐다. 나는 진짜 돈을 굴려보지도, 만져보지도 못했다. 나는 상속인 몇 명을 제외하고 진짜 돈을 굴리는 사람을 만나보지도 못했으면서 금융 분야의 전문가인 것처럼 행동했다. 나는 사람들에게 수백만 달러를 어떻게 굴려야 하는지 이야기해줬지만, 내가 한 가장 복잡한 금융 거래는 체이스맨해튼에서 325달러를 초과 인출한 것이 전부였다. 초창기에 고객과의 만남에서 내가 살아남았을 수 있었던 것은 그들이 금융에 대해 나보다 훨씬 더 몰랐기 때문이었다. 런던은 예나 지금이나 나 같은 얼간이에게 훌륭한 피난처다.

립록과 알렉산더

나의 미천한 실력이 만천하에 드러나는 것은 시간문제였기에 나는 굴욕적인 순간을 피하기 위해 조금이라도 더 많이 배우려고 애썼다. 립록이 신나서 말했듯 나는 귀가 얇았는데, 이는 살로먼 브러더스의 교활한 트레이더들을 대하는 데 있어서 큰 약점이었다. 하지만 나는 일을 배우면서 이것이 오히려 큰 장점이 될 수 있다는 것을 증명했다. 남을 기가 막히게 모방해내는 재주를 가졌던 나는, 그 덕분에 다른 사람이 무슨 생각을 하는지 쉽게 알아차릴 수 있었다. 나는 돈 냄새 맡는 법을 배우기 위해 살로먼 브러더스의 최고 세일즈맨이라 할 수 있는 립록과 살로먼 브러더스 뉴욕 사무실 41층에서 일하는 알렉산더를 연구하고, 그들의 행동과 기술을 흡수해서 합성했다.

립록과 알렉산더는 성향이 완전히 다르고 거래 기법도 정반대였다. 립록은 전형적인 채권 세일즈맨으로, 그 분야에서 최고였다. 그는 초록색 화면에 코를 박고 미국 국채가 어떻게 거래되는지 예의주시했고, 국채 가격의 변화에서 작은 모순까지도 잡아냈다. 그는 타고

난 채권 세일즈맨이었다. (실제로 채권 세일즈맨이 되기 위해 태어난 사람들이 있다.) 그의 하루 일과는 고통스러우리만치 지루했다. 미국 국채의 종류는 수백 가지에 달하는데(만기도 몇 개월에서 30년까지 다양하다), 립록은 이 다양한 국채의 가격이 어떠해야 하는지, 어느 대형 투자자가 어떤 채권을 들고 있는지, 그리고 누가 채권 시장에서 약자인지 알았다.

채권 가격이 1퍼센트 중 8 정도 차이나면, 그는 대여섯 곳의 기관투자자들을 동원해서 그 차이로 이익을 내려고 했다. 그는 채권 가격을 알리는 단말기 소리를 물고 늘어지면서 집요하게 거래 전화를 돌렸다. 나는 그가 누구에게 그토록 집요하게 전화를 해대는지 몰랐지만 그의 고객 중 일본인이 늘어나는 것을 보면서 짐작은 할 수 있었다. 연간 수백억 달러의 미국 국채가 그의 전화기를 타고 미국 정부에서 일본으로 흘러갔다. 립록은 미국 무역적자를 메우는 애국적인 거래를 했고, 살로먼 브러더스는 그 과정에서 약간의 수수료를 챙겼다. 그는 매년 연말 살로먼 브러더스가 챙긴 수수료에서 소정의 금액을 보너스로 받았다.

알렉산더는 내가 만난 사람 중에서 가장 독특한 인간이자 채권 시장의 대가에 가장 가까운 인물이었다. 그러나 지금 생각해보니, 채권 시장에는 진정한 대가가 존재하지 않는 것 같다. 스물일곱 살인 그는 나보다 두 살 위로, 내가 입사했을 때 살로먼 브러더스에서 2년 정도 일한 터였다. 그는 다양한 증권을 거래하면서 성장했다. 고등학생일 때 주식시장에서 이미 큰돈을 벌었으며, 열아홉 살 때는 미국 국채 선물 거래로 9만 7,000달러를 날리기도 했다. 한마디로 그는 평범한 소년이 아니었다. 이익을 늘리고 손해를 줄이는 법을 알게 되자 그는 앞만 보고 달렸다. 국채 선물에서는 손해를 봤지만 금

선물시장에서 7배로 벌충한 적도 있다.

알렉산더는 세계 금융 시장을 이용하는 법을 아는 데다 채권 세일즈맨으로서 상대방에게 이를 어떻게 이야기해야 하는지도 잘 알았다. 살로먼 브러더스에서 그는 아름다운 노래로 선원들을 유혹해 바다에 빠뜨려 죽이는 그리스 신화 속 요정 세이렌 같았다. 런던에서 뉴욕으로 발령받은 지 몇 달 만에 그는 몇몇 임원들의 눈에 띄었고, 그들은 그에게 자신들의 돈을 맡겼다. 살로먼 브러더스의 임원 정도 되면, 편안하게 투자 결정을 내릴 거라고 생각할지도 모르지만, 전혀 그렇지 않다. 그들은 매일 알렉산더에게 조언을 구했다. (알렉산더에게 조언을 들으려면 길게 줄을 서야 했다.)

알렉산더는 세일즈맨이지만, 최고의 세일즈맨들과 마찬가지로 그역시 트레이더의 직감을 가지고 있었다. 사실 모든 점에서 그는 트레이더에 가까웠다. 그의 고객들과 상사들은 그가 하라는 대로 했다. 알렉산더는 자기 주변에서 일어나는 일을 제대로 해석해냈다. 무엇보다 인상적인 것은 속도였다. 뉴스가 보도되면 그는 거기에 어떻게 대응할지 미리 계획을 세워둔 것처럼 행동했다. 자신의 직감을 전적으로 신뢰하는 그에게 흠이 있다면, 자신의 즉각적인 반응에 의문을 제기하지 않는다는 것뿐이었다. 그는 거미줄의 얇은 가닥 하나를 잡아당기면 다른 가닥들이 움직이듯, 시장이 촘촘하게 짜인 거미줄 같다고 생각했다. 그래서 프랑스, 독일, 미국, 일본, 캐나다, 그리고 영국의 채권, 외환과 주식을 거래했다. 심지어 원유, 귀금속, 각종 상품 등 흥미롭다고 생각되는 모든 것에 관심을 기울였다. (알렉산더는 금융 시장에서 영웅처럼 행동했는데, 그중에 톰 울프의 《허영의 불꽃 Bonfire of the Vanities》에 등장할 법한 것도 있었다. 울프는 주인공 셔먼 맥코이 Sherman McCoy를 금이 가치를 담보하는 프랑스 국채에 투자했다가 난처한 상황에 빠지는 인물로 그렸다. 프랑스 국채 가격이 잘못 책정됐다는 사실을 알아차린 알렉산더는 난처한 상황에 부닥치는 대신 이를 이용해서 수백만 달러를 벌어들였다.)

살로먼 브러더스에서 일하는 동안에 내게 일어난 최고의 행운은 알렉산더를 만난 것이다. 우리는 내가 그의 후임으로 런던 지사에 발령받으면서 만났다. 런던 지사에서 일하기 전 2년 동안, 그는 윌리커 휘하의 팀에서 립록과 함께 일했다. 우리가 만났을 때, 채권 세일즈맨인 그는 뉴욕으로 떠날 예정이었다. 그러니 내게 굳이 신경 쓸 필요가 없었다. 그는 파리로 출장 가는 나에게 몰래 망고 차를 잔뜩 가져와달라고 부탁했고, 나는 순수하게 그를 위해 망고 차를 한 보따리 사 왔다. 아무런 사심도 개입되지 않은, 순수한 호감에서 비롯된 행동이었다. 다만 당시에 너무나 놀라웠던 일이기에 다시 한번 이야기하려는 것뿐이다. 그 일 이후 그는 마치 내 미래에 투자하고 내가 하는 거래가 제대로 진행되도록 돕기로 마음먹은 것 같았다.

우리는 적어도 하루에 세 번은 대화를 나눴다. 종종 스무 번 넘게 대화를 나누기도 했다. 처음 몇 달 동안에 그는 말하고 나는 질문했다. 그러면서 나는 돈을 아주 많이 벌어들이는 사람처럼 생각하고 말하는 법을 배웠다. 알렉산더처럼 생각하고 말하는 것은 나에게는 없는, 돈 버는 재능 다음으로 중요했다. 쿵푸 영화에서 주인공이 사부의 말을 경청하고 그대로 행동하는 것처럼, 나는 알렉산더의 말에 귀를 기울이고 내가 들은 대로 행동했다. 그렇게 하면서 외국어를 배우던 때가 떠올랐다. 외국어를 처음 배울 때는 모든 것이 이상하게 들리지만, 어느 날 나도 모르는 사이에 외국어로 생각하는 자신을 발견하게 된다. 갑자기 알고 있는지도 몰랐던 단어들이 입에서 마구 나오다가 그 외국어로 꿈까지 꾸게 된다. 돈 버는 방법에 관련된 꿈을 꾼다는 게 이상한 것 같지만, 아침에 일어나자마자 일본 국채 시장에서 차익거래가 가능하다고 생각하는 것만큼 이상하지는 않을 것이다. 그날 아침에 나는 일본 시장을 살폈고, 실제로 차익거래가 가능하다는 것을 확인했다. 나는 일본 국채 시장에서 차익거래를 할 생각을 한 번도 해보지 않았기 때문에 왜 그런 생각을 하게 됐는지 궁금했다. 아마 그 누구도 이해하기 힘들 것이다. 어쨌든 나는 채권이라는 외국어를 이렇게 배웠다.

러시아 원자로가 폭발하면 미국 감자값이 오른다

알렉산더가 제안한 거래는 대부분 2가지 패턴 중 하나를 따랐다. 첫째, 모든 투자자가 같은 것을 할 때 그는 반대되는 것을 했다. 증권 중개인들은 이런 접근법을 '역투자'라고 부른다. 모두가 하나가 되길 원하지만, 그 누구도 하나가 될 수 없다. 슬프게도 투자자들은 대부분 다른 사람들에게 멍청하게 보일까 봐 두려워하기 때문이다. 투자자들은 돈을 잃는 것보다 혼자 남는 것을 더 두려워한다. 다시 말해, 투자자들은 남들이 다 피하는 위험을 떠안지 않으려고 한다. 자기 혼자서만 돈을 잃었다는 사실이 알려졌다고 생각해보라. 변명의 여지가 없다. 대부분이 그렇듯이 투자자에게는 변명거리가 필요하다. 이상하게 들리겠지만, 그들은 수천 명이 함께한다면 기꺼이 벼랑 끝에 서기도 한다. 대다수가 시장 상황이 심상치 않다고 생각하면, 설령 그 문제가 신기루에 불과할지라도 많은 투자자가 시장에서 발을 빼는 것은 바로 이런 이유 때문이다.

대표적인 예로 미국 농민신용공사U.S. Farm Credit Corporation 사태가 있다. 공사가 부도 날 것처럼 보이자 투자자들은 앞다퉈 채권을 내다 팔기 시작했다. 부도 가능성이 제기됐다는 사실만으로도 그들은 자신의 평판이 위험에 처할지도 모른다고 생각하며 불안해했다. 그러나 당시 미국 정부는 실패를 용인하지 않았다. 미국 정부는 국익을 보호한다는 이유로 크라이슬러Chrysler, 컨티넨털 일리노이즈 은행Continental Illinois Bank 같은 기업을 구제해준 바 있었다. 곤궁에 처한 미국 농가들에 자금을 빌려주는 800억 달러 규모의 공사가 망해 넘어가는 것을 미국 정부가 가만히 지켜볼 거라는 것은 터무니없는 생각이었다. 기관투자자들은 이를 알고 있었다. 바로 이게 핵심이다. 공사 채권을 헐값에 매도하는 사람들은 멍청하지 않았다. 그들은 그저 위험을 안고 있는 채권을 계속 붙들고 있을 수 없었던 것이다. 그러나 알렉산더는 체면 따위는 신경 쓰지 않았고, 오히려 체면을 중시하는 투자자들을 이용하려고 했다. (채권 세일즈맨으로서 그가 조심해야 할 직업 재해가 있다면 '추악한 엘리트주의'였다. 다시 말해, 자신을 제외한 나머지 모두는 멍청하다는 생각은 위험했다.)

둘째, 주식시장 붕괴, 자연재해, 석유수출국기구OPEC 조약 파기 등 굵직한 사건이 터지면 알렉산더는 그 사건이 1차적으로 투자자들에게 미칠 영향보다 2차적이고 3차적인 영향에 주목했다.

체르노빌 원자력발전소가 폭발했던 때를 기억하는가? 소련의 원자로가 폭발했다는 소식이 전해지자마자 알렉산더는 내게 전화를 걸었다. 관련 뉴스가 우리의 쿼트론에 쏟아지기 불과 몇 분 전에 알렉산더는 이미 대형 탱크를 2개 정도 가득 채울 만큼 원유를 매수했다. 그는 투자자들이 뉴욕 증권거래소만 주시하고 있을 거라며, 원자력 발전에 관계된 기업들의 주가가 어떻게 움직이는지에 주목했다.

이들 기업의 주가는 곤두박질치고 있었지만 그는 신경 쓰지 말라고 말했다. 그러고는 자신의 고객들을 대신해서 원유 선물을 매수했다. 원자로가 폭발했다는 소식을 듣자마자 그는 원자력발전소의 전력 공급량이 줄어들면 원유 수요가 늘어날 것이라고 생각한 것이다. 그가 옳았다. 그의 고객들은 큰돈을 벌었고, 나의 고객들은 소소하게나마 이익을 챙겼다.

내가 고객 몇몇을 설득해서 원유 선물을 매수하고 나서 몇 분 뒤 알렉산더가 내게 전화를 걸었다. "감자를 사. 빨리 움직여." 그는 그 말만 하고는 재빨리 전화를 끊었다.

이번에도 그가 옳았다. 방사능 낙진으로 유럽이 감자 등 식량과 식수를 구하는 데 큰 어려움을 겪으면서 방사능에 오염되지 않은 미국 대용물들의 가격이 치솟았다. 러시아에서 원자로가 폭발하고 몇 분 뒤 감자 농가를 빼고 미국에서 감자 가격에 관심을 가진 사람은 거의 없었을 것이다. 난 알렉산더를 빼고 그런 사람을 단 한 명도 못 봤다.

체르노빌 사태와 원유는 비교적 이해하기 쉽다. 트레이딩을 하다 보면 '만약에'라고 불리는 게임이 자주 벌어진다. 이 게임에는 온갖 복잡한 변수들이 도입된다. 당신이 수십억 달러를 만지는 기관투자자라고 생각해보자. '만약에' 도쿄에서 대규모 지진이 발생한다면? 도쿄는 완전히 폐허가 되고, 일본 투자자들은 공황에 빠질 것이다. 그들은 엔화를 매도해서 일본 주식시장에서 자금을 빼내려고 시도할 것이다. 이런 상황에서 당신은 어떻게 할 것인가?

알렉산더라면, 먼저 모두가 발을 빼니까 차익을 챙길 수 있을 거라고 생각하고 일본에 투자할 것이다. 그는 분명 다른 사람들의 눈에는 가치 없어 보이는 주식을 매수할 것이다. 가장 먼저 생각나는 것은 일본 보험사의 주식으로, 도쿄에서 발생한 지진으로 평범한 보험사가 막대한 금액을 지불해야 하기 때문에 큰 손해를 입게 될 거라고 생각한다. 그러나 사실 막대한 손해를 볼 위험은 서양 보험사와 수십 년 동안 엄청난 보험료를 챙겨온 일본의 지진보험사에 있다. 그럼에도 평범한 보험사의 주가는 내려갈 것이다. 알렉산더는 다음으로 일본 국채를 수억 달러어치 매수할 것이다. 일시적인 경제난에 빠진 일본 정부는 금리를 인하해서 재건 활동을 장려하고 시중 은행에 낮은 금리로 대출하도록 독려할 것이다. 일본 은행들은 정부의 요청을 그대로 따를 것이다. 금리가 낮아진다는 것은 곧 채권 가격이 올라간다는 뜻이다.

장기적으로 어려운 국내 상황을 고려해서 일본으로 자본이 송환되기 시작하면 금융 시장의 단기적인 공황은 쉽게 진압될 것이다. 일본 기업들은 유럽과 미국에 많은 자금을 투자해왔다. 그들은 결국 외국에 투자한 자금을 회수해서 본국으로 들여와 피해를 복구하고 생산시설을 재건하고 주가 하락을 막을 것이다. 이것이 무엇을 의미할까? 알렉산더에게 이것은 엔화를 매수하라는 신호로 받아들여질 것이다. 본국에 자금을 송환하려면 일본인들은 달러, 프랑, 마르크, 파운드를 매도하고 엔화를 매수해야 한다. 일본인들이 엔화를 매수하고 외국 투기꾼들은 일본이 엔화를 사 들이는 것을 보고 너도나도 엔화를 매수할 테니, 엔화 가치는 평가절상될 것이다. 엔화 가치가 지진이 발생하자마자 폭락했다면, 항상 예상하지 못한 방향으로 움직이는 알렉산더는 엔화를 더 많이 사 들였을 것이다. 엔화 가치가 폭락했을 때 엔화를 매수했던 알렉산더는 엔화의 가치가 오르면 엔화를 매도할지도 모른다.

알렉산더는 매일 전화를 걸어와 새로운 것을 설명해줬다. 처음에는 그의 말을 이해하기가 어려웠지만, 서서히 그가 하는 말을 이해할 수 있었다. 알렉산더가 전화를 끊으면, 나는 투자자 서너 명에게 전화해서 앵무새처럼 알렉산더가 내게 했던 말을 들려줬다. 그들은 나를 천재까지는 아니어도 영악하다고 생각했을 것이다. 그들은 내가 말한 대로 투자했고, 알렉산더의 고객처럼 상당한 이익을 챙겼다. 그러자 그들이 내게 먼저 전화하기 시작했다. 얼마 지나지 않아서 그들은 나만 찾았다. 그들은 내가 하라는 대로, 정확하게 말하면 알렉산더가 하라는 대로 한 덕분에 돈을 벌었다.

'얼간이'에서 '대물'이 되기까지

알렉산더가 내게 시장을 대하는 태도를 가르쳐줬다면, 립록은 시장을 대하는 방식을 보여줬다. 살로먼 브러더스에서 우리는 대부분의 시간 동안 전화기를 붙들고 보냈다. 시장을 대하는 방식은, 정확하게 말하면 통화하는 기술이라고 할 수 있다. 립록은 그와 관련된 많은 기술을 갖고 있었다. 그는 안부 전화를 할 때는 허리를 세우고 똑바로 앉아 통화를 했고, 영업 전화를 할 때는 책상 밑에서 고개를 숙이고 잔뜩 웅크린 자세로 통화를 했다. 다른 사람이 자신의 영업 전화를 엿듣는 것을 싫어했던 립록은 책상 밑 공간을 방음실처럼 사용했다. 이 같은 성향은 얼간이 신참일 때 생긴 것으로 보인다. 얼간이 신참은 자신이 고객에게 멍청한 소리를 하는 것을 노련한 선배 세일즈맨들이 듣지 않기를 원하는 법이다. 그것이 습관이 된 것이다.

나는 그가 통화하는 모습을 보고 국채를 수억 달러어치 팔고 있다는 것을 단번에 알 수 있었다. 그의 몸이 거의 반으로 접혀 머리를 책상 밑에 들이밀고 있으면, 그가 고객에게 영업하고 있다는 신호였다. 거래가 성사되기 직전이면 그는 전화기를 들지 않은 손의 손가락으로 귓구멍을 막고 낮은 목소리로 빠르게 말했다. 그의 고객 중 하나는 그런 그에게 '속삭이는 대시'라는 별명을 지어줬다. 립록은 한참 그런 모습으로 통화를 하다가 갑자기 몸을 일으켜 수화기의 음성 차단 버튼을 누르고 확성기에 대고 소리를 질렀다. "이봐, 뉴욕…… 뉴욕…… 10월물 92, 9월물 93에 각각 100개, 110개 확정…… 그렇지 1억 달러, 1억 1,000만 달러."

채권을 팔지 못하고 통화를 끝낼 때면 그는 항상 어머니에게 전화했다. 나는 마치 부모의 버릇을 그대로 따라 하는 어린아이처럼 의식적으로 그의 움직임을 따라 했다. 사실 나에겐 그 말고는 참고할 만한 사람이 없었다. 어느새 나도 책상 앞에 몸을 잔뜩 구부리고 앉아서 입에 펜을 물고 손가락으로 귀를 막은 채 빠르고 조용하게 고객과 통화를 했다. 얼간이 신참이 늘어나면서 트레이딩룸에는 그처럼 전화하는 사람들이 넘쳐났다. 경험이 일천한 얼간이들은 팀에서 가장 성공한 동료의 행동과 습관을 그대로 따라 하는 법이다. 팀원이 5명에서 10명으로 늘어나자, 그의 분신도 늘어났다.

립록은 립록이고, 알렉산더는 알렉산더였다. 나는 그 두 사람이 지닌 고유한 특징을 적절히 버무려서 내 것으로 만든 엉터리 사기꾼이었다. 한마디 덧붙이자면, 나는 꽤 훌륭한 사기꾼이었다. 그리고 나에겐 두 스승에게는 없는 좋은 특징이 하나 있었다. 바로 일과 회사에 대한 초연한 태도였다. 이것은 세인트 제임스 궁전에서 열린 자선모금 행사에 참석했다가 살로먼 브러더스에 입사하게 되고, 다른 수입원이 있었기 때문에 가능했던 것 같다. (근무 시간 후에 그리고 주말에 저널리스트로 활동하고 있었다.)

이런 조건은 이제 막 사회생활을 시작해서 경력을 쌓는 나 같은 사회 초년생에게 커다란 도움이 됐다. 왜냐면 겁먹을 필요가 없었기 때문이다. 나에게는 렌터카를 타고 꽉 막힌 도로를 달리는 운전자 같은 무모함이 있었다. 그런 운전자에게 일어날 수 있는 최악의 일은 렌터카를 뺏기는 것이다. 나에겐 살로먼 브러더스의 내 자리가 렌터카였다. 직장을 잃는 게 두렵지 않은 것은 아니었지만, 나는 직장에 목매단 사람들만큼 내 자리를 잃을까 봐 전전긍긍하지 않을 수 있었다. 그렇다고 전혀 신경 쓰지 않았다는 것은 아니다. 나에게도 살로먼 브러더스는 무척 소중했다. 나는 칭찬을 받으면 더 잘하는 사람이라서 칭찬을 받기 위해 최선을 다했다. 하지만 내 경력에 있어서 무엇보다 중요한 게 있다면 큰 위험도 기꺼이 감수했다. 또한 나는 무조건 상사의 지시를 따르는 사람이 아니었다. 그 덕분에 그들은 내가 꽤 괜찮은 부하 직원이라는 것을 빠르게 알아차렸다.

알렉산더와 립록의 지도를 받으면서 나는 돈 버는 비법, 호소력 있는 목소리, 시장을 보는 바른 시각 등을 배워 나갔다. 시간은 빠르게 흘러갔다. 몇몇 소액 투자자들이 나의 불운한 독일인 고객처럼 내게 전화를 해서 조언을 구했다. 나는 그들을 설득해서 막대한 돈을 빌려 투기하게 만들었다. 정크본드와 레버리지 거래(옵션이나 선물처럼 적은 증거금으로 대규모 거래를 하는 것-역주)의 위험성 때문에 불거지는 온갖 잡음에도 불구하고, 투자자들의 포트폴리오에서 그날그날 발생하는 레버리지 거래에 관심을 갖지 않는 것은 이상한 일이다. 고객이 AT&T 회사채를 3억 달러어치 매입하길 원한다고 치자. 수중에 현금이 없더라도 AT&T 회사채를 담보로 살로먼 브러더스에서 돈을 빌려 AT&T 회사채를 매수할 수 있다. 살로먼 브러더스는 도박꾼들에게 필요한 모든 것을 제공하는 카지노 같았다. 우리 고객은 돈이 없어도 도박을 즐길 수 있었다. 소액 투자자들도 큰 거래를 할 수 있었다. 내겐 큰손이라 불릴 만한 고객이 없었지만, 큰 거래를 성사시켜서 확성기에서 내 이름이 울리는 것을 듣고 싶었다. 그래서 나는 레버리지 거래를 파고들었다.

성공은 성공을 낳았다. 살로먼 브러더스는 내게 다른 세일즈맨의 고객들을 맡기기 시작했다. 입사한 지 6개월쯤 된 1986년 6월부터 나는 유럽에서 많은 돈을 운용하는 고객들을 상대하게 됐다. 한창 잘나갈 때 내가 상대하던 고객들이 운용하는 자금은 전부 합쳐서 500억 달러에 달했다. (나는 전성기에 살로먼 브러더스를 떠났다.) 그들은 잽싸고 눈치 있고 유연한 데다 무엇보다 부자였다. 나는 고객에게 모든 서비스를 제공하는 나만의 작은 카지노를 잘 운영해 나가며, 무위험 거래로 살로먼 브러더스에 연간 1,000만 달러를 벌어다 줬다. 트레이딩룸에서 한 자리를 유지하는 데 드는 비용이 60만 달러가 맞다면, 나는 살로먼 브러더스에 매년 900만 달러가 넘는 순수익을 안겨준 셈이다. 나는 더 이상 큰 거래를 해낼 수 있을지에 대해 걱정하지 않았다. 왜냐하면 내가 받는 돈보다 더 많은 돈을 회사에 벌어다주고 있었기 때문이다.

내 고객은 어느새 런던, 파리, 제네바, 취리히, 몬테카를로, 마드리드, 시드니, 미네아폴리스, 팜비치에 두루 퍼져 있었다. 나는 뉴욕의 몇몇 금융자산 운용자를 제외하면 금융 시장에서 아주 유능한 자산 운용자와 일하고 있었다. 돈을 벌 것 같은 괜찮은 아이디어가 있으면 5억 달러 상당의 자산을 (예를 들어 미국 주식시장에서 독일 채권 시장으로) 움직였다. 금융 시장은 장기적으로 예외 없이 기본적인 경제 법칙에 따라서 움직인다. 미국의 무역적자가 계속되면 달러 가치는 결국 폭락할 것이다. 그러나 단기적으로 돈은 비이성적으로 흐른다. 공포심과 욕심이 돈을 움직인다. 돈이 이리저리 움직이는 것을 지켜보면서 나는 돈이 다음에 어디로 어떻게 움직일지 예측하고 한 발 앞서서 내가 운용하는 500억 달러의 일부를 교묘하게 투자했다.

나는 내 일을 상당히 잘 해냈고, 살로먼 브러더스의 트레이더들은 내 조언을 구하기 시작했다. 나는 더 이상 얼간이 신참이 아니었다. 그리고 1986년 중반, 실력보다 운 덕분에 나는 얼간이 신참 딱지를 완전히 뗄 수 있었다. 나는 살로먼 브러더스에서 채권 세일즈맨으로 자리를 잡았다. 사람들이 더 이상 나를 얼간이라고 부르지 않고 '마이클'이라는 내 이름으로 부르기 시작했기 때문이다. 쓸모없는 얼간이에서 '마이클'이라고 불리기까지 대략 6개월이 걸렸다. 계속 큰 거래를 성사시킨다면 단숨에 '마이클'에서 '대물'이라고 불릴 수도 있을 것 같았다.

부실 채권 떠넘기기, 누구를 위한 트레이더인가

살로먼 브러더스에는 '우선권'이라고 알려진 게 있었다. 우선권은 매도하면 회사에 이익이, 매도하지 않으면 회사에 손해가 되어서 반드시 팔아야 하는 큰 규모의 채권이나 주식을 가리킨다. 예를 들면, 텍사코Texaco가 파산 위기에 처했을 때 살로먼 브러더스는 1억 달러 상당의 텍사코 회사채를 보유하고 있었다. 이 회사채는 하룻밤 사이에 휴지 조각이 될 수도 있었다. 고객에게 떠넘기지 않는다면 살로먼 브러더스가 막대한 손해를 감수하는 처지에 놓일 수도 있었다. 물론 고객에게 그 회사채를 팔면, 고객들이 막대한 손해를 입게 될 테지만, 그렇더라도 고객에게 처분하는 것이 최선이었다. 고민할 이유도 없었다. 이런 이유로 텍사코 회사채는 살로먼 브러더스 세일즈맨들이 최우선으로 처분해야 하는 채권이 됐다.

내가 살로먼 브러더스를 다닐 때 최대 규모의 우선권은 올림피아 앤 요크Oympia & York라는 부동산 개발사가 발행한 8,600만 달러 규모의 회사채였다. 1986년 5월 중순부터 8월 중순까지 살로먼 브러더스의 최고 대물들은 이 회사채를 처분하려고 갖은 노력을 다했지만 실패했다. 이는 우리의 수장 스트라우스부터 런던의 얼간이 신참까지 모두에게 수치스러운 기억으로 남아 있었다.

그날도 알렉산더와 나는 전화 통화를 하고 있었다. 알렉산더 역시 올림피아 앤 요크 회사채를 파는 데 실패했는데, 그는 진심으로 이 회사채에 몇 가지 장점이 있다고 생각했다. 먼저 이 회사채는 살로먼 브러더스 트레이더가 보유하고 있지 않았다. 블랙리스트를 무시하고 우리와 거래한 대형 아랍 투자자가 보유한 채권이었다. 그래서 여느 우선권과는 조금 달랐다. 그 아랍 투자자는 올림피아 앤 요크 회사채를 처분하길 간절히 바랐지만, 그 회사채의 특성에 대해서는 잘 몰랐다. 헐값에 그 회사채를 넘길 의향도 있었다.

채권을 대하는 태도는 그럴듯한 이유로 변하지 않는다. 여자의 치마 길이만큼이나 하찮은 이유로도 바뀔 수 있다. 간단하게 말해서, 지금은 올림피아 앤 요크 회사채를 원하는 사람이 아무도 없지만 3개월 뒤에도 그러리라는 보장은 없었다. 올림피아 앤 요크 회사채는 특이한 경우였다. 그 회사채의 가치는 올림피아 앤 요크의 신용에 의해 결정됐다기보다는 맨해튼 고층 건물의 담보물에 지나지 않았다. 당시 많은 기관투자자들은 부동산 가치를 평가할 수 있는 전문성을 갖추지 못했다. 이후, 부동산이 담보물로 잡힌 채권이 많아지면서 기관투자가들은 부동산 가치를 평가하는 법을 서서히 익히게 됐다.

물론 살로먼 브러더스가 올림피아 앤 요크 회사채를 직접 사 들일 수도 있었지만 살로먼 브러더스는 장기 투자자가 아니었다. 그리고 몇 달 동안 (최악의 경우 매수자가 나타나지 않아서 몇 년 동안) 8,600만 달러 규모의 채권을 보유하고 있는 것은 경영진에게 그리 유쾌한 일이 아니었다. 그래서 세일즈맨들이 또 다른 매수자를 찾고 있었던 것이다. 이 일로 인해 많은 것이 바뀔 수 있었다. 그 아랍 투자자는 우리가 올림피아 앤 요크 회사채를 전부 처분해주면 다른 채권을 대량 매수하겠다는 조건을 제시했다. 그가 살로먼 브러더스에서 채권을 대량 매수하고 살로먼 브러더스가 그의 올림피아 앤 요크 회사채를 다른 고객에게 매도하는 데 성공하면, 살로먼 브러더스는 무려 200만 달러의 순수익을 얻을 수 있었다.

내겐 알렉산더만큼 믿을 만한 사람이 없었다. 그래서 나는 나의 비밀을 그와 공유하기로 했다. 나는 올림피아 앤 요크 회사채를 살 만한 사람을 알고 있었다. 한 달이면 그 회사채를 전부 매도할 수 있었다. 하지만 AT&T 사건이 트라우마처럼 남아 있었던 터라 그 정보를 공개하는 게 꺼려졌다. 내가 염두에 두고 있는 투자자는 프랑스인이었다. 그는 장기간 올림피아 앤 요크 회사채를 갖고 있지는 않을 거였다. 다른 투자자들이 자신이 그 회사채를 매수하길 거절했다는 사실을 잊을 때쯤 그는 올림피아 앤 요크 회사채를 팔아버릴 것이다.

알렉산더는 나를 설득했다. 그는 내가 내 고객에게 올림피아 앤 요크 회사채를 매도하는 데 동의하면, 경영진으로부터 내 고객을 등쳐먹지 않겠다는 약속을 받아내겠다고 했다. 그렇게만 되면 모두에게 좋은 일이었다. 살로먼 브러더스는 많은 돈을 벌게 될 것이고, 내 고객은 많지는 않아도 돈을 좀 벌게 될 것이다. (물론 그 돈은 고객 입장에서는 거금일 것이다.) 그리고 나는 살로먼 브러더스의 영웅이 될 것이다. 살로먼 브러더스에서 일하면서 얻은 교훈을 딱 하나만 말하라면, 모든 관계자가 승리하는 경우는 흔치 않다는 것이다. 우리가 하는 게임은 본질적으로 제로섬 게임 zero-sum game 이다. 내 고객의 주머니에서 돈을 빼서 우리 주머니로 넣거나, 그 반대였다. 그런데 이 경우는 이례적이었다. (거래할 때마다 항상 기억해야 하는 것이 있다. 채권을 판매하는 것이 살로먼 브러더스에는 나쁜 일이지만 고객에겐 좋은 일일 수 있다는 것이다.) 경영진이 몇 달 뒤에 내 고객이 매수한 올림피아 앤 요크 회사채를 우선권으로 처리해서 내 고객이 이익을 낼 수 있도록 해준다고 약속한다면(즉, 다른 고객에게 떠넘겨준다면), 우리 모두 이 게임에서 승리할 수 있을 터였다. 알렉산더는 매일 불가능한 일을 해냈다. 그와 이야기하다 보면 나도 그처럼 불가능한 일을 해낼 수 있을 것 같은 기분이 들었다. 나는 우선권을 매도하고 내 고객을 행복하게 만들 수 있을 것만 같았다.

생각을 마친 나는 트레이딩룸을 가로질러서 올림피아 앤 요크 회사채를 책임지고 있는 트레이더에게 다가갔다. 그는 AT&T 회사채를 담당했던 트레이더 옆에 앉아 있었다. 물론 그는 내 고객에게 피해가 가지 않도록 하겠다고 약속했다. 그는 "정말로 그 회사채를 팔 수 있겠어요? 정말로? 진짜로?"라고 여러 차례 물었다. 그의 미덥지 못한 눈빛에는 올림피아 앤 요크 회사채가 과연 팔릴까 하는 불신과 팔렸을 때 얻게 될 엄청난 이득에 대한 욕심이 혼란스럽게 뒤섞여 있었다. 그를 믿을 수 없었던 나는 마음을 바꿨다. 나는 그 회사채를 내 고객에게 매도하지 않기로 결정했다.

하지만 때는 너무 늦은 뒤였다. 올림피아 앤 요크 회사채에 대해 물어봤다는 이유로 살로먼 브러더스 전체가 움직이기 시작했다. 트레이더들은 홀린 것처럼 내게 몰려들었다. 마치 발정 난 암캐 주위에 몰려드는 수캐들 같았다. 그로부터 24시간 동안 나는 뉴욕, 시카고, 그리고 도쿄에 있는 10여 명의 세일즈맨에게 전화를 받았다. 그들은 모두 똑같은 말을 했다. "이봐, 제발…… 고객에게 그 회사채를 매도해. 그러면 자넨 영웅이 될 거야." 그들은 내가 그 회사채를 매도하면 살로먼 브러더스 전체가 한목소리로 내 이름을 크게 외칠 거라고 말했다. 하지만 그 누구도 나를 설득할 수 없었다. 그 누구도 내가 그렇게 해야 한다는 확신을 심어주지 못했다. 그러던 와중에 내 전화가 다시 울렸다. 나는 수화기를 들었다. 수화기 너머로 어디선가 들어본 적이 있는 듯한 익숙한 목소리가 어렴풋이 들려왔다. "이봐, 똘똘이. 잘 지내지? 이 빌어먹을 회사채를 매도할 기회를, 제기랄, 잡았다며?" 그는 바로 입에 욕을 달고 사는 '피라냐'였다.

우리가 대화를 나눈 것은 이번이 처음이었다. 올림피아 앤 요크 회사채를 매각하는 일의 최종 책임자가 그였던 모양이다. 그는 내 고객이 절대 다치지 않을 거라고 내게 약속해주었다. 다른 사람이 그 말을 했다면 아무런 의미가 없었을 테지만 그 약속을 바로 그가 했다는 것이 중요했다. 나는 그를 지켜봤고, 그에 대한 소문을 들어서 그가 어떤 사람인지 알고 있었다. 그는 자기 말에 책임지는 사람인

데다 살로먼 브러더스에서 그 누구보다 채권 시장을 잘 아는 사람이었다. 알렉산더에게 전화해 그 회사채를 팔 거라고 말하자 그는 재빨리 41층 담당 임원에게 내가 올림피아 앤 요크 회사채를 매도하는 데 돈을 걸겠다고 했다. 10명이 내가 회사채를 못 판다는 쪽에 걸었고, 오직 1명(알렉산더)이 판다는 쪽에 돈을 걸었다. 이것은 그 자체로 내부자거래였다.

나는 프랑스인 고객에게 전화를 걸어 겁에 질린 아랍 투자자(피라냐는 그를 '낙타 기수'라고 불렀다.)가 회사채 8,600만 달러어치를 헐값에 처분하려고 한다고 말했다. 나는 그에게 그 회사채가 시장에 나오게 된 배경과 다른 채권에 비해서 저평가된 이유를 설명하고는, 그것을 매수해서 몇 달 정도 가지고 있으면 미국에서 새로운 매도자가 나타날 거라고 말해줬다. 나는 미리 써놓은 글을 줄줄 읽었다. 내 프랑스어 실력을 제외하고 인상적인 부분은 하나도 없었다. 나는 투기꾼처럼 이야기하려고 애썼다. 대부분의 채권 세일즈맨은 투자자처럼 말하며, 회사를 분석하고 전망을 예측한다. 나는 올림피아 앤 요크가 부동산 회사라는 것을 알고 있었다. 나는 전 세계가 그 회사의 회사채에 등을 돌리고 있다는 사실을 분명히 말하면서, 그 회사채는 너무나 느닷없이 시장에 나오는 바람에 아주 헐값이 됐다고 설명했다.

나의 프랑스인 고객은 투기꾼으로, 내 말을 금방 이해했다. 나는 대부분의 투자자와 달리 그가 8,600만 달러 규모의 회사채를 금방 매도할 수 있다고 생각할 것임을 알았다. 그는 내게 최고의 고객이었고, 내가 가장 좋아하는 고객이었다. 내 생각에 그는 우리가 알고 지낸 지 불과 4개월밖에 되지 않았지만 나를 신뢰하는 것 같았다. 나는 내가 얻을 게 전혀 없다고 생각하면서도 거룻배의 삿대로도 건드리지 않을 채권을 그에게 팔려고 하고 있었다. 이 얼마나 끔찍한 짓인가. 당시를 되돌아보니 기분이 더 울적해진다. 어쨌든 그는 몇 분간 고심하더니 8,600만 달러 규모의 올림피아 앤 요크 회사채를 매수하기로 결정했다.

그로부터 이틀 동안 살로먼 브러더스 곳곳에서 칭찬의 메시지가 쏟아졌다. 회사 거물들이 내게 전화를 걸어와 내 프랑스인 고객이 올림피아 앤 요크 회사채를 매수해서 얼마나 기쁜지 모른다고 말했고, 회사에서 나의 장래가 밝을 거라는 덕담을 건넸다. 스트라우스, 매시, 라니에리, 메리웨더, 보우테도 내게 직접 전화를 걸었다. 종종 자리를 비워야 했던 나 대신에 립록이 그들의 전화를 받았다. 그는 그들이 자신에겐 그런 칭찬을 단 한 번도 한 적 없다며 노발대발했다.

그에겐 정말 심각한 일이었다. 그가 보기에 나는 신들의 은총을 받은 셈이었다. 립록은 그동안 좋은 실적을 내왔지만, 신들은 그에게 이런 은총을 내려주지 않았다. 살로먼 브러더스에 있으면서 이런 일이 일어나는 것을 여러 번 봤다. 하지만 내가 모든 이들이 포기한 채권을 팔았을 때만큼 우스꽝스러울 정도로 과하진 않았다. 살로먼 브러더스에서 세일즈맨에게 아낌없는 칭찬을 쏟아낼수록 고객은 더 큰 고통을 겪었다. 나는 "톰 스트라우스가 잘했다고 칭찬했다"라고 적어놓은 메모지를 보고 뿌듯함을 느꼈다. 하지만 내 마음 한구석에선 프랑스인 고객에 대한 염려가 스멀스멀 피어올랐다.

달콤했던 행복한 순간은 내가 가장 아끼는 고객을 위험에 처하게 했다는 죄책감에 조금씩 무뎌졌다. 그 순간, 가장 중요한 전화가 걸려왔다. 바로 '피라냐'가 내게 전화를 한 것이다. 그는 "채권을 좀 팔았다고 들었네"라고 말했다. 나는 침착하게 대응하려고 애썼다. 그는 전혀 침착하지 않았다. 그는 전화기에 대고 고래고래 소리를 질렀다. "지랄 맞을 정도로 대단한 일을 했어. 그 지랄 같은 채권을 팔았단 말이지? 이제 너도 빌어먹을 대물이야. 대물이라고!" 그의 말을 듣는데, 눈물이 핑 돌았다. 탁월하다는 게 무엇인지 몸소 보여줬던 사람이 나를 대물이라고 부른 것이다. 나는 내가 이 영예를 받을 자격이 있다는 생각이 들었다.

9장

손자병법

최고의 전술은 싸우지 않고 적을 무릎 꿇리는 것이다.

– 손자

———————————— 나는 호텔 방에서 머리끝까지 화가 난 채 벨보이에게 고래고래 소리쳤다. "스위트룸에 목욕 가운이 없다는 게 도대체 무슨 소리야!" 나는 출장 때문에 파리의 브리스틀 호텔에 머무르고 있었다. 그는 뒤로 물러서며 어쩔 수 없다는 듯 어깨를 으쓱해 보였다. 그 순간, 또 다른 게 내 눈에 들어왔다. 과일 바구니도 없었다. 도대체 스위트룸에 당연히 있어야 하는 사과와 바나나가 가득 담긴 바구니가 어디로 간 거지? 잠깐만. 화장실 휴지도 삼각형 모양으로 접혀 있지 않았다. 이런 거지 같은 일이 다 있나. 나는 미친 듯이 소리쳤다. "이런 젠장! 당장 호텔 매니저 불러와! 지금 당장! 내가 여기 묵기 위해 얼마나 내는지 알아? 아냐고?"

순간, 나는 잠에서 깨어났다. 옆에 누워 있던 아내가 놀란 얼굴로 나를 다독였다. "괜찮아요, 마이클. 꿈일 뿐이에요. 또 호텔 악몽을 꿨나 보군요." 하지만 그건 단순한 호텔 악몽이 아니고, 괜찮지도 않았다. 나는 가끔 비행기를 타고 출장을 가는데 일등석에서 이코노미석으로 강등되는 꿈도 꿨다. 이보다 더 끔찍한 악몽을 꾸기도 했다. 런던에 있는 고급 식당 탕트 클레르Tante Claire에서 내가 제일 좋아하는 자리에 다른 사람이 앉아 있는 꿈이나 운전기사가 아침에 늦게 오는 악몽을 꾸기도 했다. 이 정도 악몽은 견딜 만했다. 그런데 올림피아 앤 요크 회사채를 판 뒤로 투자은행가가 꿀 수 있는 가장 끔찍한 악몽이 줄곧 나를 따라다니며 괴롭혔다. 호화로운 생활에 익숙해지고 대물의 반열에 올랐다는 기쁨에 버릇없는 응석받이가 되는 꿈이었다. 악몽에서 깨어나니 오전 6시였다. 출근할 시간이었다. 근데 정말 이걸로 괜찮은 걸까?

투자은행가의 전투, 중상모략과 음모에 맞서다

1986년 8월의 어느 날. 이날은 좀 특별했다. 이날 나는 투자은행가에게 꼬리표처럼 따라다니는 중상모략과 음모에 처음으로 맞섰다. 살로먼 브러더스에는 늘 두 종류의 마찰이 존재했다. 하나는 돈을 잃었을 때 자기 잘못이 아니라며 남 탓하는 사람 때문에 생기는 마찰이고, 다른 하나는 돈을 벌었을 때 그 공로가 자신의 것이라고 서로 우겨대는 사람 때문에 생기는 마찰이다. 트레이딩룸에서 나의 첫 번째 전투는 손실이 아니라 이익에 관한 것이었다. 이는 물론 좋은 일이었다. 이 전투에서 승리한다면, 그 또한 좋은 일이었다.

투자은행에는 저작권이란 게 없다. 좋은 아이디어가 있어도 특허를 신청할 방법이 없다. 그래서 좋은 아이디어를 생각해냈다는 자부심은 이익을 냈다는 자부심으로 대체됐다. 살로먼 브러더스가 새로운 채권이나 주식을 내놓으면, 24시간도 지나지 않아 모건스탠리, 골드만삭스 등 다른 투자은행들이 신상품을 분석해서 똑같은 상품을 내놓았다. 이것은 게임의 일부일 뿐이다. 내가 만난 첫 번째 투자은행가가 읊던 시가 있다.

신은 당신에게 눈을 줬다.

그러니 표절하라.

다른 투자은행과 경쟁할 때 이 시구를 알았다면 유용했을 것이다. 그런데 나는 이 시구가 살로먼 브러더스 안에서 경쟁할 때도 유용하다는 것을 배우게 됐다.

그날 오전 10시 런던에 있던 나는 알렉산더와 통화했다. 그는 뉴욕에 있었는데, 시차 때문에 뉴욕은 오전 5시였다. 그는 서재에서 졸다가 매 시간 일어나 옆에 놓인 로이터 단말기로 채권 가격을 확인하다가 잠든 터였다. 그는 달러 가격이 폭락한 이유를 알아내고 싶었고, 아무래도 다른 나라 중앙은행이나 정치인이 뭐라고 한 것 같았다. (정치인들이 달러에 대한 미래 전망을 속으로만 생각한다면, 금융 시장은 훨씬 더 평화로워질 것이다. 백이면 백 자신의 발언에 대해 사과하거나 정정하면서 왜 자중하지 않는지 궁금할 따름이다.) 하지만 아무리 찾아봐도 그런 뉴스는 없었다. 나는 알렉산더에게 아랍인들이 달러를 확보하기 위해서 금을 대거 매도했고, 달러를 마르크로 바꾸는 바람에 달러 환율이 폭락했을 거라고 말해줬다.

살로먼 브러더스에서 일하는 동안 나는 이런 논리적인 거짓말을 만들어내느라 많은 시간을 허비했다. 시장이 움직일 때 그 이유를 아는 사람은 거의 없다. 이런 상황에서 그럴듯한 이유를 만들어내는 사람은 중개인으로 잘 먹고 잘살 수 있다. 나 같은 사람이 하는 일은 바로 시장이 움직이는 이유를 그럴듯하게 지어내는 것이다. 놀랍게도 사람들은 우리가 뭐라고 떠들어대든 그 말을 사실이라고 믿었다. 달러 환율과 관련해서 아랍인들이 달러를 매도하고 있다는 것은 오래전부터 들먹여지는 이유였다. 그들이 그 많은 돈으로 무엇을 하는지, 왜 하는지 정확하게 아는 사람이 아무도 없었으므로 아랍인들에 관한 이야기에 반박할 사람도 없었다. 그래서 달러 환율이 하락하는 이유를 모르겠으면, 아랍인들 얘기를 꺼내면 그만이었다. 물론 알렉산더는 내 말이 근거가 있는지 예민하게 생각해본 뒤, 그저 웃기만 했다.

달러 환율의 폭락보다 더 심각하게 의논해야 할 문제가 있었다. 내 고객 중 한 사람은 독일 채권 시장이 상승할 때가 됐다고 확신해서 독일 국채에 거액을 투자하길 원했다. 알렉산더는 이 부분을 흥미롭게 생각했다. 1명의 투자자가 독일 국채시장이 상승할 것이라고 확신한다면 다른 투자자들도 마찬가지일 것이고, 그러면 채권 시장에서는 강한 상승세가 나타나게 마련이다. 이런 투자를 이끌어낼 방도는 많았다. 내 고객은 수억 마르크에 달하는 독일 국채를 매수했는데, 이에 나는 독일 국채시장에서 이보다 더 과감한 투자를 할 수 없을지 고민했다. 국채를 대량 매수하는 것은 다른 사람의 돈에 베팅하는 데 지나치게 익숙해진 사람이 떠올리는 전형적인 생각이다. 알렉산더와 나는 엉망진창인 내 생각을 정리하는 과정에서 멋진 아이디어를 발견했다. 우리는 완전히 새로운 증권을 생각해냈다.

내 고객은 위험, 즉 리스크를 좋아했는데 이는 그 자체로도 하나의 상품이 될 수 있다. 리스크도 깡통에 담긴 토마토처럼 팔 수 있다는 것이다. 리스크를 한 투자자에게 헐값에 매도하고 다른 투자자에게 비싸게 팔 수 있다면, 리스크를 직접 감수하지 않고도 돈을 벌 수 있다. 이것이 바로 우리가 하려는 일이었다.

내 고객은 독일 국채가 오른다는 데 막대한 돈을 걸어서 큰 리스크를 떠안으려고 했다. 다시 말해, 그는 리스크의 '매수자'가 되는 셈이다. 알렉산더와 나는 '워런트'warrant(정해진 숫자의 주식을 정해진 날짜에 매입할 수 있는 권리, 또는 그러한 권리를 소유자에게 부여하는 증서 – 역주) 또는 '콜옵션'Call Option(옵션 거래에서 특정한 기초자산을 만기일이나 만기일 이전에 미리 정한 행사 가격으로 살 수 있는 권리 – 역주)이라 불리는 증권을 고안해냈다. 이 상품은 쉽게 말해서 리스크를 한쪽에서 다른 쪽으로 이전시키는 것이다. 전 세계적으로 리스크를 싫어하는 투자자들, 말하자면 대부분의 투자자가 우리가 만든 워런트를 매수하면 사실상 스스로 감수해야 할 리스크를 매도하는 셈이 된다.

워런트가 등장하기 전까지 대부분의 투자자가 자신이 독일 국채 시장에서 자기 리스크를 매도하고 싶어 한다는 사실조차 알지 못했다. 이는 소니가 워크맨을 출시하기 전까지 대부분의 사람이 귀에 이어폰을 꽂고 온종일 핑크 플로이드Pink Floyd 음악을 듣고 싶어 한다는 사실을 몰랐던 것과 같다. 이처럼 투자자들이 스스로도 모르는 니즈를 채워주는 것이 우리가 하는 일의 일부였다.

우리는 새로운 증권에 대한 수요를 만들어내기 위해 살로먼 브러더스의 영업력에 의존했다. 살로먼 브러더스는 타의 추종을 불허하는 영업력을 보유하고 있었기에, 이를 이용하면 충분한 수요가 만들어질 것 같았다. 리스크를 싫어하는 투자자들에게서 리스크를 매수할 때 우리가 지불하는 비용과 그것을 고객에게 매도할 때 부과하는 비용의 차이가 우리의 이익이 될 것이었다. 우리는 이렇게 하면 대략 70만 달러의 이익을 얻게 되리라 추정했다.

이것은 그야말로 꿈같은 아이디어였다. 살로먼 브러더스는 중간에서 리스크를 한쪽에서 다른 쪽으로 옮길 뿐, 그 어떤 리스크도 떠안지 않는다. 그 어떤 위험성도 없이 70만 달러라는 거액의 이익을 창출해낸다는 이 같은 발상은 살로먼 브러더스 경영진에게 신선한 충격을 줬다. 더욱 중요한 것은 우리 상품이 아주 새롭다는 데 있었다. 독일 금리에 대한 워런트는 정말 신선한 발상이었다. 이렇게 새로운 금융 상품을 첫 번째로 판매한다는 것은 투자은행가들에게 정신이 나가버릴 정도로 신나는 일이었다.

우리가 이 거래를 마무리 지어갈 때쯤, 트레이딩룸 사람들도 궁금해하기 시작했다. 대기업을 담당하는 팀의 팀장은 정보를 얻으려고 우리 주위를 맴돌았다. (이 남자를 앞으로 '기회주의자'라 부르겠다.) 그는 우리 거래에 끼려고 했지만 나는 반대했다. 그는 알렉산더와 내가 살로먼 브러더스에서 일한 기간을 합친 것보다 2배나 많은 6년이란 긴 시간 동안 살로먼 브러더스에서 일했기에 그의 경험치를 이용할 수도 있었지만, 그 기회주의자는 보너스 지급 시기가 다가오고 있는데 자기 팀에서 실적이 없는 상태였다. 실적을 내기 위해 필사적이었던 그는 우리 거래를 실적을 낼 수 있는 기회라고 여긴 듯했다.

솔직히 말하면 기회주의자가 전혀 쓸모없는 것은 아니었다. 우리는 독일 정부의 승인을 받아야 한다는 사실을 간과했는데, 기회주의자가 우리를 난처한 상황에서 구해줬다. 독일 정부는 유로 시장에 대해 뭐라고 할 수 없었다. 유로 시장의 장점은 그 어떤 정부의 관할권에도 놓여 있지 않다는 것이다. 이론적으로 우리는 독일 정부를 무시해도 괜찮았지만, 예의를 지켜야 했다. 살로먼 브러더스는 프랑크푸르트에 사무실을 열고자 했기에, 독일 정치인들의 눈 밖에 나는 짓을 할 순 없었다. 그리하여 우리를 위해 기회주의자는 독일 재무부에 파견됐다. 그는 우리 거래가 통화 공급을 방해하지 않고 (사실이다), 독일 금리를 이용해서 투기를 조장하지도 않을 것이라고(이는 거짓이다. 이 거래의 핵심은 투기였다) 독일 정부를 설득했다. 그가 독일 재무부를 설득한다면, 당연히 그 공을 인정해줘야 했다. 그는 장기 투자자처럼 갈색 양복을 입고 갈색 구두를 신고 갈색 넥타이를 맨 채 프랑크푸르트로 떠났다. 이것은 일종의 위장이었다. 금색 달러 표시가 그려진 빨간 멜빵은 절대 금물이었다. 셔츠 소매를 여미는 금색 단추도 포기해야만 했다. 그는 착실한 시민처럼 행동하면서 재무장관 바로 밑에 있는 독일 재무부 고위 관료들의 신뢰를 얻어냈다.

수주일간 논의가 이어지다 보니 작은 문제가 발생했다. 독일 재무부는 언론이 이 거래에 관심을 갖는 것을 못마땅하게 여겼다. 그들은 우리가 하려는 거래를 완전히 이해하지 못한 채, 혹시나 그 거래와 자신들이 너무 깊이 엮일까 봐 몹시 걱정했다. 우리는 언론 노출을 최대한 자제하겠다고 말했다. 그들은 거래가 성사됐을 때 금융잡지에 실리는 게시물, 일명 '툼스톤 tombstone (묘비명)'에 관해 물었다. 우리는 (기념으로) 툼스톤을 만들기는 하겠지만, 언론에 공개하지는 않겠다고 약속했다. 그들은 독일 정부를 상징하는 독수리 문장을 새기지 않는다는 조건으로 툼스톤을 만드는 것을 용인했다. 우리는 냉철한 투자은행가라는 위장을 벗어던지고 한숨 돌리기 위해 농담으로 독수리 대신에 나치 문양을 새기겠다고 말했는데, 독일 재무부는 이 농담을 우리만큼 재미있게 받아들이지 않았다.

마침내 거래가 마무리됐다. 거래는 완전히 대성공이었다. 살로먼 브러더스와 내 고객은 노상강도처럼 돈을 긁어모았다. 알렉산더와 나는 살로먼 브러더스에서 꽤 유명세를 얻게 될 것이 분명했다. 물론 기회주의자도 칭찬받을 자격이 있었다. 그런데 문제가 생겼다. 독일 재무부와의 거래가 마무리되고 워런트가 발행된 날 오후, 런던과 뉴욕에서 이 거래가 어떻게 성사됐는지 자세하게 적힌 메모가 돌기 시작했다. 물론 새롭게 발행된 워런트의 구조는 신선하고 영리했기에 자랑할 만했다. 그런데 그 메모에는 알렉산더, 내 고객, 그리고 나에 대한 언급이 전혀 없었다. 오직 기회주의자의 서명만 있었다. 이것은 교묘하지만 효과적인 계략이었다. 뉴욕과 런던의 임원들 중 우리가 성사시킨 거래를 온전히 이해하는 이는 단 1명도 없었다. 기회주의자는 아무것도 모르는 경영진에게 이 거래에 관해 설명하면서 마치 자신이 모든 일을 해낸 것처럼 이야기했다.

이것은 너무나 부당하고 상대방을 기만하는 행위였다. 어떻게 이런 짓을 저지르고도 들통나지 않을 거라고 생각한 걸까? 나는 지금도 그가 도대체 무슨 생각으로 이런 짓을 했는지 궁금하다. 지금이라면 너무 어이없어서 그저 웃어넘겼을 테지만, 당시에는 웃어넘길 만한 일이 아니었다. 나는 그에게 따져 묻기 위해 그의 책상으로 다가갔다. 전화기를 집어 던지고 욕설을 퍼붓는 것 정도는 살로먼 브러더스에서 충분히 용인되는 일이었다. 하지만 동료를 피떡이 되도록 패는 것은 아무리 살로먼 브러더스라 해도 눈감아주지 않았다. 나는 그에게 주먹을 날리지 않기 위해 노력했다. 만약 내가 화를 참지 못하고 그를 때린다면, 그도 나를 때리길 바랐다. 그러면 우리 둘다 해고될 테니 말이다.

그런데 기회주의자는 나보다 한 발 빨랐다. 그는 자신이 쓴 메모가 프린터에서 출력되는 순간, 뉴욕으로 가는 첫 번째 비행기를 타기 위해 서둘러서 공항으로 뛰어갔다. 그가 나와 마주칠까 봐 이렇게 한 것은 아니었다. 그는 걱정조차 하지 않았다. 그가 아는 한, 나는 살로먼 브러더스에서 그의 못된 농간을 막아줄 정도로 힘 있는 사람을 알지 못했다. 그가 자리를 피하고자 했다면 일반 비행기의 일등석이면 족했을 것이다.

내가 런던 트레이딩룸에서 그의 빈 의자를 노려보고 있는 순간에 기회주의자는 '승리감에 취해서 뉴욕의 41층 트레이딩룸을 유유히 한 바퀴 돌고 있었다'고 알렉산더가 말했다. 41층을 여기저기 돌아다니면서 그는 스트라우스와 굿프렌드 같은 고위 인사에게 그 거래가 얼마나 잘 풀렸는지 자랑스레 이야기했다. 물론 그는 "제가 그 거래를 진행했습니다. 엄청난 보너스를 받을 만한 일이지요"라고 노골적으로 말하진 않았지만, 이게 그가 하고자 했던 말이었다. 그는 야단스럽게 수선 떨 필요가 없었다. 그의 메모가 그가 원하는 효과를 발휘했기 때문이다. 그가 뉴욕으로 돌아가서 그 거래에 대해 보고하는 것 자체가 그 거래를 그가 성사시켰다는 의미였다. 게다가 메모에는 오직 그의 이름만 적혀 있었다.

다른 사람에게 공을 도둑질당하면 얼마나 화가 날지 충분히 짐작할 수 있을 것이다. 이런 일이 아주 드물거나 희귀한 것은 아니기 때문이다. 하지만 회사 전체로부터 기만당했을 때 얼마나 씁쓸한지 겪어본 사람은 드물 것이다. 진실을 아는 고위 인사는 아무도 없었다. 살로먼 브러더스 인터내셔널 회장은 그 빌어먹을 메모를 들고 내 책상을 지나치면서 "자네가 이 거래에 도움을 줬다지? 정말 다행스러운 일이야. 기회주의자는 자네와 자네 고객이 없었다면 그의 거래를 성사시키지 못했을 테니 말일세"라고 말했다. 그의 거래라고? 나는 "이 멍청한 양반아, 당신은 속은 거야"라고 소리치고 싶었다. 하지만 나는 미소를 지으며 그에게 고맙다고 말했다.

알렉산더는 기회주의자보다 영악한 자는 본 적 없다며, 뉴욕 직원들도 그렇게 말한다고 이야기했다. 알렉산더는 나처럼 분노할 자격이 있었다. 하지만 철학자 같은 그는 "걱정하지 마. 그 사람은 전에도 그랬어. 으레 있는 일이야"라고 말했을 뿐이다. 적어도 나는 이 거래에 작은 조언이나마 해준 것으로 알려졌지만, 알렉산더는 아예 거론조차 되지 않았다. 그가 살로먼 브러더스의 금융 역사에 기여한 사실은 완전히 묻혀버렸다.

우리는 선택해야 했다. 알렉산더와 나는 그저 분통만 터트릴지 아니면 복수할지 결정해야 했다. 나는 알렉산더에게 어떻게 할지 생각해보라고 했다. 우리는 모든 것을 까발려버리고 싶었다. 기회주의자 같은 쓰레기에게 뺨을 맞고도 장승처럼 가만히 있으면, 대물이 된들 무슨 소용이란 말인가. 하지만 회사라는 조직에서, 그것이 살로먼 브러더스만큼 원시적인 조직이라 한들 상사의 잘못을 폭로하는 것은 역효과를 낼 뿐이다. 그렇게 해서 기회주의자의 멱을 따더라도 그만한 대가를 치러야 했다. 그는 보우테파고 우리는 스트라우스파였다. 우리가 공격하면, 폭약 냄새가 저 하늘까지, 아니 적어도 회장실까지 다다를 것이다. 진실은 각 파의 충성 경쟁으로 흐지부지 덮여버릴지도 모른다. 마피아 전쟁은 더러운 법이다. 두목들 간의 전쟁으로 번지게 하지 않고, 기회주의자를 응징할 방법은 없을까? 건강한 세포는 건드리지 않고 암세포만 죽일 수 있는 방법은 없을까?

알렉산더는 나의 일장 연설을 듣고 나서도 어른스럽게 모든 것을 눈감아주자고 했다. 알렉산더는 다른 사람을 짓밟고 올라서려는 사람은 조직에서 성공할 수 없다고 생각했다. 기회주의자가 우리를 밟고 올라선다면, 우리는 그저 훌훌 털어내고 그 일을 잊으면 그만이라는 것이 알렉산더의 생각이었다. 그의 말은 옳았지만, 나는 그와 생각이 달랐다. 나는 어린애처럼 유치하게 복수하기로 마음먹었다. 나는 지금 정글에 있고, 정글에서는 게릴라전이 제격이다.

드디어 대학에서 배운 예술사를 직장에서 써먹을 때가 됐다. 나는 사기에 대해 모르는 것이 없었다. 경쟁 관계에 있는 화가가 당신이 그린 그림을 훔쳐서 그 그림에 자기 이름을 쓰고 팔아버렸다면 당신은 어떻게 할 것인가? 나라면 비슷한 그림을 그려서 그에게 똑같이 그려보라고 말할 것이다. 이게 내가 기회주의자에게 하려는 복수였다. 비유가 완벽하지는 않지만, 대부분의 사람들에게 워런트는 렘브란트나 잭슨 폴락의 그림보다 위조하기가 더 쉬웠다. 나는 그가 완전히 사기꾼이라고 증명할 필요가 없었다. 그저 그가 그 거래를 성사시켰다는 주장에 의심의 씨앗만 심으면 됐다.

기회주의자는 자기 혼자서 워런트를 생각해냈다고 주장했다. 그게 거짓임이 드러나면 그의 주장에 대한 신빙성이 어느 정도 훼손될 것이다. 우리는 또 다른 거래를 구상했다. 의도적으로 첫 번째 거래를 진행했던 고객과 아주 유사한 거래를 추진할 계획을 세웠다. 알렉산더는 복수하는 데 동의하지 않았지만, 짓궂은 장난에 힘을 보태줬다. 이번에는 독일 국채가 아닌 일본 국채가 대상이었다. 워런트는 앞선 것과 기본 구조를 조금 다르게 설계됐다. 이 거래의 목적을 고려하면, 지금 그 구조를 자세하게 설명하는 것은 불필요한 일 같다.

이 거래를 구상할 때 나는 기회주의자와 이야기하지 않았고, 그에게 특사가 되어달라고 부탁하지도 않았다. 기회주의자는 아무것도 몰랐다. 거래가 마무리될 즈음, 나는 뉴욕의 41층 트레이딩룸을 유유히 돌아다니며 말을 흘렸다. 이것은 일종의 몸풀기였다. 승리를 자축하기 위해서 트레이딩룸을 돌아다녔던 기회주의자와 달리, 나는 전화로도 충분히 몸풀기를 할 수 있었다.

나는 뉴욕으로 전화를 몇 통 걸었다. 기회주의자는 직접 굿프렌드에게 보고하고 싶어 했지만, 그에게도 상사가 있었다. 그의 상사는 41층에 있었고, 큰 거래를 성사시킨 기회주의자 덕분에 여전히 영광을 만끽하고 있었다. 그러던 중 갑자기 기회주의자의 상사의 표정이 바뀌었다. 다른 임원들이 새로운 일본 국채 거래를 언급하면서 그를 놀려댄 것이다. 그들은 "아무래도 독일 국채 거래를 성사시킨 아이디어는 자네 부하가 아니라 다른 데서 나온 것 같단 말이야"라고 말했다. 기회주의자의 상사는 기회주의자에게 전화해서 새로운 일본 국채 거래에 관해 설명해보라고 했지만, 기회주의자는 일본 국채 거래에 대해 아는 바가 없었다. 그는 일이 어떻게 돌아가는지 전혀 몰랐다. 나의 전화 폭탄이 정확하게 표적을 맞힌 것이다.

나는 문제를 더 키우지 않고 이쯤에서 끝내려고 했지만 기회주의자는 아니었다. 내가 몸풀기를 마치고 대략 한 시간쯤 지났을 때 기회주의자가 내 앞에 나타나 나를 노려봤다. 그가 너무나 발끈해서 깜짝 놀랐다. 나는 터져 나오는 웃음을 참느라 애썼다. 그는 내가 그의 메모를 처음 봤을 때 느꼈던 감정을 똑같이 느끼고 있는 듯했다. 그는 독일 국채 워런트가 정말 자신의 아이디어라고 생각하는 것 같았다. 나는 입이 찢어져라 웃고 싶었지만, 애써 웃음을 참으며 그를 쳐다봤다.

"나 좀 잠깐 보지." 그가 말했다.

"죄송한데, 제가 좀 바빠요. 나중에 이야기하시죠." 나는 태연스럽게 거짓말을 했다.

"오늘 밤 8시에 오겠네. 자리에 있어."

나는 그가 했던 것처럼 몰래 자리를 비울 수도 있었다. 그런데 나는 다른 이유로 그날 밤 8시 자리를 지키고 있어야 했다. 그래서 불행히도 우리는 다시 만났다. 밤 8시 정각에 나타난 기회주의자는 "찰리의 사무실로 와"라고 말했다. 찰리는 런던 지사장이었다. 기회주의자의 못된 버릇 중 하나가 바로 이거였다. 그는 발에 치일 정도로 많은 부사장 중 1명에 지나지 않으면서도 마치 자기 것처럼 지사장 사무실을 사용했다. 예상대로 그는 책상 뒤 의자에 턱 하니 앉아 있었다. 나는 의자를 끌어다가 그와 마주 보고 앉았다. 마치 교장에게 야단맞는 학생이 된 것 같았다. 나는 그가 도둑놈이라는 사실을 다시 한번 상기했다.

아마도 나는 살로먼 브러더스를 지나치게 신뢰하고, 나 자신을 전혀 신뢰하지 않았던 것 같다. 하지만 다음에 내 머리를 스친 생각은 내가 트레이딩룸에 발을 들이기 전에는 상상조차 못 했던 것이었다. 한마디로 나는 그를 날려버리기로 마음먹었다. 나는 내가 그렇게 권모술수에 능한 사람인 줄 몰랐다. 그보다 유리한 위치에 있다는 기쁨이 나를 사로잡았다. 불편해하거나 불안해하거나 화내는 대신에 나는 차분하게 그에게 어떻게 대처할지 고민했다. 그에게 치명타를 입힐 수 있는 여러 가지 방법이 떠올랐다. 최대한 말을 아끼고 그가 해서는 안 될 말을 하도록 유도하기로 했다.

기회주의자는 침착함을 되찾더니 고통스러울 정도로 신중하게 말하기 시작했다. 그는 모든 면에서 분별 있는 사람이지만, 성층권까지 뚫고 올라갈 정도로 자만심이 강했다. 게다가 그는 영리했다. 하지만 그는 살로먼 브러더스의 다른 사람들도 모두 그만큼은 영리하다는 것을 몰랐다. 그는 책상에 발을 올린 채 어떤 물체를 내려다보고 있었다. 그가 보고 있는 것은 펜이었고, 그걸 집어들더니 가볍게 흔들어댔다. 그는 내 눈을 똑바로 바라보지 않았다.

"난 자네를 인정한다네. 여기 사람들은 대부분 멍청하지. 나는 자네가 그들보다는 똑똑하다고 생각했어."

살로먼 브러더스에서 일하는 사람들은 바보가 아니다. 그럼에도 그는 으레 이런 식으로 말했다.

"대체 무슨 소리를 하는 겁니까?"

"내 상사한테 전화를 받았다네. 자네가 일본 국채 워런트에 관해 이야기하고 다닌다고 하더군."

"그래서요?"

"그러니까 왜 내게 말하지 않았지? 무슨 생각으로 그런 거야?" 그는 잠시 말을 멈추고 숨을 골랐다. "내 도움 없이는 거래를 진행할 수 없어. 난 전화 한 통화로 자네가 거래를 진행하지 못하게 만들 수 있다고." 그러더니 자기 때문에 살로먼 브러더스가 성사시켰거나 실패한 거래를 모두 합치면 수십억 달러 규모에 이른다며 거래 목록을 줄줄이 읊어대기 시작했다.

"큰돈을 벌 수 있는 거래를 왜 방해하려고 하는 거죠?" 나는 문득 궁금해져서 물었다.

나는 그가 수익이 높은 거래, 즉 일본 국채 워런트 거래를 방해하려는 이유를 정확히 알 것 같았다. 자신의 공으로 삼기 어렵다면, 그는 아무리 좋은 거래라도 성사되는 꼴을 볼 수 없었던 것이다. 그의 도움 없이 이 대단한 거래가 성사된다면, 그가 살로먼 브러더스에서 새로운 워런트 사업을 이해하는 유일한 사람이라는 환상은 완전히 깨져버린다. 반대로 그가 성공적으로 그 환상을 지켜낸다면 연말에 엄청난 보너스를 받게 될 것이다. 나는 이 모든 것을 알고 있었고, 그는 내가 알고 있다는 것을 알고 있었다. 이게 그를 화나게 했다. 그런데 여기서 화를 낸 게 그의 최대 실수였다. 그는 마구 소리질렀다.

"난 전화 한 통으로 널 해고할 수도 있어! (그는 전화하는 시늉을 했다.) 그냥 내 상사에게 전화를 하거나 존(굿프렌드)에게 전화해서 널 해고하라고 말하기만 하면 돼."

이게 바로 내가 그의 입으로 듣고 싶었던 말이었다. 네 번째 에이스 카드를 뽑은 셈이었다. 기회주의자가 허세를 부리는 게 얼굴에 그대로 드러났다. 온종일 트레이딩룸에 앉아서 일하다 보면 사람들이 허세를 부리는지 아닌지 금방 알아차릴 수 있다. 허세를 부리는 게 눈에 다 보이는 게 낚싯바늘에 걸린 물고기처럼 그를 다룰 수 있을 것만 같았다. 낚싯바늘에서 풀어줄 수도 있고, 낚싯줄을 감아서 끌어올릴 수도 있었다. 나는 이미 낚싯바늘에 걸린 이 물고기를 어떻게 할지에 대해 고민했다. 기회주의자는 선을 넘었다. 그는 나를 해고하기는커녕 해고하라고 말하는 것과 비슷한 지시도 내릴 수 없었다. 게다가 그가 이런 위협을 했다는 사실을 알게 되면 많은 사람들이 화를 낼 게 분명했다. 내가 예상했던 대로는 아니지만, 그는 스스로 시궁창으로 걸어 들어갔다. 누군가를 파괴하는 데 있어 이보다 효과적인 계획은 세울 수 없을 것이다. 이제 와서 생각해보니, 그전까지 나는 누군가를 파멸시킬 계획을 세워본 적이 없었다.

더 이상 대화를 계속할 의미가 없었다. 나는 겁먹은 체하며 그에게 미안하다고, 다시는 이런 일이 없을 거라고 말했다. 앞으로 좋은 아이디어가 떠오를 때마다 곧장 이야기하겠다고도 말했다. 그는 내 말을 진심으로 믿는 듯했다.

기회주의자가 책략을 짤 때 간과한 것이 있다. 바로 전지전능한 존재에 대한 것이다. 물론 내가 말하려는 것은 신이 아니다. 트레이딩룸에는 신디케이트 매니저(금융계에서 다양한 거래의 위험과 효율성을 관리 감독하고, 거래의 순서 등을 조율하는 사람–역주)라고 불리는 사람이 있었다. 이들은 모든 거래를 조율하는 책임을 맡았다. 살로먼 브러더스 런던 지사에 있는 신디케이트 매니저는 회사에서 몇 안 되는 영향력을 지닌 여자로, 우리의 독일 국채 워런트 거래에도 관여했다. 신디케이트 매니저들은 투자은행에서 백악관의 참모총장이나 전문 스포츠팀 단장 같은 역할을 했다. 굿프렌드도 한때 신디케이트 매니저로 명성을 쌓았다. 신디케이트 매니저로 활동하면 현실 정치의 대가, 즉 진정한 권모술수의 달인이 될 수 있다. 신디케이트 매니저들은 모든 것을 보고, 듣고, 알고 있다. 따라서 신디케이트 매니저의 뜻을 거슬러선 안 된다. 그랬다가는 크게 다치게 된다.

다음 날 나는 런던 지부의 신디케이트 매니저에게 전날 밤 기회주의자와 내가 나눈 대화에 대해 모조리 이야기했다. 그녀는 독일 국채 워런트 거래의 진실을 알고 있었다. 왜냐하면 이 거래가 성사되는 데 그녀의 역할도 있었기 때문이다. 그녀는 내가 기대한 것보다 훨씬 더 화를 냈다. 그녀는 기회주의자와 다른 방식으로 살로먼 브러더스에서 중요한 자리를 차지하고 있었다. 나는 기회주의자의 운명을 그녀의 손에 맡겨버렸다. 이는 금붕어를 도둑고양이에게 맡긴 것이나 다름없었다. 약간 후회되기도 했지만 일을 되돌리기에 때는 이미 늦은 뒤였다. 그렇다고 많이 후회했던 것은 아니다. 나의 양심도 계산적으로 변해버린 것만 같았다. 나는 내가 안고 살아갈 수 있을 정도의 죄책감만 느꼈지, 그에게 복수를 관둘 정도로 죄책감을 느끼진 않았다.

내가 기회주의자의 최후를 듣게 되는 데는 그리 오래 걸리지 않았다. 기회주의자와 나 사이에 오간 대화를 들은 그녀는 손수 기회주의자를 챙겼다. 기회주의자는 엄청나게 많은 보너스를 받고 임원으로 승진할 것을 기대하고 있었다. 그가 자신의 미래를 상상하는 데 있어 승진은 매우 중요했다. 런던 지사의 신디케이트 매니저는 전화를 대여섯 통 걸더니 그의 계획을 완전히 뭉개버렸다. 나는 연말 보너스가 지급되는 12월 말에 그 결과를 알게 됐다. 승진 명단은 연말 보너스가 지급되기 일주일 전에 발표됐다. 기회주의자의 이름은 승진 명단에 없었다. 그는 보너스가 계좌에 입금되자마자 회사를 그만뒀다.

흔들리는 채권 시장, 수렁에 빠진 살로먼

1986년 가을, 나와 회사의 운명이 갈렸다. 나는 대규모 거래를 성사시키면서 연신 이익을 냈으나 내 전화선을 타고 쏟아져 들어온 돈은 살로먼 브러더스의 재무 상태에 그리 큰 도움이 되진 못했다. 채권 시장의 강세는 예전 같지 않았다. 11월 채권 시장이 잠시 폭락하자 적자생존의 논리가 업계를 잠식했다. 변변치 못한 트레이더들은 일부 고객과 함께 살로먼 브러더스에서 자취를 감췄다. 고객이 줄어들고 트레이더들의 신경이 날카로워졌다는 것은 채권 거래량이 줄었다는 것을 의미했다. 세일즈맨들은 불나방처럼 달려들던 투기성 투자자들의 전화가 크게 줄어들자 바쁜 척하는 데 많은 시간을 썼다. 연말에 보너스가 지급되긴 했다. 수년 만에 처음으로 살로먼 브러더스 사람들은 우울한 크리스마스를 보내야 했다.

런던 트레이딩룸에서는 작은 국지전이 발발했다. 지금까지 조용히 지내던 프로이센식 이름을 지닌 직원들이 책상에 카를 폰 클라우제비츠Carl von Clausewitz의 《전쟁론On War》을 펴놓고 읽고 있었다. 투자은행가들은 보통 이 책을 아무도 모르게 읽는다. 이 책을 읽고 있다는 게 들킬까 봐 겁이 나서가 아니라 다른 사람이 《전쟁론》에서 알 수 있는 테크닉을 눈치채는 게 싫기 때문이다. 나는 프로이센 동료 중 한 사람에게 중국의 전술가인 손자의 책 《손자병법》을 추천해 줬다. 그러나 그는 중국인이 전쟁에 대해서 무엇을 알겠느냐는 듯 의심 가득한 눈으로 나를 쳐다봤다.

돈 냄새가 풍기지 않는 트레이딩룸은 음악이 끊긴 뮤지컬 극장 같았다. 일부는 자기 의자에 몸을 깊숙이 묻은 채, 자신의 자리를 지키려고 사투를 벌이는 다른 직원들의 모습을 놀랍다는 표정으로 지켜보고 있었다. 살로먼 브러더스가 누리던 위대한 영광은 사라지고, 모두들 자기 살길을 찾느라 바빴다. 다들 누가 그 위대한 살로먼 브러더스를 망쳤는지 궁금해했다. 트레이더들은 왜 우리 세일즈맨들은 우리 채권을 멍청한 유럽 투자자들에게 못 파느냐며 짜증을 냈고, 세일즈맨들은 왜 우리 트레이더들은 끔찍한 채권들만 들고 있는 거냐며 화를 냈다. 내 고객에게 AT&T 회사채처럼 쓸모없는 채권을 헐값에 처분하려고 애쓰던 한 트레이더는 내게 팀플레이어처럼 행동하라고 말했다. 나는 참지 못하고 "무슨 팀 말이에요?"라고 물었다. 나는 그가 갖고 있던 채권을 팔아서 몇 푼 정도 벌어다 줄 수도 있었지만 그렇게 하면 나와 고객의 관계가 훼손될 게 뻔했다. 트레이더에게 실수했으면 책임지라고 말하는 것은 도덕적 판단이 아니라 사업적 판단이다. 내가 용기를 내서 이런 말을 하는 경우는 아주 드물었다. AT&T 회사채로 인해 내가 경험한 악몽 같은 일이 다시 발생하지 않게 하려면, 그 채권을 내 고객에게 떠넘기지 말고 애당초 나를 곤란하게 만든 트레이더와의 관계를 끊어야 했다. 물론 트레이더들은 나와 생각이 달랐다.

채권 시장이 흔들리고 경영진이 회사를 잘못 이끌면서 살로먼 브러더스는 깊은 수렁으로 빠져들고 있었다. 이는 너무나도 자명한 사실이었다. 그 누구도 내분을 잠재우지 않고, 그 누구도 우리에게 방향을 제시하지 않았기에 경영진이 정말로 존재하는지조차 의심스러웠다. 그 누구도 성급한 사업 확장에 제동을 걸지 않았고, 그 누구도 사업가라면 내려야 하는 어려운 결정을 내리려고 하지 않았다.

트레이딩룸에 있다 보면 이상한 역전 현상을 경험하게 된다. 경영진이 오랫동안 상황을 제대로 파악하지 못할수록 역전 현상은 더 분명해진다. 병사들이 장군보다 문제가 무엇인지 더 잘 알았다. 세일즈맨들은 온종일 회사의 돈줄인 유럽 기관투자자들과 통화를 했는데, 1986년 12월에 그들은 고객들과 통화하면서 뭔가 낌새가 이상하다는 것을 느꼈다. 물론 경영진은 이를 전혀 알지 못했다.

첫째, 투자자들은 고객들을 등쳐먹는 살로먼 브러더스와 미국 투자은행들의 태도에 점점 강한 거부감을 나타냈다. 막대한 자금을 운용하는 사람들, 예를 들면 프랑스와 독일 투자자들은 우리에게서 주식과 채권을 사려고 하지 않았다. 어느 날 한 프랑스 여성 투자자가 내게 살로먼 브러더스를 멀리하게 됐다고 말했다. 그녀는 지친 듯이 "드렉셀 번햄, 골드만삭스, 살로먼 브러더스 등 미국 투자은행에 당한 게 한두 번이 아니에요. 이젠 지쳤어요"라고 말했다.

유럽 기관투자자들과 미국 기관투자자들 사이에는 근본적인 차이가 있다. 아니, 있었다. 우리 지사에 몇 시간만 있어보면 뉴욕에서 온 모든 트레이더가 그 차이를 알 수 있었다. 미국 투자은행계는 오랫동안 과점 체제를 유지해왔다. 소수의 '이름 있는' 투자은행이 자본 조달 시장을 놓고 경쟁했다. 미국 투자자들(돈을 빌려주는 주체)은 소수의 대형 투자은행하고만 거래할 수 있다고 생각하도록 길들여졌다. 일반적으로 뉴욕에서는 투자자들의 이해가 돈을 빌려 가는 기업들의 이해보다 뒷전으로 밀려날 수밖에 없었다. 그래서 뉴욕에서 채권과 주식 거래는 투자자들(돈을 빌려주는 주체)이 채권과 주식을 매수하길 원하느냐가 아니라 기업들(돈을 빌려 가는 주체)이 자금을 조달하기를 원하느냐에 의해서 움직였다.

나는 이 상황을 이해할 수 없었다. 돈을 빌려 가는 기업도 돈을 빌려주는 투자자처럼 중개인에게 착취당하는 것처럼 보일 수 있으나, 사실은 그렇지 않다. 월가의 과점 체제에서 돈을 빌려주는 투자자들에게서 비싼 수수료를 받는 것은 돈을 빌려 가는 기업에 아무런 영향도 주지 않는다. 왜냐하면 기업은 몇 개 되지도 않는 투자은행들을 서로 경쟁시킬 만큼 똑똑했으며, 애초에 자금을 조달하는 데 있어 월가에 크게 의존하지 않기 때문이다. 좌우지간 기업은 채권의 거래 조건이 마음에 들지 않으면, 은행에서 대출받으면 된다. IBM을 속여서 헐값에 주식이나 채권을 발행하게 하려는 사람은 아무도 없었다. IBM은 월가에서 함부로 화나게 해서는 안 되는, 너무나도 중요한 고객이었다. 그래서 IBM은 항상 아주 비싼 값에 주식과 채권을 발행했고, 월가의 세일즈맨들은 지나치게 비싼 IBM의 주식이나 채권을 팔려고 투자자들에게 사기를 치고 다녔다.

유럽 투자자들 내 고객은 만기일을 연장하거나 끈질기게 물고 늘어지는 법을 몰랐다. 그래서 그들을 한 번은 골탕 먹일 수 있었다. 하지만 그렇게 하면 그들은 다시는 돌아오지 않았다. 미국 투자자들과 달리 그들은 살로먼 브러더스가 아니더라도 주식과 채권을 살 수 있는 곳이 있었기 때문이다. 뉴욕에 있는 살로먼 브러더스 트레이더는 내게 "런던 지사의 문제는 고객을 길들이지 않는다는 거야"라고 말했다. 왜 그들이 길들여지겠는가? 그들은 우리가 싫으면 영국이나 프랑스나 일본 투자은행과 거래하면 된다. 다른 나라의 투자은행이 우리보다 더 고객 친화적이었는지는 나도 모르지만, 우리 같은 투자은행이 수백 개나 존재했다는 것은 안다. 나를 포함해서 그 누구도 이 슬픈 현실을 우리 경영진에게 알릴 수 없었다. 그랬다가는 당장 목이 달아날 게 뻔했다. 그들은 아마도 이렇게 대응할 것이다. "다른 투자은행이랑 우리가 다를 게 없다는 게 무슨 소리지? 설령 그게 사실이라면, 자네가 일을 제대로 하고 있지 않다는 소리군."

제네바로 출장을 가서 8,600만 달러를 운용하는 남자를 만난 적이 있다. 그 만남에서 나는 무엇이 문제인지 알 수 있었다. 그의 사무실에서 이야기를 나누고 있는데, 그의 회계사가 종이 한 장을 흔들며 사무실 문을 벌컥 열고 들어왔다.

그는 "285개요"라고 말하고는 사무실을 나갔다.

'285'라는 숫자는 지난해 그와 거래한 투자은행 숫자였다. 나를 초조하게 만들기 위해서 두 사람이 짠 거라면, 그들은 소기의 목적을 달성한 셈이었다. 나는 이 세상에 투자은행이 285개나 있는 줄 몰랐다.

"이게 전부가 아니에요. 이보다 더 많아요. 그리고 모두가 하나같이 똑같은 일을 하지요."

이 말을 듣고 나는 침을 꼴깍 삼켰다.

살로먼 브러더스가 그렇게 외쳤던 세계화는 생거짓말이었던 셈이다. 통신 기술이 발달하면서 전 세계 자본 시장은 이미 하나의 시장처럼 되어버렸다. 그것을 살로먼 브러더스 등 소수의 투자은행이 지배할 필요는 없으며, 그것이 가능하지도 않다. 돈은 이전보다 자유롭게 세상을 돌아다녔다. 과점 체제하의 미국 자본 시장과 달리 전 세계를 자유롭게 움직이는 자본을 다루는 데 있어 규모의 경제는 존재하지 않는 듯했다.

부채 조달(자금을 빌려서 운전자금화하는 것으로, 타인에게서 빌려 자금을 조달하는 경우에 발생하는 저렴한 이자 비용과 조세 효과 때문에 선호되는 자금 조달 방법-역주)과 채권 거래는 더 이상 한 회사의 전유물이 아니었다. 많은 투자은행이 생겼고, 그들은 살로먼 브러더스처럼 자만심에 차 있지 않았다. 일본 은행인 노무라 Nomura, 미국 상업은행 모건개런티, 그리고 크레디트 스위스 Crédit Suisse 등 유럽의 대형 은행들은 모두 적은 비용으로도 살로먼 브러더스가 제공하는 것과 같은 서비스를 제공했다. 이 밖에 우중충한 사무실에서 6명 정도 일하는 작은 기업들은 간접비가 낮은 덕분에 수수료를 후려쳐가면서 우리와 경쟁했다. 이들의 정보력은 결코 뒤처지지 않았다. 통신 기술이 발달하면서 정보는 저렴해지고 입수하기도 쉬워졌다. 이런 상황에서 미국 철강 기업과 자동차 기업처럼 저비용을 앞세운 외국 경쟁자들로부터 거센 압박이 가해졌다.

가엾은 경영진은 불가능한 일에 매달렸다. 뉴욕의 전략 회의실에서 내려온 업무 지시는 현지 상황을 전혀 고려하지 않았다. 굿프렌드와 스트라우스는 런던 지사에 잘못된 전략을 하달하고 수행토록 했다. 굿프렌드와 스트라우스는 여전히 세계 자본 시장을 지배하겠다는 생각에 빠져 있었다. 그들은 계획 자체에 문제가 있다는 생각은 전혀 하지 않고, 훌륭한 계획을 제대로 이행하지 못한다며 일선 임원들을 비난했다. 그들은 "이건 제 실수가 아닙니다. 단지 제가 여기 배치된 것일 뿐입니다"라고 변명했다. 살로먼 브러더스 유럽 지사를 이끄는 모든 임원이 이 같은 변명을 했다.

하지만 이는 사실이었다. 얼간이 신참들처럼 런던 지사 관리자들은 유럽 시장이 처음이라서 뉴욕 본사의 전략에 이의를 제기하지 못했다. 런던 지사 총괄책임자인 마일즈 슬레이터Miles Slater는 43세의 미국인으로, 1986년 6월 런던 지사에 발령받아 유럽에 처음 발을 디뎠다. 내가 런던 지사에 발령받은 지 6개월 뒤였다. 세일즈 총괄 책임자인 브루스 쿠젠Bruce Koepgen은 34세의 미국인으로, 1985년 처음으로 런던에 왔다. 내가 런던 지사로 발령받기 6개월 전이었다. 운영총괄책임자 찰리 맥베이Charlie McVeigh는 45세의 미국인으로 경험이 풍부했지만, 경영보다는 대외적인 일을 챙기느라 바빴다. 살로먼 브러더스 런던 지사에는 영어가 아닌 외국어를 할 줄 아는 임원이 없었다.

허기와 탐욕, 그리고 욕망

1986년 11월 런던 지사는 런던 금융가 중심부에 있는 도넛 모양의 건물에서 지금은 빅토리아 플라자로 이름이 바뀐 빅토리아 스테이션 부근으로 이사했다. 새로운 사무실은 역만큼이나 넓었는데, 우리가 자리를 옮긴 것은 지나치게 낙관적인 전망이 반영된 결과였다. 윌리엄 살로먼은 "런던 지사가 옮겨간 새로운 사무실을 보니 뉴욕의 트레이딩룸보다 2배는 넓더라고요. 저 멀리 있는 직원까지 보일 정도로 뻥 뚫려 있었지요"라고 말했다.

버킹엄 팰리스 로드를 따라 조금 내려오면 우리가 이사한 넓은 새 사무실이 나왔다. 입구에서 긴 에스컬레이터를 타면 크롬과 거울로 휘황찬란하게 장식된 통로를 지나 현기증이 날 정도로 아찔하게 높은 곳에 있는 트레이딩룸에 도착했다. 트레이딩룸이 건물 꼭대기에 있는 것은 아니었다. 에스컬레이터 꼭대기에는 하얏트리젠시호텔 로비 같은 넓은 공간이 있었는데, 그곳에는 소파, 화초, 그리고 전력 질주하는 토끼 모양의 거대한 동상이 있었다. 토끼 동상은 불합리한 추론의 결과였다. 벅스바니 Bugs Bunny(미국 애니메이션 〈루니툰 Looney Tunes〉의 캐릭터-역주)가 함정을 요리조리 피하며 엘머 퍼드 Elmer Fudd(미국 애니메이션 〈루니툰〉의 캐릭터-역주)를 앞서서 달리는 것처럼 월가 투자은행이 용감하게 미래를 향해 전속력으로 달려 나가는 것을 의미하지 않았다. 크리스마스가 되면 트레이더들은 연말 분위기를 내기 위해 토끼 동상 꼬리에 커다란 은색 장신구를 걸었다. 사람들은 그 장신구를 영국말로 '윌리 willy(남성의 성기를 뜻하는 비속어-역주)'라고 불렀다.

살로먼 브러더스 영국 지사는 새 사무실이 어떤 기능을 해야 하는가만큼 어떻게 보여야 하는가에 많은 시간과 돈을 쏟아부었다. 초현대적인 에스컬레이터와 노출식 천장의 로비는 나선형 원목 계단과 각종 명화로 장식되었다. 이런 모습은 〈2001 스페이스 오디세이 2001: A Space Odyssey〉에서 한순간에 〈바람과 함께 사라지다 Gone with the Wind〉로 옮겨가는 것 같은 느낌을 줬다. 사무실에 들어선 영국 고객들에게는 놀라울 정도로 미국적인 실내장식이 쏠쏠한 볼거리가 되어줬다. 그들은 주변을 둘러보면서 뉴욕에서 봤던 지독한 실내장식 같지 않으냐고 수군거렸다. 울긋불긋한 벽지는 뉴욕의 테드 스테이크 하우스Tad's Steak House나 런던의 인도 식당에 온 것만 같은 느낌을 줬다.

어느 날 8,600만 달러 규모의 올림피아 앤 요크 채권을 갖고 있던 프랑스 고객이 나와 점심을 먹으려고 우리 사무실을 방문했다. (그는 결국 약간 이익을 남기고 그 채권을 처분할 수 있었다. 하지만 자신에게 지옥 같은 경험을 선사한 나를 절대 용서하지 않았다.) 그는 참나무 조각 장식이 달린 계단 난간을 손으로 쓰다듬고 잔뜩 성난 여드름처럼 울긋불긋한 벽지를 찬찬히 살폈다. 그는 "이렇게 꾸미는 데 내 돈이 들어갔겠지. 그렇지 않아?"라며 한마디 던졌다. 그는 비싼 수수료만큼이나 이런 쓸데없는 데 돈을 쓴 게 못마땅한 듯했다.

새 런던 사무실의 트레이딩룸은 뉴욕 트레이딩룸의 2배는 될 정도로 넓었고, 각종 최신 기기가 잔뜩 갖춰져 있었다. 4명이 어떤 방향으로 축구공을 패스해도 걸릴 게 하나도 없을 정도로 넓었다. 그러나 이토록 넓은 공간은 트레이딩에 오히려 방해가 됐다. 치수가 지나치게 큰 신발을 신고 있는 것만 같았다. 이곳에선 뉴욕의 트레이딩룸에 감도는 팽팽한 긴장감이 전혀 느껴지지 않았다. 간신히 쥐어짜낸 긴장감은 서까래에 걸려 흩어져버렸다. 트레이딩룸을 무겁게 누르고 있는 고요함이 우리를 나른하게 만들었다. 어딘가에 숨어서 낮잠을 자도 될 만큼 모든 게 지루하게 느껴졌다. 진짜 어딘가에 숨어서 낮잠을 자도 될 정도로 일이 없기도 했다. 나는 할 일도 없는데 번거롭게 출근한 사람이 있는지 보려고 트레이딩룸 한가운데로 걸어나가 헛소리라도 지껄이고 싶었다. 이 같은 공허함은 경영진을 짜증나게 했다. 런던 지사로 오기 전 몇 년 동안 뉴욕 사무실에서 일했던 그들은 트레이딩룸에서 들리는 소음을 이익으로, 침묵을 손실로 여겼다.

1986년 말 회사의 전반적인 분위기는 앞서 언급한 이유로 '뭉그적대지 말고 돈이 남아 있을 때 내 몫을 챙기자'였다. 우리가 빅토리아 플라자로 이사할 무렵, 뉴욕에는 성과를 배분하기 위해 경영위원회가 설치됐다. 12월 21일에 성과급이 지급될 때까지 사람들은 보너스 이야기만 했다. 살로먼 브러더스가 사업을 축소한다는 것은 놀라운 일이었지만, 나로선 어느 정도 예측할 수 있는 일이었다. 사실 이것은 우리 모두가 기다리던 순간이기도 했다.

굿프렌드의 결정에 따라 매년 1년 차와 2년 차 직원의 보너스 상한선과 하한선이 결정됐다. 업무 실적은 보너스를 산정하는 데 고려되지 않았다. 이 시기가 되면 살로먼 브러더스의 1년 차와 2년 차 직원들은 자신들이 받을 보너스의 상한선과 하한선이 상향 조정될 것인지를 두고 이런저런 말들을 하느라 바빴다. 나 역시 살로먼 브러더스의 여러 팀에서 일하는 동기들에게서 오는 전화를 받거나 그들에게 전화를 거느라 정신이 없었다. 우리는 보너스의 상한선과 하한선에 관해서만 이야기했다. 이 시기에 우리가 주고받는 대화는 크게 2가지로 나눌 수 있었다.

첫째, 보너스의 상한선과 하한선이 우리 모두에게 일괄적으로 적용될 것인가에 관해 이야기했다.

"작년에는 6만 5,000~8만 5,000달러였다는군."

"나는 5만 5,000~9만 달러라고 들었어."

"1년 차에게 그렇게 많이 줄 리 없어."

"신상품을 만들어낸 사람에게는 얼마나 줄까?"

"신상품을 만들어낸 신입에게는 관심도 없을 거야. 자기들 주머니를 두둑하게 불릴 생각을 하느라 바쁠걸."

"그렇지. 네 말이 맞아. 이런, 이제 가봐야겠다."

"나중에 통화하자."

둘째, 구체적으로 자신에게 적용될 보너스의 상한선과 하한선에 관해 이야기했다.

"나한테 8만 달러를 주지 않으면, 골드만으로 가버릴 거야."

"너라면 8만 달러는 충분히 받을 거야. 넌 우리 동기 중에서 실적이 제일 좋잖아. 회사는 너한테 빼먹을 만큼 빼먹었다고."

"골드만은 적어도 8만~10만 달러는 보장해줄 텐데. 이놈의 회사는 우리를 쥐어짜기만 한단 말이야."

"그래."

"그래."

"그래!"

"그래!"

"수고."

"또 보자."

대망의 보너스 날이 되면, 투자자들과 통화하고 시장에 베팅하는 나의 일상적인 업무는 거의 멈춰졌다. 상사의 사무실에 나오는 동료들의 얼굴을 보면서 나는 살로먼 브러더스라는 이 작은 사회에서 돈이 어떤 의미를 지니는지 이해할 수 있었다. 이것은 관련 강의를 1,000개 듣는 것만큼이나 효과가 있었다.

자신이 보너스로 얼마를 받게 될지 듣고 나면, 사람들의 반응은 크게 3가지로 나뉘었다. 대개 안도, 기쁨, 분노가 뒤섞인 반응을 보였다. 일부는 이 3가지 중 1가지 반응만 보였다. 세 감정이 순서대로 나타나는 이도 있었다. 자신이 얼마를 받게 될지 듣고 나면 안도하다가, 보너스로 뭘 살지를 상상하며 기뻐한다. 그러다가 다른 사람이 자기보다 더 많은 보너스를 받게 됐다는 말을 듣고 분노하는 것이다. 하지만 보너스를 얼마나 받든 누구에게나 똑같이 나타나는 표정이 있었다. 초콜릿 파이를 너무 많이 먹으면 구역질이 나는 것처럼 너무나 지긋지긋해서 구역질이 난다는 표정이다. 돈을 받고 누군가의 밑에서 일하는 것은 대개 고통스러운 일이다.

1987년 1월 1일이 되면 단 하나의 숫자를 제외하고는 1986년에 있었던 일은 모두 잊혔다. 그 숫자는 바로 지난해 동안 자신이 일해서 받은 돈이었다. 이 숫자가 모든 것을 요약했다. 성스러운 창조주를 만나서 한 인간으로서 당신의 가치가 어느 정도인지 듣게 되는 순간을 상상해보라. 신경이 날카로워지는 것은 지극히 당연하다. 그렇지 않은가? 우리가 무엇을 인내해왔는지 한순간에 알게 된다. 보너스를 받는 날, 사람들은 오직 성공만을 향해 뛰어온 한 해를 마무리한다는 뿌듯함과 함께 뭔가 속이 부글부글 끓는 듯한 복잡한 감정에 휩싸였다. 그러나 이런 복잡한 감정을 겉으로 드러내선 안 됐다. 이것 역시 하나의 게임이었다. 보너스를 받자마자 흡족해하거나 화를 내는 것은 무례한 행동으로 비춰졌다. 보너스를 많이 받은 사람들과 예상한 수준으로 보너스를 받은 사람들은 안도했으나 어떤 반응도 보여선 안 됐다. 놀라는 것도 좋지 않았다. 무반응이 좋다. 무표정을 유지해야 했다. 어쨌든 모든 것이 끝났으니 말이다.

나는 그날 오후 늦게 내가 받게 될 보너스를 통보받았다. 나는 〈바람과 함께 사라지다〉에 나올 법한 사무실에서 내 정글 길잡이 윌리커, 런던 지사의 세일즈 책임자인 쿠젠과 마주 앉았다. 나의 정글 길잡이는 그저 미소를 지은 채 가만히 듣기만 했다. 오로지 쿠젠만 말할 자격을 부여받아 조직을 대변했다.

나는 명령을 완수한 뒤 마피아 대부 앞에 선 행동 요원처럼 냉정하고 빈틈없어 보이고 싶었지만, 그러지 못했다. 나는 생각보다 더 긴장하고 예민해졌다. 다른 사람들과 마찬가지로 내가 알고 싶은 것은 내가 얼마나 많은 보너스를 받게 되느냐였다. 답을 알기 위해선 쿠젠의 생각보다 긴 연설을 끝까지 듣고 있어야 했다. 처음에 그가 무슨 말을 하는지 이해할 수조차 없었다.

쿠젠은 자기 앞에 놓인 서류를 뒤적이더니, "살로먼 브러더스에 입사해서 첫해 놀라운 실적을 올리는 신입 직원들을 많이 봤네"라고 말문을 열었다. 그러고 나서 사례로 몇몇 젊은 임원들을 거론했다. 그는 "하지만 자네만큼 대단한 실적을 올린 사람은 본 적 없어"라고 말하더니, 다시 몇몇 이름을 거론했다. "윌리엄, 리치, 조도 자네만큼은 아니었어. 심지어 '피라냐'도 그 정도는 아니었다네"라고 했다. 심지어 피라냐도 이 정도는 아니었다고? 그는 "축하한다는 말밖에 할 말이 없군"이라고 말했다. 그는 내 감동을 이끌어내기 위해 5분이나 이런저런 말을 했던 것이다. 물론 원하는 효과를 얻어냈다.

그가 말을 끝냈을 때, 나는 그에게 살로먼 브러더스에서 일할 기회를 줘서 고맙다고 말하고 싶었다.

나는 상대방의 마음을 사는 법을 알고 있다고 생각했지만 쿠젠은 나의 이 보잘것없는 능력을 부끄럽게 만들었다. 그는 내 가슴을 콕콕 찌르는 말만 했다. 그의 말을 들으면서 살로먼 브러더스에 대해 내가 가졌던 냉소와 씁쓸함은 눈 녹듯 사라졌다. 살로먼 브러더스, 수많은 상사, 굿프렌드, AT&T 채권 트레이더, 그리고 기회주의자를 빼고 살로먼 브러더스와 관련된 모든 사람에게 존경심마저 들었다. 나에게 돈은 중요하지 않았다. 나는 그저 내 눈앞의 남자가 내가 한 일을 인정해주길 바랄 뿐이었다. 나는 쿠젠이 내 보너스가 얼마인지 알려주기 전에 이토록 길게 이야기한 이유를 그제야 이해할 수 있었다. 살로먼 브러더스의 급여 담당자들은 예부터 전해 내려오는 관례를 따른 것이다. 돈은 심사숙고한 뒤에 나오는 결과로, 내가 풀어야 하는 매듭 속에 있었다.

"지난해 자네 연봉은 9만 달러였지." 쿠젠이 말했다.

4만 5,000달러가 기본급이니, 보너스는 4만 5,000달러인 셈이었다. 그의 설명은 계속됐다.

"올해 자네 기본급은 6만 달러가 될 거네. 왜 이렇게 되는지 설명해주지."

그는 내가 연수생 동기들 중에서 가장 많은 연봉을 받는다고 이야기해줬다. (나중에 알고 보니, 3명이 나와 같은 연봉을 받았다.) 나는 내가 얼마나 받는 것인지 알기 위해 9만 달러를 파운드화로 환산해봤다. 계산해보니 5만 6,000파운드 정도였다. 내가 막연하게 생각한 것 이상의 금액이었다. 분명 내가 한 일보다 많은 금액이었다. 사회 기여도를 고려한다면, 나는 연말에 보너스를 받기는커녕 돈을 토해내야 할 것 같았다. 인플레이션을 고려하더라도 우리 아버지가 지금의 나와 동갑인 26세 때 벌었던 것보다 많은 액수였다. 내가 알고 있는 또래 중 그 누구보다도 많은 금액이었다. 하! 나는 부자다. 나는 살로먼 브러더스를 사랑한다. 살로먼 브러더스는 나를 사랑한다. 나는 행복하다. 그렇게 우리의 미팅은 마무리됐다.

기쁨도 잠시, 나는 다시 생각에 잠겼다. 곰곰이 생각해보니, 그렇게 기뻐할 일만은 아니라는 결론이 내려졌다. 생각해보라. 여긴 그 위대한 살로먼 브러더스다. 이곳은 AT&T 채권으로 내 고객을 등쳐 먹은 사람들이 일하는 곳이다. 그들은 내 고객에게 했던 것처럼 내 뒤통수를 충분히 치고도 남을 사람들이다. 나는 지난 1년 동안 살로먼 브러더스를 위해 온갖 더러운 짓을 다 했는데, 돈 몇 푼 쥐여주고 끝이다. 내 주머니로 들어와야 할 돈은 나에게 칭찬 몇 마디 해준 사람들의 주머니로 들어갔다. 회사는 이를 나보다 더 잘 알고 있었다. 칭찬하는 데는 돈이 안 들어간다. 회사는 이것도 알고 있었다.

나는 마침내 내가 회사에 이용당했다는 결론에 이르렀다. 지금 생각해도 이것은 옳은 결론이다. 내가 살로먼 브러더스에 얼마나 많은 돈을 벌어다 줬는지 정확히 알 수 없지만, 9만 달러는 훨씬 넘을 것이다. 채권 시장을 거의 독점하다시피 하는 살로먼 브러더스에서 9만 달러는 취약 계층에게 제공되는 생계보조비나 다름없었다. 나는 회사에 당했다는 사실에 분개하지 않을 수 없었다. 이것 말고 어떤 기분이 들었어야 했겠나? 나는 주변을 둘러봤다. 스스로 한 푼도 벌어오지 못했으면서도 많은 돈을 챙겨가는 사람들이 눈에 들어왔다. 나는 개인적으로 알렉산더에게 불만을 토로했다. '현자' 알렉산더는 달관한 얼굴로 말했다.

"이 바닥에선 부자가 될 수 없어. 여기선 새로운 수준의 상대적 빈곤감을 느끼게 될 뿐이야. 굿프렌드는 자기가 부자라고 생각할까? 난 아니라고 봐."

불교 사상을 공부하고 있었던 알렉산더는 자신이 회사에 대해 초연한 자세를 유지할 수 있는 이유를 불교 사상으로 설명했다. 어쨌든 그는 3년 차에 접어들면서 보너스의 상한선과 하한선을 적용받지 않았다. 그는 두둑한 보너스를 받았기에 그토록 오만한 소리를 할 수 있었던 건지도 모른다.

알렉산더는 살로먼 브러더스에서 성공한 사람이라면, 아마도 월가에서 성공한 사람이라면 누구나 느끼는 채워지지 않는 허기를 확실히 집어냈다. 허기와 탐욕은 각기 다른 것이지만, 그중에는 분명 살로먼 브러더스에 도움이 되는 것도 있다. 가장 해로운 것은 지금 당장 더 많이 갖고자 하는 욕망이다. 장기적인 탐욕보다 단기적인 탐욕이 더 나쁜 법이다. 단기적인 탐욕을 쫓는 이들은 충성심이 없다. 1986년 살로먼 브러더스 사람들은 회사가 파국으로 치닫고 있다고 봤기에 당장 돈을 갖고 싶어 했다. 1987년에 어떤 일이 일어날지 누가 알았겠는가!

보너스가 지급된 뒤 런던의 트레이더들과 세일즈맨, 그리고 라니에리의 사람들이라 할 수 있는 뉴욕의 트레이더들과 세일즈맨들은 더 많은 돈을 찾아 썰물처럼 빠져나갔다. 다른 투자은행들은 살로먼 브러더스에서 트레이더들과 세일즈맨들을 데려오기 위해 여전히 높은 연봉을 제시하고 있었다. 진짜 돈을 만지는 늙다리 직원들은 쓰라릴 정도로 실망했다. 그들은 가령 80만 달러를 기대했지만 겨우 45만 달러만 받았다. 살로먼 브러더스에는 그들에게 돌아갈 정도로 충분한 돈이 없었다. 그해는 살로먼 브러더스에게 있어서 최악의 해였지만, 직원들은 개인적으로 잘했다고 느낄 정도의 보너스를 받았다.

런던 지사에 발령받고 1년이 지나자 주변을 둘러볼 여유가 생겼다. 주변에 나보다 경력이 오래된 직원은 15명 정도밖에 없었다. 포도주 두 병을 마실 정도로 느긋하게 점심을 먹던 시절에 나와 함께 일했던 20명 남짓한 동료들 중 3명이 더 나은 직장으로 옮겨갔고, 얼간이 신참 6명이 그들의 빈자리를 빠르게 채웠다. 사람들이 회사를 빠르게 떠나는 만큼 그들의 빈자리는 빠르게 채워졌다. 결과적으로 회사는 점점 더 커졌다.

대체 인력을 찾는 것은 문제가 아니었다. 1986년 말 미국 대학생들 사이에 일었던 광기가 영국에서도 나타났다. 투자은행 이외에는 일할 가치가 있는 직장이 없다는 섬뜩한 풍조가 영국에 상륙한 것이다. 같은 해 말, 나는 런던정치경제대학London School of Economics 보수학생단체Conservative Students Society로부터 강연 요청을 받았다. 보수학생단체와 살로먼 브러더스의 유혹에 저항할 수 있는 곳이 있다면, 바로 전통적인 좌파의 온상인 런던정치경제대학일 것이다. 내 강연의 주제는 채권 시장이었다. 이런 주제라면 학생들이 강연을 들으러 오지 않을 거라고 생각했다. 채권 시장은 뭐가 됐든 지루하게 마련이니까. 그런데 내 생각과 달리, 100명 넘게 내 강연을 들으러 왔다. 강연장 뒤에 앉아서 맥주를 벌컥벌컥 마셔대던 초라한 행색의 남자가 내게 "기생충"이라고 소리치자 주변에서 야유가 쏟아졌다. 강연이 끝난 뒤 나는 욕설을 얻어먹지도 않았고 채권 시장에 대한 질문을 받지도 않았다. 살로먼 브러더스에 들어가려면 어떻게 해야 하느냐는 질문이 쏟아졌다. 한 급진적인 영국 청년은 살로먼 브러더스의 채용 담당 임원이 뉴욕 자이언츠의 열렬한 팬이라고 들었다면서 (이는 사실이다.) 뉴욕 자이언츠의 출전 선수 명단을 모조리 외웠다고 했다. 또 다른 청년은 〈이코노미스트 Economist〉에서 읽은 것처럼 살로먼 브러더스 사람들은 등 뒤에 칼을 꽂는 것이 아니라 면전에 대고 손도끼를 휘두르는 게 사실이냐고 물었다. 그가 충분히 공격적이란 것을 알려줄 가장 좋은 방법은 무엇이었을까? 더 깊은 이야기를 해줘야 했을까? 아니면 제멋대로 생각하게 놔뒀어야 했을까?

1987년 중반 런던 지사에서 근무하는 인원이 900명에 육박했다. 그곳은 세계적인 투자은행의 해외 지사라기보다는 탁아소 같았다. 촌철살인의 대가인 립록이 어느 날 갑자기 런던 지사에 모습을 드러냈다. 그는 한 바퀴 휙 둘러보더니 "임원들하고 갓난쟁이들밖에 없군"이라고 말했다. 그즈음 나는 그가 말하기도 전에 그가 무슨 말을 하려는지 눈치챌 수 있을 정도였다. 내겐 립록 전용 암호 해독기가 탑재되어 있는 것만 같았다. 런던 지사에서 근무하는 직원들의 평균 재직 기간은 6년에서 2년으로 급격하게 짧아졌고, 평균 연령대도 30대에서 25세로 낮아졌다.

1987년 초반 내내 지루한 농담이 유행하더니 트레이딩룸 밖에 '마지막으로 나가는 사람이 불을 끌 거죠?'라고 적힌 포스터가 나붙었다. 이후 새로운 농담이 돌았는데(적어도 내게는 새롭게 느껴졌다) 나중에 사실로 밝혀졌다. 영국 국채 거래를 담당하는 임원이 회사를 그만뒀다. (그는 '길트'라고 불렸다.) 런던 지사 임원들은 무릎을 꿇고 그에게 이제 막 태어난 위태로운 조직의 중추라며 절대 회사를 떠나서는 안 된다고 간청했지만, 그는 "중추는 무슨, 엿이나 처먹어"라고 빈정거렸다. 그는 골드만삭스에서 훨씬 많은 연봉을 제안받았고, 기회가 주어졌을 때 잡을 작정이었다. 그는 자신의 능력을 거래하는 트레이더일 뿐이었다. 살로먼 브러더스는 그에게 무슨 기대를 했을까? 그들은 그가 잠시 트레이딩을 잊고 회사에 대한 충성심을 중요하게 생각하길 기대했다. 그는 이렇게 말하는 그들에게 뭐라고 답했을까? 그는 "충성심을 원하면, 코커 스패니얼을 채용하지 그래?"라고 말했다.

10장

우리가 어떻게
당신을 더 행복하게 할 수 있을까?

───────────────────── 우리에겐 곧 우리만의 생활방식이 생겼다. 매달 팀별 실적을 분석했고, 매주 사무실에서 미팅을 가졌고, 매일 도박에 관심이 있을 것 같은 사람이라면 누구에게든 전화를 걸었다. 립록은 매일 아침 나보다 최소한 한 시간은 일찍 책상에 앉아 전화를 돌렸다. 그는 상사 때문에 전화를 한 통이라도 덜 돌리게 되면 그만큼 자신이 받을 보너스가 줄어들 거라고 생각했다. 그러나 그의 생각은 틀렸다. 상사들은 우리가 시간을 짜내서 얼마나 많이 전화를 거느냐보다 고객에게서 얼마나 많이 돈을 짜내느냐에 관심을 가졌다. 내가 대담하게도 7시 45분에 출근하는 것을 보고 충격을 받은 립록은 확성기에 대고 내가 사무실에 도착했다고 동네방네 떠들어댔다. 그는 "오늘 출근해준 마이클 루이스에게 감사드립니다. 신사 숙녀 여러분, 그에게 큰 박수 부탁드려요"라고 말해서 나를 난처하게 만들었다.

그리고 나서 우리는 '의식의 흐름'이라고밖에 설명할 수 없는 대화를 했다. 그의 미래가 어떨지, 시장에서 어떻게 초과 수익을 낼지, 살로먼 브러더스의 운명이 어떻게 될지, 3명의 얼간이 신참을 어떻게 교육할지 등에 관해서 이야기하지 않을 때면 유대인 어머니들처럼 재잘거리며 수다를 떨었다. 대화의 한 토막을 소개한다. 이는 트레이딩룸에서 일어나는 사교적인 대화의 전형이라고 할 수 있다.

립록: 오늘 소더비 경매에 나온 그림을 봤어? 살까 봐.

나: 그 양복, 어디서 산 거예요?

립록: 엔화가 지금 얼마지?

나: <애틀랜틱 먼슬리 Atlantic Monthly> 좀 빌려줄래요?

립록: 홍콩에서 샀어. 400달러. 여기선 800달러야.

나: 화가가 누군데요?

립록: 그래. 그런데 돌려줘야 해. 안 돌려주면 죽을 줄 알아.

나: 올해 말에 보너스가 나올까요?

립록: 마이클, 우리가 언제 연말에 보너스를 받았다고 그래?

2년 차에 접어든 1987년 9월 24일, 예상치 못한 일로 우리 생활 방식은 깨져버렸다. 립록은 여느 때처럼 전화하느라 책상 밑에 쪼그리고 있었고, 나는 그에게 대통령에 대한 시시껄렁한 농담을 하려고 그가 책상 밑에서 나와서 허리를 펴고 앉을 때까지 기다리고 있었다. 그때 누군가가 "페렐만한테 우리 회사가 팔렸어!"라고 소리쳤다.

손가락으로 한쪽 귀를 막고 채권을 파는 데 열중하고 있던 립록은 한마디도 듣지 못했다. 나는 얼른 뉴스 스크린을 확인했다. 다들 믿지 못하겠다는 듯 눈을 비벼댔다. 나 역시 그랬다. 로널드 O. 페렐만 Ronald O. Perelman의 이름이 뉴스 스크린에 도배됐다. 페렐만이 누구인가. 160센티미터 키의 작달막한 그는 뉴욕 가십 칼럼니스트의 남편이자 악명 높은 기업 사냥꾼이었다. 그는 얼마 전 화장품 회사인 레블론 Revlon을 적대적으로 인수하고 살로먼 브러더스 주식을 대거 매입하겠다고 선언했다. 그의 뒤에는 드렉셀 번햄이 든든한 자금줄로 버티고 있었고, 퍼스트 보스턴의 조셉 페렐라 Joseph Perella와 브루스 워서스타인 Bruce Wasserstein이 재정자문 역할을 해줬다. 이는 월가에서 투자은행이 다른 투자은행을 공격한 첫 번째 사례였다.

살로먼, 공격당하다

내 전화 교환기들에서 동시에 번쩍번쩍 불빛이 들어오기 시작했다. 무자비한 공격자가 곧 우리 회사를 들이닥칠 것이란 소식을 듣고 애도를 표하기 위해 고객들이 가지째 꺾은 꽃을 보내온 셈이었다. 그들의 애도에는 진심이 담겨 있지 않았다. 그들은 단지 얼빠진 우리를 보고 싶을 뿐이었다. 물론 그들은 사고 현장에 모여들어서 뒤틀린 철근과 덜덜 떠는 희생자들을 흘깃거리는 구경꾼이나 다름없었다. 대부분의 사람들이 거대하고 사악한 살로먼 브러더스가 드디어 시장에서 더 거대하고 더 사악한 존재를 만나게 됐다며 고소하게 생각했다. 그 존재가 하필이면 여성용 화장품 회사를 이끄는 인물이라는데 더욱 즐거워했다. 내 프랑스인 고객은 "채권을 100만 달러 이상 매수할 때마다 립스틱 샘플을 공짜로 준다고 전화하겠구먼. 공짜 립스틱이 산더미처럼 쌓이겠는데"라고 빈정거리고는 전화를 끊었다.

화장품 회사를 인수한 사람이 왜 살로먼 브러더스를 노리는 것일까? 흥미롭게도 그에게는 그럴 생각이 없었다. 페렐만의 살로먼 브러더스 인수는 드렉셀 번햄의 정크본드 제왕이자 페렐만의 진정한 후원자인 밀켄이 굿프렌드에게 투척한 증오의 폭탄이었다. 밀켄은 자신을 함부로 대한 사람들에게 증오의 폭탄을 던지는 데 선수였다. 1985년 초반쯤 밀켄은 굿프렌드와 아침 식사를 하기 위해서 살로먼 브러더스를 방문한 적이 있었다. 그런데 굿프렌드는 밀켄과 동등한 지위에서 대화를 하길 거부했고, 이는 밀켄을 화나게 만들었다. 결국 두 사람 사이에 고성이 오갔고, 밀켄은 안전요원의 제지를 받으며 건물 밖으로 쫓겨나다시피 했다. 그러고 나서 굿프렌드는 드렉셀 번햄과의 채권 거래를 모조리 중단했다.

얼마 뒤 드렉셀 번햄은 증권거래위원회로부터 대대적인 조사를 받게 됐다. 이 소식을 들은 살로먼 브러더스의 한 임원은 위로 화환을 보내는 대신에 3명의 고객이 드렉셀 번햄에 제기한 부당한 가격 청구와 공갈에 대한 민사소송 서류 복사본을 밀켄의 고객들에게 우편으로 보냈다. 살로먼 브러더스와 드렉셀 번햄의 관계는 1987년 9월 월가 역사상 최악의 앙숙으로 기록될 정도로 나빴다.

어쨌든 이번엔 굿프렌드가 밀켄 때문에 겁을 먹게 됐다. 굿프렌드는 그 누구보다 세속적인 야망이 강하면서도 편협하고 내성적인 사람이었다. 그는 미국인이 아닌 다른 누군가가 살로먼 브러더스 런던 지사를 경영하는 것을 상상조차 하지 못했다. 그래서 미국인들이 런던 지사를 책임졌던 것이다. 하지만 우리는 힘이 있을 때 다양성을 확보할 기회를 놓치고 말았다. 우리는 채권 거래를 제외하고는 할 줄 아는 게 아무것도 없었다. 라니에리를 제외하고 살로먼 브러더스에서 새로운 사업 팀을 만들어낸 인물이 아무도 없었다. 그런 그마저도 결국 살로먼 브러더스에서 밀려났다. 반면 밀켄은 월가의 살로먼 브러더스 바로 옆에서 거대한 사업을 새롭게 개척했다. 채권 시장에서 살로먼 브러더스의 자리를 뺏는 것이 그의 목표였다.

나보다 굿프렌드와 가깝게 지냈던 한 동료는 말했다. "굿프렌드는 항상 살로먼 브러더스의 지위를 빼앗고 공격할 수 있는 유일한 존재는 드렉셀 번햄이라고 말했어요. 그는 모건스탠리의 백구두들은 걱정하지 않았어요. 살로먼 브러더스의 경쟁력이 훨씬 강했기 때문이지요. 그러나 드렉셀 번햄은 살로먼 브러더스처럼 거칠고 공격적이었어요. 카우프만은 장기적으로 미국 기업들의 신용도가 하락할 것이라고 예상했어요. 그렇게 되면 그들의 채권은 모두 정크본드가 되죠. 이는 우리 고객이 드렉셀 번햄으로 빠져나갈 수 있다는 것을 의미했어요."

　그런데 고객뿐만이 아니었다. 직원들도 드렉셀 번햄으로 빠르게 이직하기 시작했다. 살로먼 브러더스 출신 트레이더와 세일즈맨 중 최소한 12명은 베벌리힐스에 있는 밀켄의 정크본드 트레이딩룸에서 일했다. 그곳에선 85명의 직원이 일했는데, 대략 15퍼센트가 살로먼 브러더스 출신이었던 셈이다. 이보다 많은 살로먼 브러더스 출신들이 뉴욕의 드렉셀 번햄에서 일했다. 살로먼 브러더스 뉴욕 본사 트레이딩룸의 채권 트레이더나 세일즈맨이나 애널리스트 중 몇몇이 거의 매달 경영진에게 드렉셀 번햄으로 옮기겠다고 말했다. 살로먼 브러더스 경영진은 이에 어떻게 반응했을까? 누군가의 말을 빌리자면, 그들은 "이 길로 나가서 다시는 돌아오지 마. 재킷을 가지러 왔다고 해도 트레이딩룸에 발도 들여놓지 못하게 할 거야"라고 했다.

　드렉셀 번햄으로의 이탈 행렬은 계속 이어졌다. 밀켄 밑에서 일하면 큰돈을 벌 수 있다는 소문이 모두의 귀에 들어갔고, 다들 군침을 흘렸다. 1986년 살로먼 브러더스의 중간급 임원 한 사람이 밀켄의 베벌리힐스팀에 합류했다. 드렉셀 번햄으로 옮긴 지 3개월쯤 되었을 무렵, 그는 주급으로 1,000달러가 더 입금됐다는 사실을 알게 됐다. 보너스를 지급할 시기가 아니었기에 그는 회계사들이 실수한 거라고 생각해서 밀켄에게 이 사실을 알렸고, 밀켄은 이렇게 말했다. "실수가 아니야. 자네가 하는 일에 우리가 만족하고 있다는 것을 알려주고 싶었을 뿐이라네."

또 다른 살로먼 브러더스 출신은 드렉셀 번햄으로 옮긴 뒤 받은 첫 번째 보너스에 대해 다음과 같이 말했다. 그는 자신이 예상한 것보다 훨씬 많은, 수백만 달러를 보너스로 받았다. 살로먼 브러더스에서 받은 연봉보다 많은 금액이었다. 그는 놀란 가슴을 부여잡고 옛날 TV 프로그램 〈백만장자 The Millionaire〉의 등장인물처럼 의자에 앉아 곰곰이 생각했다. 지금 당장 은퇴해도 될 정도의 돈이 생긴 것이다. 그는 어떻게 감사의 마음을 표시해야 할지 알 수 없었다. 밀켄은 어쩔 줄 몰라 하는 그를 보더니 "행복한가?"라고 물었다. 그는 고개를 끄덕였다. 밀켄은 의자를 당겨 앉으면서 "우리가 어떻게 해야 자네가 더 행복하겠나?"라고 물었다.

밀켄은 자기 밑에서 일하는 직원들에게 돈을 듬뿍듬뿍 줬고, 직원들은 돈에 빠져 죽을 지경이었다. 살로먼 브러더스에서 우리는 이 믿기 힘든 이야기를 듣고는 다들 밀켄이 전화를 걸어오기만을 학수고대했다. 관대한 보상 시스템 덕분에 그의 베벌리힐스팀원들은 회사에 대한 충성심이 대단했다. 때때로 밀켄이 종교 집단의 교주 같아 보일 정도였다. 드렉셀 번햄의 트레이더 하나는 작가 코니 브룩 Connie Bruck에게 "이건 전부 오직 한 사람 덕분이에요. 우리는 모두 외부인이죠. 하지만 밀켄은 우리에게서 자아를 없애버렸어요"라고 말했다. 모든 자아에는 적당한 가격이 있는 법이다. 드렉셀 번햄으로 이직한 연수생 동기는 "여기선 20~30명이 1,000만 달러 이상을 받고, 5~6명이 1억 달러 이상을 받아"라고 내게 말해줬다. 그는 85명이나 되는 밀켄의 베벌리힐스팀원 중 한 사람이었다. 신문에 밀켄의 연봉 추정액이 보도될 때면 드렉셀 번햄의 베벌리힐스팀원들은 추정액이 너무 낮다며 킬킬댔다. 내 친구와 그의 베벌리힐스팀 동료들은 밀켄의 연봉이 10억 달러가 넘는다고 말했다. 과연 밀켄에게 큰 기쁨을 주는 것은 무엇이었을까? 10억 달러를 버는 것이었을까? 아니면 자신의 최대 고객인 페렐만이 살로먼 브러더스의 대주주가 되어 굿프렌드가 괴로워하는 것을 보는 것이었을까? 두 달 전 굿프렌드가 해고한 라니에리는 "난 밀켄을 알아. 솔직히 난 그를 좋아한다네. 그의 묘비에는 '그는 절대로 벗을 배신하지 않았고, 그는 절대로 적에게 자비를 베풀지 않았다'라고 적힐 거야"라고 말했다. (라니에리는《크리스마스 캐럴》에 등장하는 과거의 유령 같았다.)

페렐만이 살로먼 브러더스를 인수한 것은 살로먼 브러더스 경영진이 지은 죄에 대한 응징이라고도 할 수 있다. 립록과 나는 페렐만이 살로먼 브러더스를 인수하는 게 그리 나쁜 일은 아니라고 생각했다. 물론 다른 사람들도 우리처럼 생각하는 건 아니었다. 우리는 립스틱 제왕이자 허세꾼이자 망나니인 페렐만이 투자은행을 어떻게 경영할지 좀처럼 감을 잡지 못하고 있었다. 그러나 그가 굿프렌드를 제압하는 데 성공한다면, 제일 먼저 제국이 아닌 사업체로 살로먼 브러더스를 재편하는 데 나설 터였다. 이것은 살로먼 브러더스를 경영하는 새롭고 신선한 방식이 될 것이다. 사실 많은 적대적 기업 인수가 속임수이자 얄팍한 변장이다. 기업사냥꾼들은 기업을 인수할 때 게으르고 멍청한 경영진을 몰아낼 것이라고 주장하지만, 그들이 정말로 원하는 것은 인수한 기업에서 자산을 뽑아 먹는 것이다. 우리 회사는 기분 좋은 예외였다. 우리 회사의 자산은 사람이었다. 살로먼 브러더스는 땅, 과도하게 쌓인 연금펀드, 그리고 팔아먹을 만한 브랜드가 없었다. 살로먼 브러더스 자체가 순수한 목표물이었다. 그리고 우리 경영진은 철퇴를 받을 만했다.

살로먼 브러더스가 내놓은 사업계획보다 월가를 충격으로 몰아넣은 사업계획은 없었다. 살로먼 브러더스는 레바논 택시 기사의 기질과 지혜를 갖고 있었는지, 사업을 추진할 때 액셀러레이터를 밟거나 브레이크를 밟거나 둘 중 하나였다. 살로먼 브러더스 사전에 적당함과 판단력이란 단어는 없었다. 뉴욕 사무실을 확장하기로 했을 때, 살로먼 브러더스가 여느 회사들처럼 길 건너의 더 큰 사무실로 조용히 이사했을까? 아니올시다. 살로먼 브러더스는 부동산 개발업자인 모티머 주커먼Mort Zuckerman과 손잡고 콜럼버스 서클Columbus Circle 인근에 지금까지도 맨해튼에서 가장 크고 비싼 건물로 손꼽히는 건물을 짓기 시작했다. 굿프렌드의 아내 수전은 바닥에 살로먼 브러더스 왕궁이 새겨진 유리 재떨이를 한 상자 주문했다. 새 건물을 짓는 데 무려 1억 700만 달러가 들어갔고, 그녀는 재떨이를 기념품마냥 갖고 있게 됐다.

살로먼 브러더스는 세계 채권 시장을 독점하겠다는 목표를 세우고, 런던의 한 기차역 위에 세상에서 가장 큰 트레이딩룸을 만들었다. 지금 런던 지사는 영예로운 실패작으로, 다른 사업부와 통합하기에도 때를 놓친 골칫덩이로 전락했다. 살로먼 브러더스는 런던 지사 사무실을 새로 짓는 데 무려 1억 달러를 쏟아부었다. 영국 언론은 재치 있게 살로먼 브러더스 런던 지사를 '그을린 살로먼Smoked

Salomon'이라고 불렀다. 살로먼 브러더스는 거대하고 전지전능한 모기지팀을 구성했지만 지금 팀원의 절반이 회사를 떠났고, 나머지 절반은 해고됐다. 모기지 시장을 독점했던 라니에리와 모기지팀은 살로먼 브러더스에서 사라졌다. 이로 인해 살로먼 브러더스는 적어도 수억 달러의 손실을 봤다. 살로먼 브러더스는 내분으로 몸살을 계속해서 앓았으니 회사가 다른 사람의 손에 넘어간 것도 당연한 일이다. 이런 상황에서도 '모 아니면 도'라는 경영 방식이 고수됐다. 적어도 살로먼 브러더스의 사전에 일관성이란 단어는 없었다.

밀켄, 하이 리스크 하이 리턴의 정크본드에 주목하다

살로먼 브러더스가 저지른 가장 치명적인 오판은 우리가 밟아온 단계가 아니라 우리가 무시하고 밟지 않았던 단계에 있었다. 1987년에 투자은행업에 미래가 없었던 건 아니다. 투자은행은 오히려 그 어느 때보다 많은 이익을 냈으며, 당시 어떤 신문을 봐도 투자은행가들이 겨우 몇 주일 일한 대가로 5,000달러가 넘는 수수료를 받는다는 기사를 심심치 않게 찾을 수 있었다. 수년 만에 처음으로 살로먼 브러더스가 아닌 다른 투자은행들이 이익을 내고 있었다. 역설적이게도 그들이 살로먼 브러더스를 인수하도록 페렐만을 도왔다. 그들은 바로 밀켄, 워서스타인, 페렐라였다. 1986년 밀켄의 드렉셀 번햄은 살로먼 브러더스를 제치고 월가에서 가장 많은 이익을 낸 투자은행이 됐다. 드렉셀 번햄은 40억 달러의 거래량을 자랑하며 5억 4,550만 달러를 벌어들였는데, 이는 살로먼 브러더스의 최고 전성기 때보다 많은 액수다.

드렉셀 번햄은 정크본드로 많은 돈을 벌어들였는데, 이는 살로먼 브러더스에 뼈아픈 일이었다. 살로먼 브러더스는 월가에서 가장 많은 채권을 거래하는 대표적인 투자은행이었다. 하지만 경영진이 정크본드가 돈이 될 것임을 예측하지 못하면서 대표적인 채권 거래 투자은행이라는 지위를 드렉셀 번햄에 넘겨줘야 했다. 살로먼 브러더스 경영진은 정크본드 거래는 금세 사라질 유행이라고 생각했지만 정크본드는 느닷없이 미국 재계에 혁명을 일으켰고, 월가에 무한경쟁을 촉발시켰다. 아울러 살로먼 브러더스는 적대적인 인수를 당하고, 조직을 재편하는 데까지 몰렸다.

정크본드는 주요 신용평가기관인 무디스Moody's와 스탠더드 앤드 푸어스Standard & Poor's가 원리금 상환 능력이 없다고 판단한 기업이 발행하는 채권이다. 쓰레기를 뜻하는 '정크Junk'는 임의적인 것 같지만 매우 중요한 단어다. 신용도 범위의 한쪽 끝에는 최우량 기업인 IBM이, 다른 쪽 끝에는 최대 부실 기업인 베이루트 면화 트레이딩 기업Beirut cotton trading firm이 있다. 그 중간 어디쯤 균열이 생기면서 어느 시점에 한 기업의 채권은 투자 대상이 아닌 도박의 대상이 된다. 정크본드는 신문에 관련 뉴스가 연일 보도될 정도로 1980년대 가장 논란이 많았던 금융 수단이었다.

여기서 반드시 강조하고 넘어가야 할 것이 있다. 정크본드는 전혀 새로운 것이 아니다. 기업도 사람처럼 현금이 모자라면 어딘가에서 돈을 빌려서 필요한 것을 산다. 적어도 미국에서는 자본 차입이 자금을 조달하는 가장 효율적인 방법이다. 참고로 차입금에 대한 이자는 세금 공제가 되기 때문에, 부실한 기업들은 항상 돈을 빌리고자 한다. 이를 악용해 때로는 악덕 자본가들이 서류 더미 위에 자기만의 기업 제국을 건설하기도 하는데, 놀랍게도 이 같은 사실을 알고도 관대하게 악덕 자본가들에게 돈을 빌려줬다. 아무리 그래도 오늘날만큼 관대하지는 않았다. 그러니 새로운 것은 정크본드 자체가 아니라 시장의 규모라고 봐야 한다. 많은 투자자들이 원금까지 까먹을지도 모를 위험을 감수하고 돈을 빌려줘서 많은 불안정한 기업들이 엄청난 규모의 빚을 졌다. (투자자들은 자신의 신조까지 위험 속에 던져버린 셈이다.)

드렉셀 번햄의 밀켄은 정크본드 시장을 창조해냈다. 라니에리가 모기지채권이 똑똑한 투자 대상이라고 투자자들을 설득했던 것처럼, 밀켄은 투자자들에게 정크본드에 투자하는 것이 영리한 베팅이라고 설득했다. 1970년대 후반과 1980년대 초반 내내 밀켄은 투자자들이 자신의 말에 귀 기울일 때까지 전국을 돌아다니며 사람들을 설득했다. 모기지채권과 정크본드 덕분에 사람들과 기업들은 돈을 더 쉽게 빌릴 수 있게 됐다. 다시 말해, 투자자들은 모기지채권과 정크본드를 통해 주택 구입자와 불안한 기업에 직접 돈을 빌려줄 수 있게 됐다. 투자자들이 더 많은 돈을 빌려줄수록 더 많은 사람과 기업이 빚을 지게 됐다. 그 결과, 차입에 대한 거부감이 약해졌다. 이것이 바로 우리 시대의 금융이 지닌 독특한 특징이다.

《약탈자의 무도회 The Predators' Ball》에서 저자인 코니 브룩은 드렉셀 번햄 정크본드팀의 성장을 추적했다. (밀켄이 이 책의 출판을 막기 위해서 작가에게 돈을 줬다는 소문도 돌았다.) 이야기는 1970년에 시작된다. 당시에 밀켄은 펜실베이니아대학 와튼스쿨에서 채권을 공부하고 있었다. 그는 전통과 관습에 얽매이지 않는 자유로운 사람으로, 중산층 가정의 관습을 극복해냈다. (그의 아버지는 회계사였다.) 와튼스쿨에서 한때 블루칩(주식시장의 우량주를 일컫는 말-역주)으로 각광받던 그는 몰락한 기업들, 일명 '추락 천사 Fallen Angel'들이 발행한 채권을 연구했다. 당시에는 이 추락 천사들이 발행한 채권만 정크본드로 불렸다. 밀켄은 추가 위험이 따르는 것을 감안해도 그들의 채권은 우량 기업의 채권과 비교하면 아주 싸다는 사실에 주목했다. 밀켄의 분석에 따르면, 추락 천사들이 발행한 채권이 포함된 포트폴리오를 가진 투자자는 거의 모두 우량 기업 채권으로만 구성된 포트폴리오를 가진 투자자보다 높은 이익을 냈다. 그런데 투자자들은 왜 정크본드를 피하는 걸까? 그 이유는 단순하다. 경솔해보일까 봐. 조금만 눈여겨봐도 쉽게 알 수 있는 결과였다. 밀켄은 알렉산더처럼 투자자들이 남의 이목을 중요하게 생각한다는 것을 알아챘다. 인간 행동의 상당 부분을 설명해주는 군중심리가 금융 혁명의 토대를 마련해준 것이다.

밀켄은 같은 해인 1970년, 드렉셀 번햄 지원팀에서 경력을 쌓기 시작했고, 거기서 트레이딩룸까지 진출해 채권 트레이더가 됐다. 그는 부분 가발을 쓰고 다녔는데, 그의 친구들은 가발이 그의 머리에 맞지 않는다고 조언해줬다. 그를 싫어하는 사람들은 가발을 뒤집어 쓴 그를 보고 죽은 포유동물을 머리 위에 올려놓고 다니는 것 같다고 비아냥거렸다.

밀켄과 라니에리는 놀라울 정도로 비슷한 행보를 보였다. 밀켄은 라니에리만큼이나 둔하고 세련되지 못했지만 자신감은 넘쳤다. 그는 동료들과 거리가 있는 자신의 처지에 전혀 불만이 없었다. 그는 트레이딩룸 한구석에 앉아서 자신만의 시장을 만들어 나갔다. 그는 돈을 너무 많이 벌어서 사장 말고는 올라갈 자리가 없을 때까지 동료들에게 배척당했다. 그리고 마침내 그는 라니에리처럼 헌신적인 팀원들로 구성된 자신만의 팀을 꾸렸다.

밀켄은 라니에리처럼 열의로 가득했다. 드렉셀 번햄의 전직 임원은 브룩과의 인터뷰에서 다음과 같이 말했다. "밀켄의 가장 큰 단점은 인내심을 갖고 다른 사람의 의견을 들을 줄 모른다는 거예요. 그는 굉장히 오만했어요. 어떤 문제든지 극복하고 앞으로 나아갈 수 있다고 생각했지요. 그는 집단 결정이 요구되는 상황, 가령 위원회에선 쓸모없는 사람이었어요. 그는 진실을 밝히는 데만 신경 썼어요. 밀켄이 증권업에 종사하지 않았다면, 종교 부흥 운동을 이끌었을지도 몰라요."

유대인인 밀켄이 입사했을 때 드렉셀 번햄은 반유대주의 흔적이 남아 있는, 백인들이 주류인 투자은행이었다. 밀켄은 자신을 외부인이라고 생각했는데 이것이 그에게 유리하게 작용했다. 1979년 금융혁명을 이끈 인물이 누구였을지 한번 추측해보라. 우선 당시 월가에서 인기가 없었던 부문을 찾고, 최고급 양복점 브룩스 브러더스에서 방금 나온 것 같은 사람들과 폐쇄적인 클럽에 속한 사람들을 모두 제외해라. 그리고 미국 사회를 주름잡던 명문가 출신의 백인을 모두 제외해라. 남는 사람은 아마도 밀켄과 라니에리, 그리고 퍼스트 보스턴의 페렐라와 워서스타인 정도일 것이다. 마지막 두 사람은 우연의 일치로 살로먼 브러더스를 적대적으로 인수하려 했던 페렐만을 도왔다.

두 사람의 유사점은 여기까지다. 라니에리와 달리 밀켄은 드렉셀 번햄을 완전히 지배했다. 그는 정크본드 사업부를 동부 뉴욕에서 서부 베벌리힐스로 옮겼고, 연봉도 라니에리의 전성기 연봉의 180배에 달하는 5억 5,000만 달러를 받았다. 윌셔 블러바드에 사무실을 열었을 때, 그는 명패에 드렉셀 번햄이란 글자 대신 자기 이름을 새겨 넣음으로써 누가 책임자인지 분명히 했다. 그는 또한 살로먼 브러더스와는 판이하게 다른 근무 환경을 조성했다. 가장 두드러진 차이점은 개인이 성사시킨 거래를 기준으로 성과를 엄격하게 측정했다는 것이다. 얼마나 많은 사람을 밑에 거느리고 있는지, 직급이 무엇인지, 그리고 칼럼에 얼마나 자주 이름이 오르내리는지는 전혀 중요하지 않았다.

누군가가 수세대 동안 이어져 내려오던 관습을 뒤집어버렸을 때, 그것을 가능케 한 힘이 어디서 나왔는지를 밝히기는 쉽지 않다. 밀켄의 경우엔 특히나 어려웠다. 그는 자신의 사생활을 공개하는 것을 신경질적으로 거부했다. 전기 작가 역시 실적 이외에 인간적으로 흥미로운 부분을 전혀 찾아낼 수 없었다. 그의 전성기를 살펴보면 그에게는 2가지 배타적인 특성이 혼합되어 있는 것처럼 보인다. 1980년대 초반 살로먼 브러더스에서 그런 특성은 공존할 수 없었다. 밀켄에겐 정제되지 않은 채권 트레이딩 기술과 아이디어를 실현해내는 인내심 그리고 주의력도 있었다. 다시 말해, 밀켄은 엄청난 핸디캡을 극복해내야만 했다. 채권 트레이더가 집중력과 주의력이 없다는 것은 트레이딩룸에서 아주 심각한 문제다.

그런 면에서 밀켄과 립록은 비교할 만하다. 립록은 유능한 채권 트레이더였지만 집중력과 주의력이 부족했다. 그를 보고 있으면, 한 편의 뮤직비디오를 보는 것처럼 혼란스러웠다. 예를 들어서, 립록은 수시로 침울해졌다. 거래가 잘 풀리지 않을 때면 수화기를 쾅 내려놓고 언젠가는 투자은행을 그만두고 학교로 되돌아갈 거라고 투덜거렸다. 학교에서 몇 년 동안 책에 파묻혀 지내다가 역사학 교수나 작가가 되는 게 그의 원대한 계획이었다. 그가 단 5분 동안이라도 조용히 명상에 잠기는 것은 전혀 불가능한 일처럼 보였다. 그와 대화를 나누다가 잠깐 명상을 하면서 마음을 가라앉히라고 조언해도, 그는 내 말을 귓등으로도 듣지 않았다. 그는 지루해하며 화제를 바꾸려고만 했다. 그는 "지금 당장 공부하고 싶다는 게 아니야. 35살쯤 되고 은행에 돈이 좀 모였을 때 공부하겠다는 거지"라고 말했다. 이는 마치 채권을 몇 년 동안 열심히 팔아서 은행에 몇백만 달러가 생기면 집중력과 주의력이 개선될 것이란 소리 같았다.

립록은 3년 동안 침울해질 틈도 없이 채권을 팔았다. 기분이 가라앉아도 그는 금세 그 사실을 잊었다. 어떤 이유로 화가 나면 트레이더들에게 "나 건들지 마. 지금 기분이 최악이야"라고 경고했지만, 그것도 잠시뿐이었다. 침울하다가도 몇억 달러 규모의 국채를 팔고 나면 그는 금세 밝아졌다. 그는 주문서를 휘갈겨 쓰면서 "예스, 마이크!"라고 소리쳤다. "일본 투자자야. 나는 그들을 사랑해. 난 채찍을 휘두르면서 그들을 끌고 가거든. 오오오오 예에에에에."

그러곤 다음에 채권을 팔 사람을 찾는 데 집중했다. 그는 끊임없이 다음에는 누구에게 채권을 팔지에 대해 궁리했다.

립록처럼 채권 세일즈맨으로 투자은행에 발을 들인 밀켄은 누구에게 채권을 팔지에 대해 고민하기보다는 자신만의 사업을 시작하려고 했다. 그는 트레이딩 화면의 반짝이는 불빛에서 눈을 떼고 주위를 둘러보면서 앞으로 무엇을 할지에 대한 생각을 정리했다. 반도체 회사는 6개월마다 꼬박꼬박 이자를 지급하면서 20년 동안 건재할 수 있을까? 미국 철강 산업이 어떤 형태로든 되살아나지 않을까? 드렉셀 번햄의 CEO가 된 조셉은 이들 기업에 대해 밀켄의 의견을 구했다. 그가 미국에서 그 누구보다도 기업 신용에 대해 잘 안다고 생각했기 때문이다. 조셉이 기업 신용에 대해 매번 밀켄의 의견을 물은 덕분에 밀켄의 기업에 대한 이해도는 급격히 높아졌다.

채권 트레이더들은 기업금융과 증권 부문에 관심이 없기에 앞서 말했듯, 살로먼 브러더스의 트레이더들은 증권팀을 지하실 구석으로 쫓아버렸다. 기업금융 담당자들을 행정 업무를 지원하는 보조 정도로 생각한 그들은 기업금융팀을 '팀 제록스'라고 불렀다. 밀켄이 봤던 것을 살로먼 브러더스의 누군가가 봤더라도 밀켄처럼 할 수 없었을 것이다. 이것은 정말 창피한 일이다. 살로먼 브러더스는 코앞에 놓인, 손만 뻗으면 잡을 수 있는 영광을 놓쳐버렸기 때문이다.

밀켄은 채권 트레이더처럼 생각하면서 미국 기업을 완전히 재평가했다. 그 과정에서 그는 2가지를 발견했다. 첫째, 대기업과 신용도가 높은 기업은 낮은 금리로 은행에서 자금을 조달했다. 그러면 그들의 신용도는 '하락'할 일만 남았다. 그렇다면 기업에 돈을 빌려주는 사업을 할 이유가 무엇일까? 말이 되지 않았다. 이것은 멍청한 거래였다. 신용도가 상승할 가능성은 거의 없고 하락할 가능성만 컸다. 위험 없는 대출은 없다. 산업이 붕괴되면 그 분야에서 활동하는 대기업조차 쓰러지게 된다. 멀리 볼 것도 없다. 미국 철강 산업을 봐라.

둘째, 위험을 극도로 싫어하는 상업은행과 자산 관리자는 소규모 신생 기업과 문제가 있는 오래된 대기업에게 자금을 빌려 줄 리 없었다. 자산 관리자들은 어떤 기업이 투자해도 안전한지에 대해 신용평가기관이 알려준다고 생각했다. (기업에 투자할지 말지 결정할 때 자산 관리자들은 신용평가기관에 일종의 재가를 받는 셈이었다. 그래야 무분별한 투자 행위라는 비난을 피할 수 있기 때문이다.) 그런데 신용평가기관은 기업의 신용등급을 매길 때 재무제표와 실적 같은 과거의 데이터만 활용했다.

심지어 데이터를 분석해서 신용등급을 매기는 것이 아니라 정해진 절차에 따라서 신용등급이 매겨졌다. 이는 신생 기업이든 오래된 기업이든 대기업이든 부실 기업이든, 신용도를 평가하는 방식으로 적절하지 않았다. 그보다는 경영진의 성격과 산업의 미래를 주관적으로 평가하고 판단해야 한다. 정크본드를 활용해서 대부분의 자금을 조달해 급성장한 MCI(미국의 통신 기업-역주) 같은 기업에 돈을 빌려주는 것은 경쟁력 있는 장거리 통신 산업의 미래와 경영진의 능력을 고려하면 리스크는 있지만 현명한 투자라고 할 수 있었다. 크라이슬러Chrysler에 초고금리로 돈을 빌려주는 것도, 크라이슬러가 충분한 현금흐름을 확보해 이자를 지급할 수 있는 한 현명한 투자라고 할 수 있었다.

밀켄은 종종 경영대학원에서 강연을 했는데, 그때마다 대기업을 파산시키는 것이 얼마나 어려운지에 대해 설명했다. 대기업이 파산하길 바라는 세력보다 대기업이 건재하길 바라는 세력이 훨씬 더 많다고 그는 주장했다. 그는 학생들에게 다음과 같은 가상의 상황을 제시했다. 첫째, 이 기업의 가장 중요한 공장은 지진 지대에 있다. 둘째, 근로자의 임금을 대폭 삭감하고 경영진에겐 엄청난 상여금을 줬다. 셋째, 파산 직전의 기업에서 생산에 필수적인 부품을 조달받기로 했다. 넷째, 정부는 이 기업이 위기에 빠지면 구제할 의사가 있고, 이를 위해 외국 공무원에게 뇌물을 주기도 했다. 이런 기업의 채권을 어떻게 해야 할까? 1980년대 후반 록히드Lockheed가 정확히 이런 상황이었다. 밀켄은 록히드가 청산될 위기에 놓이자 록히드 채권을 매수했고, 알렉산더가 농민신용공사 채권을 매도해서 이익을 냈던 것처럼 록히드가 청산 위기에서 벗어나자 제법 많은 돈을 벌었다.

밀켄은 이를 통해 미국의 신용평가 시스템에 결함이 있다는 것을 보여주고자 했다. 신용평가 시스템은 미래에 초점을 맞춰야 할 때 과거에 집착하고, 기업에 돈을 빌려줄 때는 신중해야 한다는 바보 같은 생각에 얽매여 굼뜨게 행동하게 만들었다. 밀켄은 이런 약점을 파고들어 〈포춘 Fortune〉 100대 우량기업을 무시하고 위험도와 금리가 동시에 높은 기업에 주목했다. 정크본드는 높은 위험도를 감수하고 돈을 빌려주는 대가로 이자가 높은 편이다. 우량 기업의 채권보다 4~6퍼센트포인트 높은 경우도 있다. 다만 만약 조기에 채권을 상환하고자 한다면 높은 수수료를 물어야 한다. 기업이 돈을 벌면 초과 이윤을 거둘 가능성이 커지면서 정크본드의 값이 치솟고, 반대로 기업이 손실을 내면 채무불이행 가능성이 커지면서 정크본드의 값이 폭락한다. 요약하면 정크본드는 오래된 대기업의 채권보다는 증권이나 주식과 비슷하게 움직였다.

여기에 밀켄이 주목한, 놀랍도록 잘 지켜진 시장의 비밀 중 하나가 있다. 드렉셀 번햄 분석팀은 자금 사정이 나쁜 기업과 긴밀한 관계를 맺은 덕분에 살로먼 브러더스는 얻을 수 없는 기업 내부 데이터에 접근할 수 있었다. 밀켄이 정크본드를 거래할 때, 그에겐 내부 정보가 있었다. 드렉셀 번햄의 고객이었던 이반 보스키 Ivan Boesky가 설명했듯, 내부 정보를 이용해서 주식을 거래하는 것은 불법이다. 하지만 채권에 관해서는 그런 법이 없다. 법을 만들 때, 그 누가 채권이 주식처럼 움직일 것이라고 상상이나 했겠나?

살로먼 브러더스의 트레이더들은 채권과 주식을 엄격하게 구분했지만, 드렉셀 번햄의 트레이더들은 이 둘을 명확하게 구분하지 않았다. 살로먼 브러더스의 트레이더들은 주식을 댈러스 지사에서나 취급하는 상품이라고 생각하고 고려의 대상에 두지 않았다. 위태로운 기업의 부채를 쥐고 있는 것은 경영 지배권을 갖고 있다는 의미다. 기업이 이자를 제때 지급하지 못하면, 채권 보유자는 담보를 확보하고 기업 자체를 청산할 수 있다. 밀켄은 1970년대 후반 아침을 먹으면서 래피드-아메리칸 코퍼레이션Radpid–American Corporation을 사실상 소유하고 있는 메슐람 리크릴스Meshulam Riklis에게 이를 간단명료하게 설명했다. 밀켄은 드렉셀 번햄과 그의 고객이 래피드-아메리칸 코퍼레이션을 사실상 지배할 수 있다고 주장했다.

리크릴스는 그의 말을 이해할 수 없었다. "제 지분은 40퍼센트나 돼요. 그게 말이 되나요?"

밀켄은 자신만만했다. "우리는 당신네 회사가 발행한 1억 달러 상당의 채권을 갖고 있어요. 당신이 이자를 단 한 번이라도 지급하지 않으면, 우리는 당신 회사를 날려버릴 겁니다."

이 말은 투자자를 등처먹는 데 신물이 난 나 같은 채권 세일즈맨에겐 일종의 위안과도 같은 말이었다. 당신이 이자를 단 한 번이라도 지급하지 않으면, 당신 회사를 날려버리겠다니. 립록은 말했다. "밀켄은 이 바닥을 완전히 뒤집어놨어. 투자자를 대신해서 그에게 돈을 빌리는 기업을 쥐어짠 거지."

자금난에 시달리는 기업들은 밀켄 말고는 자금을 조달할 곳이 없었기 때문에 그 같은 협박에도 어쩔 도리가 없었다. 밀켄은 그들에게 돈을 빌려줄 투자자를 연결해줬다. 밀켄의 제안으로 위태로운 기업에 돈을 빌려준 투자자들은 돈을 벌었다. 밀켄의 주장은 이렇다. "다양한 정크본드에 투자해라. 그중 몇 개가 부도나더라도 문제될 건 없다. 분명 대박이 터지는 회사가 나오고 손실을 만회하고도 남을 만한 돈을 벌 수 있을 것이다"

드렉셀 번햄은 기업을 두고 도박할 준비가 되어 있었다. 밀켄은 기관투자자들에게 자신과 함께하자고 했다. 그는 그들에게 미국을 위대하게 만들 성장하는 중소기업, 즉 미국의 미래에 투자하자고 외쳤다. 포퓰리스트나 할 법한 말이다. 모기지 투자자들처럼 초기 정크본드 투자자들은 돈을 벌었고 더할 나위 없이 만족했다. 뉴욕의 드렉셀 번햄 임원은 말했다. "베벌리힐스에서 매년 열리는 정크본드 세미나에 참가해서 밀켄의 강연을 한번 들어보세요. 너무나 감동해서 눈물이 앞을 가릴 겁니다." 드렉셀 번햄의 정크본드 세미나는 페렐만 같은 참가자들에게 '약탈자들의 연회'라고 불렸다.

밀켄이 얼마나 많은 자금을 정크본드로 끌어들였는지는 정확히 알 수 없다. 많은 투자자가 그에게 투자 포트폴리오를 구성해달라고 부탁했다. 콜롬비아 저축은행Columbia Savings & Loan의 톰 스피겔Tom Spiegel은 밀켄의 말을 듣고 정크본드에 대거 투자했다. 그 결과, 그의 자산은 3억 7,000만 달러에서 104억 달러로 불어났다. 그의 자산은 대부분 정크본드에 투자됐다. 밀켄의 말에 감화되어서 주택 소유자에게 대출해주던 한 기업은 수십억 달러의 예금으로 정크본드를 매수했다. 1981년 전까지만 해도 저축은행들만이 주택 소유자들에게 대출을 해줬다. 연방정부가 저축은행의 예금을 보호해주면서 자금조달 비용이 낮아지자 저축은행들은 예금으로 투자하려면 연방정부의 승인을 받아야 했다. 1981년 저축은행들이 생존을 위해 몸부림치기 시작할 때, 미국 의회는 저축은행들이 자금난을 스스로 해결할 수 있도록 투기 목적으로 투자할 수 있도록 허용해줬다. 사실상 정부 돈으로 도박을 할 수 있게 제한을 풀어준 셈이었고, 덕분에 저축은행들은 정크본드에 투자할 수 있게 됐다. 스피겔은 정크본드에 투자해서 얻은 이익의 일부를 TV 광고에 쏟아부어, 콜롬비아 저축은행은 돈을 맡기기에 안전한 곳이라고 광고했다. 그 광고에선 파란색 양복을 입은 자그마한 남자가 막대그래프를 타고 올라가면서 콜롬비아 저축은행의 자산이 얼마나 빠르게 성장하는지를 설명했다.

1986년 콜롬비아 저축은행은 드렉셀 번햄의 최대 고객 중 하나였다. 스피겔의 연봉은 1,000만 달러로, 그는 미국에서 가장 높은 연봉을 받는 저축은행장 3,264명 중 1명이었다. 다른 저축은행장들도 스피겔을 따라 정크본드에 투자했다. 연수생 동기 중 한 사람은 "미국 전역에 있는 수많은 저축은행이 지금 정크본드에 투자하고 있어"라고 기쁜 듯이 두 손을 비비면서 내게 말했다. 그는 1987년 중반에 살로먼 브러더스의 많은 채권 전문가처럼 밀켄의 베벌리힐스팀으로 자리를 옮겼다.

살로먼 브러더스가 1980년대 초반에 사업을 시작했거나 이후 승승장구했을 때 곧장 정크본드 시장에 뛰어들지 않은 데는 이유가 있다. 그런데 그 이유라는 게 웃기지도 않다. 당시 살로먼 브러더스에서 저축은행은 라니에리에게 잡힌 물고기나 다름없었다. 살로먼 브러더스가 정크본드시장의 큰손이 됐다면, 회사채팀을 책임지던 보우테가 저축은행과 거래할 수 있게 해달라고 요구했을 것이다. 라니에리는 살로먼 브러더스 안에서 저축은행에 대한 자신의 지배력이 약해질까 봐 두려웠고, 그래서 1981년 보우테가 만든 정크본드팀을 방해하기 시작했다.

1984년 직원이 2명밖에 없던 정크본드팀이 수백 명의 저축은행장이 모인 살로먼 브러더스 세미나에 참여했다. 그들은 모기지팀이 저축은행에 제공하는 서비스에 관해 설명하는 세미나에 초청된 터였다. 세 시간에 걸친 프레젠테이션이 끝난 뒤, 라니에리가 세미나를 마무리하기 위해서 무대에 올랐다. 물론 그 자리에 모인 저축은행장들은 그의 말에 귀를 쫑긋 세웠다. 그들은 라니에리를 자신들의 구세주로 봤다. 라니에리는 "여러분이 절대 해서는 안 되는 게 2가지 있습니다. 첫째는 정크본드를 사는 겁니다. 정크본드는 위험합니다"라고 말했다. 라니에리는 진심으로 그렇게 생각했고, 저축은행장들은 그렇게 생각하지 않았다. 라니에리의 말은 살로먼 브러더스 정크본드팀의 신뢰를 떨어뜨렸다. 저축은행장들은 정크본드에 투자하기 위해 드렉셀 번햄으로 몰려갔다. 보우테의 사람들은 중요한 관객들 앞에서 굴욕을 당한 일에 크게 분개했다. 살로먼 브러더스의 정크본드 담당자는 이 일을 두고 "저녁 식사 자리에 초대해서 갔더니, '당신이 바로 저녁 반찬입니다'라고 말하는 것과 뭐가 다릅니까?"라며 분개했다.

정크본드 전문가 2명으로 구성된 정크본드팀은 이에 굴하지 않고 미국 전역을 돌아다니면서 개인적으로 저축은행장들을 만나 살로먼 브러더스의 정크본드 사업을 소개했다. 정크본드 전문가 중 하나는 "진짜 멋진 프레젠테이션이었습니다. 반응도 굉장했죠. 하지만 그 누구도 우리에게 정크본드를 사겠다고 연락하지 않았어요"라고 말했다. 그들은 자신들의 로드쇼가 마무리되면 정크본드를 사겠다는 전화가 물밀듯이 걸려올 것이라고 기대했다. 하지만 그들에게 전화를 걸어온 저축은행장은 단 하나도 없었다. 그는 말했다. "나중에야 그 이유를 알게 됐어요. 다른 팀원이 살로먼 브러더스를 관두고 드렉셀 번햄으로 옮겼더라고요. 밀켄과 일할 생각이었던 거죠. 그가 말해줬어요. 고객들이 알려주더래요. 우리가 다녀간 뒤에 바로 라니에리의 사람이 와서 우리를 믿지 말라고 했다더군요." 이 사례는 살로먼 브러더스 경영진의 리더십이 얼마나 부족했는지 여실히 보여준다. 살로먼 브러더스 모기지팀은 정크본드 사업에 실패했지만 그 누구도 책임을 묻지 않았다. 이것이 당시 살로먼 브러더스의 현실이다.

정크본드, 먼지 속에 기회가 숨어 있다

정크본드 시장은 폭발적으로 성장했다. 새로운 정크본드가 발행될수록 밀켄은 승승장구했다. 1970년대에는 존재하지도 않았던 정크본드 시장은 1981년에 8억 3,900만 달러가 새롭게 발행됐고, 이후 1985년 85억 달러, 1987년 120억 달러로 가파르게 성장했다. 그러면서 정크본드가 미국 회사채 시장의 25퍼센트를 차지하기에 이르렀다. IDD 정보 서비스에 따르면 1980~1987년 동안 530억 달러의 정크본드가 발행됐는데, 이는 주식 시장의 극히 일부분에 불과했다. 인위적으로 새롭게 만들어진 추락 천사도 수십억 달러 규모에 이르렀지만 무시됐다. 밀켄은 최우량 기업의 채권을 정크본드로 만들방법을 고안했다. 그것은 바로 차입금으로 기업을 M&A(어떤 기업의 주식 등을 매입해서 기업의 소유권을 획득하는 것-역주)하는 방법인 LBO(기업 인수를 위한 자금 조달 방법의 하나로 매수할 기업의 자산을 담보로 금융기관으로부터 매수 자금을 조달하는 것-역주)였다.

밀켄은 정크본드 시장에 수백억 달러를 끌어들였다. 1985년엔 투자할 정크본드보다 투자 자금이 더 많은 지경에 이르렀다. 돈은 넘쳐나는데 투자할 곳이 없으니 밀켄은 난처했다. 자금을 흡수할 만한 성장성 있는 중소기업이나 자금난을 겪는 대기업을 찾는 데는 한

계가 있을 수밖에 없기 때문이다. 이 같은 투자 수요를 충족시키기 위해서는 정크본드를 직접 만들어야 했다. 투자자들이 겁쟁이라서 정크본드를 살 배짱이 없기 때문에 정크본드가 싼 것이라는 그의 전제가 흔들리기 시작했다. 수요가 자연적인 공급을 초과했다.

밀켄과 드렉셀 번햄은 우연히 해법을 찾아냈다. 그들은 저평가된 기업을 노리는 기업 사냥꾼들의 자금 조달 수단으로 정크본드를 제공했다. 그들은 그저 정크본드 매수자들에게 담보로 기업 사냥꾼들이 노리는 저평가된 기업의 자산을 제공하겠다는 약속만 하면 됐다. (구입할 주택을 담보로 대출을 받아서 주택을 구입하는 모기지 대출과 비슷한 논리다.) 이런 방식으로 대기업을 M&A하면 수십억 달러의 정크본드가 만들어진다. 새로운 정크본드가 발행될 뿐만 아니라 증가한 차입 때문에 우량 기업의 변제되지 않은 회사채도 정크본드로 전락했다. 이렇게 저평가된 기업을 인수하는 데는 저격수 몇 명만으로도 충분했다.

이사회를 습격해서 대기업을 사냥하는 일은 새롭고 흥미로웠다. 이것은 사업 경험이 약간 있고 부자가 되고 싶다는 욕구가 가득한 사람들에게 매력적으로 다가왔다. 밀켄은 페렐만, 분 피켄스 Boone Pickens, 칼 아이칸 Carl Icahn, 어윈 제이콥스 Irwin Jacobs, 제임스 골드스미스 Sir James Goldsmith, 넬슨 펠츠 Nelson Peltz, 새뮤얼 헤이만 Samuel Heyman, 솔 스타인버그 Saul Steinberg, 애셔 에델만 Asher Edelman 등 유명한 기업 사냥꾼들이 원하는 대기업을 사냥할 수 있도록 자금을 조달해줬다. 이와 관련해서 어느 기업 사냥꾼은 "물려받은 돈이 없으면 빌리면 된다"라고 말했다.

레브론, 필립스 페트롤리움 Phillips Petroleum, 유노칼 Unocal, TWA,

디즈니Disney, 크라운 젤러바치Crown Zellerbach, 내셔널 캔National Can, 유니언 카바이드Union Carbide 등 지금은 난공불락의 요새나 다름없는 대기업을 적대적으로 인수하기 위한 자금을 정크본드를 통해 조달했다. 이것은 그들뿐만 아니라 밀켄에게도 예기치 못한 기회가 되어주었다. 1970년 정크본드 시장을 구상할 때만 해도 밀켄은 자신이 미국 재계를 완전히 개편하게 되리라곤 상상도 하지 못했을 것이다. 게다가 그가 인위적으로 정크본드를 만들 생각을 했을 때, 그 누구도 대기업이 저평가될 수 있다고 상상하지 못했다.

런던경제대학을 졸업한 나는 주식시장은 효율적이라고 배웠다. 모든 기업 정보를 기반으로 주가가 형성되기 때문에, 주가는 항상 적정한 수준에 형성된다. 학생들은 이게 사실이라고 굳게 믿었다. 하지만 기업에 관한 최고의 정보를 보유한 주식시장 브로커와 애널리스트가 골라낸 종목과 원숭이가 아무 생각 없이 골라낸 종목, 벽에 〈월스트리트저널〉을 붙여놓고 다트를 던져 골라낸 종목이 별 차이가 없다는 것을 보여주는 연구가 있다. 이는 내부 정보를 이용하지 않는 이상, 주식시장에서 돈을 벌 확실한 방법은 없다는 것을 보여준다. 밀켄과 월가 사람들은 현실은 그렇지 않다는 것을 알고 있었다. 수익 자료를 얼마나 빠르게 소화하는지는 모르지만, 시장은 기업이 소유한 부동산부터 기업이 운영하는 연금펀드까지 모든 것의 가치를 매기는 데 끔찍할 정도로 비효율적이다.

시장에 이런 비효율성이 존재하는 이유를 설명하기는 쉽지 않으며, 월가 사람들은 이를 설명하는 데 시간을 쏟지도 않는다. 월가의 소규모 M&A 팀에서 일하는 사람들에게 밀켄은 하늘이 내려준 사자였고, 자신들이 그 일을 업으로 선택한 것이 정당한 결정이었음을 보여주는 상징이었다. 퍼스트 보스턴의 페렐라는 1973년 M&A 팀을 꾸리고 1978년 워서스타인을 영입했다. 페렐라는, 그의 말에 따르면 "직감에 따라서" 인수할 기업을 찾고 적대적으로 인수하는 데 자원을 할애했다. 페렐라의 설명이다. "먼지 속에 큰 기회가 숨겨져 있었어요. 자산 가치가 실제보다 저평가된 기업이 곳곳에 널려 있었지요. 그러나 매수자는 드물었어요. 저평가된 기업을 매수하길 바라는 사람들은 자신의 욕구를 돈으로 환산할 수조차 없었어요. 누군가, 그러니까 밀켄이 등장해서 먼지를 걷어내고 큰 기회를 찾아냈어요. 이제 22센트짜리 우표를 살 돈이 있는 사람이면 누구나 기업을 인수하겠다고 나설 수 있게 됐죠."

페렐라, 워서스타인, 그 밖의 수많은 드렉셀 번햄 출신들은 이 상황을 즐겼다. 저평가된 대기업을 M&A하는 프로젝트에는 최소한 2명의 자문관이 관여했다. 한 명은 기업 사냥꾼에게, 다른 한 명은 먹잇감이 되는 저평가된 대기업에 따라붙었다. 드렉셀 번햄 관계자들만으로는 모든 거래를 처리할 수 없을 지경이었다. 대부분의 거래에 4개가 넘는 투자은행이 참여했고, 여러 매수자가 한 기업을 놓고 경합을 벌였다. 기업 사냥꾼들은 잔잔한 연못에 던져진 돌이었다. 그들은 미국 재계에 거대한 파문을 일으켰다. 저평가된 기업을 공격적으로 M&A하는 과정은 그 자체로 생명력이 있는 것처럼 보였다. 공기업을 운영하는 경영진은 직접 주주들로부터 주식을 사 들일 궁리를 하기 시작했다. 이것은 유럽에서는 '경영자 매수 Management Buyout, MBO(회사 내 현직 경영진인 임직원에게 기업의 전체 또는 일부를 매각하는 것-역주)'라 불리고, 미국에서는 '레버리지 매수 Leveraged Buyout, LBO'라 불린다. 기업이 직접 M&A 시장에 뛰어든 것이다. 월가의 투자은행들이 마침내 일제히 밀켄이 조용히 해왔던 LBO 사업에 속속 진출해서 직접 기업의 주식을 대거 매수하기 시작했다. 기업 자산은 저렴해서 이를 사람들이 가만히 내버려둘 리 없었다. M&A 자문업이 갑자기 성행했고, 내가 채권을 팔면서 매일 마주했던 이해충돌이 생겨나기 시작했다. 좋은 M&A 거래라면 투자은행이 직접 그 거래를 진행할 것이고, 나쁜 거래라면 투자은행은 그 거래를 고객에게 떠넘기고 수수료만 챙길 것이다.

다시 말해서 M&A 업무는 차고 넘쳤다. 불과 몇 년 전 여기저기 채권 트레이딩 팀이 생겨났던 것처럼 1980년대 중반 월가에선 M&A 팀이 우후죽순처럼 생겨났다. M&A와 채권 트레이딩 사이에는 깊은 재정적 연관성이 있었다. 둘 다 투자자들이 투기 목적으로 채권에 투자하려는 욕구와 사람들이 상환할 수 있는 액수보다 더 많은 돈을 빌리는 성향을 활용했다. 간략하게 말해서 M&A와 채권 트레이딩은 부채에 대한 새로운 접근 방식을 철저하게 이용했다. 페렐라는 "어느 기업이든지 밥값을 못 하는 사람들이 있기 마련입니다. 부채가 많아지면, 기업은 불필요한 부분을 제거하려고 하죠"라고 말했다. 보스키 같은 적대적 M&A 전문가들은 자신의 욕심을 채우기 위해 이 점을 이용했다. 그들은 부채는 좋은 것이라고 말했는데, 부채가 그들에게 돈을 버는 효과적인 수단이 됐기 때문이다.

적대적 M&A와 채권 트레이딩 사이에는 행동적 연관성도 있었다. 둘 다 과거 월가에서 일하며 먹고살던 많은 사람들이 뭔가 구린내 나는 강압적인 금융기업가 정신에 의해 움직이게 했다. M&A 업무를 담당하는 사람들은 뭔가 대단한 생각이나 지혜가 있는 것처럼 보이지만, 천만의 말씀이다. 이들과 월가의 채권 세일즈맨은 크게 다르지 않다. 이들은 무슨 일을 할지 고민하기보다는 교활한 전략을 짜는 데 훨씬 더 많은 시간을 썼고, 자신의 주머니를 두둑하게 불릴 수 있는 일이라면 그게 뭐든 세상에도 좋은 것이라고 생각했다. 적대적 M&A 시장이 어떤 곳인지 알고 싶다면, 미국의 대형 투자은행에서 웃으면서 기업에 전화를 돌리는, 쉽게 흥분하고 야심으로 똘똘 뭉친 26살 청년들을 봐라.

적대적 M&A가 지역사회, 근로자, 주주, 경영진에게 미치는 영향을 떠올리면, 그 과정은 무서울 정도로 간단해 보인다. 어느 날 밤, 뉴욕이나 런던에서 컴퓨터를 두들기던 26살의 M&A 전문가가 오리건주에 있는 한 제지 회사의 자산 가치가 상대적으로 저평가됐다고 생각한다. 그는 이 제지 회사의 자산 가치를 직접 계산한 뒤 오리건주에 사는 제지 산업에 관심 있거나 저평가된 기업을 인수하는 데 관심이 있는 누군가에게 계산 결과를 팩스로 보낸다. 사교계에 처음 모습을 드러내는 상류 여성들을 위한 파티를 준비하는 사람처럼, 그는 그동안 눈여겨봤던 기업 사냥꾼 명단을 정리해서 책상 위에 두고 있다. 그는 그 명단에 적힌 사람들에게도 계산 결과를 보낸다. 누구든 이 제지 회사에 관심이 있으면, 인수 자금을 조달하기 위해서 정크본드를 이용할 것이다. 그렇게 오리건주의 저평가된 제지 회사는 기업 사냥꾼들의 새로운 먹잇감이 된다.

다음 날 제지 회사 경영자는 〈월스트리트저널〉의 투자 칼럼 '거리에서 들은 말'에 자신의 회사가 등장했음을 알게 된다. 보스키처럼 차액을 노린 투자자들이 기업 사냥꾼에게 주식을 팔아서 돈을 벌 생각으로 회사 주식을 마구 사 들이자 회사 주가는 교수대에 목이 매달린 사람처럼 경련을 일으킨다. 제지 회사는 혼란에 빠지고 경영권을 방어하기 위해 투자은행가를 고용한다. 그가 고용한 투자은행 가는 이 상황을 만들어낸 M&A 전문가 같은 26살의 새파란 청년이다. 제지 회사에 대한 칼럼을 읽은 투자은행 5곳의 M&A팀에서 일하는 5명의 전문가도 제지 회사 매수자를 조사하기 시작한다. 일단 매수자가 나타나면 제지 회사는 공식적으로 적대적 M&A의 '먹잇감'이 된다. 이와 동시에 의욕이 넘치는 다른 M&A 전문가들은 자산이 저평가된 제지 회사가 또 없는지 맹렬하게 조사에 들어간다. 오래 지나지 않아 제지 산업 전체가 M&A 열풍에 휘말린다.

적대적 M&A에서 경영권 방어나 기업 인수를 하는 데는 막대한 자금이 동원된다. 그래서 채권 트레이딩은 애들 장난처럼 보이기도 한다. 드렉셀 번햄은 단 1건의 M&A 거래로 1억 달러가 넘는 수수료를 벌어들였고, 1987년 퍼스트 보스턴의 워서스타인과 페렐라는 M&A를 성사시킨 대가로 3억 8,500만 달러의 수수료를 받았다. 골드만삭스, 모건스탠리, 시어슨 리만 등 많은 투자은행이 바로 M&A팀을 만드는 데 나선 것도 당연하다. 그 어느 곳도 살로먼 브러더스 같은 자금 조달력을 갖고 있지 않았지만, 모두가 M&A 시장에서 큰 돈을 벌었다.

살로먼의 경영권 방어, 그러나 불씨는 남아 있다

살로먼 브러더스는 M&A의 진가를 서서히 깨달았지만, 정크본드에는 여전히 문외한이었다. 다른 투자은행들이 노다지에 뛰어들어 큰돈을 버는데도 살로먼 브러더스는 멍하니 바라보고만 있었다. 살로먼 브러더스는 채권 트레이딩에만 매진했다. 채권 트레이딩이라는 껍데기만 깬다면 살로먼 브러더스는 M&A 시장에 진출해서 성공할 조건을 모두 갖추고 있었다. 살로먼 브러더스는 M&A 시장에 자금을 조달해주는 자금 공급자가 될 수 있었다.

물론 살로먼 브러더스가 M&A 시장에 진출하지 않은 데는 이유가 있었다. 이 거대한 기회를 놓친 데 그럴듯한 핑계라도 있어야 할 것 아닌가. 정크본드는 악이었다. 카우프만은 기회가 있을 때마다 미국 재계는 과도한 부채를 안고 있고, 정크본드 열풍은 파국으로 끝날 것이라고 말했다. 그가 옳았을지도 모른다. 하지만 이것이 살로먼 브러더스가 정크본드 시장에 뛰어들지 않았던 이유는 아니다. 경영진이 이해하지 못해서 정크본드를 발행하지 않았을 뿐이다. 게다가 41층에서 내전이 한창이라 정크본드에 대해 공부할 시간이나 에너지가 그 누구에게도 없었다.

굿프렌드는 정크본드와 그것을 활용한 금융 거래의 결과를 인정할 수 없어서 정크본드 시장에 진출할 계획이 없다고 주장했다. 그는 정크본드를 활용한 금융 거래로 기업들이 막대한 부채를 떠안게 되기 때문이라고 설명했다. 하지만 이것이 가증스럽고 비겁한 핑계였음이 곧 드러났다. 그는 가미카제 전투기 조종사처럼 LBO와 정크본드 시장에 뛰어들었고, 살로먼 브러더스와 고객들에게 파멸을 선사했다. (심지어 굿프렌드와 카우프만은 내핍 경영을 부르짖으면서 개인 자산으로 정크본드를 매수했다.) 살로먼 브러더스가 LBO와 정크본드 시장에 참여하든 참여하지 않든, 살로먼 브러더스를 포함해서 미국의 모든 기업이 밀켄 휘하 기업 사냥꾼들의 먹잇감이 됐다. 살로먼 브러더스도 예외는 아니었다. 이는 페렐만이 살로먼 브러더스를 공격하는 아이러니한 상황으로 이어졌다. 살로먼 브러더스는 LBO와 정크본드 시장에 무관심했던 대가로 정크본드로 자금을 조달한 기업 사냥꾼의 공격을 받게 됐다.

페렐만이 살로먼 브러더스를 인수하려고 한다는 소식이 전해진 직후, 굿프렌드는 전 직원을 대상으로 적대적 M&A를 용인하지 않을 것이고 페렐만을 반드시 막아내겠다고 선언했다. 하지만 그의 선언을 제외하고는 아무런 정보도 알지 못했던 우리는 여느 때와 다름없이 스스로 정보를 얻어야만 했다. 우리는 〈뉴욕타임스〉 스턴골드의 기사와 〈월스트리트저널〉의 기사를 읽으면서 상황이 어떻게 돌아가고 있는지 스스로 파악했다.

상황은 이랬다. 긴급 뉴스가 타전되기 며칠 전인 9월 19일 토요일 아침, 첫 번째 파열음이 들렸다. 그날 아침, 굿프렌드는 자신의 아파트에서 친구이자 변호사인 마틴 립톤Martin Lipton의 전화를 받았다. 굿프렌드는 2개월 전 라니에리를 해고하기 위해 그를 고문 변호사로 채용했다. 립톤은 살로먼 브러더스의 최대 주주인 미노코의 지분 14퍼센트를 인수할 매수자를 찾았다는 것을 알아냈지만, 매수자의 정체는 베일에 가려져 있었다. 굿프렌드는 이 소식을 듣고 심기가 대단히 불편했다. 그는 몇 달 동안 미노코가 살로먼 브러더스 지분을 팔려고 시도했다는 것을 알았지만, 시간을 두고 천천히 이 일을 처리하려고 했다. 이는 잘못된 판단이었다. 결과적으로 그는 뭉그적대다가 상황을 장악할 기회를 놓쳐버렸다. 굿프렌드에게 질린 미노코는 월가의 다른 투자은행을 통해 지분을 매각하겠다는 광고를 내보냈다.

9월 23일 수요일, 굿프렌드는 미노코를 통해 매수자로 나선 인물이 페렐만임을 알게 됐다. 이는 적대적 M&A가 시작됐다는 분명한 신호였다. 페렐만은 미노코의 살로먼 브러더스 지분에 더해 11퍼센트의 지분을 더 사 들이려고 했다. 그러면 그의 지분은 25퍼센트가 되는 셈이다. 페렐만이 계획대로 지분을 매수한다면 굿프렌드는 처음으로 살로먼 브러더스에 대한 통제력을 상실하게 될 터였다.

굿프렌드는 페렐만에 대항해서 미노코의 살로먼 브러더스 지분을 사 들일 사람을 찾아야 했다. 그는 친구인 워런 버핏Warren Buffett에게 전화했다. 굿프렌드는 상황 판단이 빠르고 타고난 자산가인 버핏이 살로먼 브러더스를 곤경에서 구해줄 것으로 기대했다. 굿프렌드는 버핏에게 상당히 매력적인 조건을 제시했다. 살로먼 브러더스 주식을 직접 사는 게 아니라 돈을 빌려달라고 한 것이다. 굿프렌드는 그 돈으로 살로먼 브러더스가 직접 지분을 인수하겠다는 계획을 세웠다. 이를 위해서는 8억 900만 달러가 필요했고, 버핏은 살로먼 브러더스 회사채를 인수해서 7억 달러를 빌려주겠다고 했다. 이것으로 충분했다. 자체 자본으로 차액인 1억 900만 달러 정도는 조달할 수 있었다.

전 세계 투자자들은 2가지 패를 들고 있는 버핏을 부러워했다. 그의 전환사채(일정 조건에 따라 채권을 발행한 회사의 주식으로 전환할 수 있는 권리가 부여된다-역주)는 이자율이 9퍼센트로, 그것 자체로 좋은 투자였다. 더구나 1996년 이전까지 언제든 주당 38달러에 살로먼 브러더스 보통주(특별한 권리 내용이 정해지지 않은 일반 주식으로 대부분의 주식이 여기에 해당한다-역주)로 전환할 수 있었다. 다시 말해, 버핏은 9년 동안 살로먼 브러더스 주식으로 자유롭게 거래하면서 돈을 벌 수 있었다. 살로먼 브러더스가 계속해서 비틀대면, 버핏은 9퍼센트의 이자를 챙기게 된다. 살로먼 브러더스가 회복하면, 버핏은 전환사채를 주식으로 전환해 막대한 차익을 얻게 된다. 살로먼 브러더스 지분을 상당량 보유할 계획을 세우고 살로먼 브러더스의 미래에 자신의 모든 것을 거는 위험한 투자에 나선 페렐만과 달리, 버핏은 살로먼 브러더스가 파산하지 않는다는 것에 베팅하는 안전한 투자를 한 셈이었다.

이 거래는 2가지 결과를 가져왔다. 굿프렌드는 실직을 걱정할 필요가 없어졌지만 직원들, 정확하게 말하면 주주들은 막대한 비용을 부담해야 했다. 살로먼 브러더스 주주들이 버핏에게 줄 선물을 대신 사준 셈이었다. 비용이 얼마나 되는지 알려면 버핏이 쥐고 있는 채권의 규모를 계산해보면 된다. 버핏은 살로먼 브러더스에 주당 100달러를 지불하고 채권을 매입했다. 나는 계산기를 두들겨봤다. 아무리 보수적으로 계산해도 버핏이 이 채권을 당장 118달러에 팔 수 있다는 결과가 나왔다. 100달러와 118달러. 다시 말해, 버핏이 투자한 금액보다 18퍼센트의 초과 이익이 발생했다. 버핏은 단숨에 1억 2,600만 달러를 벌어들인 셈이다. 살로먼 브러더스 주주들은 아주 중요한 것을 놓친 경영진을 살리기 위해서 왜 이렇게 막대한 비용을 감당해야 하는 걸까? 이 비용의 일부는 직원에게 줄 보너스에서도 충당될 게 분명했다. 왜 일개 직원인 우리가 그 비용을 감당해야 하는 걸까? 이 소식을 들었을 때 나와 다른 많은 임원의 머릿속에 떠오른 질문은 바로 이것이었다.

굿프렌드는 이 모든 것이 살로먼 브러더스를 위한 일이라고 설명했다. 굿프렌드는 말했다. "페렐만이 살로먼 브러더스를 인수하려고 나섰다는 소식을 듣고 충격을 받았습니다. 페렐만은 제가 이름만 들어본 인물에 지나지 않아요. 저는 고객과의 관계, 고객의 신뢰와 신용을 생각할 때 살로먼 브러더스가 기업 사냥꾼으로 간주되는 인물과는 절대 어울리지 않는다고 생각했습니다."

첫 번째 문장을 제외하고 그의 말은 처음부터 끝까지 거짓이었다. 마지막 부분부터 한번 살펴보자. 남아프리카인이 주주였을 때만해도 고객과 살로먼 브러더스 간에 문제가 없었다. 그런데 왜 적대적인 기업 사냥꾼이 주주가 되면 둘의 관계에 문제가 생긴다는 걸까? 나는 인종차별이나 적대적 M&A 중 어느 것이 도덕적으로 더 나은가에 대해 관심이 없다. 하지만 적어도 전자는 후자만큼이나 위험할수 있다. 어쩌면 기업 사냥꾼과 엮이는 것이 살로먼 브러더스에게 더 유리할 수도 있다. 적대적 M&A를 걱정하는 대기업은 우리 배후에 누가 있는지를 보고 (경영권을 방어하기 위해서 드렉셀 번햄을 M&A 자문기관으로 고용하듯) 살로먼 브러더스를 M&A 자문기관으로 고용할지도 모른다. 이렇게 되면 살로먼 브러더스는 자문료를 벌 수 있다. 또한 페렐만이 대주주가 되면 그와 그의 친구들은 우리 고객의 뒤를 봐줄 거라는 약속을 해줄 수도 있을 것이다. 인수하려고 고민할 때 페렐만은 분명히 이런 시너지를 고려했을 것이다.

1987년 9월 월가에 있었던 사람이 페렐만에 대해 "그저 이름만 들어본 사람"이라고 말하는 것은 터무니없는 소리다. 모두가 그를 알고 있었다. 하늘에 맹세컨대, 나는 살로먼 브러더스에서 일하기 전부터 그를 알았다. 페렐만은 무일푼으로 시작해서 5억 달러라는 막대한 자산을 모은 성공의 아이콘이었다. 그는 LBO를 활용해서 기업을 인수하고 무능한 경영진을 몰아내서 막대한 자산가가 됐다. 굿프렌드는 페렐만이 살로먼 브러더스의 대주주가 되면 자신이 회장 자리에서 물러나야 한다는 것을 분명히 알고 있었을 것이다. 설령 굿프렌드가 페렐만의 이름만 들어봤더라도, 9월 26일 뉴욕의 플라자 아테네호텔에서 그와 마주쳤을 때 누구인지 단숨에 알아차렸을 것이다. 당시에 살로먼 브러더스 뉴욕 본사 41층에선 워서스타인이 굿프렌드를 대신할 경영자로 내정됐다는 소문이 돌았다. (페렐만에게 M&A에 관한 자문을 해주던 워서스타인은 살로먼 브러더스의 경쟁업체인 퍼스트 보스턴에서 일했다. 놀랍게도 페렐만이 살로먼 브러더스를 인수하면 워서스타인이 퍼스트 보스턴을 그만두고 살로먼 브러더스를 경영하러 올 것이라는 소문이 돌았다. 워서스타인은 퍼스트 보스턴에서의 생활에 만족하지 않았기 때문에 거래가 성사되면 그가 살로먼 브러더스로 자리를 옮길 가능성이 커 보였다. 하지만 이듬해 1월 워서스타인은 퍼스트 보스턴을 관두고 독자적인 회사를 차렸다. 나중에 워서스타인에게 이 소문에 대해 직접 물어볼 기회가 있었다. 그는 어떤 질문에도 눈을 내리깔거나 말을 더듬으며 자신 없게 대답하는 사람이 아니었다. 그는 단호한 사람이었다. 그러나 내 질문을 듣자마자 그는 눈을 낮게 내리깔더니 낮은 목소리로 말했다. 그는 "그런 소문이 어디서 시작됐는지 모르겠어요. 어떻게 그럴 수 있겠어요. 저는 페렐만이 살로먼 브러더스를 인수한다는 소식이 전해졌을 때, 일본에 있었어요"라고 말했다.)

여러 정황상 굿프렌드가 살로먼 브러더스를 구해줄 백마 탄 기사가 되어주는 대가로 버핏에게 막대한 돈을 지불하도록 이사회를 설득한 것은 기민한 전략이었다. 법적으로 이사회는 주주들의 이익을 대변해야 한다. 9월 28일 굿프렌드는 버핏의 도움을 받지 않고 회사가 페렐만에게 넘어가면 자신은 (스트라우스와 몇몇 임원들과 함께) 사퇴하겠다고 이사회를 협박했다. 굿프렌드는 스턴골드에게 "협박하려고 그런 말을 했던 게 아닙니다. 저는 그저 사실을 말했을 뿐입니다"라고 말했다.

굿프렌드는 자신의 사리사욕을 숭고한 원칙으로 둔갑시키는 천부적인 재능을 타고났다. 이 둘을 구분하는 것은 쉽지 않다. (내가 월가에서 배운 게 하나 있다면, 대체로 투자은행가는 자신의 사욕을 지키고자 할 때 원칙을 들먹인다는 것이다.) 페렐만의 공격에 굿프렌드가 진정 섬뜩함을 느꼈을 가능성도 있다. 그는 감각적인 사람이기에 분명히 전도사의 확신을 갖고 선언했을 것이다. 그는 기가 막힐 정도로 설득력 있게 말했다. 자신의 자리를 놓고 최후의 승부수를 던진 것이다. 그에게는 잃을 것이 없었다. 하지만 승리한다면 그는 모든 것을 다시 얻게 될 터였다. 일단 페렐만이 그의 지분을 인수하면, 굿프렌드는 스스로 물러날 기회를 갖기도 전에 해고될 게 분명했다.

굿프렌드의 과거 행실을 생각하면, 사퇴하겠다는 그의 선언은 자기 이익만 생각한 발언으로 보인다. 이같이 해석할 근거는 충분하다. 불과 몇 년 전 이와 유사한 상황에서 굿프렌드는 비슷한 행보를 보였다. 1970년대 중반에 개최된 파트너십 회의에서 이상한 대화가 오갔다. 시몬은 파트너들이 지분을 모두 처분하고 살로먼 브러더스를 유한회사에서 주식회사로 전환하면 살로먼 브러더스의 파트너들은 엄청난 부자가 될 것이라고 말했다. (시몬은 윌리엄 살로먼의 뒤를 이을 차기 회장 자리를 놓고 굿프렌드와 치열한 경쟁을 벌인 바로 그 인물이다.) 그런데 윌리엄 살로먼 회장은 파트너십이 살로먼 브러더스의 건전성을 지키고 직원들의 충성심을 유지하는 핵심이라고 생각하고 있었다. 이는 그가 "파트너십이 모두를 가족처럼 묶어줄 것"이라고 자주 이야기한 데서도 충분히 짐작할 수 있는 대목이다. 시몬이 말을 마치자마자, 굿프렌드는 벌떡 일어서서 살로먼 회장의 의중을 전달하며 반대 의사를 표명했다. 굿프렌드는 살로먼 브러더스가 성공할 수 있었던 비결은 바로 파트너십에 있다며 그것을 포기하고 회사를 매각해 주식회사로 전환된다면 자신은 사퇴하겠다고 말했다. 나중에 살로먼 회장은 "내가 굿프렌드를 차기 회장으로 선택한 이유는 바로 그거였습니다. 굿프렌드는 파트너십의 가치를 진정 이해하고 있었죠"라고 말했다.

하지만 회장이 되고 나서 살로먼 브러더스의 지분을 상당 부분 보유하게 되자 굿프렌드의 마음이 바뀌었다. 회장이 된 지 3년 뒤인 1981년 10월, 그는 상품 중개 회사인 필립스 브러더스에 5억 5,400만 달러를 받고 회사를 넘겨버렸다. (1984년 경영권은 굿프렌드에게 되돌아왔다. 살로먼 브러더스가 좋은 실적을 내고 필립스 브러더스가 거의 파산 지경에 이른 덕분이었다. 이 무렵, 굿프렌드는 이사회에 필립스 브러더스 CEO인 데이비드 텐들러David Tendler를 해임할 것을 요구했다. 이후 굿프렌드는 자회사인 살로먼 브러더스의 CEO에서 모기업인 필브로 살로먼의 CEO가 됐다. 나중에 필브로 살로먼은 살로먼 주식회사로 이름이 변경됐다.) 회장이었던 그는 이 거래로 4,000만 달러에 달하는 막대한 이익을 챙겼다. 그는 자본이 필요해서 내린 결정이었다고 변명했지만, 살로먼 전 회장은 이에 동의하지 않았다. 그는 "회사에는 자본이 차고 넘쳤습니다. 부끄럽게도 굿프렌드는 물질주의적 사고에 따라서 그런 결정을 내렸지요"라고 말했다. (어떤 면에서 굿프렌드는 이때 내린 결정에 대한 대가를 치르고 있는 셈이었다. 살로먼 브러더스가 파트너십에 기반한 유한회사로 남아 있었더라면, 그 누구도 살로먼 브러더스를 인수할 생각을 하지 못 했을 것이다.)

어찌 됐건 사퇴하겠다는 굿프렌드의 협박은 이사회를 뒤흔들어 놓았다. 이사회는 페렐만이 지분을 인수했을 때 발생할 경제적 이득을 간과한 채 살로먼 브러더스의 사회적 책임에 주목했다. 게다가 이사들은 대부분 굿프렌드가 선임한 이들로, 그의 친구들이었다. 두 시간 뒤, 이사회는 굿프렌드의 제안을 받아들이기로 결정했다. 버핏은 투자했고, 굿프렌드는 자리를 지켰고, 페렐만은 살로먼 브러더스 지분을 인수하려고 준비해뒀던 돈을 주머니에 그대로 넣어놓아야 했다.

살로먼 브러더스는 일상으로 돌아갔다. 그러나 평화가 유지된 것은 단 몇 주뿐이었다. 살로먼 브러더스에 대해 제기된 근본적인 문제는 여전히 남아 있었다. 모든 이들이 회사가 엉망으로 경영되고 있다는 것을 알게 되었다. 경영 상태가 너무나 엉망이라서 페렐만 같은 노련한 사업가가 끼어들더라도 상황을 호전시킬 수 있을지 의문이었다. 또 다른 의문은 살로먼 브러더스 뉴욕 본사의 41층 트레이딩룸을 주름잡는 대물들에게 생겨났다. 오랫동안 돈을 성공의 척도로 생각했던 사람들은 페렐만뿐만 아니라 워서스타인, 페렐라, 그리고 밀켄을 부러워하기 시작했다. 그들은 특히 밀켄을 부러워했다. 이들은 스스로에게 질문했다. 밀켄은 어떻게 억만장자가 됐을까? 그리고 나는 왜 그렇게 되지 못했을까?

이 같은 의문을 바탕으로 우리는 지난 몇 년 동안 미국 금융업계에서 어떤 일이 일어나고 있는지 명확하게 이해하게 됐다. 살로먼 브러더스가 아닌 밀켄이 미국 금융업계를 주름잡으며 초대형 금융 거래를 주도하고 있었다. 밀켄은 미국 대기업을 사고팔고 있었다. 살로먼 브러더스가 이 같은 큰 변화를 인식하지 못하는 동안에 미국 금융업계의 주된 업무는 채권이 아닌 산업을 사고파는 일이 되어 있었다.

11장

부자에게 나쁜 일이 생길 때

━━━━━━━━━━━━━━━━━━ 내가 좋아하는 죄인들이 있다. 그 중 한 사람인 에드윈 에드워즈 Edwin Edwards 는 내 고향 루이지애나의 주지사였다. 신앙심이 깊은 그는 지옥불은 위선자를 태워버리기 위해서 가장 뜨겁게 타오르는 법이라고 말하곤 했다. 신이시여, 우리 죄를 사하소서!

페렐만 사건이 마무리되고 채 2주도 지나지 않아 나는 기가 막힌 정보를 접했다. 정확하게 말해서 일방적으로 지시를 받았다. 정크본드가 살로먼 브러더스의 새로운 전략 상품이 된 것이다. (이 변화에 이어 1988년 초 카우프만이 살로먼 브러더스에서 퇴사했다.) 놀랍게도 우리는 정크본드를 팔아야 했다. 미국 전역에서 식품을 판매하는 세븐일레븐 7-Eleven 을 소유한 사우스랜드 코퍼레이션 Southland Corporation 이 1987년 7월 매각됐다. 사우스랜드 코퍼레이션 경영진은 49억 달러의 차입금을 보유하고 있었는데, 살로먼 브러더스와 골드만삭스가 브리지론(특정 거래를 목적으로 일시적으로 자금을 대출해주는 것-역주) 명목으로 빌려준 단기 자금이었다. 모든 브리지론처럼 살로먼 브러더스가 대출해준 단기 자금은 사우스랜드 코퍼레이션의 이름으로 발행된 정크본드로 대체될 예정이었다. 이 정크본드가 투자자들에게 팔리면, 그 매각 대금은 결국 살로먼 브러더스로 돌아오게 될 터였다. 여기서 유일한 문제는 투자자들이 이 정크본드에 투자하길 꺼린다는 것이었다. 그런데도 살로먼 브러더스에서 세일즈맨들은 이 정크본드를 열심히 판매하지 않는다는 비난을 받아야 했다.

립록은 자신의 고객들은 오래전부터 미국 국채만 매수한다고 말하며 약삭빠르게 정크본드 판매에서 발을 뺐다. 반면 내겐 팔아야 할 정크본드가 산더미처럼 쌓여 있었다. 말하자면, 나는 자선단체에 100만 달러를 기부하고도 오히려 더 많은 돈을 기부해달라는 요구에 파묻힌 신세였다. 문제의 올림피아 앤드 요크 회사채를 판 것은 1년도 더 된 일인데, 비슷한 채권이 나올 때마다 사람들은 내게 눈치를 줬다. 자신의 고객을 속여서 8,600만 달러 규모의 채권을 팔아치웠던 사람이라면, 그보다 훨씬 큰 규모의 사우스랜드 코퍼레이션 정크본드도 거뜬히 팔 수 있을 거라고 생각하는 듯했다. 과거의 죗값을 치르고 있다는 생각이 들었다. 나는 사우스랜드 코퍼레이션 정크본드의 장점을 평가할 능력이 없었지만, 예전에도 그랬듯 이런 무지함은 지금 내가 사우스랜드 코퍼레이션 정크본드를 팔지 못하는 핑계가 되어주지 못했다.

살로먼 브러더스의 정크본드 전문가들은 사우스랜드 코퍼레이션 정크본드가 좋은 투자상품이라고 목소리를 높였다. 그들은 거래가 성사됐을 때 가장 많은 이득을 보는 것은 물론 그들이지만, 거래가 실패했을 때 가장 많은 손해를 볼 사람도 그들이라고 강조했다. (일이 잘 되면 그들은 3,000만 달러의 이익을 보게 되지만 최악의 경우 일자리를 잃게 될 것이다.) 만약 그 정크본드가 별 볼 일 없다면, 아무도 그 사실을 얘기하지 않을 것이다. 보너스가 지급되는 시기가 다가오고 있어서 다들 실적에 예민해졌을 때라 그들이 우리가 판매할 상품이 진짜 좋은 상품인지 정직하게 말해주기를 기대하기는 어려웠다.

나는 살로먼 브러더스가 정크본드에 대해서 아는 바가 없다고 생각했다. 살로먼 브러더스가 발행하는 정크본드는 그 이름에 걸맞게 정말 쓰레기 같았다. 살로먼 브러더스는 초보자들이나 하는 실수를 저지르고 있었다. 우리는 사람들이 떼로 모여 미쳐서 날뛰는 시장에 뒤늦게 뛰어들어 값이 정점에 있을 때 물건을 팔겠다며 허둥대고 있었다. 나는 내 직감에 의지할 수밖에 없었다. 살로먼 브러더스에서 사우스랜드 코퍼레이션에 대해 잘 안다고 주장하는 사람 중에서 내가 신뢰할 수 있는 사람은 아무도 없었기 때문이다. 내 직감은 이 정크본드는 곧 파국을 맞을 것이라고 이야기하고 있었다.

나는 새해 들어 고객이 사선 안 된다고 생각되는 상품을 팔지 않았다. 하지만 사순절(기독교인들이 예수의 고행을 기리기 위해 부활절을 앞두고 40일간 몸과 마음을 정결하게 지내는 기간 -역주) 무렵, 이 새해 결심을 포기하고 말았다. 매수자 위험 부담은 세계 자본 시장을 지배하는 법칙이지만, 나는 세계 자본 시장에서 내가 맡은 하찮은 역할이 정직하지 못하다고 느꼈다. 그리고 그렇게 느끼는 사람은 나 혼자가 아니었다. 립록은 채권 세일즈맨으로서 지켜야 하는 윤리 의식에 정통했다. 그는 누군가 문제가 되는 채권을 고객에게 떠넘길 때마다 "이런 젠장!"이라고 소리쳤다. 그러곤 문제가 되는 채권의 일부를 자신이 직접 처리했다.

투자자의 포트폴리오에 문제의 채권들을 욱여 넣을 때마다 나는 그 대가를 톡톡히 치러야 했다. 그렇게 하고 나서 다음 날 아침이 되면 내게 매일 전화해서 비아냥거렸던 독일인 헤르만처럼 내게 뒤통수를 맞은 고객들의 냉소적인 전화를 받아야 했던 것이다. 전화기만 보면 "마이클, 다른 '구트 아이디어' 없어?"라는 소리가 들리는 것만 같았다. 고객에게 문제의 채권을 떠넘긴 날이면 나는 밤에 잠을 설치거나 유럽 투자자들이 나를 닮은 인형을 바늘로 찌르는 꿈을 꾸다가 침대에서 떨어졌다.

나는 고객들에게 사우스랜드 코퍼레이션 정크본드를 파는 것을 어떻게 하면 피할 수 있을지 고민했다. 생각처럼 쉬운 일이 아니었다. 채권을 팔지 않으려면 상사와 스쿼시를 칠 때보다 더 교묘한 기술이 필요했다. 상사와 스쿼시를 칠 때는 상사가 눈치채지 못하게 져주기만 하면 되지만 사우스랜드 코퍼레이션 정크본드의 경우는 이보다 훨씬 복잡하고 어려웠다. 사우스랜드 코퍼렌이션 정크본드는 살로먼 브러더스가 정크본드 시장에서 뭔가 할 수 있다는 것을 보여주기 위한 굿프렌드의 출사표였기 때문이다. 나는 뉴욕 본사 임원들에게 수차례 전화를 받았다. 이들은 이 거래에 대한 굿프렌드의 관심에 잔뜩 흥분해서 채권 세일즈맨들에게 사우스랜드 코퍼레이션 정크본드를 빨리 팔라고 독촉해댔다. 이들이 내게 전화를 걸어 상황이 얼마나 진척됐는지 물을 때마다 나는 거짓말을 했다. 나는 사우스랜드 코퍼레이션 정크본드를 주력 상품으로 삼아 고객들에게 판매 전화를 돌리고 있다고 말했지만 사실은 고객에게 단 한 통도 전화를 하지 않았다. 회사가 이런 나를 가만히 놔둘 리 없었다. 거짓말 실력을 늘려야 할 것 같았다. 다른 세일즈맨들도 설득력이 있든 없든 이런저런 핑계를 댔다. ("제 고객이 일주일간 휴가를 떠났어요." "고객이 얼마 전에 죽었어요.") 정크본드 전문가 중 한 사람은 내가 내 최대 고객인 프랑스인과 통화할 때 옆에서 지켜보기도 했는데, 다행히 통화 내용까지 들으려고는 하지 않았다. 적어도 내가 정크본드를 팔려고 시도하는지 알고 싶어 했을 뿐이다.

프랑스인 고객이 전화를 받았다.

"위(여보세요)?"

"안녕하세요. 접니다, 마이클."

"누군가 했네요. 무슨 일입니까?"

나는 단어 하나하나 신중하게 선택했다. 이 고객은 내가 어떤 상품이 인기 있다고 말하면 항상 의심을 품었기 때문이다.

"한번 들어보셨으면 하는 게 있어요. 미국 투자자들에게 아주 인기 있는 상품이에요."

그는 내가 무슨 말을 하려는 것인지 안다는 듯 빈정거렸다.

"그럼 그쪽에서 다 사라고 하세요."

"지금 제 옆에 고수익 채권(고수익·고위험 채권, 즉 신용등급이 낮은 회사가 발행한 채권으로 원리금 상환에 대한 불이행 위험이 크지만 그만큼 이자율도 높다-역주) 전문가가 있는데, 사우스랜드 채권이 싸다고 하네요."

"하지만 당신은 그렇게 생각하지 않나 보군요." 그는 가볍게 웃었다.

나는 "네, 맞아요"라고 답하고 나서, 장황하게 말을 이어갔다. 나는 서로 다른 이유로 살로먼 브러더스의 정크본드 전문가와 프랑스인 고객을 모두 만족스럽게 하지만, 알맹이는 전혀 없는 말을 계속했다.

그는 "고맙지만, 생각 없어요"라고 말하고는 전화를 끊었다.

내 옆에 있던 정크본드 전문가는 비록 채권을 팔지 못했지만 수고 많았다고 말했다. 그는 자신이 사우스랜드 코퍼레이션 채권을 제대로 평가했는지 알지 못했고, 얼마 지나지 않아 그것이 폭탄이라는 사실을 깨달았다.

1987년 10월 중순, 살로먼 브러더스는 잠깐이지만 페렐만에게 인수될 위기에 놓였었다는 충격으로 여전히 정신을 못 차리고 있었다. 놀이공원에서 롤러코스터를 탄 것처럼 8일 동안 머리털이 쭈뼛쭈뼛 서는 사건이 이어졌다. 살로먼 브러더스는 연달아 예기치 못한 공격을 받으면서 갈수록 혼란에 빠지고 갈피를 잡지 못했다. 눈사태처럼 회사에 몰아닥친 비극으로 그다지 무고하지 않은 희생자가 수백 명 발생했다. 살로먼 브러더스가 뒤흔들린 8일간을 자세히 살펴보자.

1987년 10월 12일 월요일

살로먼 브러더스가 뒤흔들린 8일의 첫날이었다. 최고경영진의 잘못된 판단으로 이날부터 회사가 흔들리기 시작했다. 주말에 이사 중 한 사람이 〈뉴욕타임스〉에 살로먼 브러더스가 1,000명을 해고할 계획이라고 제보했다. 그 누구도 예상하지 못한 소식이었다. 모두들 살로먼 브러더스가 사업을 전반적으로 재검토하고 있다는 것은 알고 있었지만 누군가가 해고되지는 않을 것이라고 생각했다. 팀장들이 거짓말을 했거나 아니면 그들조차 몰랐을 텐데, 어느 쪽이 맞는지는 잘 모르겠다. 이날 아침, 런던지사장은 직원들을 강당에 불러 모았다. 옮긴 지 1년도 안 된 새 건물에서는 많은 직원들이 일하고 있었다. 그는 인사와 관련해서 "아무 결정도 내려진 바 없다"라고 말했다. 그 누구도 해고되지 않을 것이란 의미였다.

그런데 뉴욕 본사의 누군가가 재빨리 결정을 내린 듯했다. 그날 오후 뉴욕 본사 41층에서 일하던 지방채팀과 머니마켓(1년 미만 금융 상품이 거래되는 단기금융 시장-역주)팀에서 근무하는 500여 명의 사람들이 일거에 해고됐다. 충격적인 소식이었다. 뉴욕 본사 41층에서 머니마켓팀을 이끌던 책임자는 친절하고 상냥한 사람이었다. 그는 오전 8시 30분 팀원들에게 "여러분, 우리가 역사의 뒤안길로 사라지게 됐어요"라고 말했다. 그때 뉴욕 본사 41층에 있는 모든 영업팀의 수장이자 열성적인 대물인 그의 상사가 헐레벌떡 달려오더니 "다들 거기그대로 있어. 제길. 다들 자기 자리를 지키면 그 누구도 해고되지 않아"라고 소리쳤다. 그러자 머니마켓팀 사람들은 모두 다시 자기 자리에 앉았다. 그 순간에 퀴트론으로 내부 공지가 들어왔다. "당신은 해고다. 살로먼 브러더스에서 계속 일하기를 원하는 사람은 알려달라. 회사가 곧 연락을 줄 것이다. 하지만 너무 큰 기대는 하지 마라"라고 적혀 있었다.

지방채팀과 머니마켓팀은 사실 실적이 나빴다. 그렇다고 그들 모두를 해고해야 했을까? 회사는 두 팀을 소규모로 운영해서 해당 업무를 계속 유지할 수도 있었다. 이렇게 했다면 지방채와 머니마켓 부문에서 우리와 거래하던 고객에게 계속 서비스를 제공할 수 있었을 것이다. 어느 날 갑자기 팀을 없앴으니 고객들이 얼마나 화가 났겠는가. 팀을 소규모로 남겨뒀더라면, 두 시장이 회복됐을 때 살로먼 브러더스는 이익을 낼 수도 있었을 것이다. 왜 지방채팀과 머니마켓팀을 모두 버린 것일까? 인력을 재배치해서 유능한 직원들을 지킬 생각을 왜 하지 못했을까? 유능한 지방채 세일즈맨은 국채팀에서도 능력을 발휘했을 것이다. 살로먼 브러더스는 미국에서 지방채를 가장 많이 발행했고, 머니마켓시장에서도 상위권을 차지하고 있었다.

그러니 두 팀에서 일하던 직원들은 결코 무능한 패배자들이 아니었다. (이후에 딘 위터는 살로먼 브러더스에서 해고된 지방채팀 사람들을 대부분 스카우트하고, 데리고 있던 직원을 해고했다.)

이런 결정을 내린 사람들은 직관적으로 판단을 내렸다. 다시 말해, 그들은 오직 트레이딩만 생각했다. 시몬은 젊은 트레이더들에게 "채권 트레이딩을 하지 않았으면, 트럭 운전을 했을 거 아냐. 이 바닥에서 잔머리 쓸 생각하지 마. 그냥 채권 트레이딩에 집중해"라고 소리쳤다고 한다. 트레이더는 매수했는데 그게 잘못된 선택이라면 그 거래에서 재빨리 꽁무니를 뺀다. 다시 말해, 트레이더는 자신의 포지션을 버려서 손실을 끊어내고 다음 거래로 넘어가면 그만이다. 손절매(주가가 떨어질 때 손해를 보더라도 팔아서 추가 하락에 따른 손실을 피하는 기법-역주) 하는 트레이더는 자신이 채권을 매도할 때 그 가격이 바닥이 아니기만을 바란다. 매수할 때 상투가 아니기를 바라는 것과 비슷하다.

트레이딩에 적용하는 논리에 따라 두 팀을 없애버린 것보다 훨씬 더 황당한 것은 굿프렌드의 핑계였다. 그는 회사와 언론에 인력 조정을 보다 지적인 방법으로 하고 싶었지만 자신이 통제할 수 없는 사건이 일어나서 빨리 결정 내릴 수밖에 없었다고 설명했다. 살로먼 브러더스의 대규모 인원 감축 계획이 언론에 보도되자 곧장 행동할 수밖에 없었다는 뜻이다. 〈뉴욕타임스〉가 살로먼 브러더스의 내부 정책에 영향을 미쳤다는 것이다. 그게 아니라면 굿프렌드가 자신의 결정을 정당화하기 위한 핑계로 〈뉴욕타임스〉를 이용했든가. 황당하기 그지없는 핑계다.

무엇보다도 가장 이해하기 힘든 것은 '과연 누가 이런 정보를 흘렸느냐'였다. 연수생 시절부터 회사의 허락 없이 언론과 접촉하는 것은 용서받지 못할 죄악이라고 들어 왔다. 일반적으로 살로먼 브러더스 직원들은 기자들을 멀리했다. 그래서 살로먼 브러더스 안에서 일어나는 일이 신문에 보도되는 일은 절대로 일어날 수 없었다. 아무 생각 없이 이런 정보를 기자에게 발설했다는 것은 나로서는 상상조차 할 수 없는 일이었다. 그러니 이것은 살로먼 브러더스 내부에 소란을 일으키려는 의도된 행동이 분명했다. 그렇다면 누가 그런 행동을 했을까? 우리가 아는 것이라고는 이사진 중 한 사람의 입에서 이같은 정보가 나왔다는 것뿐이었다. 살로먼 브러더스 이사진은 굿프렌드, 스트라우스, 보우테, 매시, 호로비츠, 슬레이터, 메리웨더, 그리고 존재감이 거의 없는 10여 명으로 구성되어 있었다. 누설자를 색출해내라는 지시가 내려졌다. 이번 일로 가장 큰 타격을 입을 사람이 누구인지 생각해봤다. 오래 고민하지 않아도 답은 금방 나왔다. 바로 지방채팀의 수장 호로비츠였다. 그는 모든 것을 잃었다. 감원 이후 그는 부하 직원 하나 없는 무임소無任所 장관(국무위원으로 내각을 구성하는 일원이면서도 정부의 특정한 행정 업무를 담당하지 않는 장관−역주) 신세가 됐다.

정보를 흘린 목적이 지방채팀을 지키려는 것이었다면, 확실히 역효과가 났다. 굿프렌드가 말했듯, 언론에 보도되는 바람에 계획했던 것보다 훨씬 더 많은 인원이 해고됐다. 그러니 누설한 이는 그게 누구든 팀원들을 지킬 수 있는 마지막 기회를 놓친 것이다. 만약 누설한 이가 원하는 것을 얻었다면? 이 일로 누가 덕을 봤을까? 호로비츠에게 복수하려고 언론에 대규모 인원 감축 계획을 흘린 거라면? 그 일로 덕을 본 사람은 아무도 없었다. 붙잡힐 위험을 감수하고 언론에 정보를 노출시키기에는 동기가 약했다. 누설한 이가 누구든 간에 그는 자신의 목을 내놓을 각오를 하고 내부 정보를 언론에 흘린 것이다. 임원들은 언론에 대규모 인원 감축 계획을 슬쩍 흘렸다가 들통나서 굿프렌드에게 굴욕을 당하는 상상만으로도 몸서리를 쳤다. 두려움이 이 수수께끼를 풀 열쇠인지도 모른다. 굿프렌드를 두려워하지 않을 사람은 누구일까? 이 질문에 초등학생도 대답할 수 있을 것이다. 바로 굿프렌드 본인이다.

물론, 미친 소리처럼 들릴 수도 있다. 동료가 내게 굿프렌드가 인원 감축을 앞당기기 위해서 언론에 정보를 흘렸을지도 모른다는 음모론을 제기했을 때, 나는 그저 웃었다. 하지만 그 가능성을 완전히 떨쳐버릴 순 없었다. 굿프렌드는 두 팀을 없애버린 자신의 결정을 정당화하기 위해 언론에 인원 감축 계획이 새어나간 일을 끈질기게 들먹였다. 이 사건은 그에게 구명정 같았다. 신문에서 인원 감축 계획이 있다는 기사를 읽었을 때, 이 계획은 불가피하게 느껴졌다. 그는 "보다시피 〈뉴욕타임스〉에 기사까지 났군. 대체 어떤 놈이 흘린 거야!"라고 화낼 수 있었다. 이렇게 그냥 결론 내리기에는 근거가 약하다. 굿프렌드는 언론에 내부 정보를 누설하는 것은 자신의 신뢰를 떨어뜨리는 행동이라는 것을 알았다.

누구의 입에서 나왔든 정체를 알 수 없는 익명의 누설자는 이사진에게 공공의 적이 됐다. 설령 여러 명이 회사의 인원 감축 계획을 언론에 알렸더라도 그들은 나머지 사람들에게 공공의 적이었다. 어쨌든 살로먼 브러더스에는 누설자가 있었다. 이사진에 속하지 않는 소수의 임원들은 이사들이 있는 데서는 웬만하면 논의하지 않았다. 우리 같은 일개 직원들이 보기에 경영진은 그 어느 때보다 심각하게 분열됐다. 이사 한 사람이 배짱 좋게 다른 이사들에게 "유감스럽지만 누가 발설했는지 알기 전까지는 여러분 중 그 누구도 믿을 수 없습니다"라고 말했다. 그가 이토록 용감한 말을 내뱉었다는 소식이 트레이딩룸까지 빠르게 전해졌다. (결국 누설자는 밝혀지지 않았다. 나는 1988년 10월까지 내부 정보를 언론에 발설한 범인을 찾기 위한 조사가 계속됐다고 들었다. 이건 사실이다. 그해 말까지 임원들 가운데 사퇴한 사람은 아무도 없었다. 스트라우스는 보너스로 224만 달러를 받았고, 보우테는 216만 달러를 받았다. 가장 놀라운 것은 회사가 없애버린 팀의 수장이고 콜럼버스 서클에 신사옥을 짓는 프로젝트를 담당했던 호로비츠가 160만 달러를 보너스로 받았다는 사실이다. 굿프렌드는 보너스를 받지 않고 30만 달러 상당의 연봉에 80만 달러의 수당만 받았다. 그는 보너스를 대신해서 30만 주가량의 스톡옵션(기업이 임직원에게 일정 기간이 지난 후 일정 수량의 주식을 일정한 가격으로 살 수 있는 권한을 인정해 영업이익 확대나 상장 등으로 주가가 오르면 그 차익을 볼 수 있게 하는 보상제도-역주)을 받았다. 스톡옵션이 행사됐을 때 이는 시가로 300만 달러가 넘었다.)

나는 점점 더 좌절했다. 그저 상황을 지켜보는 것 말고는 내가 할 수 있는 일이 없었다. 경영진이 자신의 행동이나 부하 직원의 행동에 책임을 졌는가? 그들에게는 명예란 것이 없나? 영국 정부에서 이와 비슷한 정보 유출 사건이 일어났을 때는 그 결과 수많은 장관이 사퇴했다. 반면 살로먼 브러더스 경영진은 자신들이 저지른 실수에 대해 아무런 책임도 지지 않았다. 그들은 문제가 일어나면 건성으로 문제의 원인을 분석했고, 이미 지난 일이니 덮어두자는 식으로 이야기했다. 회사에 더 충격을 줘봤자 (경영진 중에서 누군가가 책임지고 사퇴해봤자) 좋을 거 없다고 했다. 나는 경영진이 회사가 망해도 자신들은 손해 볼 것이 없다고 생각하는 것 같아 걱정스러웠다.

가장 충격적인 일은 모든 신입사원에게 한 약속이 깨진 것이었다. 대부분의 연수생이 떠밀리듯 지방채팀과 머니마켓팀에 배치됐다. 연수 프로그램 담당자였던 매시가 했던 말을 믿지 않은 게 얼마나 다행인지 모른다. 그는 연수생들에게 마음을 편하게 먹고 있으면 회사가 알아서 적당한 팀에 배치해줄 거라고 말했다. 실적에는 항상 보상이 따를 거라고도 했다. 연수생들은 그를 믿었으나 라니에리를 해고하면서 이 약속은 깨졌고, 그 파편이 살로먼 브러더스 전체를 뒤덮었다.

끔찍한 하루가 끝날 무렵, 런던 지사의 사람들은 다들 신경이 날카로워져 있었다. 누설자는 〈뉴욕타임스〉에 살로먼 브러더스가 1,000명을 해고할 계획이라고 말했다. 해고된 사람은 500명이다. 감원 바람은 완전히 끝난 게 아니었다. 다음 차례는 대체 어디란 말인가?

1987년 10월 14일 수요일

스트라우스는 우리에게 런던 지사도 인원 감축 대상이라고 말했다. 이 진단은 런던 지사 임원이 뉴욕에서 열린 구조조정위원회에서 런던 지사를 보호하려는 의도로 진행한 사업 설명회를 망치기 한 달 전에 이미 내려졌다. 그는 직원들의 능력이나 사업계획을 강조하는 대신에 런던 지사의 실적이 부진한 것은 자기 탓이 아니라고 해명하는 데 시간을 썼다. 굿프렌드는 그의 태도에 역정을 냈고, 구조조정위원회 위원들은 런던 지사에 대해 최악이라는 결론을 내렸다. 그렇다고 그들을 탓할 순 없다. 런던 지사의 실적이 나빴던 것은 사실이었다.

결과를 기다리는 것이 가장 참기 힘든 일이었다. 런던 지사 트레이딩룸에서 일하는 직원들은 자신이 인원 감축 대상이 될지 말지

도무지 알 수 없었다. 하지만 모두 채권 부문에서 3분의 1 정도의 사람들이 해고될 것이라고 짐작은 하고 있었다. 사람들은 자신이 살로먼 브러더스에 없어선 안 될 중요한 인재라고 생각했고, 나라고 다르진 않았다. 물론 이런 생각은 내게 전혀 위안이 되지 않았다. 나는 슬슬 걱정되기 시작했다. 처음에는 살로먼 브러더스에서 해고되면 무슨 일을 하면서 먹고살지를 걱정했고, 이후에는 만약 해고되지 않으면 어떻게 해야 할지를 걱정했다. 갑자기 살로먼 브러더스가 해고되어도 아쉬울 것 없는 회사처럼 느껴졌다. 정글 길잡이인 팀장들은 각자 감원 명단을 제출했다. 런던 지사 임원들은 영화 〈바람과 함께 사라지다〉에 나올 법한 식당에서 이탈리아 화가인 카날레토Antonio Canaletto의 작품을 모방한 그림 아래 모였다. 그들은 그곳에서 살생부를 작성했다. 나는 나의 정글 길잡이를 의심스럽게 바라봤다.

1987년 10월 16일 금요일

아침 일찍부터 허리케인이 런던을 휩쓸기 시작했다. 이렇게 심한 허리케인은 100년 만에 처음이라고 했다. 거대한 나무가 뿌리째 뽑히고, 전기가 끊어지고, 창문은 산산조각 났다. 허리케인은 새벽 2시부터 동이 틀 때까지 런던을 뒤흔들었다. 허리케인이 휩쓴 출근길은 으스스했다. 길은 텅 비어 있었다. 평상시라면 장사를 시작했을 상점들은 대부분 닫혀 있었다. 사람들은 세차게 쏟아지는 비를 피해 빅토리아역 차양 아래 모여 있었다. 지하철은 운행되지 않았다. ABC 방송사에서 방영한 TV 프로그램에서 봤던 핵겨울이 발생했거나 윌리엄 셰익스피어 William Shakespeare 의 《템페스트 The Tempest》에 등장하는 한 장면 같았다. 칼리번(윌리엄 셰익스피어의 희곡 《템페스트》에 등장하는 추악하고 짐승 같은 사나이-역주)이 포효하기에 이보다 더 좋은 날은 없을 것 같았다.

그날은 런던 지사의 170명에게도 최악의 날이었다. 사람들은 쓰러진 나무, 위험한 길과 물웅덩이를 피해 힘겹게 출근했다. 장애물을 피해 먼 거리를 달려서 사무실에 도착했지만, 그들을 기다리고 있는 것은 해고 통보였다. 아직 해고 통보를 받지 않은 사람들은 서서히 말라 죽어갔다. 그들은 몇 시간 동안 말 그대로 한 치 앞을 내다볼 수 없는 암흑 속에서 해고 통보를 기다렸다. 허리케인 때문에 사무실에 전기가 끊겼다. 다들 가만히 앉아 있지 못하고 자기 책상 주위를 서성였다. 임원은 한 사람 한 사람에게 전화를 걸어 그의 운명을 알려줬다.

일자리를 잃는 것보다 실패했다는 사실이 더 끔찍하고 당혹스러웠다. 우리는 각자 나름대로 작은 성공을 거뒀다고 생각하고 있었다. 그 성공이 회사에 중요한 의미가 있을 것이라 자부했다. 해고된 사람은 어딘가 결함이 있는 것처럼 여겨졌다. 모두가 그런 생각에 얼굴을 붉혔다. 몇몇은 자신이 처한 상황을 냉정하게 바라보고 책상에 앉아 해고 통보를 기다리는 동안에 헤드헌터에게 전화를 걸기도 했다. 채권 분야가 인원 감축 대상이라는 소문이 돌았는데, 이는 진짜였다. 주식 담당 임원인 스탠리 숍콘 Stanley Shopkorn 은 용감하게도 굿프렌드에게 맞섰다. 그는 부하 직원을 한 사람이라도 해고하면 자신도 사표를 내겠다고 한 것이다. 주식팀에서 해고되는 사람이 아무도 없는 것을 본 몇몇은 교활하게 주식팀으로 자리를 옮기려고 기웃거렸다. (쥐구멍에도 볕 들 날이 있다더니, 마침내 주식팀에 볕이 든 것이다! 하지만 그것도 이날 하루뿐이었다.) 시간과의 싸움이 시작됐다. 해고되기 전에 새로운 팀으로 자리를 옮겨야 했다. 일단 해고되면, 트레이딩룸에 남아 있을 수 없었다. 임원에서 해고 통보를 받는 즉시, 경비원이 출입증을 가져가고 건물에서 쫓겨날 것이다.

임원들은 인원 감축 결정에 거의 반박하지 않았다. 헤롯왕이 무고한 영아들을 대학살했던 것처럼 최근에 채용된 직원들부터 해고됐다. 인원 감축이 목적이라면 이는 목적에 부합하지 않는 처사였다. 비용 측면에서 볼 때 대개 30대 중반인 중간관리자 1명의 연봉이 얼간이 신입사원 10명의 연봉과 맞먹었기 때문이다. 신입사원들이 해고의 대상이 된 데는 그만한 이유가 있었다. 젊은 신입사원은 고위층에 닿는 인맥이 없기에 해고하기 쉬운 데다 그들에게는 발언권도 없었다. 믿기 어렵지만 나는 꽤나 노련한 직원으로 통했고, 고위층에 친구라고 부를 만한 사람들도 몇몇 있었다. 게다가 런던 지사에서 실적이 두 번째 혹은 세 번째로 좋은 직원이었기에 안전했다.

런던 지사에서는 여자 직원의 해고 비율이 훨씬 높았다. 나중에 이들은 상사에게 글자 하나 다르지 않은 똑같은 해고 통지서를 받았다는 것을 알게 됐다. 상사들은 망설이는 듯한 태도를 보이면서 "자넨 똑똑한 처자이니 이 결정이 자네 능력과는 직접적인 관련이 없다는 것을 알 거야"라고 말했다. 여직원들은 '처자'라고 불리는 것을 싫어했다. 시골뜨기가 아니고서야 요즘 세상에 누가 '처자'라는 말을 쓰겠는가? 경비원이 출입증을 달라고 하자 그에게 꺼지라며 욕하는 직원도 있었다. (그러자 경비원은 정말로 자리를 떴다.) 해고 통보가 이어지면서 희생자들은 하나둘 트레이딩룸으로 모였다. 그들은 훌쩍거렸고 서로 부둥켜안기도 했다. 실로 놀라운 광경이었다. 그때까지 트레이딩룸에선 눈물을 보이는 사람이 아무도 없었다. 그 누구도 트레이딩룸에선 약점이나 약한 모습이나 온정을 베풀어줘야 할 것 같은 모습을 보인 적이 없었다. 일찍이 알렉산더는 내게 트레이딩룸에선 강하게 보이는 것이 중요하다고 알려줬다. 그는 "남에게 약한 모습을 보여줘봤자 득될 게 없어. 차 사고로 친한 친구를 잃어서 전날 밤 한숨도 못 자고 아침 6시 30분에 출근했더니 대물이 와서 등을 두드리며 '그래, 오늘 기분은 좀 어때?'라고 묻는다고 치자. 그러면 '너무 피곤하고 우울해요'라고 대답해선 안 돼. '좋아요. 당신은 어때요?'라고 말해야 돼"라고 말했다.

이날 유일하게 축하받은 사람이 있었다. 그는 내 친구로, 런던 지사에 몇 남지 않은 유럽인 직원 중 하나였다. (유럽인 직원 10여 명은 오래전에 살로먼 브러더스를 그만두고 조건이 더 좋은 회사로 이직했다.) 그는 오전 8시부터 정오까지 자리에 앉지도 못하고 책상 앞에 우두커니 서 있었다. 그는 크리스마스이브를 맞은 어린아이처럼 깡충깡충 뛰었다. 그가 산타클로스에게 받고 싶은 선물은 '해고 통보'였다. 이미 더 좋은 회사로 이직하기로 결정되어 있었기 때문이다. 그는 그 주 초 회사를 관둘 생각이었지만, 사표를 던지는 대신 해고당하면 거액의 퇴직금을 받을 수 있었다. 그래서 해고 통보를 받기 위해 며칠 동안 잠자코 기다렸다. 퇴직금은 정말로 두둑했는데, 재직 기간을 기준으로 액수가 정해졌다. 내 친구는 살로먼 브러더스에서 7년 동안 근무해서 해고된다면 수십만 달러를 퇴직금으로 받을 수 있었다. 나는 그가 두둑한 퇴직금을 챙길 자격이 충분하다고 생각했으나 경영진이 그처럼 오래 일한 직원을 쉽사리 해고할지 확신할 수 없었다. 다행스럽게도 회사가 그의 간절한 기도를 들어주려는지 임원이 그를 식당으로 불렀다. 그가 전화를 받았을 때, 트레이딩룸에선 그에게 축하한다는 말이 쏟아졌고 웃음소리가 울려 퍼졌다. 그는 이제 더 나은 삶을 누리게 될 것이다.

그날 남자 화장실은 중고차 경매장이 됐다. 차를 팔겠다는 안내문이 덕지덕지 나붙기 시작했다. 대부분이 BMW나 벤츠를 팔겠다는 내용이었는데, 볼보를 팔겠다는 안내문이 보였다. 좋지 않은 징조였다.

1987년 10월 17일 토요일

나는 2가지 이유로 뉴욕으로 갔다. 몇 달 전 나는 채권 세일즈맨이 하는 일에 대해 연수생들에게 강연해달라는 제안을 받았다. 내 강연은 10월 20일 목요일에 예정되어 있었다. 살로먼 브러더스에서 일하게 될지 알 수 없는 연수생들 앞에서 강연을 해야 한다니, 너무나 우울했다. (게다가 연수생 수는 무려 250명으로, 최대 규모였다.)

나는 보너스를 많이 받기 위해 로비를 하려고 뉴욕에 가려던 참이었다. 윗사람에게 로비하는 것은 런던 지사에선 당연한 일이었다. 매년 연말이 되면 런던 지사의 세일즈맨과 트레이더들은 뉴욕으로 가서 임원들에게 눈도장을 찍으며 연말에 두둑한 보너스를 받을 정도로 열심히 일했고 실적도 냈다고 이야기했다. 이들은 뉴욕 본사 임원들에게 즐거운 연말 보내라고 큰 소리로 인사하면서 그들이 자신의 안부를 물으면 불쌍한 표정을 지었다. 나의 정글 길잡이 역시 나에게 뉴욕으로 가서 임원들에게 눈도장을 찍고 로비해야 한다고 말해줬다. 이런 조언을 해주다니, 그는 친절한 양반이다. 그는 내 보너스까지 챙겨주려고 했던 것이다.

1987년 10월 19일 월요일

화요일까지는 특별한 일정이 없어서 나는 뉴욕 본사 41층을 자유롭게 돌아다녔다. 나는 본래 이런 짓을 싫어했다. 나름대로 능력을 인정받았지만, 41층에선 유체이탈을 한 듯한 기분이 들었다. 내게 그곳은 미식축구 작전 회의만큼이나 멍청한 짓을 하는 곳처럼 느껴졌지만 이번엔 달랐다. 트레이딩룸은 썰렁했다. 싸움이 난 술집이 아니라 박물관이나 유령도시에 온 것만 같았다. 굿프렌드의 책상 주변에 빈자리가 많이 보였다. 그곳은 한때 머니마켓팀이 앉아 있던 자리였다. 소음으로 가득하고 부산스러웠던 곳에 지난 금요일 런던의 거리처럼 기괴한 적막감이 감돌았다. 머니마켓팀 팀원들은 황망하게 떠난 것 같았다. 그들의 빈 책상에는 '스트레스를 아침밥처럼 먹어치우자'란 메모가 그대로 붙어 있었다. 남자친구 사진과 개인적인 메모도 책상 위에 남겨져 있었다. 이번에 해고된 것이 분명해 보이는 여자 세일즈맨의 자리에는 "여자를 '여보, 아기야, 자기'라고 부르는 남자들은 거시기를 확 잘라버려야 해!"라고 휘갈긴 글씨로 적혀 있었다.

안쓰럽지 않은 희생양이 어디 있겠냐만, 그들은 진짜 희생양이었다. 런던 지사처럼 뉴욕 본사에서도 여자 직원들 중 상당수가 해고됐다. 여자들이 팀을 선택할 때 기민하지 못했던 것은 아니다. 그들은 그저 남자 직원들에 비해서 발언권이 없었을 뿐이다. 어떤 이유에서든 연수 프로그램을 이수한 여자들은 대체로 자신의 능력이나 적성과 상관없는 팀에 배치됐는데, 머니마켓팀이 그 대상 중 하나였다. 트레이딩룸에서 일하는 사람의 10%가 여자였는데, 머니마켓팀에서 세일즈맨으로 일하는 사람 중 거의 절반이 여자였다. 그 결과,

이번 감원 바람으로 많은 여자 직원이 해고됐던 것이다.

뉴욕에서 내 뒤를 봐주던 임원 '랍비'와 그의 팀은 머니마켓팀 자리로 이동했다. 뉴욕에 갈 때마다 나는 그의 옆에 앉아서 한숨 돌렸는데, 이번에 그의 옆에 앉을 생각을 하니 치가 떨렸다. 그렇게 서둘러서 자리를 이동하는 게 맞나 싶었다. 마치 전 주인이 관에 실려서 나가자마자 집을 차지해버린 사람을 보는 것만 같았다. 한때 그 자리에 앉아서 일했던 사람들이 모두 해고됐기 때문에 더 불편했다. 나를 혼란스럽게 하는 것이 너무 많았다. 나를 챙겨주던 임원은 승승장구하고 있었다. 심지어 굿프렌드의 옆자리였다. 그의 옆자리에 앉는 것은 회장 바로 옆에 앉는 것이나 다름없었다. 죽음을 향해 발사된 탄환 위에 올라탄 것만 같았다. 살로먼 브러더스가 필립스 브러더스에 매각된다는 내용을 담은 1981년의 공식 발표문이 회장의 책상 뒤에 붙어 있었다. 굿프렌드는 시가를 뻐끔거리며 책상 옆에 서 있었다. 이것은 앞날을 암시하는 상징 같았다! 무에서 나서 무로 돌아가게 될 살로먼 브러더스의 앞날 말이다. 나는 모든 것이 한눈에 보이는 바로 그곳에서 1987년 주가 대폭락을 목격했다.

물론 주식시장은 폭락할 수도 있다. 하지만 이날 주식시장은 역사상 한 번도 없었던 대폭락을 기록했고, 잠깐 쉬는 것 같더니 한번 더 폭락했다. 나는 뉴욕 본사 41층의 내 자리와 40층의 주식팀 사이를 정신없이 오갔다. 주식시장이 대폭락하면서 엄청난 속도로 부의 재분배가 이뤄졌다. 41층과 40층은 이 상황에 완전히 다르게 반응했다. 운 좋은 주식 트레이더는 금요일에 S&P 지수 선물이 하락하는 데 베팅했다. (이것은 그가 그 시장이 하락하는 데 큰돈을 걸었다는 뜻이다.) 그는 월요일 지수가 63포인트 떨어지자 2,700만 달러를 벌었다.

오직 그만이 기쁨을 맛봤다. 주식팀에서 그를 제외한 나머지는 절망과 좌절 사이를 오갔다. 시장이 개장한 뒤 얼마간은 거래가 있었다. 10여 명이 브루클린 억양으로 한꺼번에 소리를 질러댔다. "어이, 조이!" "이봐, 앨프!" "뭐하는 거야, 멜!" "조지 발두치, 전화기(AT&T 주식) 2만 5,000주 있는데, 절반에 살 수 있어?" 하지만 곧 거래가 중단됐다. 이는 주식시장이 마비될 것이란 조짐이었다. 투자자들은 자동차 헤드라이트 불빛에 놀라서 얼어붙은, 겁먹은 사슴 같았다. 시간이 지날수록 아무 이유 없이 자리에서 벌떡 일어서서 "오오오오, 세에에상에 하나님!"이라고 소리를 지르는 사람들이 늘어났다. 그들은 사랑해 마지않는 시장이 죽어가는 것을 그저 지켜볼 수밖에 없었다.

나의 유럽 고객들도 막대한 손실을 보고 있었다. 내가 그들을 위해 할 수 있는 일은 아무것도 없었다. 나는 재물의 신인 맘몬Mammon에게 수억 번 감사 기도를 올렸다. 중개인이 된 덕분에 그 난리통에서 한발 물러서 있었기 때문이다. 내 고객들은 그저 웅크리고 앉아서 폭풍이 지나가기만을 기다렸다.

한편 채권 시장은 하늘을 뚫을 듯한 기세로 상승했다. 채권 트레이더들은 환희를 감추지 못했다. 주식시장이 몇백 포인트 떨어지면서 투자자들은 그 폭락이 초래할 거시경제적 효과를 고려하기 시작했다. 채권 시장을 지배하는 논리가 있다. 주가가 떨어지면 사람들의 부가 줄어든다. 그러면 사람들은 소비를 줄여서 경제가 둔화되고 인플레이션 압력도 낮아진다. 즉, 침체와 디플레이션이 나타날지도 모른다. 상황이 이렇게 되면 금리가 떨어지고 채권 가격이 오른다. 실제로 이렇게 됐다.

채권 시장이 폭락하는 데 베팅한 채권 트레이더는 자유의 여신상 쪽을 바라보면서 "젠장! 젠장! 젠장! 젠장! 난 미국 국채가 너무 싫어. 그래서 팔아버렸더니 이것들이 날 엿 먹였어. 다 먹고살자고 하는 일인데. 뭐하러 신경을 쓰겠어?"라고 말하고는 욕을 해댔다. 그러나 거의 모든 채권 트레이더가 매수 쪽으로 돌아섰고, 더 많은 채권을 매수했다. 결과적으로 채권 트레이더들은 엄청난 돈을 벌었다. 이날 하루 동안 한 해 벌 돈을 거의 다 번 것 같았다. 주식시장이 붕괴하자 살로먼 브러더스의 41층에서는 환호성이 터져 나왔다.

그러자 지난주에 있었던 대량 해고가 잘한 일이었는가 하는 의문이 일기 시작했다. 자금시장에서 지각 변동이 일어나고 있었다. 자금은 주식시장에서 빠져나와 안전 자산으로 옮겨갔다. 전통적인 안전 자산은 금이지만, 당시는 전통적인 상황이 아니었다. 금값은 빠르게 떨어지고 있었다. 트레이딩룸에서는 이 같은 상황을 설명할 2가지 이론이 제시됐다. 그야말로 창의성이 돋보이는 이론이었다. 첫 번째 이론에 따르면, 투자자들은 주가가 폭락하자 외환차액거래강제청산(증권사가 선물이나 펀드, 주식 등의 투자 원금 손실이 우려되는 시점에 투자자에게 추가로 증거금을 요구하는 것-역주)을 맞추기 위해서 금을 팔 수밖에 없었다. 두 번째 이론에 따르면, 주식시장의 대폭락에 뒤이은 경기 침체로 투자자들이 인플레이션 압력을 걱정할 필요가 없어졌다. 금은 인플레이션을 피할 안전 자산으로 꼽히기 때문에 현 상황에서 금 수요가 떨어졌다고 본 것이다. 이유야 어찌 됐든, 자금은 금이 아닌 단기예금 같은 자금 시장으로 쏟아져 들어갔다. 머니마켓팀이 있었다면 살로먼 브러더스는 이 흐름을 타고 막대한 돈을 벌 수 있었을 것이다. 주식시장이 폭락하자 주식 관련 사업은 직격탄을 맞았다.

그런데 살로먼 브러더스에서 단 한 사람도 해고되지 않은 유일한 팀이 있었으니, 바로 주식팀이었다. 정작 인원 조정이 필요한 팀에 사람이 넘쳐나고 있었던 것이다.

정크본드 시장에 진출한 것이 과연 잘한 일인가에 대해서도 재고해봐야 한다는 시선이 제기됐다. 주식시장이 폭락하자 기업의 자산 가치와 밀접하게 연결된 정크본드 시장은 일시적으로 기능이 완전히 마비됐다. 변덕스러운 주식시장은 미국 기업의 가치가 1조 2,000억 달러라고 하더니 다음 날에는 겨우 8,000억 달러라고 했다. 정크본드 투자자들은 담보물인 기업의 가치가 폭락하는 것을 보고 매도 주문을 냈다. 사우스랜드 코퍼레이션 정크본드 거래는 10월 19일 완전히 엉망이 됐다. 주식시장이 폭락하자 담보물인 세븐일레븐의 기업 가치 역시 폭락했기 때문이다. 나는 뉴욕 본사 트레이딩룸의 내 자리에 앉아서 유럽 고객에게 전화를 돌렸다. 프랑스인 고객에게 전화했고, 그는 정크본드를 팔지 않은 것에 대해 고마워했다. (역설적이게도 사우스랜드 코퍼레이션 정크본드 거래는 반드시 성공시켰어야 했던 거래로, 다시 거래가 시도됐다. 그럼에도 나는 살로먼 브러더스가 정크본드를 제대로 거래하리라고 생각하지 않았다. 1988년 중반 미국에서 최초로 수십억 달러 규모의 LBO 거래가 진행됐지만, 결과적으로 이 거래는 실패하고 말았다. 약국 체인점인 레브코Revco의 경영진은 살로먼 브러더스가 발행한 정크본드를 매수했고, 결국 파산신청을 하고 말았다.)

주식시장이 대폭락했던 시기에 살로먼 브러더스 같은 대기업에 무슨 일이 일어났는지 밖에선 알 수 없었다. 그런데 숨길 수 없는 중요한 사건이 하나 터졌다. 살로먼 브러더스는 월가의 다른 투자은행과 함께 영국 정부의 의뢰를 받아 브리티시 페트롤리엄 British Petroleum

지분 31.5퍼센트를 전 세계에 매각하는 일을 맡았다. 살로먼 브러더스는 주식시장이 대폭락하던 시기에 이 정유 회사의 지분을 상당수 보유하고 있었고 그 결과, 살로먼 브러더스는 1억 달러가 넘는 손실을 봤다. 단일 규모로는 가장 큰 주식 발행 거래가 하필이면 주가가 사상 최대로 폭락한 시기와 겹치게 될 줄 누가 상상이나 했겠는가. 게다가 살로먼 브러더스의 첫 번째 대규모 정크본드 거래가 정크본드 시장의 붕괴와 때를 같이하게 될 줄 누가 알았겠는가. 이는 살로먼 브러더스가 위기 대응 능력이 전혀 없다는 것을 여실히 보여준 사례였다. 우리는 커다란 시가를 피우며 쌍욕만 해댈 뿐이었다.

주식시장이 폭락하는 내내 굿프렌드는 트레이딩룸에 있었다. 그는 오랜만에 트레이딩룸에서 트레이딩을 했다. 그에게선 젊음을 되찾은 사람에게서 볼 수 있는 기쁨이 느껴졌다. 그는 자리에 앉아 있는 일 없이 계속 트레이딩룸 이곳저곳을 뛰어다니며 트레이딩 책임자들과 전략 회의를 했다. 잠깐 자신의 자산을 확인하는가 싶더니 개인 돈으로 살로먼 브러더스 주식을 300주 매수했다. 그가 살로먼 브러더스 주식을 사비로 매수한다는 말을 듣고 나는 그가 내부정보를 이용해서 거래하는 것은 아닌지 의심했다. 그러고 나서 그게 합법적이기만 하다면 나 역시 그처럼 해야겠다는 생각이 들었다. 내가 탐욕스럽다고? 뭐 그럴 수도 있다. 그것은 꽤 영리한 투자였다.

살로먼 브러더스 주가는 주식시장보다 더 빠르게 떨어졌다. 투자은행이 주식시장의 대폭락으로 얼마나 큰 피해를 입었는지 투자자들은 알 수 없었다. 살로먼 브러더스가 브리티시 페트롤리엄과 사우스랜드 코퍼레이션 건으로 소소한 손실을 볼 것은 사실이었지만 굿프렌드는 그 손실이 보기보다 치명적이지 않다는 것을 알고 있었다.

계산기를 잠깐 두들겨봤더니, 살로먼 브러더스 주가는 청산가치 이하로 떨어져 있었다. (3주 전 적대적 M&A를 당할 뻔했을 때 주가가 30달러였는데, 18달러까지 떨어져 있었다. 라니에리가 자금을 조달해서 살로먼 브러더스 주식을 모조리 인수해 회사로 되돌아올 거라는 거짓 소문이 돌았다.)

법무팀에 확인한 뒤 나는 굿프렌드를 따라 하기로 했다. 나는 고위층에게 로비해서 받은 두둑한 보너스로 살로먼 브러더스 주식을 상당수 매수했다. 트레이딩룸에서 일하는 많은 세일즈맨과 트레이더들도 굿프렌드를 따라서 살로먼 브러더스 주식을 매수했다. 나중에 굿프렌드는 직원들이 회사 주식을 매수한 것은 회사에 대한 신뢰를 보여주는 것이고, 자신은 개인적으로 이를 고무적인 신호라고 생각한다고 말했다. 그러나 내가 회사 주식을 매입한 것은 회사에 대한 믿음을 표현하려는 것이 아니었다. 나는 순수하게 개인의 이익을 위해 회사 주식을 매입했다. 눈치 빠르게 이 영리한 거래를 알아차리고 행동으로 옮겼다는 데 나는 더 없이 기뻤다. 몇 달 뒤 살로먼 브러더스의 주가는 16달러에서 26달러로 반등했다.

1987년 10월 20일 화요일

사후 검토가 시작됐다. 뉴욕에서 긴급하게 신용위원회가 소집됐다. 명분은 (집단이라고 부를 수 있을지는 모르겠지만) 전날의 주가 대폭락으로 파산 위험에 처한 E.F. 허튼 E. F. Hutton 같은 차익거래 전문 기관 투자가 집단과의 거래가 살로먼 브러더스의 신용에 어떤 영향을 줄지 조사하기 위한 것이었다. 그런데 위원회는 소집된 목적과 달리 회의 초반부터 서로 옥신각신했다. 위원들은 한 사람을 제외하고 모두 미국인이었다. 영국인인 그 위원은 이 위원회에 참석하기 위해 런던에서 비행기를 타고 뉴욕까지 왔지만, 미국인 위원들의 동네북 신세가 됐다. 모두가 주가 대폭락을 영국 정부 탓으로 돌렸다. 영국 정부는 왜 국영 기업인 브리티시 페트롤리엄을 민영화하기 위해서 지분 매각을 강행한 걸까? 단기적인 시장 변동 요인에 집착하는 트레이더들은 수십억 달러에 달하는 브리티시 페트롤리엄 지분을 매각하려는 시도가 시장에 견딜 수 없는 부담을 줬다고 지적했다. 새로운 주식이 시장에 쏟아진다는 생각만으로도 투자자들이 패닉 상태에 빠져서 주식 매입을 중단했다는 것이었다. 보통은 미국이 1조 달러의 재정 적자를 기록하고 있다거나, 달러 환율이 불안정하다는 등 시장이 붕괴하는 데 나름대로 논리적인 이유가 존재한다. 몇몇 미국인 위원들이 영국 정부의 행동을 두고 영국인 위원에게 비난을 쏟아냈다. 한 미국인 위원은 냉소적으로 "당신네 영국인은 전후에도 이따위 짓을 하는구먼"이라고 말했다.

이날 전선은 금전적 이해관계가 아니라 국적에 따라 우군과 적군이 나뉘었다. 신용위원회에 참석한 위원들은 모두 같은 팀이지만, 그렇게 행동하지 않았다. 외국인 혐오증은 살로먼 브러더스에만 존재하는 게 결코 아니었다. 브리티시 페트롤리엄 건으로 1억 달러를 손해 본 골드만삭스의 미국인 파트너는 살로먼 브러더스의 영국인 임원에게 전화해서 책임을 물었다. 그런데 이상하지 않은가? 그 사람은 살로먼 브러더스의 영국인 임원이 살로먼 브러더스가 아닌 영국인들을 대표한다고 생각했다. 그는 "당신네 영국인들은 브리티시 페트롤리엄 민영화 계획을 철회해야만 했어요. 우리가 아니었다면, 당신네는 지금 모두 독일어로 말하고 있었을 겁니다"라고 소리를 질렀다.

진짜 현명한 사람은 비난을 퍼부을 대상을 찾기보다는 궁지에서 빠져나갈 방법을 찾는 법이다. 어떻게 해야 브리티시 페트롤리엄 건으로 인한 1억 달러의 손실을 메울 수 있을까? 좀 더 정확하게 말해서, 어떻게 해야 영국 정부를 설득해 브리티시 페트롤리엄 주식을 우리가 샀던 가격에 되사도록 할 수 있을까? 때마침 뉴욕에 있었던 런던 지사 임원이 나를 슬쩍 불러서 영국중앙은행을 설득할 방법을 들려줬다. 그는 브리티시 페트롤리엄의 민영화로 은행들이 입은 손실이 7억 달러에 달한다는 계산 결과를 내놓았다. 그는 세계 금융 시스템이 이 막대한 손실로 인한 자본 고갈을 견디지 못할 것이라고 지적했다. 그의 말에 따르면, 주가가 또다시 대폭락할 수도 있었다. 정말일까? 놀라웠다. 그는 너무나도 간절하게 손실을 피하고 싶었던 나머지, 그런 거짓말 같은 이야기를 진짜로 믿고 있었다. 나는 또 다른 위기가 올 수도 있다는 그의 말에 맞장구쳤다. 시도해볼 만한 가치가 있었다. 하지만 기본적으로 그것은 낡은 전략이었다. 내 상사는 브리시티 페트롤리엄 민영화 계획을 지금이라도 철회하지 않으면 또다시 주식시장이 붕괴할 수 있다고 영국 정부에 경고할 생각이었다. (이는 효과가 없었다. 굿프렌드는 1987년 연간 보고서에서 사면초가 위기에 몰린 주주들에게 다음과 같이 설명했다. "고객에 대한 의무와 브리티시 페트롤리엄 민영화를 진행하는 과정에서 주식시장이 붕괴하면서 우리는 7억 9,000만 달러의 세전 손실을 봤습니다." 모든 정부 관계자가 주목해야 할 것이 있다. 시장 붕괴를 경고하는 월가 투자은행을 주의하라. 그들은 당신네가 자기들 영역을 침범할 때마다 이렇게 위협할 것이다. 하지만 실상 그들은 시장 붕괴를 막을 수 없듯 시장 붕괴를 초래할 수도 없다.)

그날 오후 나는 멍한 눈으로 나를 바라보는 250명의 연수생들과 강의실에서 불편한 시간을 보냈다. 이게 내가 기억하는 살로먼 브러더스에서 보낸 마지막 시간이다. 연수생들은 14세기 흑사병에 관한

글 속 장면이 연상될 정도로 깊은 절망에 빠져 있었다. 그들은 모든 희망을 잃은 채 어차피 해고될 거 하고 싶은 대로 행동하겠다고 결심한 듯했다. 연수생들은 모두 '뒷줄 꼴통'이 되기로 했다. 강의실에 들어서자 내게 종이 뭉치가 날아왔다. 강의하는 내내 연수생들은 모두 내게 무관심했다. 로드니 데인저필드Rodney Dangerfield(미국 스탠드업 코미디언 겸 영화배우-역주) 정도는 되어야 그들을 감동시킬 수 있을 것 같았다. 나의 강의 주제는 '유럽인에게 채권을 팔아라'였지만, 그들은 내가 하는 말에 전혀 관심이 없었다. 그들은 오직 런던 지사에서 일할 수 있는지, 그리고 내가 자신들의 해고 시기를 아는지 궁금해했다. 그들은 살로먼 브러더스에서 무슨 일이 벌어지고 있는지 자신들만 모르고 있다는 것을 알고 있었다. 이 얼마나 순진무구한가! 그들은 우리 기수에게 그랬듯 그들에게도 열정적으로 연설했던 매시가 자신들 앞에 나서서 상황을 설명해주지 않는다는 사실에 특히나 분노하고 분통을 터트렸다. 해고 파문 이후 매시는 그림자도 보이지 않았다. 연수생들은 자신들이 아직도 살로먼 브러더스 사람인지에 대해 궁금해했다.

그러나 그들은 두 시간의 강연 시간 동안 자신들의 궁금증을 해소하지 못했다. 내 강의가 끝나고 다음 강의가 이어지고 있는데, 매시가 양옆에 경호원을 대동한 채 강의실로 들어왔다. 사실 그들은 경호원이 아니라 트레이더였다. 그는 연수생 250명의 운명을 손에 쥐고 있었다. 연수생들이 그토록 기다리던 소식을 알려주기 전에 그는 고참들을 해고하는 일이 얼마나 어려운지, 그들이 회사를 강하게 만들려고 어떤 노력을 했는지, 그리고 해고 결정을 내리는 게 얼마나 고통스러운지에 대해서 아주 상세하게 이야기했다. 그리고 나서 그는 "연수 프로그램에 대해 결정을 내렸습니다. 우리는…… 결정했습니다. (뜸을 들인 후) 현재 프로그램을 유지할 겁니다"라고 말했다. 연수생들은 회사에 남을 수 있었다! 매시가 강의실을 나선 뒤 강의실 뒤에 앉아 있던 연수생 몇몇이 재빨리 앞줄로 자리를 옮겼다. 하지만 이 소식은 생각만큼 기분 좋은 소식이 아니었다. 트레이딩룸에는 남는 자리가 없었다. 연수 프로그램이 끝날 때쯤 대부분의 연수생이 지원팀에서 일하게 됐다.

보너스 지급일, 1987년 12월 17일

이날은 이상하고 영광스러운 날이었다. 살로먼 브러더스는 처음으로 연봉 제한선을 없앴다. 이는 내겐 행운이었다. 내 연봉과 보너스는 연봉 제한선에 걸려서 14만 달러를 넘을 수 없었다. 연봉 제한선이 없어진 덕분에 나는 22만 5,000달러를 받게 됐다. (이런저런 수당을 합치면 나는 27만 5,000달러를 받는 셈이었다. 근데 누가 이런 것까지 계산할까.) 연수 프로그램을 졸업한 2년 차 직원에게 지급하는 보수 중 가장 많은 액수였다고 들었다. 연수생 동기 중 절반 이상이 회사를 그만두거나 해고됐다는 것을 떠올리니 생각이 많아졌다.

이대로 회사에서 계속 일하면 부자가 될 수 있을 것이다. 지금까지와 비슷한 실적을 낸다면, 내년에 34만 달러 이상 받을 수 있을 것이다. 후년에는 45만 달러, 그다음에는 52만 5,000달러를 받게 될 것이다. 해가 지날수록 나는 많은 돈을 받게 될 것이다. 내가 임원이 되든 못 되든 연봉은 쥐꼬리만큼 오르겠지만, 보너스 덕분에 보수 총액은 매년 늘어날 것이다.

그런데 창립 이래 최악의 시기를 보내고 있는 회사에서 연봉 상한선을 없애 소수의 직원에게만 선택적으로 파격적인 보수를 지급하는 것은 슬픈 일이었다. 살로먼 브러더스는 1억 4,200만 달러를 버는 데 그쳤다. 회사 자본금이 35억 달러라는 것을 감안하면, 이는 형편없는 결과다. 회사 자본금이 3년 전보다 2배로 늘어났다는 사실을 고려하면, 결과는 더욱 실망스럽다. 그런데 나에게 왜 이렇게 많은 돈을 주는 것일까?

상사는 내게 보너스 액수를 알려주면서 회사가 내게 얼마나 대단한 선물을 주는지 이해하고 감사하라고 했다. (그리고 절대 다른 사람에게는 말하지 말라고 했다.) 내게 이렇게 많은 보수를 주는 이유는 그의 눈빛에서 찾을 수 있었다. 살로먼 브러더스는 트레이딩하듯 직원이 회사에 제공하는 서비스에 가격을 붙여서 흥정했다. 그런데 대규모 인원 감축을 단행한 이후에 회사는 전처럼 침착하게 트레이딩할 수 없었다. 하나는 확실하다. 회사는 그렇게 하는 것이 옳고 적당하다고 생각했기 때문에 내게 웃돈을 붙여서 흥정했던 것이다. 살로먼 브러더스 임원 중에서 일부는 옳고 바른 일을 했다. 자랑스럽게도 나를 챙겨주던 임원도 여기에 속했다. 하지만 대다수는 필요한 일만 했다. 회사는 나를 붙잡아두기 위해서, 나의 충성심을 붙잡기 위해서 내게 돈을 더 많이 주려는 것이었다.

그러나 나는 이미 충성스러운 직원이었다. 나는 립록, 알렉산더, 나의 정글 길잡이, 그리고 나를 보살펴주는 임원에게 충성했다. 하지만 크고 작은 사기가 이어지고 다툼과 불평, 불만으로 가득한 회사에서 계속 충성을 논할 수 있을까? 그럴 순 없다. 시도라도 해보라고? 여기에 머니게임은 불충과 불성실이 정답임을 증명했다. 더 좋은 조건을 제시받고 이리저리 옮겨 다녔던 사람들은 한곳에 오래 머물렀던 사람들보다 훨씬 더 많은 돈을 벌었다.

살로먼 브러더스 경영진은 돈으로 직원의 충성심을 사려고 한 적이 단 한 번도 없었다. 그들은 머니게임에 능숙하지 못했다. 그들이 머니게임의 본질을 제대로 간파했다면, 나를 라이어스 포커 챔피언의 눈으로 바라보고 평가했다면, 내가 돈 때문에 회사에 남거나 떠날 사람이 아니라는 것을 알아차렸을 것이다. 나는 더 많은 연봉을 따라 회사를 옮기는 사람이 아니었다. 다만 나는 돈이 아닌 다른 이유로 회사를 떠날 순 있었다. 실제로 나는 다른 이유로 회사를 떠났다.

나는 1988년 초 살로먼 브러더스를 떠났다. 뚜렷한 이유는 없었다. 나는 살로먼 브러더스가 망할 거라고 생각하지 않았으며, 월가가 붕괴하리라고 생각하지도 않았다. 커져가는 미몽과 환멸에 괴로워했던 것도 아니다. (미몽과 환멸은 내가 감당할 수 있는 수준으로 커진 뒤에 더 이상 커지지 않았다.) 내가 회사를 떠나야 하는 이유는 많았지만 그 이유들이 나를 움직인 것은 아니다. 나는 그저 더 이상 그곳에 머무를 필요가 없다고 생각했기 때문에 회사를 떠났다.

우리 아버지 세대는 어떤 확고한 믿음을 갖고 성장했다. 그 믿음 중 하나는 한 사람이 벌어들이는 돈은 대체로 그 사람이 사회의 복지와 번영에 이바지할 수 있는 수준에 비례한다는 것이다. 나는 우리 아버지를 닮았다. 나는 매일 저녁 앞마당에서 야구를 한 뒤 땀에 흠뻑 젖은 채 아버지 옆에 앉아서 왜 이건 진실이고 저건 거짓인지에 대해 들었다. 돈을 많이 버는 사람이 깔끔하고 산뜻하다는 건 언제나 진실이었다. 허레이쇼 앨저 Horatio Alger(미국의 아동문학가. 저서로《누더기를 입은 딕Ragged Dick》이 있다—역주)의 책에 등장하는 인물들도 항상 그랬다. 아버지는 회사에 들어간 지 2년밖에 안 된, 스물일곱 살밖에 안 된 자신의 아들이 22만 5,000달러를 받는 것을 보면서 돈에 대한 신념이 흔들리는 경험을 했다. 아버지는 최근에야 그 충격에서 벗어났다.

하지만 나는 충격에서 벗어나지 못했다. 내가 그랬던 것처럼 너무나도 어처구니없는 머니 게임이 벌어지는 곳의 한가운데서 자신의 사회적 가치를 넘어선 돈을 벌어봤다면, 주변에 그럴 만한 일을 하지 않고도 엄청난 돈을 빠르게 긁어모으는 사람들이 있었다면 돈에 대해 어떤 생각을 갖게 되겠는가? (나는 내가 받을 만한 돈을 받았다고 생각했다. 그러나 그렇지 않았다.) 물론 사람에 따라 다를 수 있다. 하지만 몇몇 사람에게는 부 그 자체가 그 믿음을 강화시켜줄 수도 있다. 그들은 돈이 스스로 가치 있는 시민임을 보여주는 증거라도 되는 듯이 돈에 진지했다. 그들은 전화 한 통으로 돈을 버는 재주가 엄청난 장점이라는 생각으로 살아갔다. 이것이 사실이라고 철석같이 믿었다. 이런 식으로 생각하는 사람들은 결국 응당 받아야 하는 벌을 받게 된다고 믿고 싶을지도 모르지만 그 어떤 벌도 받지 않았다. 그들은 그저 더 부자가 됐을 뿐이다. 나는 이들이 피둥피둥 살찐 채 행복하게 죽음을 맞이할 것이라 확신한다.

다만 내 경우에는 돈을 번다는 것의 의미가 완전히 부서져버렸다. 돈을 많이 벌수록 더 나은 삶을 살 것이란 믿음을 완전히 부수는 반증을 봤기 때문이다. 이런 믿음을 잃은 나는 돈을 많이 벌 필요성을 느끼지 못했다. 웃기게도 나는 돈에 대한 이런 믿음이 사라지기 전까지 내가 돈에 얼마나 많이 휘둘려왔는지 알지 못했다.

이것이 작지만 그나마 내가 살로먼 브러더스에서 얻은 유용한 교훈이다. 이것을 제외하고 나는 내가 그곳에서 배운 모든 것을 버렸다. 큰 힘을 들이지 않고 수억 달러를 벌었지만, 몇천 달러가 소중해서 무엇을 할지 고심하던 나 자신은 잃었다. 연수생 시절에 아주 잠깐 겸손을 배웠지만, 기회가 오자마자 그것을 잊어버렸다. 사람들이 조직 때문에 타락할 수 있다는 것을 배웠지만, 나는 기꺼이 조직에 들어갔고 (아주 조금) 타락했다. 이런 경험이 내게 어떤 교훈을 주었는지 잘 모르겠다. 결론적으로 나는 그곳에서 실질적으로 가치 있는 것을 배우지 못한 것 같다.

어쩌면 최고의 경험을 하기도 전에 내가 너무 일찍 회사를 떠났는지도 모른다. 나는 살로먼 브러더스에 머무를 이유보다는 떠날 이유를 찾았다. 나는 매일 아침 회사에 출근해서 전날 했던 일을 그저 반복했다. 매일 같은 일을 하면서 보상을 받고 있었다. 나는 모험을 좋아했다. 내가 위험을 좇아 살로먼 브러더스의 트레이딩룸을 떠난 것이라고 말할 수 있을지도 모른다. 나 역시 살로먼 브러더스를 떠난 것은 재정적으로 정말 바보 같은 결정이었다고 생각한다. 시장에서는 현금이 생기지 않으면 절대 위험을 감수해선 안 된다. 취업 시장에서도 이는 마찬가지로, 나는 이 규칙을 깨뜨렸다. 그 결과, 지금 나는 살로먼 브러더스 트레이딩룸에 있을 때보다 더 가난하고 더 큰 위험에 노출되어 있다.

지금 생각해보면 살로먼 브러더스를 떠나겠다는 결심은 자살 행위에 가까웠다. 살로먼 브러더스에서 얼간이 신입을 만난 고객이나 할 법한 베팅이었다. 나는 백만장자가 될 확실한 기회를 스스로 차버렸다. 맞다. 물론 살로먼 브러더스가 어려운 상황에 처하기는 했지만, 능력 있는 세일즈맨이 벌 수 있는 눈먼 돈은 많았다. 게다가 살로먼 브러더스가 되살아난다면, 돈은 이전보다 더 쉽게 살로먼 브러더스로 흘러들어올 게 분명했다. 나는 살로먼 브러더스가 언젠가는 되살아날 것이라고 믿기 때문에 아직도 살로먼 브러더스 주식을 갖고 있다. 살로먼 브러더스의 강점은 라이어스 포커 챔피언인 메리웨더 같은 사람들의 동물적인 직관이라고 할 수 있다. 메리웨더와 그를 따르는 사람들처럼 돈 냄새를 맡을 줄 아는 동물적 직관을 지닌 사람들은 여전히 살로먼 브러더스 트레이딩룸에서 채권 거래를 하고 있다. 살로먼 브러더스의 상황이 지금보다 더 나빠질 수는 없을 것이다. 선장이 배를 침몰시키려고 별짓을 다 하겠지만, 배는 가라앉지 않을 것이다. 회사를 떠나면서 나는 바닥에서 채권을 파는 초보자 같은 실수를 저질렀지만, 내가 가진 살로먼 브러더스 주식이 이 손실을 만회해줄 거라고 굳게 믿는다.

내가 나쁜 거래를 했다면, 그건 거래하지 않았기 때문이다. 회사를 떠나기로 결심한 뒤 나는 내가 한 결정을 돌아보는 시간을 가졌다. 바보 같은 결정이 아니었다는 확신이 필요했다. 알렉산더는 작별 인사를 위해 마련된 저녁 식사 자리에서 내게 훌륭한 결정을 내렸다고 말했다. 그는 자기가 살면서 내린 결정 중에서 최고의 결정은 완전히 예상 밖의 것으로, 바로 인습의 굴레를 끊는 것이었다고 말했다. 그는 자신이 항상 예상 밖의 결정을 내렸기 때문에 기대보다 좋은 결과를 얻을 수 있었다고도 말했다. 모두가 경력을 쌓으려고 할 때, 꼼꼼하게 계획해야 하는 이 불확실성의 시대에 예측 불가능성에 관한 이야기를 듣는 것은 꽤 신선했다. 그게 사실이라면 더할 나위 없이 좋을 것이다.

라이어스 포커

초판 1쇄 발행 2025년 1월 24일

지은이 마이클 루이스
옮긴이 장진영

펴낸곳 ㈜이레미디어
전화 031-908-8516(편집부), 031-919-8511(주문 및 관리)
팩스 0303-0515-8907
주소 경기도 파주시 문예로 21, 2층
홈페이지 www.iremedia.co.kr **이메일** mango@mangou.co.kr
등록 제396-2004-35호

편집 허지혜, 이병철 **디자인** 최치영
마케팅 김하경 **재무총괄** 이종미 **경영지원** 김지선

ISBN 979-11-93394-53-3 (03320)

✱ 가격은 뒤표지에 있습니다.
✱ 잘못된 책은 구입하신 서점에서 교환해드립니다.

당신의 소중한 원고를 기다립니다.
mango@mangou.co.kr